Lübbe

Philosophie in Geschichten

Hermann Lübbe

Philosophie in Geschichten

Über intellektuelle Affirmationen und Negationen in Deutschland

Wilhelm Fink Verlag

Bibliografische Information Der Deutschen Bibliothek

Die Deutsche Bibliothek verzeichnet diese Publikation in der Deutschen National-
bibliografie; detaillierte bibliografische Daten sind im Internet über
http://dnb.ddb.de abrufbar.

© 2006 Wilhelm Fink Verlag, München
(Wilhelm Fink GmbH & Co. Verlags-KG, Jühenplatz 1, D-33098 Paderborn)

www.fink.de

Einbandgestaltung: Evelyn Ziegler, München
Herstellung: Ferdinand Schöningh GmbH & Co. KG, Paderborn

ISBN-13: 978-3-7705-4244-4
ISBN-10: 3-7705-4244-4

Inhaltsverzeichnis

Vorwort

Die vorliegende Publikation knüpft an mein zuerst 1989 erschienenes Buch „Die Aufdringlichkeit der Geschichte"[1] an, das inzwischen vergriffen ist. Einige Kapitel dieses Buches sind fortdauernd wirksam geblieben. Sie werden hier in neuer Auflage veröffentlicht – ergänzt durch einige weitere neue sowie unzugänglich gewordene ältere Abhandlungen, die mit Philosophien bekannt machen, die als Orientierungsmedien der Lebenspraxis Geschichte gemacht haben – öffentlich oder persönlich, politisch oder kulturell, religiös oder wissenschaftspraktisch.

Musterhaft gilt das für die hier vorgestellte Philosophie, die Wilhelm von Humboldt als Museumseinrichter und Kunstpolitiker erfolgreich werden ließ. Mit der Veröffentlichung der königlichen Sammlungen klassischer Kunst im neuen Schinkel-Bau des so genannten Alten Museums zu Berlin verband Humboldt in revolutionärer Weise die konsequente Historisierung der Kunst. Komplementär dazu eröffnete er mit seiner Tätigkeit als Vorsitzender des Vereins der Kunstfreunde in Preußen einen freien Kunstmarkt in der Absicht, für die Künstlerautonomie Raum zu schaffen.

Philosophie prägt auch die Lebensgeschichte Heinrich Heines. Zum Zeitalter der Aufklärung gehört Religionskritik, und Heinrich Heine ist einer der wirkungsreichsten Repräsentanten dieser Kritik. Aber ein Repräsentant altersfrommer Religion nach der Aufklärung ist Heine gleichfalls, und die Philosophie dieser Religion gewinnt heute modernisierungsabhängig an Geltung.

Der weltberühmte Physiologe Du Bois-Reymond beschäftigte mit seinem skandalisierend wirkenden Nachruf auf Darwin das Preußische Abgeordnetenhaus vor einhundertzwanzig Jahren zwei Tage lang. Das ist heute aus interessanten Gründen vergessen. Große Aktualität hingegen hat seine philosophische Einsicht behalten und neu gewonnen, daß es widersinnig sei, unser Wissen von den neurologischen Bedingungen unseres Wissens mit Hilfe der Theorie eben dieser Bedingungen erklären zu wollen.

Wir beklagen heute den Riß der zwei Kulturen, über den hinweg Naturwissenschaftler einerseits und Geisteswissenschaftler andererseits sich vermeintlich nicht mehr miteinander verständigen können. Demgegenüber wird hier jene Philosophie der Geschichten erläutert, die uns die strukturelle Einheit von Naturgeschichte und Kulturgeschichte erkennen läßt und somit verständlich macht, wieso die Historizität der Natur gleichzeitig mit der Historizität der

---

[1] Die Aufdringlichkeit der Geschichte. Herausforderungen der Moderne vom Historismus bis zum Nationalsozialismus. Graz, Wien, Köln 1989.

Kultur entdeckt worden ist. Die historische Parallelität in der Einrichtung von Naturgeschichtsmuseen einerseits und Kulturgeschichtsmuseen andererseits paßt dazu – an der Wiener Ringstraße zum Beispiel.

Aber nicht nur erfreuliche Geschichten haben ihre Philosophie. Umgekehrt macht gelegentlich auch defiziente Philosophie Geschichte. Selbstbornierungsträchtig ist zum Beispiel die deutsche philosophische Mißachtung der aufgeklärten intellektuellen Erztugend des Eklektizismus. Diese Mißachtung mindert die Unterscheidungsfähigkeit, schwächt die politische Urteilskraft und verführt dazu, den totalitären Systemen in ihrem Untergang Einsichten ihrer zeitweiligen Sympathisanten nachzuwerfen, die man zur Schadensminderung besser vor diesem Untergang retten sollte. Für Carl Schmitts verächtliche Charakteristik des Liberalismus zum Beispiel gilt das. Diese Liberalismus-Philosophie trifft tatsächlich den Kern der Sache und sollte eben deswegen ihrer Schmittschen Verachtung abgewonnen werden, und das geschieht hier.

Beiträge zur ersten Auflage dieser Sammlung, deren Themen später ausführlicher in Büchern dargestellt worden sind, finden sich in dieser Neuauflage nicht mehr – so zum Beispiel der Aufsatz „Die große und die kleine Welt. Regionalismus als europäische Bewegung"[2] oder auch der Aufsatz „Gruppenuniversität. Revision eines Demokratisierungsprogramms"[3], der sich auf ein wichtiges Detail der deutschen Hochschulpolitik in den sechziger und siebziger Jahren bezieht, die an anderer Stelle ausführlicher beschrieben und analysiert worden ist[4].

Aus einem anderen Grund ist dieser Sammlung der Aufsatz „Der Nationalsozialismus im Bewußtsein der deutschen Gegenwart"[5] nicht mehr beigefügt worden. Die Kernthese dieses Aufsatzes war, daß die für die Frühgeschichte der zweiten deutschen Demokratie charakteristische Bereitschaft, ja Neigung zum „Beschweigen" der Vergangenheit von Ex-Nationalsozialisten die politische Funktion erfüllte, die Integration dieser Vergangenheitsbelasteten in die Bürgerschaft der neuen Bundesrepublik zu erleichtern. Dieser These ist anfänglich scharf widersprochen worden. Inzwischen findet sie überwiegend Zustimmung. So oder so dürfte es sich lohnen, den fraglichen Aufsatz neu separat in eins mit einer Darstellung und Analyse seiner Kritiken zu veröffentlichen. Das ist beabsichtigt.

Hinzugefügt sind dieser neuaufgelegten Sammlung zwei kürzlich entstandene unveröffentlichte Abhandlungen zu Wilhelm Schapp sowie zu Joachim Ritter. Der Schapp-Aufsatz verschafft Einblick in ein philosophisches Lebens-

---

[2] A.a.O., pp. 30–45. – Cf. dazu mein Buch „Abschied vom Superstaat. Vereinigte Staaten von Europa wird es *nicht* geben", Berlin 1994.

[3] A.a.O. (cf. Anm. 1), pp. 132–144.

[4] Cf. dazu das Kapitel „Freie und nützliche Wissenschaft. Universitätsreformen in Deutschland" in meinem Buch „Modernisierung und Folgelasten. Trends kultureller und politischer Evolution", Berlin, Heidelberg, New York 1997, pp. 339–397.

[5] A.a.O. (cf. Anm. 1), pp. 334–350.

werk, das in seinen Anfängen der phänomenologischen Schule Edmund Husserls zugehört und später sich zu Schapps einflußreicher, markant in Frankreich rezipierter Philosophie der Geschichten erweiterte. Diese Philosophie der Geschichten ist mir auch für meine eigene Theorie der Theorieunfähigkeit historischer Prozesse wichtig geworden. Der Schapp-Aufsatz vergegenwärtigt zugleich Philosophie im Kontext einer Lebensform, die zu deutschen Befindlichkeiten in frühen Nachkriegszeiten ihre besondere Passung hatte. An Schapps Geschichten-Philosophie lehnt sich der Haupttitel dieses Buches an.

Mit deutlicherem akademischem und überdies politischem Akzent gilt Analoges auch für die Philosophie im Umkreis des Collegium Philosophicum, einer Gründung Joachim Ritters in Münster. Die praktischen Optionen, die aus dieser Philosophie sich herleiten ließen, waren für die zweite deutsche Demokratie in der ganzen Breite ihres politischen und kulturellen Spektrums diesseits der Extreme repräsentativ und blieben es. Im Kontrast zur Mentalität des politischen und moralischen Dauervorbehalts gegenüber dem gesellschaftlichen System der Bundesrepublik Deutschland, wie ihn die „Kritische Theorie" nährte, fand man in Münster Gründe für Affirmationen[6].

Die hier neu versammelten Texte werden bis auf einige Kürzungen, kleinere Ergänzungen und fällige Korrekturen unverändert vorgelegt. Neu formuliert sind in einigen Fällen ihre Titel.

Zürich, Frühjahr 2006   Hermann Lübbe

---

[6] Zu diesem Kontrast in der Wahrnehmung der intellektuellen Gründungsgeschichte der zweiten deutschen Demokratie cf. Jens Hacke: Die Verteidigung des Unvollkommenen. Zur Aktualität des altbundesrepublikanischen Liberalkonservatismus. In: Undine Ruge, Daniel Morat (Hrsg.): Deutschland denken. Beiträge für die reflektierte Republik. Wiesbaden 2005, pp. 97–110.

1. Veröffentlichung und Historisierung der Kunst. Wilhelm von Humboldt als Museumseinrichter

Wilhelm von Humboldt ist unserer kulturellen und speziell unserer akademischen Öffentlichkeit als Universitätsgründer einerseits[1] und als Schulreformer andererseits[2] historisch stets gegenwärtig geblieben. Weit weniger selbstverständlich erstreckt sich unser Bildungswissen auf Humboldts Anteil an der Kunst- und Museumspolitik in Preußen[3]. Das Jubiläum der 150jährigen Wiederkehr der Eröffnung des später sogenannten Alten Museums[4] zu Berlin war ein angemessener Anlaß, über den Reformer akademischer und schulischer Einrichtungen hinaus nun auch Humboldt, den Klassiker staatlicher Kunst- und Museumspolitik, einer interessierten Öffentlichkeit wieder ins Bewußtsein zu rücken.

In eine förmlich verantwortliche Rolle ist Humboldt im Zusammenhang der Berliner Museumsgründung erst spät eingetreten. Am 13. Mai 1829 übernahm er den Vorsitz der „Kommission zur Einrichtung des Museums"[5]. Die politische Absicht einer zentralen hauptstädtischen Sammlung und Veröffentlichung der königlichen Kunstschätze war damals schon einige Jahrzehnte alt[6].

---

[1] Ein wirkungsreiches Dokument rekonstruktiver Rückbeziehung auf Wilhelm von Humboldts preußische Universitätsreform im Zusammenhang der Universitätsgründungspolitik seit 1960 ist Helmut Schelskys Antrittsvorlesung in Münster (Helmut Schelsky: Einsamkeit und Freiheit. Zur sozialen Idee der deutschen Universität. Münster/Westf. 1960. Schriften der Gesellschaft zur Förderung der Westfälischen Wilhelms-Universität zu Münster, Heft 45) sowie das daraus hervorgegangene Buch: Helmut Schelsky: Einsamkeit und Freiheit. Idee und Gestalt der deutschen Universität und ihrer Reformen. Reinbek bei Hamburg 1963; 2., um einen „Nachtrag 1970" erweiterte Auflage Düsseldorf 1971.

[2] Dazu umfassend Clemens Menze: Die Bildungsreform Wilhelm von Humboldts. Hannover, Dortmund, Darmstadt, Berlin 1975, darin über Humboldts Schulreform bes. pp. 138–279.

[3] Biographisch dazu unverändert lesenswert Rudolf Haym: Wilhelm von Humboldt. Lebensbild und Charakteristik. Berlin 1856, pp. 600–614.

[4] Nämlich seit Errichtung des von Friedrich August Stüler 1843 begonnenen, 1859 eröffneten Neuen Museums.

[5] Karl Friedrich Schinkel, Gustav Fr. Waagen, Christian Daniel Rauch, Wilhelm Wach gehörten, unter anderen, dieser Kommission an.

[6] Wilhelm von Humboldt selbst war bereits während seiner Amtszeit als Chef der „Section im Ministerio des Innern für den öffentlichen Unterricht" mit der Absicht, „eine öffentliche ausgewählte Gemälde und Kunstsammlung zu bilden", befaßt

Der seinerseits vorstufenreiche Plan des Oberbaurats Karl Friedrich Schinkel, mit dem Museumsbau zugleich die städtebaulich ohnehin überfällige Regulierung des Lustgartens zu besorgen[7], war bereits fünf Jahre zuvor definiv vom König genehmigt worden. Inzwischen stand das Gebäude auf dem Schüttungsgelände, das den alten Lustgarten nun nach Norden erweiterte, im Rohbau fertig, und jetzt erst begann die Humboldt-Kommission ihre Arbeit[8]. Bereits fünfzehn Monate später, am 21. August 1830, achtzehn Tage nach der Eröffnung des Museums, der seinerseits eine Besichtigung durch den König vorausgegangen war, erstattete Humboldt dem König seinen Abschlußbericht[9]. Dieser Bericht enthielt zugleich wichtige museumspolitische Empfehlungen Humboldts, die uns in ihrer innovatorischen und fortwirkenden Bedeutung hier beschäftigen sollen. Es waren diese Empfehlungen, die als zuständiger Staatsminister dann Altenstein in seinem dem König zugeleiteten Amtsbericht[10] in etatistischer Absicht administrativ zu verändern trachtete. Humboldt, inzwischen – wie man das kommentiert hat[11] – in Berliner Auswirkung der französischen Juli-Revolution als Staatsrat der preußischen Politik wieder näher gerückt – Humboldt also reagierte prompt, sanft im Ton und hart in der Sache[12]. Ein Schreiben des Königs an Altenstein vom 11. Januar 1831[13] setzte Humboldt gegen diesen in allen wesentlichen Punkten ins Recht. Damit war auch dieser Teil des Humboldtschen Lebenswerkes erfolgreich abgeschlossen und das Königliche Museum zu Berlin als erwiesenermaßen zukunftsfähige Institution von fortdauernder Wirkungsgeschichte existent geworden. Nur über den knappen

---

    gewesen und hatte dem König in einem Bericht vom 24. April 1810 vorgeschlagen, „zu vörderst ein Inventarium von sämtlichen gegenwärtig in Allerhöchstdero Schlössern befindlichen Gemälden, Statuen, Büsten und dergleichen mit der größten Genauigkeit" anfertigen zu lassen, und zwar durch den Kupferstecher von Mechel, Mitglied der Akademie der Künste. Cf. Wilhelm von Humboldts Gesammelte Schriften. Herausgegeben von der Königlich Preußischen Akademie der Wissenschaften [künftig unter „GS" zitiert]. Band X (Politische Denkschriften, herausgegeben von Bruno Gebhardt. Erster Band 1802–1810). Berlin 1903, pp. 242–243: Zur Errichtung eines Museums in Berlin, p. 243.

[7] Cf. dazu Sabine Spiero: Schinkels Altes Museum in Berlin. Seine Baugeschichte von den Anfängen bis zur Eröffnung. In: Jahrbuch der Preußischen Kunstsammlungen. Beiheft zum fünfundzwanzigsten Band. Berlin 1934, pp. 41–86, bes. pp. 47 ff.

[8] Zur Gründungsgeschichte des Alten Museums in konzentrierter Darstellung Volker Plagemann: Das deutsche Kunstmuseum 1790–1870. Lage, Baukörper, Raumorganisation, Bildprogramm. München 1967. Studien zur Kunst des neunzehnten Jahrhunderts, Band 3. Forschungsunternehmen der Fritz Thyssen Stiftung. Arbeitskreis Kunstgeschichte, pp. 66–81.

[9] GS XII, pp. 539–566.

[10] Urkunden zur Einrichtung des Berliner Museums. Mitgeteilt von Friedrich Stock. Beiheft zum Jahrbuch der Preußischen Kunstsammlungen 1937, pp. 11–33: Altenstein an Friedrich Wilhelm III.

[11] So Rudolf Haym in seiner in Anm. 3 zitierten Biographie, p. 599.

[12] Urkunden ..., mitgeteilt von Friedrich Stock, a.a.O., pp. 33–41: Wilhelm von Humboldt über Altensteins Bericht vom 27. September 1830.

[13] A.a.O., pp. 41–42.

Zeitraum von guten anderthalb Jahren erstreckt sich also die biographische Episode, in der Humboldt in museumspraktischer Verantwortung tätig war. Lediglich sechzehn Monate hatten ja zwanzig Jahre zuvor schon Humboldt genügt, als Amtschef der Sektion für Kultus und öffentlichen Unterricht im Ministerium des Innern die preußische Bildungsreform zu exekutieren, deren Ertrag gleichfalls bis heute nicht aufgezehrt ist. Auf solche Relationen von Aufwand und Wirkung in der Kulturpolitik schauen wir heute neidvoll zurück. Um plausibel zu machen, wieso damals dergleichen möglich war, müßten lange Geschichten erzählt werden. Ich beschränke mich darauf, Humboldts persönlichen Anteil hervorzukehren. Wilhelm von Humboldt war ein Genie der pragmatischen Effizienz. Er war Philosoph, und er war Diplomat, Administrator, Staatsmann, und in dieser biographischen Doppelrolle repräsentiert er eine der insgesamt seltenen Fälle, in denen Männer der Praxis zugleich der Philosophie mächtig sind, von der sie in ihrer Praxis sich leiten lassen. Aber über das Verhältnis dieser beiden Elemente in diesem denkwürdigen Leben muß man folgendermaßen urteilen: Der Philosoph Humboldt wird vom Praktiker Humboldt an Kompetenz noch überboten.

Für diesen Überschuß der praktischen Kompetenz im Lebenswerk Humboldts gibt es ein ebenso feines wie deutliches Indiz, nämlich die Sprache, die Humboldt als Philosophen einerseits und als Autor praxisanleitender Berichte oder Denkschriften andererseits zu Gebote stand. Wilhelm von Humboldt gehört in die Reihe der Denker, die als Klassiker anerkannt, aber zugleich wenig gelesen sind. „Beschämend niedrig" sei der Absatz der Werke Humboldts, mußte Konrad Burdach der für ihre Edition zuständigen Kommission der Preußischen Akademie der Wissenschaft 1914 berichten[14], und in der Tat wird, bis heute, selten ein Leser von Texten des Philosophen Humboldt ihrer Sprachkraft wegen mitgerissen gewesen sein. Hegels Philosophie, fand Humboldt, hätte die Anmutungsqualität, „als ob die Sprache nicht bei ihm durchgedrungen" sei[15]. Eben das gilt aber, ungleich weniger einschränkungsbedürftig, für Humboldts eigene Philosophie. Wie befreit atmet man auf, wenn man nach dieser Philosophie nun Humboldts Berichte und Denkschriften liest. Diese Lektüre wiederum erfordert freilich ein historisches Studium der politisch-institutionellen Kontexte dieser Schriften. Leistet man beides, so ist es unmöglich, von dem Eindruck der vollkommenen intellektuellen Nüchternheit nicht gefesselt zu sein, den diese Texte machen. Ihre Sprache ist nichts als das prätentionslos-durchsichtige Medium beabsichtigter Mitteilungen. Auch für den

---

[14] Kommission für die Herausgabe der „Gesammelten Schriften Wilhelm von Humboldts". Bericht des Hrn. Burdach. In: Sitzungsberichte der Königlich Preußischen Akademie der Wissenschaften. Jahrgang 1914. Erster Halbband. Januar–Juni. Berlin 1914, pp. 125–127, p. 126: Der Absatz betrage „nur 175, wobei auf Deutschland noch nicht 80 kommen".

[15] So Humboldt in einem Brief vom 1. März 1828 an Friedrich Gentz, zitiert bei Rudolf Haym, a.a.O., p. 614.

bereits genannten Abschlußbericht über die Museumseinrichtung vom 21. August 1832 gilt das[16]. Aus der Feder deutscher Philosophen sind solche Texte selten.

Als Politiker überbietet also Humboldt den Philosophen, aber zugleich hat Humboldt das Leben des Philosophen mehr als die administrative und politische Praxis geschätzt. Zur pragmatischen Effizienz Humboldts verhält sich sein distanziertes Verhältnis zu den öffentlichen Angelegenheiten komplementär[17], die zu besorgen er sich gelegentlich lange bitten ließ. Sein Ehrgeiz war moderat, der Drang in die Öffentlichkeit aus Selbstdarstellungsambitionen ihm durchaus fremd. „Avec un chagrin extrême" schied er aus Rom[18], als die Rückkehr nach Berlin und dann die Übernahme des Chefamts in der preußischen Kultusverwaltung im Jahre 1809 sich schließlich nicht mehr umgehen ließ. Demgegenüber war das Nebenamt des Museumseinrichters mit geringeren Einschränkungen freien Lebens verbunden – gleichwohl auch hier die beiläufig rasche Art, in der man erledigt, wozu man in besonderer Weise befähigt ist, ohne es doch besonders gern zu tun. Nicht die Philosophie des Museums und die Orientierung staatlicher Kunstpolitik haben ja Humboldt in den späten zwanziger Jahren am intensivsten beschäftigt, vielmehr seine alte Liebe, die Sprachphilosophie und linguistische Studien in ihrem Zusammenhang[19].

Noch eine weitere Prädisposition persönlich-biographischer Art muß man erwähnen, die die kulturpolitische Effizienz Humboldts unserem Verständnis näher bringt. Humboldts Kulturpolitik ist effizient durch ihre rigorose Beschränkung auf das, was der Staatszweck erfordert. Was aber war der Staatszweck? Konstitution, Erhaltung und Förderung der Bedingungen, die die Freiheit des bürgerlichen Lebens sichern. Das ist die Philosophie, wie sie Humboldt in Antwort auf die Herausforderungen der Französischen Revolution schon in der Jugendschrift seines berühmten Versuchs, die Grenzen der Wirksamkeit des Staats zu bestimmen, ausgeführt hatte[20]. Walter Jens hat in dieser

---

[16] Abgedruckt auch bei Alfred von Wolzogen: Aus Schinkels Nachlass. Berlin 1862–1864, Band III, pp. 298–327.

[17] Bes. Rudolf Haym hat Humboldts desengagierte Art, praktisch zu sein, immer wieder mild getadelt; cf. Rudolf Haym, a.a.O., pp. 39; 86; 97; 256 u.ö.

[18] Mitgeteilt bei Eduard Spranger: Wilhelm von Humboldt: Berlin 1910, p. 82.

[19] 1827–1829 erfolgt die Niederschrift der wichtigen sprachphilosophischen Abhandlungen Humboldts „Über die Verschiedenheit des menschlichen Sprachbaus", GS VI, l, pp. 111–303, und „Von dem Grammatischen Baue der Sprachen", GS VI, 2, pp. 337–486. – Zum Ort der Philosophie Humboldts in der Geschichte der Sprachphilosophie cf. Siegfried J. Schmidt: Sprache und Denken als sprachphilosophisches Problem von Locke bis Wittgenstein. Den Haag 1968, dort über Humboldt pp. 66 ff.

[20] Ideen zu einem Versuch, die Grenzen der Wirksamkeit des Staates zu bestimmen (1792), GS I, pp. 97–254. „Zweck des Staates", heißt es hier, sei „Erhaltung der Sicherheit sowohl gegen auswärtige Feinde, als innerliche Zwistigkeiten" (p. 134), und „Sicherheit" ihrerseits wird als „Gewissheit der gesetzmäßigen Freiheit" bestimmt (p. 179).

Philosophie einen ‚großen Traum vom herrschaftslosen Reich der wahrhaft Freien und Gleichen' erkennen wollen, vor dessen Realisierung ‚privilegierte Gruppen in unserem Staat' noch immer „Angst" hätten[21]. Das ist retrospektive Progressivität eines älteren Jugendbewegten. Humboldts eigene Intentionen muß man dazu antithetisch formulieren: Nicht das „herrschaftslose Reich der wahrhaft Freien" ist sein politisches Lebensthema, sondern die Herrschaftsbedingungen von Bürgerfreiheit und Humanität[22]. Solche Bedingungen anzugeben und zu realisieren – dazu genügt nun allerdings philosophische Prinzipienfestigkeit nicht. Dazu braucht man Erfahrung – praxisvermittelte Intimität mit den rechtlich-institutionellen und politischen Voraussetzungen gesicherter Freiheit, und die entsprechende Urteilskraft hat Humboldt auf einer der Kulturpolitik überlegenen Ebene des öffentlichen Handelns gewonnen[23] – von seiner Mitwirkung als rechte Hand Hardenbergs an der Einrichtung der nachnapoleonischen europäischen Friedensordnung bis zu seinen dann freilich gescheiterten verfassungspolitischen Aktivitäten in Vorbereitung der Ausübung seines Amtes als preußischer Ständeminister[24]. Man kennt das berühmte Bild Jean-Baptiste Isabeys, das uns die Diplomatenrunde des Wiener Kongresses zeigt – Humboldt in ihrer Mitte. Es ist evident, daß wir auf diesem Bild nicht einen Intellektuellen, vielmehr einen Staatsmann erblicken. „Kalt und klar wie die Decembersonne", so schrieb damals der Rheinische Merkur[25], erscheine Humboldts politisch-diplomatische Tätigkeit[26]. Wenn nicht Kälte, so doch die Kühle der Staatszweckorientierung ist es, die auch die Dokumente der Kultur-

---

[21] Aus einer Rede Walter Jens' vor dem Frankfurter Kongreß des Verbands deutscher Schriftsteller 1974, zitiert bei Bernt Engelmann: VS vertraulich III. In: VS vertraulich Band 3, herausgegeben von Bernt Engelmann. Originalausgabe. München 1979, pp. 9–11, p. 10.

[22] Humboldts Kulturpolitik bliebe – von der Elementarschulreform bis zur Museumseinrichtung – unverständlich, wenn man sie nicht als Praxis eines Staatsmanns begriffe, die sich auf die Konstitution von Einrichtungen bezieht, die der vom Staat zu verantwortenden „Nationalerziehung" dienen (GS I, p. 115), der sich zu unterziehen, als allgemeine Schulpflicht, Staatsbürgerpflicht ist oder doch ein Interesse des Staates an der Bildung von Subjekten, die humaner und bürgerlicher Selbstbestimmung fähig sind.

[23] Cf. dazu Siegfried August Kaehler: Wilhelm von Humboldt und der Staat (1927). Göttingen ²1963.

[24] Cf. dazu Ernst Rudolf Huber: Deutsche Verfassungsgeschichte seit 1789. Band I. Reform und Restauration 1789 bis 1830. Stuttgart, Berlin, Köln, Mainz 1957, bes. pp. 304–313. – Ferner Reinhart Koselleck: Preußen zwischen Reform und Revolution. Allgemeines Landrecht, Verwaltung und soziale Bewegung von 1791–1848. Stuttgart ²1975, bes. pp. 284 ff.

[25] Zitiert bei Rudolf Haym, a.a.O. (cf. Anm. 3), p. 325.

[26] „Die kalte und undurchdringliche Ruhe seines Wesens schüchterte jede vertrauliche Annäherung zurück. Sein ungemeiner Sinn für das Lächerliche und sein Talent zum Sarkasmus machte ihn zu einem Gegenstand der Scheu und des Schreckens" – so faßte Rudolf Haym (ibid.) zeitgenössische Berichte über die diplomatische Wirkung Humboldts zusammen.

politik Humboldts atmosphärisch bestimmt. Von Expressionen der Subjektivität ihres Subjekts sind sie vollkommen frei, und das gerade ist es, was sie uns über Humboldts Individualität offenbaren. Er sei „von keinem Alter" gewesen, hat in einer oft wiederholten Charakteristik Rahel Varnhagen über Humboldt gesagt[27]. Das paßt zum Erscheinungsbild eines Mannes, der niemals Selbstverwirklichungsinteressen in seine elegante Erledigung öffentlicher Zwecke eingebracht hat.

Humboldt war ein Philosoph, der zu pragmatischer Politik aus philosophischer Distanz zur politischen Praxis befähigt war. Zwei Äußerungen Humboldts sind besonders geeignet, die Physiognomie seiner Persönlichkeit abschließend deutlich zu machen. „Wir gehören einmal zu dem Lande, unsere Kinder auch", schrieb er vor dem unabwendbar gewordenen Eintritt in die Regierungstätigkeit zur moralischen Selbstermunterung. „Ganz müßig kann man dafür nicht bleiben"[28] – so resümierte der Philosoph, dem die Philosophie stets lieber als die Gelegenheit der Weltverbesserung gewesen ist. Nichts ist „so leicht" „als ohne Sachkenntnis, nach allgemeinen Ideen zu regieren", schrieb dann Humboldt zum Beschluß seiner Denkschrift über Preußens ständische Verfassung[29]. Humboldt wußte, daß Philosophie zur Begründung von Weltverbesserungskompetenzen niemals ausreicht.

Was war nun die Philosophie, die Humboldts staatszweckbegrenzte Museumspolitik mitbestimmte? Die Antwort auf diese Frage ist die Antwort auf die Frage nach den Gründen, die damals zwangen, die großen Werke bildender Kunst endlich öffentlich zu machen. Das Kunstmuseum, das es mit der Eröffnung des Alten Museums seit 1830 in Preußen erstmalig gab, ist ja nach seiner Zweckbestimmung zunächst einmal nichts anderes als eine öffentliche Einrichtung, die bildende Kunst allgemein zugänglich macht. Schätze der Kunst, die zuvor in königlichen Schlössern verborgen waren und nur über eine privilegierende Erlaubnis angeschaut und studiert werden konnten, sind jetzt für das allgemeine Publikum da. „Nichts schien mir so wichtig, als das Museum ... der öffentlichen Benutzung ... sobald als immer möglich zu übergeben"[30], schrieb Humboldt zur Erklärung der administrativen Eile in Erledigung seines Auftrags. Woher die Vordringlichkeit dieses Veröffentlichungszwecks? Es wird darin zunächst als Reform nachgeholt, was in Frankreich revolutionär längst besorgt worden war. Ob revolutionär oder reformpolitisch – so oder so ist das öffentliche Museum die kulturpolitische Antwort auf die Existenz eines kunstinteressierten Publikums, das sich inzwischen herausgebildet und auch zu Wort gemeldet hatte. Die Galerien- und Museumsgründungsgeschichte der Zeit ist

---

[27] Cf. Rudolf Haym, a.a.O., p. 623.

[28] Zitiert bei Eduard Spranger, a.a.O. (cf. Anm. 18), p. 84.

[29] Denkschrift über Preußens ständische Verfassung. 4. Februar 1819. In: GS XII, pp. 225–296.

[30] Bericht des Ministers Wilhelm Freiherrn von Humboldt an den König vom 21. August 1830, bei: Alfred von Wolzogen, a.a.O. (cf. Anm. 16), p. 299.

erfüllt von Bekundungen eines solchen Kunstinteresses[31]. Auch für Deutschland und für Preußen gilt das. Bürgerprotest erhob sich 1802 in Mannheim gegen den von Maximilian veranstalteten Abtransport pfälzischer Sammlungsbestände von dort nach München[32]. Umgekehrt gab es in Düsseldorf Jubel, als kriegsflüchtige Kunstschätze 1801 in die Stadt zurückgebracht wurden[33]. Überhaupt waren dann in napoleonischer Zeit Kunstraub und Kunstheimkehr, ihrer Sinnfälligkeit wegen, herausgehobene Gelegenheiten, in Krieg und Frieden die öffentliche Sache politisch als Feier des Schönen zu feiern. So geschah es mit Kunstschätzen Preußens im Sieg über dieses 1807 in Paris und umgekehrt in Berlin nach ihrer Heimkehr 1815[34].

Aber diese Erscheinungen sind nur der politische Oberflächenreflex über Veränderungen in der öffentlichen Rolle der Kunst, die damals dramatisch verliefen. Das öffentliche Kunstmuseum ist die wichtigste institutionelle Konsequenz dieser Veränderungen, und die klassische Ästhetik bringt sie auf den Begriff. Die Relevanzfrage „Wozu Kunst?" wird in dieser rüden Form nicht gestellt, wohl aber wird sie beantwortet durch Explikation eines Sinnes von Kunst, an welchem damals niemand zweifelte. Humboldts Philosophie dieses Sinnes der Kunst ist nicht originell; aber sie ist der klassizistischen Kunstpraxis, die er vor allem förderte, voll gewachsen, und von niemandem hat er in dieser Philosophie mehr gelernt als von seinem Jugendfreund Friedrich Schiller. „Schönheit … ist nichts anderes als Freiheit in der Erscheinung" – das ist nach Schiller das zentrale Theorem dieser Philosophie[35], und die ästhetische Erfüllung dieses Satzes ist die im Kunstwerk zur Anschauung erhobene Humanität, die ihr Ideal in der Versöhnung von Natur und Sittlichkeit hat. Das klingt klassizistisch, und eben das ist es auch. Die Rolle der Kunst im Klassizismus ist kompensatorisch. Der Anblick versinnlichter Freiheit, den sie gewährt, hält ein Maß gegenwärtig, von dem man zugleich weiß, daß die Gegenwart seine Erfüllung erschwert, und zwar um so mehr, je ausgeprägter Verhältnisse der Entzweiung das moderne Leben bestimmen. Die Freiheit des Bürgers wird um den Preis dieser Entzweiung gewonnen. Die bürgerliche Gesellschaft trennt sich vom Staat. Die partikulären und allgemeinen Zwecke, Privatheit und Öffentlichkeit treten auseinander, und wir existieren dual als Bourgeois und Citoyen, und weder in der einen noch in der anderen Rolle hat unser Tun seinen Zweck in sich selbst. Um so nötiger wird in der modernen Welt die kulturelle Veranstaltung kompensatorischer Gelegenheit zu Betätigungen, die statt in externen Zwecken sich in sich selbst erfüllen, so daß wir, in solchen Betätigungen, unse-

---

[31] Cf. dazu Valentin Scherer: Deutsche Museen. Entstehung und kulturgeschichtliche Bedeutung unserer öffentlichen Kunstsammlungen. Jena 1913.

[32] A.a.O., p. 102.

[33] A.a.O., p. 103.

[34] A.a.O., p. 115.

[35] Brief an Körner vom 8. Februar 1792. – Schillers sämtliche Werke, Band V. München 1967, p. 400.

rer Humanität zu genügen vermögen. Wo wir uns dem Wahren und Schönen widmen, ist das der Fall, und auf den Zweck der Konstitution der institutionellen Gelegenheiten, das zu tun, ist die Kulturpolitik Humboldts als Universitätspolitik einerseits und als Museumspolitik andererseits ersichtlich bezogen. Konstitutionell werden in dieser Politik Wissenschaft und Kunst von Staats wegen für frei erklärt, und institutionell errichtet sie Universität und Museum als Staatsanstalten zur Beförderung der Humanität durch Bildung im Umgang mit dem, was sich selbst Zweck ist und darin uns selber frei macht. Selbstzweck als Staatszweck – das ist, auf eine Formel gebracht, die Philosophie dieser Kulturpolitik. Ihr Zweck ist Autonomie, und dieser Zweck begrenzt sich zugleich pragmatisch auf Stiftung und Erhaltung der institutionellen Gelegenheiten ihrer Betätigung.

Man darf solche Formeln nicht pseudoliberal mißverstehen, als entäußere sich in ihnen der Staat zum Emanzipationsgehilfen, dem der freie und gebildete Bürger, von Steuerleistungen abgesehen, nun seinerseits nichts mehr schulde. Die Meinung war, altliberal, genau umgekehrt die, daß erst durch Freiheit und Bildung Menschen zu Subjekten von Staatsbürgertugenden werden. Freiheit und Bildung sind Staatszweck, aber sie sind zugleich auch Interesse des Staats. Altliberale Kulturpolitik, die freier Bildung ihre institutionellen Gelegenheiten verschafft, ist am Prinzip des indirekten Staatsnutzens orientiert. Dieses Prinzip drückt sich in den bildungspolitischen Denkschriften Humboldts auf das bestimmteste aus. So ist die Freiheit der Wissenschaft von der Bestimmung durch externe Zwecke eben deswegen Staatszweck, weil die Wissenschaft, wie es Humboldt bei Gelegenheit des Antritts seiner Akademiemitgliedschaft formulierte, eben „dann ihren wohltätigsten Segen" ausgießt, wenn sie diesen Nutzen „gewissermaßen zu vergessen scheint"[36]. Analog gilt auch für die Kunst, die doch zunächst, wie „alles Geistige", ihren „Zweck nur in sich trägt", daß die staatliche Veranstaltung ihrer öffentlichen Präsenz „die wohltätige Rückwirkung der Kunst" aufs Publikum zum externen Zweck hat[37].

Rudolf Haym, der Humboldt allzu „perikleisch für einen preußischen Minister" fand[38], bemerkte in seiner Biographie Humboldts, dieser habe in seinen andachtsförmigen, morgendlichen Beschäftigungen mit Kunst und Literatur der Antike Schillers Theorie der ästhetischen Erziehung auf sich selbst angewandt[39]. In der Veröffentlichung der Kunst durch die Einrichtung des Museums wurde diese Theorie sozusagen auf die Nation angewandt. Das ist der Zusammenhang, der erst den Rigorismus verständlich macht, mit dem Humboldt

---

[36] Antrittsrede in der Berliner Akademie der Wissenschaften (vom 19. Januar 1809). In: GS III, pp. 219–221. p. 220.

[37] Kunstvereinsbericht vom 30. Dezember 1828. In: GS VI, 1, pp. 85–93, p. 87. – Dieser Bericht ist das wichtigste Dokument der kunstpolitischen Orientierungen des späten Humboldt.

[38] Rudolf Haym, a.a.O., p. 300.

[39] A.a.O., p. 258.

die Benutzungsordnung des Museums vom Zweck, die großen Werke der
Kunst öffentlich zu halten, dominiert sein läßt. Diesem Zweck werden die
konkurrierenden Zwecke praktischer Künstler-Ausbildung einerseits und esoterischer wissenschaftlicher Studien andererseits untergeordnet. Das heißt:
Kein Kunstwerk sollte zum Zweck von Kopie-Übungen von seinem Platz entfernt werden dürfen. Die tolerable Zahl anwesender Kunstschüler wurde strikt
begrenzt, und in der kunstpolitischen Konsequenz die Kunstwerke im Original
überhaupt aus ihrer Dienstbarkeit als Hilfsmittel der Künstlerausbildung entlassen[40]. Das Museum war dem Schönen geweiht; aber die skizzierte neue politische Philosophie des Schönen verlangte, es organisatorisch primär für den
ungestörten ‚ästhetischen Genuß' des Publikums einzurichten[41].

Die Geschichte der kunstpolitischen Durchsetzung dieses Gesichtspunkts
ist kurz und dramatisch. Noch im Reglement für die Akademie der Künste und
mechanischen Wissenschaften, das 1790 Friedrich Wilhelm II. zur Ordnung
des Zugangs zu den Kunstschätzen in den königlichenn Schlössern erlassen
hatte, herrschten die Ausbildungs- und Studienzwecke gänzlich vor[42]. Aloys
Ludwig Hirt aus Donaueschingen dann, seit 1796 als Altertumskundler Mitglied der Berliner Akademie, hatte in seinem 1797er Museumsplan immerhin
bereits generell wöchentlich zwei publikumsoffene Vormittage ins Auge gefaßt. Aber auch Hirt noch nennt als Zweck der Einrichtung die National-Bildung durchaus an zweiter Stelle hinter den Unterrichtszwecken[43]. Bei Humboldt dann ist die museumspolitische Konsequenz aus der skizzierten idealistischen Kunstphilosophie endgültig gezogen.

Bildung in Zuwendung zum Wahren und Schönen – das also ist das Konzept. Wie dem Wahren die Universität zugeordnet ist, so das Museum dem
Schönen. Aber wo bleibt in diesem Konzept das dritte Glied aus der uns vertrauten Trias des Wahren, Schönen und Guten, die uns aus so mancher Wid-
mungs-Inschrift über bürgerlichen Bildungsbauten[44] vertraut ist? Städtebaulich
stand ja Schinkels Museum quer zum Boumannschen Alten Dom und bezog

---

[40] Cf. dazu Bericht … a.a.O. (cf. Anm. 16), p. 322.
[41] Ausdrücklich werden auf Stellung und Hängung der Kunstwerke am „Zweck des ästhetischen Genusses" orientiert, sowie an dem „der künstlerischen Belehrung",
a.a.O., p. 305.
[42] Aus dem „Reglement für die Akademie der Bildenden Künste und Mechanischen
Wissenschaften zu Berlin" vom 26. Januar 1790, in: Zur Vorgeschichte der Berliner
Museen, Urkunden von 1786–1807. Jahrbuch der Preußischen Kunstsammlungen
49 (1928), pp. 69–70, § 54; cf. dazu Paul Seidel: Zur Vorgeschichte der Berliner Museen, der erste Plan 1797. In: a.a.O., pp. 55–57; p. 56.
[43] So Aloys Ludwig Hirt in seinem Plan zu Händen des „Curatoriums der Königlichen
Akademie der Schönen Künste und Mechanischen Wissenschaften" vom 22. September 1798, in: A.a.O., pp. 57–64, p. 58, in welchem „bei der vorzunehmenden
Aufstellung der Kunstmonumente des Königlichen Hauses jene Einrichtungen"
vorgeschlagen werden, „welche auf die beste und gründlichste Weise den Unterricht, und die National-Bildung in Sachen des Geschmacks befördern könnten".
[44] Zum Beispiel aus der Hauptinschrift des Frankfurter Opernhauses.

sich in seinen Proportionen auf diesen sowie auf das Schloß[45]. Indessen ist evident, daß die Kirche nicht die Institution ist, die, wie Universität und Museum dem Wahren und Schönen, speziell als dem Guten gewidmet sich selbst deklarieren könnte – vom Schloß und vom Zeughaus schräg gegenüber ganz zu schweigen. Wo also bleibt, in der Philosophie Humboldtscher Kulturpolitik, das Gute? Die Antwort lautet: Das Gute ist in dieser Philosophie kantisch bestimmt, das heißt als eine uns innerliche moralische Qualität unseres Willens, und die Meinung war, mit Schiller, tatsächlich die, daß nichts geeigneter sei, uns bildungsmäßig in dieser Qualität zu befördern, als unsere Öffnung für die Ansprüche von Wahrheit und Schönheit. Der Religion wird, als Idealismus fürs Volk, diese Funktion nur hilfsweise, vor allem im Volksschulunterricht zugestanden[46]. Wir befinden uns ja in einer Epoche, in der die Erinnerung an Unfrieden und Intoleranz als Folgen konfessionell politisierter religiöser Wahrheitsansprüche noch lebhaft war[47], und mit der Hebung der allgemeinen Bildung sah man zugleich die kulturelle Nötigkeit institutionalisierter Religion schwinden. Treitschke berichtet, an Altensteins gastlicher Tafel sei, in den zwanziger Jahren, „zuweilen kühl die Frage erörtert" worden, „ob das Christentum noch zwanzig oder fünfzig Jahre dauern werde"[48]. Das sind Gedanken, von denen Humboldt nicht weit entfernt war. Als unvermeidliche Konsequenz ergab sich eine Überlastung des Lebenssinns, der kompensatorisch der Kunst zufallen mußte, und selbst Schleiermachers unvergleichliche Reden über die Religion an die Gebildeten unter ihren Verächtern, die so viel Gewichtige-

---

[45] Cf. dazu Hans Kauffmann: Zweckbau und Monument: zu Friedrich Schinkels Museum am Berliner Lustgarten. In: Eine Freundesgabe der Wissenschaft für Ernst Hellmut Vits zur Vollendung seines 60. Lebensjahres am 19. September 1963. Herausgegeben von Gerhard Hess. Frankfurt am Main 1963, pp. 135–166, bes. pp. 144 ff.

[46] Cf. dazu vor allem Humboldts „Bericht der Sektion des Kultus und Unterrichts" vom 1. Dezember 1809, in: GS X, pp. 199–224, bes. pp. 200 f., wo es p. 200 in Bezug auf erzieherisch zu vermittelnde „klare und bestimmte Begriffe über … Pflichten" heißt, daß diese Begriffe „durch Religiosität … in Gefühl" übergehen. – Das ist, religionsphilosophisch, auf Kant zurückgestutzter Schleiermacher. – Analog äußert sich Humboldt auch in seinem „Königsberger und litauischen Schulplan" vom 27. September 1809 (GS XIII, pp. 259–283): „Der Religionsunterricht ist minder Lehren, als Anregung des Gefühls" (p. 268).

[47] Das bezeugt vor allem Humboldts frühe Arbeit „Über Religion" (1789), GS I, pp. 45–76, die Behinderungen der „Denkfreiheit", die von der voraufgeklärten christlichen Religion ausgingen, aus ihrem Anspruch erklärt, Lehren von kognitiver Geltung zu sein, wie sie sich aus jener „Verbindung" von „Philosophie und Religion" ergäben, die dem klassischen Altertum unbekannt gewesen sei (pp. 50 ff.). – Über Humboldts Verhältnis zur Religion neuerdings Martin Schmidt: Religion und Christentum bei Wilhelm von Humboldt. Eine wenig beachtete Spielart des Neuprotestantismus. In: K. Beyschlag et al. (Hrsg.): Humanitas – Christianitas. Festschrift für Walther von Loewenich zum 65. Geburtstag. Witten 1968, pp. 150–166.

[48] Heinrich von Treitschke: Deutsche Geschichte im Neunzehnten Jahrhundert. Dritter Teil. Bis zur Julirevolution. Neue Ausgabe Leipzig 1927, p. 401.

res als Kant oder auch Humboldt über die Religion zu sagen wußten, waren nicht unbedingt geeignet, dieser Überlastung des Lebenssinns der Kunst entgegenzuwirken[49].

Es sind diese Zusammenhänge, die man sehen muß, um Schinkels Museumsarchitektur verständlich zu finden. Es genügt nicht zu sagen, daß sich in diesem Bau exemplarisch die Architektur gegenüber dem Expositionszweck des Museums, ohne ihm geradezu zu widersprechen, verselbständigt habe. Selbstverständlich repräsentiert das neuzeitliche Kunstmuseum architektonisch stets selbst Kunst. Aber die große Rotunde, das innere Zentrum des Schinkelschen Baus, war als Kuppelsaal weitaus mehr als sich museumstechnisch hätte rechtfertigen lassen. Der schon erwähnte Aloys Hirt war es, der, mit der Ästhetik des Idealismus unvertraut geblieben, gegen Schinkels Entwurf sogleich Einspruch erhob. Aber Schinkel vermochte sich durchzusetzen[50], und Humboldt verstand es später, im Einrichtungsbericht zu Händen des Königs, die Rotunde auch pragmatisch mit expositionstechnischen Argumenten der Aufstellung von Skupturen vor Säulen statt vor Wänden zu rechtfertigen[51]. Aber im Kern der Sache ging es darum gar nicht. Die Rotunde zielte auf eine Erhebung des Subjekts, bevor es sich in den Sälen der Betrachtung der Kunst widmete[52]. Die Wirkung trat ein. „Sehr ergriffen" sei der König gewesen, schrieb Brühl an Humboldt über die königliche Visite[53], und so ging es den anderen Besuchern auch. Das bedeutet: In der Rotunde stellt sich Schinkels Museum als Architektur einer Kunstreligion dar, und die Überlastung der Kunst in dieser Funktion[54] mußte auch für die Rotunde schließlich zur Verlegenheit werden. Unter den Werken der Kunst gibt es ja ein Allerheiligstes nicht, im Verhältnis zu dem die Rotunde sich selbst als dienendes Kunstwerk hätte definie-

---

[49] Schleiermacher hat „Palingenesie der Religion" in seiner Zeit, unter anderem, in der „Richtung auf das in sich Vollendete, auf die Kunst und ihre Werke" erblickt; p. 166 der Originalausgabe der „Reden ..." von 1799. – Zum Kontext cf. Carl Heinz Ratschow: Nachwort, in: Friedrich Schleiermacher: Über die Religion. Reden an die Gebildeten unter ihren Verächtern (1799). Stuttgart 1977, pp. 209–238, bes. pp. 224 ff.

[50] Cf. dazu Volker Plagemann: Das deutsche Kunstmuseum ..., a.a.O. (cf. Anm. 8), p. 68.

[51] Bericht ... a.a.O. (cf. Anm. 16), p. 302: „Vollkommen neu ist die Aufstellung von Statuen an Säulen. Sie existiert in keiner der bisherigen Sammlungen, war aber den Griechen nicht fremd ..." etc.

[52] Zur Architekturgeschichte und Ästhetik der Rotunde cf. Hans Kauffmann: Zweckbau und Monument ..., a.a.O. (cf. Anm. 45), bes. pp. 153 ff.

[53] Karl Moritz von Brühl an Wilhelm von Humboldt am 2. Juli 1830. In: Urkunden zur Einrichtung des Berliner Museums. Mitgeteilt von Friedrich Stock. Beiheft zum Jahrbuch der Preußischen Kunstsammlungen 1937, pp. 9–10, p. 9.

[54] Eindrucksvolles Dokument späten Abschieds von der Kunstreligion in der Darstellung ihrer Geschichte bleibt das Buch des Zwickauer Predigers Gustav Portig: Religion und Kunst in ihrem gegenseitigen Verhältnis. Zwei Bände. Iserlohn 1879/1880.

ren können. Sie geriet in ein arbiträres Verhältnis zu allem, worüber sie sich
wölbte, und sei es zum Betenden Knaben oder zu den Göttergestalten, und es
war nicht ohne Logik, daß schließlich eine Statue Friedrich Wilhelms III. in
römischer Imperatorentracht[55] in ihr Aufstellung fand. Man würde das bieder-
meierliche Preußen mißverstehen, wenn man fände, damit sei nun der König
selbst in die Funktionsstelle eines kunstreligiösen Allerheiligsten eingerückt. Es
handelte sich dabei vielmehr um ein Dementi der Kunstreligion nach dem
Überschreiten ihres Höhepunkts, den wir in der Philosophie Humboldts erkennen können.

Die Kunstreligion, als deren Tempel man das Museum einen Augenblick
lang allerdings zu verstehen versuchen muß, scheitert aber nicht nur an der
Überlastung, die sie in dieser kulturellen Funktion der Kunst zumuten müßte.
Das Verhältnis zur Kunst, das das Kunstmuseum für die Öffentlichkeit her-
stellt, ist auch von Anfang an und im Prinzip historisch gebrochen. Nur
scheinbar widerspricht das dem Klassizismus, in dessen Orientierung Wilhelm
von Humboldt wie kein anderer Klassiker sich lebenslang hielt. Wahr ist, daß
dieser Klassizismus der Kunst des Altertums und des perikleischen Zeitalters
zumal in humanistischer Bildung als dem Prozeß unserer Selbstbegreifung eine
exemplarische Stellung anwies. Aber dieses geschah, im Gymnasialunterricht
wie in der Museumseinrichtung, ja nicht deswegen, weil der Klassizismus des
Deutschen Idealismus den Aufgang des historischen Bewußtseins noch vor
sich gehabt hätte. Die Sache verhält sich umgekehrt: Nichts hat die kulturelle
Erfahrung der historischen Distanz der Zeiten mehr intensiviert als eben dieser Klassizismus. Versöhnung von Menschlichkeit und Bürgerlichkeit, Versöhnung von Natur und Kultur und die Gegenwart einer Religion, die das Heilige
nicht ins Unsichtbare verfremdet, vielmehr im Schönen gegenwärtig macht –
das ist das Bild der Antike, wie es Humboldt schon in seiner Frühschrift über
das Studium des Altertums und des Griechischen insbesondere entworfen hatte[56]. Dieses Bild lebt vom Kontrast zur modernen Welt christlicher Herkunft
bei Eintritt der bürgerlichen Gesellschaft in die Phase ihrer politisch-industri-
ellen Emanzipation[57]. Die kulturelle Funktion des Klassizismus ist die eines
Kompensats dieser Modernität, und die historische Differenz der Zeiten in einem irreversiblen und zudem sich beschleunigenden Fluß der Geschichte ist
die Erfahrungsvoraussetzung einer Kunst- und Kulturpolitik zur Veranstaltung dieser Kompensation[58]. Die erwähnte Jugendschrift Humboldts ist ja aus

---

[55] Vom Rauch-Schüler Kiss. Cf. Volker Plagemann, a.a.O., p. 74.

[56] Über das Studium des Alterthums und des Griechischen insbesondere (GS I, pp.
255–281).

[57] Humboldt reflektiert ausdrücklich auf die „Sklaverei" als historische Bedingung antiker „Liberalität" der „Freien", a.a.O., p. 271.

[58] Mit der Beschleunigungserfahrung der geschichtlichen Gegenwart hat Humboldt
schon 1792 das der Antike kontrastiert: „Wenn in den letztern Jahrhunderten die
Schnelligkeit der gemachten Fortschritte, die Menge und Ausbreitung künstlicher

seinem Umgang mit Friedrich August Wolf, dem deutschen Erzvater der Alter-
tumskunde als Wissenschaft, hervorgegangen. Die Philologie ist es, als die das
klassizistische Verhältnis zur klassischen Literatur kulturell dauerhaft werden
sollte[59], und dasselbe gilt für die historischen Kunstwissenschaften in ihrem
Verhältnis zur Kunst. Der Historismus geht nicht aus der Überwindung des
Klassizismus hervor. Er ist ihm komplementär. Der historischen Singularität
der antiken Welt ist Humboldt sich stets voll bewußt gewesen, und vom Gedanken ihrer Imitierbarkeit ist der Klassizismus sowohl in Vorstellungen ihrer
Wünschbarkeit wie in Vorstellungen ihrer Möglichkeit gänzlich frei. Weder
Rauch oder Schinkel noch Schadow oder Thorwaldsen sind doch in irgend-
einem Betracht Repetitoren diskontinuitätsfrei geltender Muster, vielmehr De-
monstranten künstlerischer Möglichkeiten, unter Entzweiungsverhältnissen
der Moderne Humanität im Kunstwerk darzustellen.

Der Historismus im Klassizismus schlägt auch in der Museumseinrichtung
durch. Die Aufstellung der Kunstwerke erfolgt nunmehr grundsätzlich historisch oder nach historisch unterscheidbaren Schulen[60] – mit Ausnahmen freilich für die antiken Skulpturen schon ihrer geringeren Zahl wegen, die die
Möglichkeiten, eine historische Abfolge sichtbar zu machen, ohnehin begrenz-
te, aber auch wegen der Aufstellungszwänge, die sich aus den Größenverhält-
nissen der Werke ergaben, sowie aus unabweisbaren Rangansprüchen der Götter auf einen Platz in der Rotunde. Ägyptisches blieb in Monbijou, Mittelalter-
liches bekam einen eigenen Raum, Modernes bis zu Canova wurde noch als
Annex zur Antike behandelt, jedoch mit der Aussicht auf expositionstechni-
sche Emanzipation nach erfolgter Vermehrung[61].

Historisch kontrolliert erfolgte dann auch die Restauration durch Rauch
und Tieck[62] mit der Konsequenz der Befreiung nicht weniger Bildwerke von
Zusätzen aus anachronistischem Mißverständnis früherer Zeiten[63]. Historisch
kontrolliert besorgte der von Humboldt hochgerühmte Gustav Waagen, in
Verbindung mit seinem Lehrer Rumohr, als Direktor der Galerie, Zuschrei-
bung und Identifizierung der Gemälde mit uneingeschränkter Bereitschaft zum

---

Erfindungen, die Größe der gegründeten Werke am meisten unsere Aufmerksamkeit an sich zieht, so fesselt uns in dem Alterthum vor allem die Größe, welche immer mit dem Leben Eines Menschen dahin ist, die Blüthe der Phantasie, die Tiefe
des Geistes, die Stärke des Willens, die Einheit des ganzen Wesens, welche allein
den Menschen wahren Werth gibt", Ideen zu einem Versuch ..., GS I, p. 104.

[59] Cf. dazu Hellmut Flashar: Die methodisch-hermeneutischen Ansätze von Friedrich
August Wolf und Friedrich Ast – traditionelle und neue Begründungen. In: Philolo-
gie und Hermeneutik im 19. Jahrhundert. Zur Geschichte und Methodologie der
Geisteswissenschaften. Herausgegeben von Hellmut Flashar, Karlfried Gründer,
Axel Horstmann. Göttingen 1979, pp. 21–31.

[60] Cf. Bericht ..., a.a.O., pp. 305ff.: „Aufstellung".

[61] A.a.O., p. 310.

[62] A.a.O., p. 311.

[63] Cf. Valentin Scherer, Deutsche Museen, a.a.O., p. 166.

Verzicht auf teure Illusionen und Pseudogewißheiten der vorhistoristischen Zeit[64]. Die Intention der historischen Komplettierung leitete inzwischen auch die Sammeltätigkeit, die bereits vor der Museumsgründung im Ankauf der Sammlungen Giustiniani und Solly[65] besonders erfolgreich gewesen war. Eben dieselbe Intention der historischen Komplettierung sollte schließlich auch die Arbeit der Ankaufskommission leiten. Ergänzung durch solches, das Rang hat – das war die Maxime, die Humboldt der Kommission vorschrieb, und entsprechend sah er vor, sie mit künstlerisch-kunstwissenschaftlicher Doppelkompetenz auszustatten[66]. Dem Pragmatiker Humboldt war klar, daß der Zukunftsrang des Museums vor allem von der Tätigkeit dieser Kommission abhängen mußte. Entsprechend erhöhte er, gegenüber Altensteins Haushaltsansatz, den Anschaffungsetat um mehr als 50 Prozent[67] und kürzte dafür den Verwaltungsetat um ein Siebentel[68]. Vor allem aber wußte er, daß die Validität der Anschaffungspolitik daran hing, der Kommission im Rahmen der etatmäßig bewilligten Mittel ein Recht der Entscheidung zu konzedieren[69] und nicht bloß, wie Altenstein wollte, das Recht, dem Ministerium Anschaffungsvorschläge zu unterbreiten. Humboldt konnte seine Tätigkeit als Museumsgründer mit dem Triumph beschließen, in beiden zentralen Punkten gegen Altenstein die Zustimmung des Königs zu finden[70].

---

[64] Cf. Bericht …, a.a.O., pp. 308 ff., wo Humboldt die Prinzipien des von Gustav Waagen gefertigten Gemälde-Katalogs erläutert. – Zu Waagen cf. Alfred Woltmann: Gustav Friedrich Waagen. Eine biographische Skizze. In: Gustav Fr. Waagen: Kleine Schriften. Stuttgart 1875, pp. 1–52; über Waagens Tätigkeit in der von Humboldt geleiteten Einrichtungskommission. A.a.O., pp. 7 ff.

[65] Cf. dazu Cécile Lowenthal-Hensel: Die Erwerbung der Sammlung Solly durch den Preußischen Staat. Protokoll einer geheimen Transaktion. In: Neue Forschungen zur Brandenburg-Preußischen Geschichte 1. Herausgegeben in Zusammenarbeit mit der Preußischen Historischen Kommission von Friedrich Benninghoven, Cécile Lowenthal-Hensel. Köln, Wien 1979, pp. 109–159.

[66] Bericht …, a.a.O., p. 318.

[67] Gegenüber 13 200 Talern im Ansatz Altensteins auf 22 000 Taler.

[68] Gegenüber 44 800 Talern im Ansatz Altensteins auf 38 000 Taler. – Cf. Wilhelm von Humboldt über Altensteins Bericht vom 28. September 1830. In: Urkunden zur Einrichtung des Berliner Museums. Mitgeteilt von Friedrich Stock. Beiheft zum Jahrbuch der Preußischen Kunstsammlungen 1937, pp. 33–41, p. 35.

[69] A.a.O., p. 40: „Dadurch aber, dass der Herr Minister Freyherr von Altenstein die definitive Entscheidung der Commission in einen bloßen Beirath verwandelt, hat er, ohne in eine Wiederlegung meiner Vorschläge einzugehen, dieselben gerade im Wesentlichen umgeändert. Ich bin weit entfernt davon, das zu tadeln, da ich meine Meinung gar nicht für unfehlbar halte. Ich habe nur auf diesen wichtigen Unterschied zwischen unsern beiderseitigen Berichten zur Motivierung der Allerhöchsten Entscheidung aufmerksam machen wollen, bemerke nur noch, dass ein Mittelweg zwischen beiden Meinungen vergeblich gesucht werden dürfte."

[70] Friedrich Wilhelm III. an Altenstein, in: A.a.O., pp. 41–42, p. 41: „Das Institut muss daher, wenn es seinen Zweck erfüllen und vor nachtheiligen Einwirkungen gesichert bleiben soll, für alle Zeiten von der Willkühr eines Einzelnen und von der zufälligen Persönlichkeit seines jedesmaligen Vorgesetzten unabhängig erhalten

Mit dem Klassizismus wird das Museum zur Bildungseinrichtung und mit dem Historismus, als dem Komplement des Klassizismus, zu einer Einrichtung der Wissenschaft. Die Verwissenschaftlichung des Museums steht, bis heute, zu seinem Bildungswert nicht im Widerspruch, aber doch in Spannung[71]. Museumspolitisch war das damals vor allem die Frage des Verhältnisses der Originale zum „Gyps". Für das wissenschaftliche Studium historischer Evolutionen braucht man naturgemäß stets mehr Objekte als an originalen Relikten dieser Evolutionen museal an einem Ort je sich versammeln lassen. Gips war das wichtigste Material zum Ausgießen der entsprechenden Lücken, und es gab Vorschläge gewichtiger Leute – Bunsen zum Beispiel und wiederum Aloys Hirt –, so auch die Bestände im Berliner Museum zu komplettieren[72].

Humboldts Lösung des Problems sieht dezidiert anders aus. In Anerkenntnis der Zwecke der kunstwissenschaftlichen Studien schlägt er vor, für Abgüsse einen eigenen Etatposten zu errichten, aber bei separater Aufstellung der Objekte in separaten Lokalen[73]. Das bedeutet: Der klassizistisch definierte Bildungszweck des Museums hängt an der Präsenz des Kunstwerks in seiner singulären Originalität. Eben damit sind wir an einem Punkt angelangt, an welchem wir beginnen können, Humboldts Museumsphilosophie auf unsere gegenwärtige Lage ausdrücklich zu beziehen. Seit damals haben sich ja unsere technischen Möglichkeiten, die originalen Werke der bildenden Kunst in nahezu allen ihren ästhetischen Dimensionen imitativ abzubilden, in ungeahnter Weise perfektioniert. Außerdem sind wir inzwischen an den Auftritt einer Kunst gewöhnt, auf die in ihren durch beliebige Reproduzierbarkeit gekennzeichneten dinglichen Werken der Begriff des Originals nicht einmal mehr ka-

---

werden. Dieses ist nur dann zu erreichen, wenn die von Mir bereits angeordnete künstlerische Commission über die artistischen Gegenstände von dem General-Intendanten nicht als Beirath, ... sondern ... mit entscheidender Beschlussnahme der Mehrheit zugezogen wird." – Zur Etatfrage cf. p. 42.

[71] Cf. dazu Gert von der Osten: Die Tätigkeit der Museen. In: Denkschrift Museen. Zur Lage der Museen in der Bundesrepublik Deutschland und Berlin (West). Verfaßt von Hermann Auer, Kurt Böhner, Gert von der Osten, Wilhelm Schäfer, Heiner Treinen, Stephan Waetzoldt, in Zusammenarbeit mit Brigitte Klesse, Alheidis von Rohr, Dieter Ronte, Wolfgang Treue. Boppard 1974, pp. 141–158, bes. pp. 156f.

[72] Zur Geschichte der Abgußsammlungen in der Geschichte der Berliner Museen cf. Valentin Scherer: Deutsche Museen, a.a.O., pp. 169ff.

[73] Bericht, a.a.O., p. 311: „Gypsabgüsse von Statuen haben natürlich von dem Königlichen Museum gänzlich ausgeschlossen werden müssen. Da jedoch eine höchst schätzbare Sammlung derselben schon vorhanden ist, so wage ich es, bei dieser Gelegenheit den doppelten, in der That höchst dringenden Wunsch auszusprechen, dass es möglich sein möchte, da sie jetzt in einem viel zu beschränkten Raum steht, derselben ein angemessenes Lokal anzuweisen und zugleich etatsmäßig eine Summe zur jährlichen Vermehrung zu bestimmen." – Zum historischen Kontext cf. Gertrud Platz-Horster: Zur Geschichte der Berliner Gypssammlung. In: Ergänzungsband zum Katalog „Berlin und die Antike". Berlin 1979, pp. 273–292.

tegorial anwendbar ist. Längst gibt es Museen, deren Exponate, auf Zwecke historischer Bildung bezogen, anstelle von Originalen nahezu exklusiv Reproduktionen sind, und der Laie, der die entsprechende Information im Museumsführer nicht apperzipiert hat, bemerkt es nicht einmal. Es scheint evident, daß unter solchen Bedingungen der kulturelle Ort des originalen Kunstwerks, dessen Präsentation das Museum nach Humboldt exklusiv dienen sollte, sich verschiebt[74]. Aber es wäre falsch zu sagen, daß das Original unter den Bedingungen technischer Reproduzierbarkeit der Kunst seine Aura verlöre. Das Gegenteil ist, in wohlbestimmbarer Hinsicht, der Fall. Attraktivität, Eindruck und Wirkung, die von der Singularität des Originals ausgehen und von denen Humboldt seine Museen getragen sein lassen wollte, wachsen im Verhältnis zur kulturellen Expansion der Reproduktionstechniken disproportional an. Nicht das nie gesehene, sondern gerade umgekehrt das tausendfach reproduktiv gegenwärtige Kunstwerk ist, in seiner Originalgestalt, das Ziel der Museumswallfahrten unseres heutigen Publikums, und die Aura des Originals wird dinglich sichtbar im Arrangement der technischen und organisatorischen Medien, die heute zu seinem Schutz aufgeboten sein wollen – von den Klimaanlagen über die Panzertüren bis zu den privilegierenden Beschränkungen des Zugangs zu ihm, die nötig sind, um es buchstäblich aus dem Dunstkreis heutiger Publikumsmassen herauszuheben[75]. Der Humboldtschen museumspolitischen Entscheidung, Marmor und Gips funktional und räumlich zu trennen, lag die Absicht zugrunde, die Unwiederholbarkeitserfahrung zu intensivieren, die der historisch reflektierten Ästhetik des Klassizismus wesentlich zugehört. Nicht das Gegenstandsloswerden dieser Erfahrung ist heute unser Problem, sondern die museums- und ausstellungspolitische Bedienbarkeit des reproduktionstechnisch massenhaft erweckten Wunsches, diese Erfahrung im Anblick des Originals nun auch selber machen zu wollen. –

Indem die Kunst zur Sache des Publikums wird, bedarf es des Museums als der Institution ihrer Veröffentlichung[76]. Die Museumspolitik, in der sich dieser

---

[74] Walter Benjamin hat das in seiner berühmt gewordenen These zusammengefaßt: „… die Zertrümmerung der Aura ist die Signatur einer Wahrnehmung, deren *Sinn für das Gleich artige in der Welt* so gewachsen ist, dass sie es mittels der Reproduktion auch dem Einmaligen abgewinnt." – Walter Benjamin: Das Kunstwerk im Zeitalter seiner technischen Reproduzierbarkeit. In: Das Kunstwerk im Zeitalter seiner technischen Reproduzierbarkeit. Drei Studien zur Kunstsoziologie. Frankfurt am Main 1963, pp. 7–63, p. 19.

[75] „Das reproduzierte Kunstwerk wird in immer steigendem Maße die Reproduktion eines auf Reproduzierbarkeit angelegten Kunstwerks", heißt es bei Benjamin (a.a.O., p. 21). Für gewisse, partielle Bereiche zeitgenössischer Kunst gilt das. Aber ersichtlich führt das nicht zur „Zertrümmerung der Aura" des singulären Originals, sondern verstärkt in plausibler Weise, die, wer will, „dialektisch" nennen mag, ihre Attraktivität. Nicht die Leugnung dieser Attraktivität, sondern das intellektuelle Verbot, sie auf sich wirken zu lassen, verbliebe daher, insoweit, der Kulturkritik.

[76] Das „Volk der Segnungen der Kunst in ihrem größten Umfange theilhaft zu ma-

Zusammenhang darstellt, ist damit eo ipso auf Zwecke der Repräsentation bezogen, und im Falle staatlicher Kunstpolitik eben auch auf Zwecke nationaler Repräsentation[77]. Die städtebauliche Plazierung des Schinkelschen Museums symbolisiert diesen Zusammenhang unüberbietbar deutlich. Es handelt sich hier um einen Zusammenhang, der unter modernen politischen Voraussetzungen immer und überall gilt[78] und daher auch bei uns von den politischen Untergängen prinzipiell unberührt bleibt, die als der Untergang Preußens und als der Reichsuntergang inzwischen hinter uns liegen. Der Sachzusammenhang ist dieser: National repräsentativ musealisierte Kunst manifestiert politisch die Anerkennung des Anspruchs der Bürger auf allgemeinen Zugang zur Kunst. Die staatlich veranstaltete, öffentliche Gegenwart dieser Kunst macht sichtbar, daß der Zweck des Staates sich insoweit in der Freisetzung von Zwecken erfüllt, die ihrerseits, wie Bildung und Kunst, humaner Selbstzweck sind. Als Repräsentationsbau symbolisiert das Kunstmuseum Bildung in ihrem emphatischen Begriff, durch den, übers Eigentumsrecht hinaus, der neuzeitliche Bürger sich definiert, und weil der Inhalt dieser Bildung damals in der erläuterten Weise klassizistisch war, ist der Klassizismus der klassische Stil der entsprechenden staatlichen Repräsentationsarchitektur. Es handelt sich um eine königliche Repräsentationsarchitektur in bürgerlicher Absicht.

Den König gibt es nicht mehr, aber ersichtlich ist mit der Monarchie nicht zugleich auch die Repräsentationsfunktion des Kunstmuseums untergegangen. Gewinnung einer kulturell vermittelten individuellen Identität, Bildung also, ist das Komplement der politischen Emanzipation des Bürgers, und repräsentative Kulturpolitik ist – von der Staatsfinanzierung repräsentativer akademischer Klassiker-Editionen[79] bis zur Trägerschaft oder Mitträgerschaft repräsentativer Kunstmuseen – Konsequenz und Vergegenwärtigung dieses Zusammenhangs. Wahr ist, daß heute mit unverändert fortschreitender Expansion unseres Kunstpublikums zugleich auch die Menge derer wächst, die in den Institutionen, Werken und Veranstaltungen unserer repräsentativen Kultur ihre eigenen Bildungsbedürfnisse nicht mehr mitrepräsentiert finden. Subkulturbildung ist die Konsequenz solcher abnehmenden Repräsentativität unserer öffentlichen

---

chen" – so definiert Altenstein, zusammenfassend, den Zweck des Museums. – Altenstein an Friedrich Wilhelm III. in: Urkunden ... a.a.O. (cf. Anm. 10), p. 12.

[77] Über die Funktion der hauptstädtischen Verortung des Museums cf. Altenstein a.a.O., p. 13.

[78] Cf. dazu Stephan Waetzoldt: Museumspolitisches Nachwort. In: Denkschrift Museen ... a.a.O. (cf. Anm. 71), pp. 179–183.

[79] Cf. dazu, exemplarisch, meinen Aufsatz „Philosophische Editionen – kulturpolitisch von hohem Rang, wissenschaftspolitisch ohne Präferenz", in: Wirtschaft und Wissenschaft. Heft 2/1976, pp. 2–6, ferner, zur Kulturpolitik der historischen Geisteswissenschaften insgesamt, meinen Aufsatz „Geschichtsinteresse und Nationalkultur. Kulturelle und politische Funktionen der historischen Geisteswissenschaften", in Hermann Lübbe: Wissenschaftspolitik. Planung, Politisierung, Relevanz. Zürich 1977, pp. 30–53.

Kultur[80]. Aber die Kulturkrise, die man alsdann insoweit diagnostizieren mag, desavouiert nicht den von Humboldt kulturpolitisch behaupteten Nötigkeitszusammenhang von bürgerlicher Autonomie und Bildung. Sie zeigt vielmehr an, daß mit der Zunahme von Komplexität und Dynamik unserer zivilisatorischen Lebensbedingungen die Chancen der Realisierung dieses Nötigkeitszusammenhangs von Autonomie und Bildung rückläufig sind. Zugespitzt formuliert: Die Krise repräsentationsfähiger Kultur in der Tradition ihrer klassischen Charakteristik durch Humboldt ist nicht eine Krise ihrer Irrelevanz wegen, sondern eine Krise durch Überforderung[81]. –

Die Historisierung der Kunst, die sich in der skizzierten Weise mit der Einrichtung des Kunstmuseums in der Konsequenz der Ästhetik des Klassizismus vollzieht, provoziert natürlich die kunst- und kulturpolitische Frage nach dem Verhältnis der aktuellen Kunst zur musealisierten. Es wäre ein Mißverständnis anzunehmen, daß die der Ehre der Museumsreife teilhaftig gewordene Kunst nun gegenüber der aktuellen Kunst einen repräsentativ-kanonischen Charakter gewänne. Durch die Kulturpolitik der Gründung repräsentativer Kunstmuseen wird der modernen Kunst nicht eine Fessel angelegt; sie wird ganz im Gegenteil dynamisiert. Die Historisierung der Kunst, die sich im Kunstmuseum vollzieht, beendet die große Debatte des frühen 18. Jahrhunderts, die berühmten Querelles des Anciens et des Modernes, und setzt, auch in der Kunst, Fortschritt und Modernisierung frei[82]. Zur Zeit der Berliner Museumsgründung hieß die Moderne „romantisch", und niemand wird nachträglich finden können, Humboldt sei ein besonderer Freund dieser „romantisch" genannten Moderne gewesen[83]. Aber nicht von Humboldts klassizistisch imprägniertem

---

[80] Über Ursachen abnehmender Repräsentativität öffentlicher Kultur und komplementärer Subkulturbildungen cf. meinen Aufsatz „Kultur in der Arbeitnehmergesellschaft", in: Hermann Lübbe: Endstation Terror. Rückblick auf lange Märsche. Stuttgart 1978, pp. 188–204.

[81] Zum Stichwort „Überforderungskrise" cf. meinen Aufsatz „Die Überforderungskrise. Allgemeinbildung: Nachfrage wie nie zuvor". In: Frankfurter Allgemeine Zeitung. Nr. 129 (6. Juni 1979).

[82] Zu diesem Zusammenhang cf. die unüberbotene Analyse von Hans Robert Jauß: Ursprung und Bedeutung der Fortschrittsidee in der „Querelles des Anciens et des Modernes". In: Die Philosophie und die Frage nach dem Fortschritt. Herausgegeben von Helmut Kuhn und Franz Wiedmann. München 1964, pp. 51–72.

[83] Das Verhältnis zum „Modernen" ist Dauerthema in Humboldts Kunstvereinsberichten, vor allem im Kunstvereinsbericht vom 30. Dezember 1828 (GS VI, 1, pp. 85–93), p. 91 f.: „Wenn ich mich hier des Audrucks der Rückkehr zum Alterthum bediene, und von einem Gegensatz mit dem Modernen rede, so behaupte ich darum keineswegs, dass gerade die Plastik bloß zu einem unfruchtbaren Ringen mit der Antike verurtheilt sey. Der Lauf der Jahrhunderte hat Gedanken und Gefühle entwickelt, welche den früheren fremd waren; jede Zeit schafft sich ihren eigenen Charakter, und der geniale Künstler ... schafft sich sein Ideal, statt einem fremden, ihm gegebenen nachzustreben. Nur das Moderne", schließt Humboldt klassizistisch, „was dem einfachen, naturwahren und rein künstlerischen Sinne des Alterthums widerstrebt, muss mit Strenge zurückgewiesen werden".

Kunstgeschmack ist hier zu reden, sondern von der einsichtigen Konsequenz, mit der er den geschilderten Vorgang der Musealisierung und Historisierung der Kunst durch eine Politik der Förderung freier aktueller Kunstproduktion komplettiert hat. Just in den Jahren, in denen die Berliner Museumsgründung in ihr akutes Stadium rückte, übernahm Humboldt, 1825, den Vorsitz im neu-gegründeten Verein der Kunstfreunde im Preußischen Staate. Gerade nicht das Museum ist Zweck dieses Vereins, sondern mäzenatische Förderung junger Künstler – zunächst nach traditionellem Muster durch thematisch fixierte Auf-tragserteilung, dann aber vor allem durch Ankauf frei produzierter Stücke[84]. Mit diesem Mäzenatentum, das die Vereinsmitglieder immerhin zur Zahlung eines Jahresbeitrags verpflichtete, der nahe bei einem Prozent eines damaligen Professorengehaltes lag[85], verband sich zugleich der Zweck, privates Publi-kumsinteresse auf die Gegenwartskunst zu lenken. Man erkennt: Das Kunst-museum, wie es Humboldt in Preußen gegründet hat, ist nicht das Fixativ künstlerischer Prozesse, sondern das institutionelle Komplement ihrer Dyna-misierung. Es steht damit am Anfang jenes Vorgangs, der seither moderne Kunst nicht etwa vom Museum wegführt, sondern ganz im Gegenteil mit Ten-denzen der Beschleunigung selbst ins Museum einziehen läßt, sobald der An-hauch des Historischen sich auf sie gelegt hat. Die Historisierung der Kunst ist nichts anderes als der intellektuelle Reflex der kulturellen Beschleunigung ihrer Entwicklung[86]. Diese Entwicklung als Entwicklung erfahrbar zu halten – das ist der historistische Bildungssinn des modernen Kunstmuseums. Je rascher freilich die Avantgarde von heute sich selber überholt und somit bereits jeweils morgen von gestern ist, um so öfter findet sich unsere historische Bildung in der Erfüllung ihrer Funktion überfordert, Vergangenheit als jeweils eigene Vergangenheit erkennbar, verstehbar und somit gegenwärtig zu halten. Aber selbst unter dem Druck dieser Überforderung hört das Museum nicht auf, inte-ressant zu sein. Von Kurt Böhner stammt die Erklärung, die verständlich macht, wieso das Gegenteil in wohlbestimmter Hinsicht der Fall ist. Indem mit der Beschleunigung unserer Kunst- und Kulturgeschichte das Ausmaß unver-standener Vergangenheiten zunimmt, gewinnen die künstlerischen Relikte die-ser Vergangenheiten ihrer progressiven Unverständlichkeit wegen die Attrakti-vität des Curiosen zurück, die schon im europäischen Vorhistorismus eminen-

---

[84] Cf. das „Programm des Vereins der Kunstfreunde im Preußischen Staate". GS V, pp. 233– 236.

[85] Verlangt wurden fünf Taler; für „Professor Fichte" schlug Humboldt als Chef der Kultusverwaltung 1809 ein Jahresgehalt von achthundert Talern vor (Antrag für Fichte vom 10. Mai 1809, GS X, 72–73, p. 73.

[86] Zum Zusammenhang von Erfahrung der Beschleunigung des kulturellen Wandels und Historisierung cf. mein Buch „Geschichtsbegriff und Geschichtsinteresse", Ba-sel, Stuttgart 1977, bes. pp. 304: Evolutionäre Beschleunigung und historisches Be-wußtsein.

te Sammelwut ausgelöst hatte[87]. Gerade die sogenannte Wegwerfgesellschaft wirft nichts mehr weg, was in die historische Aura von Vergangenheiten entrückt ist, die wir zur Gegenwart im Kontrast erblicken. Entsprechend schreitet der Prozeß der Musealisierung unserer kulturellen Umwelt rasch fort. Aber zugleich erhöht sich auch der Zwang zur Selektion, und der Anteil vergangener Kunst, der im Gegensatz zur öffentlich ausgestellten in den Magazinen verschwindet, wächst relativ und absolut ständig an. Ersichtlich beruht die Leistung der Selektion, die heute mit dem Musealisierungsprozeß wie nie zuvor zwangsläufig verbunden ist, auf der Integrität unseres Urteils über Rang und Qualität des Kunstwerks, das vom historischen Urteil über es zwar nicht abtrennbar, wohl aber stets unterscheidbar bleibt. Auch Humboldt war als Kunstfreund und Ästhetiker auf der Suche nach den Kriterien dieses künstlerischen Qualitätsurteils. Sein Klassizismus dementiert nicht die Historizität der Kunst, sondern repräsentiert eine klassische historische Antwort auf die Frage, woran es denn liegt, daß unter den Werken vergangener Kunst einige vor anderen über den historischen Wandel der Kunst hinweg uns so dauerhaft gegenwärtig bleiben.

---

[87] Kurt Böhner: Altertumssammlungen gestern und heute. In: Jahrbuch des Römisch-Germanischen Zentralmuseums Mainz. 17. Jahrgang (1970), pp. 1–34, bes. p. 31.

2. Ein frommer Aufklärer.
Heinrich Heine und die Religion

Die Religionskritik der europäischen Aufklärung ist in ihren wichtigsten Intentionen und Argumentationen auch im Lebenswerk Heinrich Heines gegenwärtig[1]. Originell ist Heine als Religionskritiker nicht. Wohl aber äußerte er sich, mit Sitz in Frankreich, früher und entschiedener als die Mehrzahl der Intellektuellen in Deutschland in religionskritischer Absicht unzweideutig und unmißverständlich[2]. Vor allem für seine Mitteilungen an das französische Publikum Mitte der dreißiger Jahre über das religionsauflösende „Schulgeheimnis"[3] der deutschen Philosophie von Kant bis Hegel gilt das.

Der späte Heine ist demgegenüber ein Autor von Selbstbekundungen neuer Frömmigkeit. Zum Renegaten der Argumente religiöser Aufklärung wird Heine auch in seinen letzten Lebensjahren trotzdem nicht[4]. Keines der religionskritischen Argumente, die uns über den Ursprung der religiösen Vorstellungen aus unseren unerfüllten Bedürftigkeiten belehren, wird zurückgenommen. Gleichwohl haben wir es, deutlich und unverkennbar, mit Äußerungen eines

---

[1] Die ältere Literatur zu diesem großen Thema ist verzeichnet bei Gottfried Wilhelm und Eberhard Galley: Heine-Bibliographie. Band 2: Sekundärliteratur. 1822–1953. Weimar 1960, pp. 120–122.

[2] „Ich glaube, es ist nicht Talentlosigkeit, was die meisten deutschen Gelehrten davon abhält, über Religion und Philosophie sich populär auszusprechen. Ich glaube, es ist Scheu vor den Resultaten ihres eigenen Denkens, die sie nicht wagen, dem Volk mitzuteilen. Ich, ich habe nicht diese Scheu, denn ich bin kein Gelehrter, ich selber bin Volk." Zur Geschichte der Religion und Philosophie in Deutschland. In: Heinrich Heine: Sämtliche Werke in zwölf Teilen. Mit Einleitung und Anmerkungen herausgegeben von Paul Beyer, Karl Quenzel und Karl Hanns Wegener. Leipzig o.J. VIII, 137 (Zitate werden künftig mit Werktitel sowie Band- und Seitenzahl dieser Ausgabe nachgewiesen).

[3] „Ja, was die deutsche Philosophie betrifft, so hatte ich unumwunden das Schulgeheimnis ausgeplaudert, das, eingewikelt in scholastische Formeln, nur den Eingeweihten der ersten Klasse bekannt war", sagt Heine in „Geständnisse" im Rückblick auf seine Darstellung der Geschichte der Religion und Philosophie in Deutschland. XII, p. 193.

[4] Das ist auch in Übereinstimmung mit Heines Selbstbekundungen die Mehrheitsmeinung der Interpreten, zum Beispiel: „Man sollte also nicht von Bekehrung sprechen oder von Widerruf", so Eberhard Kirsch, in: Eckehard Peters und Eberhard Kirsch: Religionskritik bei Heinrich Heine. Leipzig 1977. Erfurter Theologische Schriften. Herausgegeben von Wilhelm Ernst und Konrad Feiereis. Band 13, p. 109.

religiösen Subjekts zu tun. Anders wären, zum Beispiel, Heines Nachwort zum „Romanzero" oder seine „Geständnisse" und überdies zahllose seiner Briefe aus den fünfziger Jahren nicht verständlich.

In einem außerordentlichen Fall läßt uns somit das Werk Heinrich Heines erkennen, wie Religion ihre Kritik überdauert und Frömmigkeit mit vollendeter Aufklärung sich verträgt. Von den religionskritischen Positionen der Aufklärung wird also, noch einmal, keine zurückgenommen. Gleichwohl ist Heine in seinen letzten Lebensjahren ein religiöser Autor. Was er als solcher an Texten uns hinterlassen hat, sind Dokumente einer Gestalt der Religion nach der Aufklärung[5].

Zunächst möchte ich jetzt einige wichtige Positionen aufgeklärter Religionskritik, wie wir sie auch bei Heine wiederfinden, skizzieren, und ich möchte insbesondere zeigen, wie sie auch beim späten Heine unverändert in Geltung sind. Auf diese Weise ergibt sich der Hintergrund eines philosophischen Orientierungskontinuums, vor dem dann die besonderen Züge der Altersfrömmigkeit Heines deutlich werden.

Unter den Positionen religiöser Aufklärung fehlt selbstverständlich auch bei Heine die Kritik der Religion in ihrer politischen Funktion als ideologisches Herrschaftsmedium nicht. Seitdem die soziale Frage entdeckt ist, spitzt sich diese politische Religionskritik bei Heine sozialkritisch zu – in unüberbotener Schärfe zum Beispiel im Gedicht über die schlesischen Weber, in welchem der Fluch auf das Vaterland dem Königsfluch folgt und beiden Flüchen der Fluch, der Gott selbst gilt, vorausgeht. Dieses Gedicht erschien im Juli 1844 im „Vorwärts", gegen dessen Mitarbeiter die preußische Regierung am Tage darauf Haftbefehl erließ[6]. Friedrich Engels publizierte es einige Monate später in englischer Übersetzung in „The New Moral World"[7]. Das Gedicht ging rasch in den politischen Liederschatz der Arbeiter und Handwerksgesellen ein[8]. „Ein Fluch dem Gotte, zu dem wir gebeten/In Winterskälte und Hungersnot;/Wir haben vergebens gehofft und geharrt,/Er hat uns geäfft und gefoppt und genarrt –/Wir weben, wir weben!"[9] – Wie immer die Theologie dieses Fluchs zu interpretieren sein mag – sein politischer Sinn ist offenkundig die Weigerung, mit Gotteslohn an Stelle von höheren Löhnen noch länger vorliebnehmen zu

---

[5] Zum Thema „Religion nach der Auflärung" cf. mein Buch „Religion nach der Aufklärung", München [3]2004.

[6] Cf. Fritz Mende: Heinrich Heine. Chronik seines Lebens und Werkes. Berlin 1977, p. 215.

[7] A.a.O., p. 221.

[8] „Hunderte von Arbeitern versammelten sich noch vor wenigen Tagen zu allerlei Feier und sangen dabei nach den Flüchen über den König und die Reichen" dieses Heine-Gedicht, berichtet keine Geringerer als Johann Hinrich Wichern. Cf. „Kommunismus und die Hilfe gegen ihn" (1848), in: Johann Hinrich Wichern: Sämtliche Werke. Herausgegeben von Peter Meinhold. Band I: Die Kirche und ihr soziales Handeln. Berlin und Hamburg 1962, pp. 133–151, p. 141.

[9] IV, p. 103.

wollen. Heine ist ein Dichter dieser Weigerung. „Ein neues Lied, ein besseres Lied" übertönt „das Eiapopeia vom Himmel". Die vielzitierte poetische Prophetie[10] lautet: „Es wächst hienieden Brot genug/Für alle Menschenkinder/Auch Rosen und Myrten, Schönheit und Lust,/Und Zuckererbsen nicht minder". Wenn das das „Himmelreich" ist, so läßt es sich, im Prinzip, tatsächlich „hier auf Erden" „errichten"[11]. „Durch die Lehre von der Verwerflichkeit aller irdischen Güter, von der auferlegten Hundedemut und Engelsgeduld", so heißt es schon in der romantischen Schule, sei die Religion „die erprobteste Stütze des Despotismus" gewesen. Nun aber haben die Menschen „das Wesen dieser Religion erkannt" und „lassen sich nicht mehr mit Anweisungen auf den Himmel abspeisen"[12]. „Die Elsässer und Lothringer", so verheißt Heine den Deutschen im Vorwort zum „Wintermärchen", „werden sich wieder an Deutschland anschließen, wenn wir das vollenden, was die Franzosen begonnen haben", und „wenn wir die Dienstbarkeit bis zu ihrem letzten Schlupfwinkel, dem Himmel, zerstören"[13]. – Es ist wahr, daß Heine später, in seinen „Geständnissen", den nach „Käse, Branntwein und Tabak" stinkenden Atheismus des plebejischen „Janhagel" mit esoterischem Intellektuellen-Degout sehr von oben herab abgefertigt hat[14], und das sind in der Tat neue Töne, die man beim frühen Heine nicht hören kann. Daß damit gleichwohl die Ideologiekritik der Religion in ihrer politischen Funktion als Kompensation sozialen Elends nicht dementiert wird – das wird zu zeigen sein.

Ich fasse Heines politisch-soziale Religionskritik in zwei Sätzen aus Heines Brief an Heinrich Laube vom 10. Juli 1833 zusammen, in welchem Heine die

[10] Bei der es Dolf Sternberger besonders die „Zuckererbsen" angetan haben: „... ‚Schönheit und Lust'", und nachdem Heine „so hoch gestiegen ... macht er's wieder gut und findet ein ganz neues essbares Pendant zum Brot, das zum Unterschied von diesem wie von den Rosen und Myrten wohl nie zuvor in der ganzen Weltliteratur irgend symbolischen Zwecken gedient hat: ‚Zuckererbsen', frisch aus des Dichters Hand!" – Dolf Sternberger: Heinrich Heine und die Abschaffung der Sünde. Mit einem Nachtrag 1975. Frankfurt am Main 1976, p. 26. – Der Positivist darf hierzu als Forschungsdesiderat anmelden herauszufinden, wo Heine wohl Zuckererbsen als regionalküchenspezifische Gemüsebeilage kennengelernt haben mag. Schon im Rheinland? Wenn nicht dort, dann vermutlich in Ostfriesland, wo man sie im Frühsommer statt Spargel als Beilage zu rohem Schinken schätzt. Heine schätzte ja seinerseits die Ostfriesen („... die guten Bürger Ostfrieslands, ein Volk, das flach und nüchtern ist wie der Boden, den es bewohnt, das weder singen noch pfeifen kann, aber dennoch ein Talent besitzt, das besser als alle Triller- und Schnurrpfeifereien, ein Talent, das den Menschen adelt und über jene windige Dienstseelen erhebt, die allein edel zu sein wähnen, ich meine das Talent der Freiheit", so in: Die Nordsee. VI, p. 93) und so möglicherweise auch ihre Zuckererbsen, für die er zumindest 1826 auch früh genug, nämlich Anfang Juli, in Ostfriesland eintraf (cf. Fritz Mende, a.a.O., p. 55).
[11] Deutschland. Ein Wintermärchen. V, p. 90 f.
[12] Die romantische Schule. XI, p. 18.
[13] Deutschland. Ein Wintermärchen. V, p. 87, p. 88.
[14] Geständnisse. XII, p. 194, p. 193.

Religion zugleich sozialhistorisch relativiert. Die beiden Sätze lauten: „Die bisherige spiritualistische Religion war heilsam und nothwendig, solange der größte Theil der Menschen im Elend lebte und sich mit der himmlischen Seeligkeit vertrösten musste. Seit aber, durch die Fortschritte der Industrie und Ökonomie, es möglich geworden die Menschen aus ihrem materiellen Elende herauszuziehen und auf Erden zu beseligen, seitdem – Sie verstehen mich"[15]. – Soweit Heines Religionskritik als damals längst konventionell gewordene Kritik der falschen religiösen Tröstungen. –

Zu den frühesten Formen aufgeklärter Religionskritik gehört die Kritik der Einschränkung des Rechts zur Betätigung des Verstandes an Grenzen, die durch dogmatisierte Geltung religiöser Lehren gesetzt sind. Das nimmt Heine, unter anderem, in sein Lessing-Bild auf. Lessing, der den Streit um die Wahrheit konkurrierender dogmatisierter Glaubenslehren für unentscheidbar erklärt – ihn erhebt Heine in den Rang eines „Johannes" der „Vernunftreligion", deren Messias noch nicht erschienen sei[16]. „Die Bekämpfung des religiösen Aberglaubens" – das ist die Praxis dieser Vernunftreligion. Sie negiert den Wahn und den religiösen Selbstbetrug, und im „Verneinen" sei Lessing „stark" gewesen. Daß er dadurch zugleich der Ausbreitung einer sich schließlich ins „Läppische und Leere" verlaufenden „Aufklärungssucht" Vorschub geleistet habe, wird kritisch angemerkt[17]. Aber Aufklärung als Reklamation und Betätigung einer durch institutionelle religiöse Disziplin nicht einschränkungsfähigen Freiheit des Geistes – sie hält sich in Heines eigener Philosophie ungebrochen bis in seine letzten Lebensjahre hinein durch. Was er 1826 in seinen Nordsee-Reisebildern schrieb, wird auch später nicht zurückgenommen: „Der Geist hat seine ewigen Rechte, er lässt sich nicht eindämmen durch Satzungen und nicht einlullen durch Glockengeläute"[18]. Die Sache ist allerdings die, daß die Aktualität der Aufklärung, die das geltend gemacht hat, mit ihrem Siege schwindet. Freilich gibt es Nachhutgefechte, zum Beispiel im Kampf zwischen Liberalen und Klerikalen über die lehrfreiheitseinschränkende Rolle der Religion im öffentlichen Unterrichtswesen, und über solche Gefechte berichtet Heine, zum Beispiel, 1843 aus Paris den Lesern der Augsburger Allgemeinen Zeitung[19]. Dabei ist nicht zweifelhaft, welcher Partei seine Sympathie gehört, und eben dieses intellektuelle Engagement bei Fälligkeiten, in erneuerter kultureller Zuwendung zur religiösen Überlieferung zugleich das Ergebnis der Aufklärung festzuhalten, bestimmt ja auch seine Kritik an der romantischen Schule. Das

---

[15] Heinrich Heine: Briefe. Erste Gesamtausgabe nach den Handschriften herausgegeben, eingeleitet und erläutert von Friedrich Hirth. Zweiter Band, Mainz 1950, p. 40.

[16] Die romantische Schule. XI, p. 27: „In allen seinen Werken lebt dieselbe große soziale Idee, dieselbe fortschreitende Humanität, dieselbe Vernunftreligion, deren Johannes er war, und deren Messias wir noch erwarten".

[17] A.a.O. XI, p. 28, p. 30, p. 38.

[18] Die Nordsee. VI, p. 80.

[19] Lutezia. Berichte über Politik, Kunst und Volksleben. Zweiter Teil. X, pp. 250ff.

hält sich durch, als nun auch Heine seinerseits wieder fromm wird. Sein ‚himmlisches Heimweh‘, vermerkt er 1854, mache ihn „weder für ein Dogma noch für irgendeinen Kultus"[20] schwärmen, und über ein Kriterium reiner Lehre, das den Frommen nach Ansprüchen der Wahrheit zu einer Entscheidung zwischen den Konfessionen zwänge, verfügt er nicht. „Ausdrücklich widersprechen muss ich ... dem Gerüchte, als hätten mich meine Rückschritte bis zur Schwelle irgendeiner Kirche oder gar in ihren Schoß geführt"[21], schreibt er, um Mißverständnissen vorzubeugen, und kehrt seine neue undogmatische Frömmigkeit sogar noch gegen jene neue „Intoleranz", in der der „hohe Klerus des Atheismus"[22], anstatt für die Freiheit der Religion zu streiten, zum Kampf für die Befreiung der Menschen von der Religion sich erhoben hat.

In der Quintessenz heißt das: Heines neue Frömmigkeit setzt Religionsfreiheit voraus und nimmt sie in Anspruch. Das politische Interesse, Väterreligion, Bekenntnis und faktische Frömmigkeitspraxis von Bürger- und Menschenrechten abgekoppelt zu halten, erlischt nicht. Die Jugenderinnerung an die Befreiung der Juden im napoleonischen Rheinland bleibt lebendig[23]. Kämpfe um die Katholikenemanzipation erlebt er in England[24], und des Liberalen Napoleonsschwärmerei läßt ihn sogar noch die Inthronisierung Napoleons III. mit Genugtuung begrüßen[25]. Der Anachronismus einer Zeit, in der die Philosophie die Fälligkeiten religiöser Aufklärung auch in Deutschland längst vollbracht hatte, in der aber andererseits die Taufe als gesellschaftliches Emanzipationsmittel immer noch nahezu unvermeidbar war – das ließ als unauslöschbare biographische Erfahrung auch beim späten Heine den unaufhebbaren Zusammenhang von Religions- und Bürgerfreiheit gegenwärtig bleiben. Was immer Heines neue Altersfrömmigkeit lebenspraktisch gewesen ist – einem Akt der Bekehrung, der das Bewußtsein orthodoxie-interessiert macht und Geltungsansprüche dogmatisierter Lehrgehalte erneuert, entstammt sie nicht. Progressive Heine-Interpreten, denen die neue Altersfrömmigkeit Heines nie recht geheuer war[26], haben insoweit recht: Heine selbst hat sich mit Nachdruck der ‚christli-

---

[20] Geständnisse. XII, p. 214.
[21] Nachwort zum „Romanzero", III, p. 155.
[22] A.a.O. III, p. 153.
[23] Cf. Eberhard Galley: Heinrich Heine. Stuttgart MCMLXIII, p. 7f. – „Denk ich an den großen Kaiser, so wird es in meinem Gedächtnis wieder recht immergrün und goldig ...": Ideen. Das Buch Le Grand. VI, p. 134.
[24] Cf. dazu Englische Fragmente. VII, pp. 263ff.: „Die Emanzipation".
[25] Cf. Walther Vontin: Heinrich Heine. Lebensbilder des Dichters und Kämpfers. Berlin 1949, pp. 175f.
[26] Vom „Zurückschrecken vor der materialistischen Konsequenz" spricht zum Beispiel, insoweit ideologisch linientreu, Hans Kaufmann: Heinrich Heine. Geistige Entwicklung und künstlerisches Werk. Berlin und Weimar 1970, p. 120. „Erkenntnistheoretisch gesehen" sei Heine „hinter dem Materialismus" zurückgeblieben, ibid.

chen Zudringlichkeit' erwehrt, die „über die Umwandlung … in bezug auf
göttliche Dinge", die in seinem „Geiste stattgefunden" hatte, sich wie über ein
„Damaskus" zu sprechen erlaube. „Nein, ihr gläubigen Gemüter, ich reise
niemals nach Damaskus", schreibt er noch 1852[27]. Die Frage, ob denn „die lu-
therische Glaubensuniform"[28] ihm nunmehr einigermaßen passe, beantwortet
sich insoweit von selbst, und so auch das Gerücht, er sei „zum katholischen
Glauben übergetreten", das sich, wie Heine schrieb, „zur selben Zeit" auszu-
breiten begann, „wo mir in Deutschland der Protestantismus die unverdiente
Ehre erzeigte, mir eine evangelische Erleuchtung zuzutrauen"[29]. Im Brief vom
1. Juni 1850 an Julius Campe findet sich Heines schärfste Äußerung über diesen Punkt: „Es waren Gedanken", die seine „religiöse Umwälzung" bewirkt
hätten und „nicht die Phosphordünste der Glaubensspisse"[30]. – Soweit Heines
Religionskritik als Kritik des intellektuell unbefreiten Glaubens sowie als Kritik
politisch bindender Konfession.

Die subtilste Form der Aufklärung im Verhältnis zur religiösen Überlieferung ist deren Historisierung. Historisierungsprozesse sind, wie man vermuten
darf, irreversibel, und historistisch gebrochen bleibt auch Heines biographisch
letztes Verhältnis zur Religion. In diesen Zusammenhang gehört Heines reli-
gionsphilosophische Schätzung der Reformation und des Protestantismus, in
der er mit Lessing wie mit Hegel übereinstimmt. Durch Luthers Einsetzung aller Christen ins Recht immediater Bibellektüre sei „in Deutschland die sogenannte Geistesfreiheit oder … die Denkfreiheit" entstanden und in ihrer religiös präformierten Konsequenz sei es unaufhaltsam geworden, daß heute „die
Frage der Pressfreiheit" auf der politischen Tagesordnung stünde. Folglich sei
die Preßfreiheit, schließt Heine, ein „protestantisches Recht"[31], und es ist in
diesem Aspekt, daß sein Herz sogar fürs protestantische Preußen zu schlagen
beginnt. Der Versuch, Preußen zu lieben, so hatte Heine sich zu Victor Cousin
geäußert – das sei ja wohl „das Schwerste"[32]. „Im Kampf … mit der katholischen Partei" jedoch, schreibt er im Börne-Buch, dürfte man allein Preußen
„den Sieg wünschen"[33]. Der Protestantismus, so sieht es Heine noch in seinem
vorletzten Lebensjahr, habe, zumal im Ausgang von England, Bewegungen des
Untergangs aller scharfen dogmatischen Bekenntnisgrenzen „in einem allgemeinen Bibeltume" ausgelöst, und eben damit habe er „die große Demokratie"
gefördert, „wo ja der Mensch nicht bloß König, sondern auch Bischof in sei-

---

[27] Zur Geschichte der Religion und Philosophie in Deutschland. Vorrede zur zweiten
　Auflage. VIII, p. 134.
[28] Geständnisse. XII, p. 209.
[29] A.a.O., p. 214.
[30] Heinrich Heine, Brief a.a.O. Dritter Band, Mainz 1950, p. 217.
[31] Zur Geschichte der Religion und Philosophie in Deutschland. VIII, p. 162, p. 164.
[32] Die romantische Schule. XI, p. 145.
[33] Ludwig Börne: Eine Denkschrift. XI, p. 259.

ner Hausburg sein soll"[34]. Ihre Überbietung findet dann die liberale Geschichtsphilosophie vom Ursprung der Demokratie aus der Reformation in der
Erhebung von Christus und Moses in die Rolle von Erzsozialisten[35]. Speziell
auf Moses wird dabei, sozusagen, der Reformsozialismus zurückgeführt: „Moses wollte nicht", schreibt antikommunistisch Heine, „das Eigentum abschaf-
fen, er wollte vielmehr, dass jeder dessen besäße, damit niemand durch Armut
ein Knecht durch knechtische Gesinnung sei. Freiheit war immer des großen
Emanzipators letzter Gedanke"[36].

Heines geschichtsphilosophische Retrospektiven auf religiöse Ursprünge
politischer und sozialer Freiheit ließen sich durch lange Reihen von Bemerkungen über die religiöse Herkunftsprägung europäischer Gegenwartskultur ergänzen. Sogar die römische Kirche kommt dabei schließlich gut weg. Der jü-
disch geprägte sittliche Rigorismus der frühen Christen, so sieht es Heine,
habe den Sturz des korrupt gewordenen Rom beschleunigt, aber „auf die über-
gesunden Völker des Nordens" „heilsam" gewirkt. „Die allzu ... barbarischen
Leiber wurden christlich vergeistigt; es begann die europäische Zivilisation."
„Die katholische Kirche erwarb sich in dieser Hinsicht die größten Ansprüche
auf unsere Verehrung und Bewunderung." So sagt es Heine sogar in seiner
Darstellung der romantischen Schule[37], und er sagt es, um durch diese geschichtsphilosophische Historisierung den Eindruck der regressiven Tendenz
zu verstärken, mit der, wie Heine findet, Angehörige dieser Schule „sich in den
alten Geisteskerker wieder"[38] hineindrängen.

Es ist diese historische Distanz, die Heine zwischen sich und die Mächte
unserer religiösen Herkunftsgeschichte legt, die ihn zugleich milde über die
relikthafte Gegenwart dieser Mächte urteilen läßt. Als Kritiker ist Heine kein
Eiferer, vielmehr Ironiker mit Scharfblick für die ihm stets unangenehmen Fanatiker, und so nimmt er in Schutz, worauf sich die Eiferer mit ihrer ikonokla-
stischen Abräumwut stürzen. Dazu gehört nun eben auch mancherlei Katholi-
sches – die Jesuiten gegen ihre „Popanz"- und „Sündenbock"-Rolle in der
Verschwörungslegende „der liberalen Partei"[39], die „Poesie, welche in der
Symbolik des katholischen Dogmas und Kultus blüht", die ,ernste Güte' seiner
geistlichen Lehrer am Düsseldorfer Lyzeum[40] und schließlich die Kirche überhaupt und gerade dann, wenn es wahr wäre, daß sie, eine „Bastille des Geistes", „jetzt nur noch von Invaliden verteidigt" wird[41]. Der „Geschichtskundi-

---

[34] Geständnisse. XII, p. 211.
[35] „Es gibt wahrhaftig keinen Sozialisten, der terroristischer wäre als unser Herr und
Heiland", a.a.O. XII, p. 212.
[36] A.a.O. XII, p. 213.
[37] Die romantische Schule. XI, p. 19.
[38] A.a.O. XI, p. 36.
[39] Geständnisse. XII, p. 219.
[40] A.a.O. XII, p. 218.
[41] A.a.O. XII, p. 217.

ge", wie Heine sich nennt, weiß, daß es gleichwohl „noch viele Jahrhunderte
dauern mag", bis ihr „Granitgebäude" in seiner „Riesenhaftigkeit" schließlich
abgetragen sein wird[42]. Solche Geschichtselegie widerspricht dem Spott über
die romantische Bewegung zur Vollendung des Kölner Dombaus keineswegs.
Die Geschichtslust ist ja die Lust des Friedens, den das Vergangene und Verge-
hende um sich verbreitet, und der Eifer der Rekonstrukteure stört diesen Frieden. Heine nimmt sogar an, daß der Kirche selbst diese Friedensstörung aus
sich politisierendem Neuerungswillen lästig sei. Ihre Furcht sei, notiert er,
„dass so ein Eiferer, statt den Pantoffel zu küssen, ihr in den Fuß beiße mit
rasender Inbrunst"[43]. – Soweit die historisierende Komponente in Heines Verhältnis zur Religion nach der Aufklärung.

   Ich wiederhole, daß auch der späte Heine insoweit nichts revoziert hat. Die
geschichtsphilosophisch erklärte Distanz zur religiösen Überlieferung hält sich
durch. Der Sinn der intellektuellen und bürgerlichen Emanzipation aus konfes-
sionalisierten religiösen Geltungsansprüchen bleibt unbestritten, und dasselbe
gilt für das Recht der Kritik der Religion als Ideologiekritik ihrer moralisch
und politisch falschen Tröstungen.

   Damit haben wir ein hinreichend deutliches Bild von Heines Kritikverhält-
nis zur Religion nach der Aufklärung, und dieses Bild darf man nicht aus den
Augen verlieren, wenn man sehen will, von welcher besonderen Art die neue
Frömmigkeit ist, die unter fortgeltenden Aufklärungsprämissen der späte Heine bekundet. Es handelt sich um die Frömmigkeit einer Religion der Tröstungen, die, wie Heine an Laube schrieb, in der „Verzweiflung des Leibes" Wirkungen der Gewißheit Gottes sind – sei es als „Labung" durch „fluchende"
Lästerung Gottes, die ja „dem Atheisten … nicht vergönnt"[44] ist, sei es als Er-
gebung in seinen ‚heiligen Willen'[45]. Längst bevor seine definitive Erkrankung
ihn niederwarf, hat Heine den Grund, der der Religion stets das letzte Wort in
der Beantwortung menschlicher Fragen sichert, als den eigentlichen Grund für
den Triumph der jüdisch-christlichen Religion über die Götterwelt der Antike
angeführt. Was ist der Grund? Die Unverfügbarkeit der Bedingungen unseres
Lebens und unseres Lebensglücks, die, wenn nicht schon im Glück, im Leiden
erfahren wird, und die bessere Antwort, die Juden und Christen auf diese Erfahrung zu geben wußten. „Da plötzlich keuchte heran ein bleicher, bluttrie-
fender Jude", heißt es im VI. Kapitel der Reisebilder zur Stadt Lucca, „mit einer Dornenkrone auf dem Haupte und mit einem großen Holzkreuz auf der
Schulter; und er warf das Kreuz auf den hohen Göttertisch, dass die goldenen
Pokale zitterten und die Götter verstummten und erblichen und immer bleicher wurden, bis sie endlich ganz im Nebel zerrannen". „Wer seinen Gott leiden sieht, trägt leichter die eigenen Schmerzen. Die … heiteren Götter, die

---

[42] Ibid.
[43] Gedanken und Einfälle. XII, p. 292.
[44] An Heinrich Laube am 7. Februar 1850. Briefe III. Band, a.a.O., p. 198.
[45] An Dr. L. Wertheim am 15. März 1850. A.a.O., p. 199.

selbst keine Schmerzen fühlten, wussten auch nicht, wie armen gequälten Menschen zumute ist. ... Es waren Festtagsgötter", meint in leicht pennälerhaftem Klassizismus Heine, „um die man lustig herumtanzte, und denen man nur danken konnte. Sie wurden deshalb auch nie so ganz von ganzem Herzen geliebt. Um so ganz von ganzem Herzen geliebt zu werden – muss man leidend sein"[46].

Antiker Götterkult und Nazarenertum – eben dieses ästhetische Szenario, das für die Kultur seiner Lebensepoche so wichtig war, ist es denn auch, das Heine zu der berühmten Schilderung seiner religiösen Kehre im physischen Verfall aufbaut. „Es war im Mai 1848, an dem Tag, wo ich zum letzten Mal ausging, als ich Abschied nahm von den holden Idolen, die ich angebetet in den Zeiten meines Glücks. Nur mit Mühe schleppte ich mich zum Louvre, und ich brach fast zusammen, als ich in den erhabenen Saal trat, wo die hochgebenedeite Göttin der Schönheit, Unsere liebe Frau von Milo, auf ihrem Postamente steht. Zu ihren Füßen lag ich lange, und ich weinte so heftig, dass sich dessen ein Stein erbarmen musste. Auch schaute die Göttin mitleidig auf mich herab, doch zugleich so trostlos, als wollte sie sagen: siehst du denn nicht, dass ich keine Arme habe und also nicht helfen kann?"[47] – Gottfried Keller hat poetisch Heines Schilderung dieser Szene so kommentiert: „Denn nach vielen glaubenslosen/ Und verpönten Heldentagen/ Dachte sich mit großem Pomp/ Heinrich Heine zu bekehren"[48]. Wahr ist, daß Diskretion nicht die auffälligste Eigenschaft der Mitteilungen Heines an das Publikum über seine Wende zur Frömmigkeit ist. Aber wahr ist auch, daß er ja selbst noch diese Texte im Selbstdistanzierungsmedium der Ironie präsentiert und so dem Leser, anstatt ihm eine Wende zur Frömmigkeit zuzumuten, die Freiheit beläßt, an diesen Texten Geschmack zu finden oder auch nicht[49].

Unabhängig von solchen ästhetischen Schwierigkeiten läßt sich natürlich zur Sache fragen, wie denn nun eigentlich Heines neue Frömmigkeit mit den Rationalitätsprätentionen eines aufgeklärten Geistes zu vereinbaren sei. Dolf

---

[46] Reisebilder. Italien. III. Die Stadt Lucca VII, p. 179, p. 180.

[47] Nachwort zum „Romanzero". III, p. 155.

[48] Gottfried Keller: Der Apotheker von Chamonix. Ein Buch Romanzen. Gesammelte Werke. Fünfter Band. Stuttgart, Berlin-Grunewald o.J., p. 410.

[49] Karl Kraus nannte die bis zum Zynismus sich steigernde Ironie Heines bekanntlich eine „altbakene Pastete aus Witz und Weh" (Karl Kraus: Heine und die Folgen. In: Ausgewählte Werke. Band I 1902–1914. München 1977, pp. 290–320. p. 308). Eine angemessenere Deutung der Alters-Zynismen Heines scheint mir diese zu sein: Sie sind Medien der emotionalen Distanz, durch die sich schützt, wer Schwierigkeiten hat, anderen in ernsten Sachen ernst zu kommen. Es ist naheliegend, daß das, was so vor Peinlichkeit schützen soll, auf einige selber peinlich wirkt. – Cf. dazu auch den Abschnitt „Ironische Konfession: Die Geständnisse", in: Heinrich Heine. Epoche – Werk – Wirkung. Von Michael Behal, Martin Bollacher, Jürgen Brummack, Bernhard Mann, Jürgen Walter. Herausgegeben von Jürgen Brummack. München 1980, pp. 290–292.

Sternberger fand, Heine sei „kein Doktrinär, nicht einmal ein konsequenter Denker" gewesen[50], und so könnte man meinen, Heines Wende zur Religion habe denkerische Inkonsequenz zur Bedingung. Ich halte statt dessen diese Wende für erfahrungskonsequent. Die Ideologiekritik der falschen religiösen Tröstungen, zunächst, hat ja ganz recht, wenn anders sie sagen will, man solle nicht in den Himmel schreiben, was sich an Gerechtigkeit, Freiheit und Wohlfahrt auch hienieden schon einrichten läßt. Aber dem Dasein in der Matratzengruft ist mit Sozialkritik schlecht aufzuhelfen, und Analoges gilt für alle sonstigen Lebensbestände, für die, wenn man sie zu beklagen hat, die jeweils Herrschenden nicht die richtige Adresse sind und auch nicht die angemessene Adresse des Dankes, wenn man in ihnen sich wohlbefindet. Kurz: Religion ist auch nach der Aufklärung nötige Lebenspraxis des angemessenen Verhaltens zum Unverfügbaren, und die Frömmigkeit dieser Religion ist die Frömmigkeit Heines. Die Erfahrung, die in diese Frömmigkeit eingegangen ist, hat die Charakteristik, in ihrem Erkenntnisgehalt ebenso trivial zu sein, wie sie in ihrer Lebensbedeutsamkeit fundamental ist, nämlich: Die Bedingungen unserer Existenz sind letztinstanzlich in unsere individuellen wie kollektiven Disponibilitäten nicht integrierbar. Eben diese triviale Einsicht ist auch die vernünftige Substanz im „demütigen Gottesglauben des gemeinen Mannes", und da der Intellektuelle es nicht besser weiß, kann er aus gegebenem Lebensanlaß, wie Heine an Heyman Lassalle berichtet, auch zu diesem Glauben zurückkehren[51]. Es ist die reine Vernunft, die sich jener trivialen Einsicht öffnet, und weil die Wahrheit dieser Einsicht zugleich lebensumfassend ist, will die von Heine zu ihrer Kennzeichnung gewählte Metaphorik der „Blitze des Lichtes"[52] auf sie passen[53].

Selbstverständlich erscheint in diesem Licht die Welt neu, und insbesondere gilt das für den Kommunismus, sofern er sich durch die atheistische Komponente seiner Ideologie in fundamentaler Weise lebensunwahr gemacht hat. Noch im Anhang zum Buche „Lutezia" hatte ja Heine die kommunistische Bewegung historisch mit der über die alte Welt siegreichen frühen Kirche verglichen und ihre Theoretiker mit den Kirchenvätern[54]. Noch sei diese Bewegung, wie die „Ecclesia pressa des ersten Jahrhunderts", „verfolgt" und „verachtet", aber doch erfüllt von „Glaubenseifer" und ‚düsterem Zerstörungswillen' und

---

[50] Dolf Sternberger: Heinrich Heine und die Abschaffung der Sünde, a.a.O., p. 301.

[51] An Heyman Lassalle am 30. April 1850. Briefe III. Band, a.a.O., p. 211.

[52] An Julius Campe am 1sten Juny 1850. A.a.O., p. 217.

[53] „Heine war ein Dichter und brauchte Symbole: Was einst Jupiter geleistet hatte, das leistete nun Gottvater", kommentiert Ludwig Marcuse Heines neue Religiosität (Ludwig Marcuse: Heinrich Heine. Reinbek bei Hamburg 1960, p. 155). – Das mag für die Ebene der literarischen Textproduktion gelten, aber für die Ebene praktischer Lebensorientierung, auf die sich inhaltlich diese Texte beziehen, verharmlost dieser Kommentar Heines religiöse Wende.

[54] Lutezia. Berichte über Politik, Kunst und Volksleben. Anhang. Kommunismus, Philosophie und Klerisei. X, 261.

darin gleichfalls „an galiläische Anfänge" erinnernd. So also sprach er 1843 „von den Kommunisten, der einzigen Partei in Frankreich, die eine entschlossene Beachtung"[55] verdiene.

Jetzt, in den „Geständnissen" 1854, nimmt Heine das, was seine Vermutung über die Zukunftsfähigkeit des Kommunismus anbelangt, nicht zurück, aber er bekundet das „Grauen", das ihn in dieser Perspektive erfüllt[56]. „Wir haben jetzt", schreibt er, „fanatische Mönche des Atheismus, Großinquisitoren des Unglaubens, die den Herrn von Voltaire verbrennen lassen würden, weil er doch im Herzen ein versteckter Deist gewesen ist"[57]. Dergleichen intellektuelle Konsequenzmacher zumal aus der Schule deutscher Philosophie als Führer einer kommunistischen Volksbewegung – das ist der Inhalt der Schreckensvision. „Unsere ganze moderne Zivilisation, die mühselige Errungenschaft so vieler Jahrhunderte, die Frucht der edelsten Arbeiten unserer Vorgänger" sieht er durch einen „Sieg des Kommunismus bedroht". Dabei ist die Pöbel-Angst nur die eine Seite der Sache. „Die Emanzipation des Volkes war die große Aufgabe unseres Lebens"[58], sagt er in demselben Kontext, und das wird nicht zurückgenommen, vielmehr die Nötigkeit unterstrichen, ihm endlich Bildung durch „Unterricht auch mit den dazugehörigen Butterbröten" zu verschaffen. Dann werde man schließlich „ein Volk sehen, das hübsch proper ist, ein Volk, das sich gewaschen hat"[59]. „Der fanatische Eifer" der atheistischen „Prädikanten"[60] jedoch ist keine Frage von „Butterbröten" und auch nicht von Bildung. Ganz im Gegenteil. Marx, Bauer etc. – sie entstammen ja allesamt bester idealistischer deutscher Schule und bezeugen als „gottlose Selbstgötter"[61], die sie geworden seien, die atheistische Konsequenz, wie sie Heine ja schon zehn Jahre zuvor als das „Schulgeheimnis" der deutschen Meisterdenker erkannt zu haben vermeinte. Wie immer man Heines Bild der Philosophie des deutschen Idealismus von Kant bis Hegel philosophiehistorisch beurteilen muß – er hat scharf gesehen, daß Fanatismus die unvermeidliche Konsequenz jedes Versuchs ist, eine Theorie des absoluten Wissens in politische und moralische Praxis umzusetzen. „Es werden", so hatte Heine geschrieben, „bewaffnete Fichteaner auf den Schauplatz treten, die in ihrem Willens-Fanatismus weder durch Furcht noch durch Eigennutz zu bändigen sind"[62]. Das ist die Heinesche Einsicht in den Ursprung der Gewalt aus dem Idealismus der reinen Gesinnung in

---

[55] A.a.O., p. 260f.
[56] Geständnisse. XII, p. 194.
[57] A.a.O. XII, p. 193.
[58] A.a.O. XII, p. 194.
[59] A.a.O. XII, p. 195f.
[60] A.a.O. XII, p. 193.
[61] A.a.O. XII, p. 205. – Auf diese Kennzeichnung „gottlose Selbstgötter" hat Heine besonderen Wert gelegt: er veranlaßte brieflich ihre Einsetzung in das bereits an den Verleger abgesandte Manuskript. Cf. Heine an Julius Campe am 7. Juni 1852, Briefe III. Band. A.a.O., p. 389.
[62] Zur Geschichte der Religion und Philosophie in Deutschland, VIII, 253.

Verbindung mit dem absoluten politischen Wissen[63], und einen Satz zuvor teilt
er sogar mit, wogegen die so definierte Gewalt sich richten wird: Es werden
philosophische Truppen aufmarschieren, „die auch in der Erscheinungswelt
von keiner Pietät etwas wissen wollen und erbarmungslos mit Schwert und Beil
den Boden unseres europäischen Lebens durchwühlen, um auch die letzten
Wurzeln der Vergangenheit auszurotten"[64].

Die letzten Wurzeln der Vergangenheit ausrotten –: ich kenne keine prä-
gnantere Formulierung des Prinzips der politischen Kulturrevolution. Was die
Exekution dieses Prinzips in Beziehung auf die Religion heißen kann, hat weniger als zehn Jahre später Karl Marx in seiner Judenschrift ausgesprochen:
Überbietung der „Judenemanzipation" durch „die Emanzipation der Menschheit vom Judentum" und überhaupt die Fortsetzung der Befreiung der Religion in die Befreiung der Menschen von der Religion[65].

Was die Religion der falschen Tröstungen anbelangt, so hätte ein solches
Programm Heines Widerspruch nicht einmal finden müssen, und man könnte,
insoweit, Heines Wintermärchen parallel zu Marx' Judenschrift lesen[66]. Daß
aber Marx die Religion auf das reduzierte, was an ihr politischer Ideologiekritik
zugänglich ist – das ist ein Vorgang intellektuellen Realitätsverlusts mit reali-
tätszerstörenden praktischen Folgen. Der ebenso triviale wie fundamentale Bestand, daß Menschen, individuell und kollektiv, in bezug auf die Bedingungen
ihrer Existenz nicht souverän sind, wird somit sowohl theoretisch wie prak-
tisch-kulturell ortlos. Gegen diese intellektuelle Lebensblindheit aus atheisti-
schem Predikanteneifer richtet sich die literarische Expression der Religiosität
des späten Heine in ihrer polemischen Spitze. Auf ihren Begriff gebracht ist
diese Position des späten Heine, nachaufgeklärt, die liberale Position der be-
freiten Religion – in ausdrücklicher Kontraposition zum illiberalen Fanatismus

---

[63] Zu Heines Terror-Theorie cf. meinen Aufsatz „Freiheit und Terror", in: Hermann
Lübbe: Philosophie nach der Aufklärung. Düsseldorf, Wien 1980, pp. 239–260, pp.
252 ff.

[64] A.a.O. (cf. Anm. 62).

[65] „Die Judenemanzipation in ihrer letzten Bedeutung ist die Emanzipation der
Menschheit vom Judentum". – „Der Mensch wurde ... nicht von der Religion be-
freit, er erhielt die Religionsfreiheit". So Karl Marx: Zur Judenfrage (1843). In: Karl
Marx, Friedrich Engels: Werke Band 1, Berlin 1970, pp. 347–377, p. 373; 369. – Zur
Interpretation cf. meinen Aufsatz „Zur Philosophie des Liberalismus und seines
Gegenteils", in: Liberalismus – nach wie vor. Grundgedanken und Zukunftsfragen.
Herausgegeben von Willy Linder, Hanno Helbling, Hugo Bütler. Zürich 1979, pp.
243–253, p. 248 f.; 252 f.

[66] Zum Vergleich der Religionskritik von Heine und Marx cf. Peter Meinhold: „Opi-
um des Volkes"? Zur Religionskritik von Heinrich Heine und Karl Marx, in: Mo-
natsschrift für Pastoraltheologie. Herausgegeben von Robert Frick, Kurt Frör, Wilhelm Hahn, Hans-Joachim Iwandt, Hans Thimme und Adolf Wischmann. 49. Jahrgang, Göttingen 1960, pp. 161–176. – Ferner auch: Hans-Gerhard Koch: Heinrich
Heine und die Religion. Eine Auseinandersetzung mit dem marxistischen Heinebild.
In: Zeitwende. Die Neue Furche. 1961 (32/11), pp. 742–753.

ihrer ikonoklastisch-kulturrevolutionären Liquidation. Dabei ist die Religion, auf die Heine kraft Einsicht in ihre Unumgänglichkeit verweist, nicht ein Intellektuellen-Konstrukt. Es handelt sich vielmehr, da sich Religion nicht wie ein System der Philosophie konstruieren läßt, um die überlieferte Religion, um die Religion der Väter. Daran ändert auch der historistische Bruch im aufgeklärten Verhältnis zur Religion gar nichts. Historismus – das ist die Einsicht in die Kontingenz unserer Herkunftswelten, aber gerade nicht Wunsch und Wille zur Auslöschung unserer Prägung durch sie. Lebenspraktisch heißt das: Der aufgeklärte Fromme Heine wird zum fleißigen Bibelleser, und mit Rekurs auf seine katholische Trauung mit Mathilde rühmt er, bei dem für Feministen nur wenig zu holen ist, wie „sehr gut" es sei, „wenn die Frauen einer positiven Religion anhängen". Dabei schätzt er den speziellen Lebensvorzug katholischer Frauen so ein: „Wenn sie einen Fehler begangen haben, behalten sie nicht lange Kummer darüber im Herzen, und sobald sie vom Priester Absolution erhielten, sind sie wieder trällernd aufgeheitert und verderben sie ihrem Manne nicht die gute Laune oder Suppe durch kopfhängerisches Nachgrübeln über Sünde"[67]. Ohne ironischen Oberton hatte Heine bereits in seiner Polen-Schrift für solche historischen Kontingenzen die schöne Kennzeichnung ‚schöne Besonderheiten‘ gefunden, und er hatte zugleich der Vorstellung widersprochen, daß die „allgemeine Menschenverbrüderung" in der wechselseitigen Anerkennung ihrer herkunftsunabhängigen Gleichheit die Aufhebung dieser ‚schönen Besonderheiten‘ zur Konsequenz haben müßte[68]. Das läßt sich auf das Verhältnis des späten Heine zu unseren religiösen Herkunftsprägungen übertragen. Sie sind, sozusagen, a priori zufällig, weil historisch, aber a posteriori notwendig, weil faktisch unumgänglich. Des späten Heine Verhältnis zur Religion schließt die Anerkennung dieser Kontingenz ihrer Überlieferung ein. Die Religion selber wird damit – was immer sie darüber hinaus ist – in ihrer nachaufgeklärten Gestalt zum Medium der Erhaltung kultureller und politischer Liberalität gegen den Fanatismus kulturrevolutionärer Vollemanzipation.

---

[67] Geständnisse. XII, p. 215.
[68] Über Polen. XII, p. 82f.

3. Idealismus exekutiv. Wieso der Dichter August von Kotzebue sterben mußte

Zur Tradition der politischen Aufklärung gehört in Europa der Tugendterror. Das gilt für die Praxis des Terrors und mehr noch für seine Theorie. Dabei hat die Geschichte des Terrors die Triftigkeit dieser Theorie bestätigt. Überbieten läßt sich das schwerlich. Nichtsdestoweniger bleibt es nützlich, sich dann und wann neu den altbekannten Ursprung extremer politischer Gewalt aus dem prinzipienorientierten guten Gewissen zu vergegenwärtigen. Gewissenstäterschaftlich exekutiertes Handeln ist als Element moderner politischer Lebensverfassung dauerhaft aktuell geblieben. Für die Geschichte der totalitären Bewegungen des 20. Jahrhunderts gilt das ohnehin. Auf Leute, die als Subjekte höherer Zwecke zu allem fähig sind, haben sich aber auch nach dem Untergang der großen totalitären Systeme moderne Gesellschaften fast überall einstellen müssen. Kein Vorstandsvorsitzender eines Großunternehmens von überdurchschnittlicher Publizität, dessen Büro inzwischen nicht zugangstechnisch perfekt kontrolliert und gesichert wäre. Die Chefs sogenannter Verfassungsorgane existieren dauerbewacht. Jeder Urlauberkoffer, soweit er mit dem Flugzeug transportiert werden soll, wird erst nach definitiver Ausräumung des Verdachts verladen, einen Sprengsatz zu enthalten. Gewiß: Die Abwehr der Aktivitäten gewöhnlicher Krimineller spielt dabei auch eine Rolle. Aber im politischen Aspekt der Sache handelt es sich in letzter Instanz stets um die Abwehr der Aktivitäten von Weltverbesserungstätern der strikten moralisch-ideologischen Observanz.

Wahr ist, daß wir heute, im Unterschied zur deutschen und internationalen einschlägigen Lage noch vor einem Vierteljahrhundert, beim Stichwort „Terror" vorzugsweise an den Terror religiös erweckter Fundamentalisten denken, und dieser Terror scheint, im islamistischen Falle zumal, einem historisch-politischen Kontext gänzlich außerhalb des Traditionszusammenhangs der Aufklärung anzugehören. Aber Terror autochthoner europäischer Tradition gibt es ja auch noch, und überdies ist es die in den totalitären Bewegungen europäischer Prägung erwiesene Effizienz des Terrors, die ihn inzwischen weltweit politisch hat attraktiv werden lassen. Schließlich kann die „Tugend", über die sich der Fanatiker zum Terror legitimiert weiß, auch geistliche, nämlich religiös formierte Tugend sein, und schon in der Terrorgeschichte der europäischen Aufklärung fehlte dieses religiöse Element keineswegs.

So oder so: Zunächst sei der Tugendterror exemplarisch anschaulich gemacht, und weil es sich bei Mitteilungen über diesen Terror, wie gesagt, nicht um Neuigkeiten handelt, mag sich dafür ein sehr alter und überdies allbekannter Terrorfall besonders eignen. Ich meine die Ermordung August von Kotzebues durch Karl Ludwig Sand am 23. März 1819 zu Mannheim.

In seiner Signifikanz für die moralische Verfassung des terrorfähigen Individuums hat Karl Ludwig Sand das zeitgenössische Publikum spontan und anhaltend beschäftigt[1], und für die Historiker blieb die Ermordung Kotzebues allein schon wegen der politischen Wirkungen der Reaktion auf sie („Karlsbader Beschlüsse") berichtspflichtig – über die kaiserliche Zeit[2] hinaus bis in die weitere Gegenwart[3]. Sand war zur Tatzeit Student, Theologiestudent nämlich und in dieser Rolle erprobt und eingeübt in der Kunst dauerreflexiver moralischer Läuterung seiner Handlungsmotive, überdies früh schon geprägt durch die Erziehung, die seine tugendstrenge Mutter ihm hatte angedeihen lassen, stabilisiert dann durch den Rückhalt im Milieu deutscher studentischer Jugendbewegung in nachnapoleonischer Zeit. Nationale Befreiung und politische Emanzipation – darum war es zu tun, und der Schreiberling Kotzebue hatte sich erdreistet, darüber zu spotten. Das genügte, auf moralische Nichtswürdigkeit zu erkennen, und wenn die Menschlichkeit des Menschen auf seiner Moralität beruht, ja in ihr aufgeht, so ist auch die Tötung eines Menschen, der seiner Moralität sich begeben hat, kein unmenschlicher, nämlich unmoralischer Akt, vielmehr ein Akt öffentlicher Bekräftigung jener Moral, die für alle gilt und auf die sich einzig die Nichtswürdigkeit nicht verpflichtet weiß. So wird dann der Mord zum Signum „schönen Strebens für Gottes Sache in der Menschheit"[4], und die moralische Integrität dieser Erwägung wird durch die bedingungslose Selbstaufopferungsbereitschaft des moralvollstreckenden Attentäters unter Beweis gestellt.

Moralismus macht unter gewissen Zusatzbedingungen, von denen noch die Rede sein muß, realitätsflüchtig, und der Realitätsverlust, den auch Sand erlitten hatte, wird manifest in der Sandschen Erhebung des Erfolgsbühnenautors Kotzebue, dessen politische Bedeutung marginal war, zum „Verderber … meines Volks", dessen moralische Niedertracht ihn, Sand, in der Absicht, „den Zustand der reinen Menschheit zu fördern", „nichts Edleres zu tun" wissen lasse, als ihn „niederzustoßen"[5]. Realistisch blieb freilich Sand in der Erwar-

---

[1] Cf. exemplarisch die Äußerungen des philosophisch von Hegel inspirierten Juristen und politischen Publizisten Friedrich Wilhelm Carové: Über die Ermordung Kotzebues. Eisenach 1819.

[2] Heinrich von Treitschke: Deutsche Geschichte im Neunzehnten Jahrhundert. Zweiter Teil. Bis zu den Karlsbader Beschlüssen (1882). Neue Ausgabe 1927, p. 519 ff.

[3] Thomas Nipperdey: Deutsche Geschichte 1800–1866. Bürgergewalt und starker Staat. München 1983, pp. 283 ff.

[4] Zitiert nach dem Tatbericht bei Thomas Nipperdey, a.a.O., p. 282.

[5] So nach dem Wortlaut von Papieren, die man bei dem Mörder fand, in der Zitation Treitschkes, a.a.O. (cf. Anm. 2), p. 523.

tung des Straftods, der ihm nach erfolgreichem Attentat und mißlungenem Selbstmord nun selber bevorstand, und der Realismus dieser Erwartung war Teil des moralstrategischen Kalküls: moralische Erweckung durch demonstrative Selbstaufopferung. „Kurzer Sieg; früher Tod!" – mit diesen knappen Worten war dieses politmoralische Strategem vorgedacht. „Früher Tod bricht nicht die Siegesbahn, wofern wir nur auf ihr als Helden sterben"[6].

In seinem mörderischen Moralismus blieb der Student also realistisch genug zu wissen, daß seine Tat nicht unmittelbar, vielmehr einzig symbolisch, nämlich als öffentliche Demonstration eines an höheren Zwecken orientierten reinen Willens politisch wirksam werden könne. In der Tat hat Karl Ludwig Sand seine Zeitgenossenschaft moralisch tief beeindruckt. Daß seine Tat juridisch als Mordtat zu qualifizieren sein würde, verstand sich von selbst. Aber ebenso verstand sich von selbst, daß man es hier nicht mit einem Fall gewöhnlicher Schwerkriminalität zu tun hatte. Die Publizität des Falles hing exklusiv an seiner moralischen Ausnahmequalität. Über trivialen Mord wird in seriösen Zeitungen heute wie damals unter „Vermischtes" berichtet. Mord in der Absicht, den politischen Verpflichtungscharakter einer höheren Moral zu demonstrieren, ist spitzenmeldungspflichtig, und dieser Aufmerksamkeitsbonus wurde auch der Terrortat Sands zuteil. Mord verabscheuen wir – so wie wir Taten, zu denen einzig der bedingungslos gute Wille fähig ist, bewundern. Aber was ist, wenn die Tat, die uns moralisch in Anspruch nehmen möchte, just eine Mordtat ist? „Missbilligung der Handlung bei Billigung der Motive" – das war, in Worte von Joseph Görres gefaßt, nach Treitschke „das vorherrschende Urteil" über Karl Ludwig Sands Aktion „in den gebildeten Kreisen"[7]. Es gab somit auch in diesem Falle, was uns in Deutschland aus den siebziger Jahren des 20. Jahrhunderts, als eine extremistische Fraktion der jüngsten studentischen Jugendbewegung zum offenen Terror übergegangen war, als so genannte „Sympathisantenszene" in Erinnerung geblieben ist[8]. Signifikant ist dafür und vielzitiert der Trostbrief, den damals der Berliner Theologieprofessor De Wette an die Mutter des Studenten schrieb. Gewiß, die Tat sei ein „Irrtum", werde aber „aufgewogen durch die Lauterkeit der Überzeugung", aus der sie hervorgegangen sei, und darin bleibe doch die Tat, so wie sie geschehen sei „durch diesen reinen frommen Jüngling, mit diesem Glauben, dieser Zuversicht", „ein schönes Zeichen der Zeit"[9].

Dieser Brief bot den zuständigen preußischen Staatsbehörden naheliegenderweise Anlaß genug, de Wette aus seinem Professorenamt zu entlassen. Akademische Zuflucht fand er drei Jahre später in Basel. Hegel dachte über die

---

[6] Aus Sands „Stammbuchblatt für einen Freund im Vogtlande" vom 21. Juni 1818 zitiert bei Treitschke, a. a. O., p. 521.

[7] A. a. O., p. 527.

[8] Cf. dazu Uwe Backes, Eckard Jesse: Politischer Extremismus in der Bundesrepublik Deutschland. Bonn 1989, pp. 149 ff.: „Terrorismus".

[9] Zitiert bei Thomas Nipperdey, a. a. O. (cf. Anm. 4).

Sympathisanten eher wie die Staatsbehörden, das aber moderat, indem er bei unvermeidlichen Entlassungen immerhin für die Belassung des Gehalts plädierte. Nichtsdestoweniger fand wiederum Schleiermacher, theologischer Kollege De Wettes in Berlin, Hegels Option „erbärmlich"[10]. Dabei wäre es falsch, hinter solchen Unterschieden im Urteil über den politischen Radikalismus den Gegensatz von Fortschrittlern einerseits und Reaktionären andererseits zu vermuten. Eher handelt es sich um einen Unterschied im Urteil darüber, worauf es bei der Beurteilung des Radikalismus ankommt. Den zitierten Theologen kam es auf die moralische Qualität der politisch exzentrisch gewordenen Subjekte an. Hegel hingegen dachte politisch und sah, daß in der gegebenen Situation der Radikalismus den Prozeß fälliger Reformen, statt ihn zu beschleunigen, störte und damit aufhielt. Ob Hegel damit für die damalige Situation recht hatte oder nicht, interessiert hier nicht. Festzuhalten bleibt, daß die lautere Gesinnung der Radikalen, auf die sich in ihrem Moralismus die Sympathisanten bezogen, keine geeignete Basis für das Urteil über den politischen Nutzen oder Nachteil des Radikalismus ist.

So oder so: Zu den Sympathisanten des moralisch motivierten Mörders gehörte sogar der Scharfrichter, der ihm den Kopf abzuschlagen hatte – ein „warmherziger pfälzischer Patriot", wie Treitschke fair vermerkte. Der brave Mann bat das Opfer seiner Amtswaltung um Verzeihung und schenkte den Stuhl, auf den sich Sand niederzusetzen gehabt hatte, seinen herbeigeeilten studentischen Freunden aus Heidelberg. Der Stuhl blieb als Reliquie treu verwahrt. Aus dem Holzgerüst des Schafotts erbaute der Scharfrichter ein Häuschen in seinem Weinberg – alsbald ein inspirierender Ort für die Burschenschaftler, die sich hier in konspirativer Absicht trafen[11].

Sands Kopf fiel, wie erwähnt, unter dem Handbeil. Der humanitäre Fortschritt des technisch modernisierten Fallbeils war bis Mannheim noch nicht gelangt, wohl aber die Auffassung, daß der Verbrecher doch Anspruch auf Überprüfung seiner Schuldfähigkeit habe, damit man ihn nach feststellbaren Graden seiner moralischen Zurechnungsfähigkeit beurteilen könne. Entsprechend wurde, freilich außerhalb des Prozesses, auch Sand psychiatrisch diagnostiziert, näherhin ferndiagnostiziert mit dem Gesamtresultat, die moralische Subjektivität des Täters sei schlechterdings unbeschädigt. Seine Tat habe „nur die äußere, scheinbare Form des Meuchelmords". In Wahrheit sei sie die Tat „eines bis zum höchsten Grad der Moralität, der religiösen Weihe erhöhten und verlebendigten Bewusstseins" – so der Irrenarzt Grohmann[12]. Bei dieser sogar durchs Sachverständigenurteil approbierten Sicht der Dinge verwundert es nicht, daß Sands Tat alsbald auch eine Nachahmungstat evozierte – den

---

[10] Zu diesen Auseinandersetzungen cf. die Belege in meinem Buch „Politische Philosophie in Deutschland". Basel, Stuttgart 1963, pp. 49 ff.
[11] Cf. dazu die Berichte bei Treitschke, a.a.O. (cf. Anm. 7).
[12] Zitiert bei Treitschke, a.a.O., p. 526.

Mordversuch des Jungapothekers Löning am Nassauischen Chefbeamten Ibell. Auch in diesem Falle fungierte die Selbstaufopferung des Täters als Beweis der moralischen Lauterkeit seiner Motive. Der Mordversuch war mißlungen, aber im Unterschied zum gescheiterten Selbstmordversuch Sands gelang in diesem Fall der Suizid. Löning vollzog ihn in seiner Zelle, in der er freilich beobachtet war. Dem entzog er sich durch unbemerktes Verschlucken von Glassplittern, die ihn innerlich sanft verbluten ließen. –

Soweit einige historische Erinnerungen zur Verschaffung von Anschauung der moralischen Verfassung terroristisch aktiv gewordener Einzeltäter. Der Zusammenhang von Tugend und Terror ist unübersehbar: Je radikaler ein Subjekt zu höheren politischen Zwecken wider die wohlvertrauten, nämlich traditional vermittelten Regeln konventioneller Moral und geltenden Rechts verstößt, um so gewisser muß das Subjekt des terroristischen Ausnahmehandelns der höheren Legitimität seines Tuns sein, und das moralische Gewissen ist stets die letzte Instanz der fälligen Legitimitätsverschaffung.

Die höhere Moral des Subjekts, das in der Terrortat den Prozeß seiner Selbstverwirklichung vollendet, spiegelt sich in den Kriterien, die die Auswahl des Opfers bestimmten. Historische Exempel für Gewaltherrscher, gegen die sich der edle Aufruf „in tyrannos!" richtete, standen damals jedem Gymnasiasten zur Verfügung, und die traditionsreiche Rechtfertigung des Tyrannenmords ließ sich in Worten Schillers zitieren. „Nein, eine Grenze hat Tyrannenmacht, / Wenn der Gedrückte nirgends Recht kann finden, / Wenn unerträglich wird die Last – greift er / Hinauf getrosten Mutes in den Himmel, / Und holt herunter seine ew'gen Rechte, / Die droben hangen unveräußerlich / Und unzerbrechlich wie die Sterne selbst –".

Mit der praktischen Konsequenz solcher Worte mußten Tyrannen immer schon rechnen, und sie tun es bis heute. Aber man geriete ins Fach der Komik, wenn man im nachhinein fände, auch der Bühnenautor August von Kotzebue hätte sich doch durch das Schauspiel „Wilhelm Tell" seines Schriftstellerkollegen Schiller gewarnt sein lassen sollen. Es ist evident: Der Dolchstoß Sands richtete sich gar nicht gegen irgendeine Unerträglichkeit, die auch dem braven gemeinen Mann, also einem Wilhelm Tell in nachnapoleonischer Zeit, als solche hätte erscheinen müssen. Um die Nichtswürdigkeit Kotzebues zu erkennen, bedurfte es eben, statt der trivialen Rechtsgewißheit des Bedrängten und Unterdrückten, der höheren, sublimierten Moral eines Empfindsamen, dem es, statt um Befreiung aus manifester Bedrückung, um Erweckung zu einem höheren, moralisch und politisch anspruchsvolleren Freiheitsbewußtsein zu tun war.

Was eigentlich war denn August von Kotzebue vorzuwerfen? In der Meinung der Menge und in seiner Heimatstadt Weimar zumal war doch Kotzebue vor allem als höchst erfolgreicher, nämlich garantiert unterhaltsamer Bühnenautor bekannt. Allein während Goethes Zuständigkeit für das Weimarer Hoftheater „wurde an 638 Abenden Kotzebue gegeben", Goethe und Schiller hingegen jeweils weniger als zwanzigmal, und selbst Iffland wurde nur an 31

Abenden aufgeführt[13]. Um volksfeindliche Tyrannenverherrlichung handelte
es sich bei den Bühnenstücken Kotzebues selbstverständlich auch nicht, vielmehr um Gelegenheiten, wohlunterhalten und gerührt zu sein, und für Lust
der Wiedererkennung des Vertrauten in gesteigerter Bühnenpräsenz war auch
gesorgt. Die Titel der Erfolgsstücke „Die deutschen Kleinstädter" oder „Men-
schenhass und Reue" passen dazu. Gewiß: Unbeschadet seines singulären Erfolgs hielt sich die Schätzung Kotzebues in Grenzen. Die für unsere verdachts-
bereite Sehweise naheliegende Auskunft, allein schon die Unüberbietbarkeit
seines Publikumserfolgs habe Kotzebue bei so vielen Dichtern in Weimar un-
beliebt machen müssen, trifft auch nicht zu. Goethe höchstselbst wußte in seiner administrativen Zuständigkeit für das Hoftheater Kotzebues Talent, „Zu-
schauer zu unterhalten und zugleich der Kasse zu nutzen", sehr zu schätzen[14],
und wenn Goethe und mit ihm die höheren Weimarer Kreise Kotzebue auf Distanz hielten, so geschah das in Abwehr seines leicht penetranten Geltungsbe-
dürfnisses, in welchem Kotzebue den Anspruch auf künstlerische Schätzung
seines Werkes aus der meßbaren Publizität seines Werkes herzuleiten schien.
Kotzebues „Leichtfertigkeit und Seichtigkeit mit möglichst scharfen Worten"
zu tadeln – dazu, gewiß, neigte das anspruchsvollere Theaterpublikum wohl
und insbesondere dann, wenn es sich zum jeweils neuesten Kotzebue drängte.
Goethe hingegen nahm Kotzebue auch noch gegen solchen Tadel in Schutz:
Bei etwas mehr „Fleiß in der Ausbildung seines Talents" hätte er doch „unser
bester Lustspieldichter werden" können, fand er. „Das Sentimentale hat er in
seiner Gewalt. Die Zwiebel, mit welcher man den Leuten das Wasser in die
Augen lockt, weiß er zu gebrauchen wie wenige"[15]. Selbstminderung durch
Selbstüberschätzung – das prägte die im öffentlichen Urteil über Kotzebue
maßgebende Meinung Goethes: „Natur gab dir so schöne Gaben, / Als tau-
send andre Menschen nicht haben; / Sie versagte dir aber den schönsten Ge-
winst, / Zu schätzen mit Freude fremdes Verdienst."[16]
    Das alles und anderes mehr kann es evidenterweise nicht gewesen sein, was
Kotzebue als Opfer einer politischen Mordtat hätte geeignet machen können.
Und erinnert man sich an die Lebensgeschichte Kotzebues in ihren politischen
Aspekten, so wird man auch nicht klüger. In Reval, immerhin, war der Jurist
Gerichtsvorsteher gewesen, später in Königsberg russischer Konsul. Kraft sei-
ner russischen Konnexionen wirkte er später überdies als Korrespondent mit
Berichten an die Adresse des Zaren über akademische und literarische Zustän-

---

[13] Effi Biedrzynski: Goethes Weimar. Das Lexikon der Personen und Schauplätze. Zü-
    rich ²1993, pp. 253–257: Kotzebue, August von (seit 1785), p. 253.
[14] Ibid.
[15] So Goethe nach dem Gesprächsbericht des Gymnasiallehrers Friedrich Kohlrausch,
    auszugsweise abgedruckt in: Goethe im Gespräch. Auswahl und Nachwort von
    Eduard Korrodi, Zürich 1944, pp. 346–350, p. 350.
[16] An Kotzebue. Februar 1816. In: Goethes Werke. Band I, textkritisch durchgesehen
    und mit Anmerkungen versehen von Erich Trunz. Hamburg ³1956, p. 355.

de in Deutschland. Er erdreistete sich freilich, über die vaterländischen Turner zu spotten, und auch die burschenschaftliche Bewegung kommentierte er bissig[17]. Sind das todeswürdige Verstöße wider wohlbekannte Regeln guter Moral? Der Common sense wird das nicht finden, und auch „die Milch der frommen Denkart", von der sich im Alltag Wilhelm Tell nährte, hätte sich dadurch „in gährend Drachengift" nicht verwandeln lassen. Sand hingegen fand durch das Treiben Kotzebues und anderer Leute seines moralischen Standards „das Göttliche" in ihm, seine „Überzeugung", unterdrückt[18], und man erkennt: Es ist eine ungemeine, Common sense-transzendente Moral, die hier ihre Unterscheidungen zu treffen weiß, das Böse und die Bösen zu identifizieren, anzuklagen und vor Gericht zu ziehen, zu verurteilen und zu exekutieren, und das alles vor und mittels der einen und einzigen Instanz des eigenen Gewissens, die nicht einmal Berufung ans Jüngste Gericht zuläßt.

Man erkennt den Leistungsanspruch dieser Moral: Sie verfügt über flächendeckend, nämlich universal geltende Kriterien zur Identifizierung der moralischen oder unmoralischen Verfassung beliebiger Dritter. Dabei werden die auch damals längst erarbeiteten, prozessual handhabbar gemachten Kriterien der Feststellung von Schuldfähigkeit oder des Vorliegens von mildernden Umständen und sonstigen Entschuldigungsgründen als unbeachtlich beiseite gelassen: „... die subjective Tugend, die bloß von der Gesinnung aus regiert, bringt die fürchterlichste Tyrannei mit sich. Sie übt ihre Macht ohne gerichtliche Formen und ihre Strafe ist ebenso nur einfach – der Tod". So charakterisierte bekanntlich der Terrortheoretiker Hegel in seiner Analyse der Schreckensherrschaft der Jakobiner[19] die Art, wie die verfahrensfrei-unmittelbar sich selbst legitimierende Moral sich öffentlich-politisch zur Geltung bringt, wenn die gute Gesinnung ihre Herrschaft über die subjektive Innerlichkeit hinaus auf die Kommunität aller Subjekte ausdehnt, die in dieser Gesinnung bruchlos miteinander verbunden sein sollten[20].

Hegels Beschreibung der moralistischen Selbstlegitimation der terroristischen Aktion paßt sowohl auf den Massenterror einer zu politischer Herrschaft gelangten identitär-demokratischen politischen Bewegung wie auf die einzeltäterschaftlichen Mordaktionen des moralistischen Sandschen Typus. Eben weil das Publikum in Sands oder Lönings Taten wiederzuerkennen vermochte, was in Frankreich zur Schreckensgeschichte der Revolution gehörte, hatte sie den fanatischen Studenten unbeschadet der manifesten Züge seiner

---

[17] A.a.O. (cf. Anm. 13), p. 257.
[18] Treitschke, a.a.O. (cf. Anm. 2), p. 521.
[19] Georg Wilhelm Friedrich Hegel: Vorlesungen über die Philosophie der Geschichte. Werke ed. Glockner. Elfter Band, p. 561.
[20] Cf. dazu das Kapitel „Politischer Avantgardismus oder Fortschritt und Terror" in meinem Buch „Im Zug der Zeit. Verkürzter Aufenthalt in der Gegenwart. Dritte, um ein Nachwort erweiterte Auflage", Berlin, Heidelberg, New York 2003, pp. 137–154, bes. pp. 144 ff.

philosophischen Wirrnis politisch ernst zu nehmen. Ob er und wie sehr er
Anlaß bot, ihn in seiner fürchterlichen moralischen Handlungskraft nun auch
politisch zu fürchten – das ließ sich selbstverständlich nicht nach moralischen,
vielmehr einzig nach politischen Kriterien einschätzen. Den Hintergrund dessen, was man heute eine „Szene" nennen würde, gab es immerhin und, wie geschildert, sehr prominente Sympathisanten desgleichen. Nichtsdestoweniger
verkannte der Student in seinem Irrealismus die politische Lage der Dinge vollständig. Es gab in Deutschland den Zunder nicht, der sich über den Funken
einer symbolischen moralischen Mordtat hätte entzünden und zu einem revolutionären Flächenbrand hätte entfachen lassen. Auch Metternich hat das im
Ernst nicht befürchtet. Er nutzte lediglich die Gelegenheit, über die Karlsbader Beschlüsse den ja längst in Gang gekommenen verfassungspolitischen Prozeß institutioneller Einbindung der monarchischen Gewalt abzubremsen. Als
politisches Subjekt hätte der Terrorist Sand natürlich in Rechnung zu stellen
gehabt, daß die Wirkung seiner Tat, statt gelingende Revolution und Glocken-
läuten, auch verschärfte Zensur und politische Friedhofsruhe sein könnte.
Aber der Moralist verschmäht die strategische Kalkulation der Folgen seiner
Gewissenstat, und in der Rückschau glaubt man überhaupt nur einen einzigen
Zug von Rückbindung an die Welt der Tatsachen in Sands Aktion zu erkennen,
nämlich den richtig kalkulierten Sensationseffekt, den er mit der Tötung eines
umstrittenen Schriftstellers der allerersten Publizitätsklasse auslösen konnte.
     Es hieße, den zur Gesinnung verfestigten Moralismus des fanatisierten Sub-
jekts zu dämonisieren, wenn man diesen Moralismus für eine motivationale
Disposition hielte, die eo ipso zum Terror drängt. Davon kann gar keine Rede
sein. Die Gesinnungsgenossenschaft, in der Karl Ludwig Sand sich aufhielt
und in der er tatsächlich Rückhalt fand, war zahlreich und weit verbreitet. Aber
zum Mörder wurde eben nur Sand, und die subjektive Prädisposition, die den
selbstgewissen politischen Moralisten schließlich zum Terror drängt, hat auch
in diesem Fall ihrerseits gar keine moralische Qualität. Eher ist sie pathologi-
scher Natur – Angewiesenheit auf unbedingte Anerkennung, die man durch
eine Tat aus unbedingter, nämlich selbstaufopferungsbereiter moralischer Gesinnung erzwingen möchte, Alltagsverbringungsschwäche, in der man lieber
einmal groß als lebenslang uneigentlich existiert haben möchte, frühe Nach-
ruhmsucht also, die einen lieber gar nicht als früh vergessen gewesen sein lassen möchte: um dergleichen mag es sich handeln. Entsprechend beschließt
man das Leben mit einer Tat, die schon im vorhinein mit der Gewißheit be-
lohnt, danach werde noch lange von einem die Rede sein. Das mag nun so
oder auch etwas anders sein, und die Psychologen werden es wissen.
     Hier sollte lediglich, zum Ausgleich für die Schrecken, wie sie im Falle
Sands sich mit dem gesinnungstäterschaftlichen Moralismus verbinden, gesagt
sein, daß dieser Moralismus selbstverständlich auch in freundlicher, herzer-
wärmender Gestalt auftreten kann. In den mannigfachen Jugendbewegungen,
die in Deutschland von den Burschenschaften der nachnapoleonischen Ära bis
hin zu den kulturellen und politischen Formationen, die sich wiederum vor-

zugsweise in der akademischen Welt im jüngstvergangenen Jahrhundert metonymisch mit der Jahreszahl 1968 verbinden, begegnet uns das regelmäßig,
und um die Wende des 19. zum 20. Jahrhundert bis gegen den Ersten Weltkrieg hin war der Zeitgenossenschaft für die Kennzeichnung des speziellen
moralischen Anspruchs, den die Jugendbewegung dieser Jahre prägte, das
Stichwort „Idealismus" geläufig. In der variantenreichen Evolution der Bedeutung des Begriffsnamens „Idealismus"[21] bildet sich um die Wende des 19. zum
20. Jahrhundert als dominante Bedeutungsvariante des in Weltanschauungsdiskursen gemeingebräuchlich gewordenen Wortes „Idealismus" die Idee einer
wünschenswerten moralischen Binnenverfassung der Subjekte heraus, die sich
lebenspraktisch nicht an Interessen orientieren, vielmehr an universell geltenden Idealen, in denen der Bürger und seine Nation, ja Individuum und
Menschheit zu unverbrüchlicher Gemeinschaft verschmolzen sind.

Man hört es dieser Charakteristik des Idealismus an, daß als die Lebensepoche, in der er eingepflanzt und entfaltungsfähig gemacht werden könne, vorzugsweise die Jugend gelten mußte. Entsprechend sind es Erzieher, Volkspädagogen, Kulturtherapeuten und politische Seelsorger aller Art, die damals
„Idealismus" programmatisch machten – besorgt und zugleich hoffnungsvoll.
Man vernehme die Klage, so heißt es zum Beispiel, „daß unserer Jugend der
Idealismus fehle" – zu „Unrecht"[22]. Man nehme doch, so ermunterte zu Beginn des Ersten Weltkriegs Paul Natorp seine Leser, die „seit einigen Jahren
überraschend aufgeblühte" neue Jugendbewegung als „fröhliches Vorzeichen"
dafür, „daß ein neuer Geist im Anzug" sei und „ein heiliger Wille", der nun
auch die ganze Nation ergreife[23]. Exemplarisch hatte sich das schon vor dem
Krieg im Fest der Freideutschen Jugend auf dem Hohen Meißner bekundet[24].
„Das traurige Erbe des entfesselten Kapitalismus, der über alle Völker Europas
seine schmutzige Flut ergossen" hat, drohe uns materiell interessiert zu machen und wirke so gemeinschaftsauflösend[25]. „Das Selbst" des Menschen,
worin er ganz und gar bei sich und damit zugleich eins mit der Gemeinschaft
in „Freiheit, Gleichheit, Brüderlichkeit" zu sein hätte, werde in einer Gesellschaft der dissoziierenden wirtschaftlichen und sonstigen partikulären Interessen „aus der ihm gebührenden herrschenden Zentralstellung herausgewor-

---

[21] Cf. dazu die Stichwortvarianten von „Idealismus" im Historischen Wörterbuch der
Philosophie, insbesondere die Variante „Idealismus, Deutscher" von Hermann
Zeltner, a.a.O., Band 4, Basel 1976, Sp. 35–37.

[22] Paul de Lagarde: Deutsche Schriften. Gesamtausgabe letzter Hand. Fünfte Auflage.
Göttingen 1920, pp. 404–416: Über die Klage, dass der deutschen Jugend der Idealismus fehle. Geschrieben zu Rom zu Anfang April 1885.

[23] Paul Natorp: Der Tag des Deutschen. Vier Kriegsaufsätze. Hagen 1915, pp. 24f.

[24] Cf. dazu August Messer: Die freideutsche Jugendbewegung. Langensalza ⁴1922, pp.
20ff.

[25] Paul Natorp: Sozial-Idealismus. Neue Richtlinien sozialer Erziehung. Berlin 1920, p.
89.

fen"[26]. „Dem muss begegnet werden", forderte echowirksam Rudolf Eucken[27].
Wie aber? Die Antwort dieses Idealisten lautet: durch Wiedergewinnung geistig-moralischer Übereinstimmung mit sich selbst im Rückzug aus der „Zerklüftung und Zersplitterung" moderner Lebensverhältnisse: „Eine Innerlichkeit entsteht, die mit aller sinnlichen Gebundenheit bricht und sich auf sich selber stellt; verkündet das nicht eine andere Welt?"[28]

Soweit einige Zitate zum „Idealismus" in jenem hohen Ton, der den damaligen Bewußtseinserweckern verfügbar war. Heute werden zu analogen Zwecken andere Töne angestimmt, und die zitierten bereiten uns Unbehagen. Sie klingen mit idiosynkratischen Wirkungen deutsch, so daß es nötig ist, sich zu erinnern, daß die Botschaft, auf die sie aufmerksam machen wollten, in Übereinstimmung mit dem universellen Geltungsanspruch dieser Botschaft tatsächlich auch weltweit gehört und mit Bewunderung aufgenommen wurde. Zuletzt hatte ich ja auf Rudolf Eucken rekurriert, und zwar auf jenes Buch, das Eucken zugleich als seither einzigem unter den deutschen Philosophen Nobelpreisruhm einbrachte. Kein Geringerer als Henri Bergson veranlaßte noch vor dem Ersten Weltkrieg die Übersetzung von Euckens Nobeltitel „Der Sinn und Wert des Lebens" ins Französische, und er verhieß seinen Lesern „un surcroît d'énergie intérieure et de vitalité"[29].

Der Sinn dieser Vergegenwärtigung des idealistischen Programms der Emendation der vom Eigentlichen abgelenkten geistig-moralischen Binnenverfassung des Menschen war, Aufschluß über einen Moralismus zu gewinnen, der in erklärten Ausnahmelagen außerordentlicher Aktionen fähig ist. Luzidität ist nun aber gerade nicht die dominante Eigenschaft der Texte der zitierten repräsentativen Neo-Idealisten in ihrem Bemühen, die Klassiker des Deutschen Idealismus politpädagogisch zu aktualisieren. Demgegenüber war es das Genie Heinrich Heines, das schon in den dreißiger Jahren des 19. Jahrhunderts das idealistisch formierte und bewegte moralische Subjekt ebenso einfach wie knapp zu charakterisieren vermochte. „Weder durch Furcht noch durch Eigennutz" sei es zu bändigen[30]. Näherhin dachte Heine dabei an „Fichteaner", die es ja waren, denen später auch die erwähnten Neo-Idealisten vorzugsweise

---

[26] A.a.O., pp. 44, 87.

[27] Rudolf Eucken: Der Sinn und Wert des Lebens. Siebente Auflage. Sechsundzwanzigstes und siebenundzwanzigstes Tausend. Leipzig 1920 (zuerst 1907), p. 157.

[28] A.a.O. p. 157, 55.

[29] Henri Bergson: Avantpropos de l'ouvrage ,Le sens et la valeur de la vie' de R. Eucken, Paris 1912, in: Henri Bergson: Mélange. Textes publiés et annotés par André Robinet. Paris 1972, pp. 971–973.

[30] Heinrich Heine: Zur Geschichte der Religion und Philosophie in Deutschland (1834). In: Heinrich Heine: Sämtliche Werke in zwölf Teilen. Mit Einleitungen und Anmerkungen herausgegeben von P. Beyer, K. Quenzel und K. H. Wegener. Achter Teil. Leipzig o.J., p. 253.

nachzueifern sich bemühten[31]. Heine erwähnt sie in seiner berühmten Geschichte der Religion und Philosophie in Deutschland, die zuerst in Paris erschien, und man versteht diesen Text besser, wenn man ihn als einen Gegentext zu den freundlichen Mitteilungen der Madame de Staël über die deutschen Denker an die Adresse der Franzosen liest. Die deutschen Denker seien sehr bedeutend, aber politisch harmlos – das war die Quintessenz dieser Mitteilungen. Deutsche Philosophen stritten „lebhaft miteinander um die Herrschaft des Geistes", überließen aber „den Mächtigen der Erde alles Reale im Leben"[32]. Noch verharre der deutsche „Transzendental-Idealist" „in der Verschanzung des eigenen Gedankens", konzediert Heine. Aber eines Tages werde er daraus „hervorbrechen und die Welt mit Entsetzen und Bewunderung erfüllen"[33]. Der naheliegende Gedanke, Heine habe sich hier erfolgreich als historisch-politischer Prognostiker betätigt, bleibe unerörtert. So oder so darf man Heines Charakteristik der moralistischen Binnenverfassung Fichteanischer oder sonstiger „Idealisten" klassisch nennen: „Weder durch Furcht noch durch Eigennutz zu bändigen". Entsprechend ist es nicht unwahrscheinlich, daß auch heute etliche Pädagogen in politischer oder frommer oder auch frommer politischer Absicht finden möchten, eben darin bestünde doch die moralische Reife, „weder durch Furcht noch durch Eigennutz" verführbar zu sein, im Handeln von der im Gewissen befestigten Idee des Guten abzuweichen. Aber das ist ersichtlich nur die eine Seite der Sache. Die andere Seite ist, daß die Konfrontation mit einem Subjekt in der Charakteristik, „weder durch Furcht noch durch Eigennutz" bestimmbar zu sein, uns doch zugleich um so dringlicher auf jene Wirklichkeitsfähigkeit des betreffenden Subjekts hoffen läßt, ohne die die Folgen und Nebenfolgen seiner Weltverbesserungen unkontrollierbar werden müßten. Moralischer Idealismus in Kombination mit weltfremden Wirklichkeitsannahmen ist furchterregend. Alles wird möglich, und das bis zum bitteren Ende, weil die krude Empirie des Scheiterns den „Transzendental-Idealisten" nie zu irritieren vermag.

Schlägt man, statt bei Heine, bei Fichte selber nach, so wächst tatsächlich noch die Besorgnis. Fichte entwirft in spekulativer Geschichtsphilosophie notwendige Stufen der Staatsevolution – mit dem letzten Stadium eines politischen Zustands, in welchem „alle … allen unterworfen" sind, und das „nicht bloß negativ, sondern auch positiv", was heißen soll, „dass durchaus kein Einziger irgendeinen Zweck sich setzen und befördern könne, der bloß sein eige-

---

[31] Zum politischen Neufichteanismus cf. mein Buch „Politische Philosophie in Deutschland. Studien zu ihrer Geschichte", Basel, Stuttgart 1963, pp. 196 ff.

[32] Anne Germaine de Staël: Über Deutschland. Vollständige und neu durchgesehene Fassung der deutschen Erstausgabe von 1814 in der Gemeinschaftsübersetzung von Friedrich Buchholz, Samuel Heinrich Catel und Julius Eduard Hitzig. Herausgegeben und mit einem Nachwort versehen von Monika Bosse. Mit einem Register, Anmerkungen und einer Bilddokumentation. Frankfurt am Main 1985, p. 37.

[33] Heine, a.a.O. (cf. Anm. 30), ibid.

ner, und nicht zugleich der Zweck aller ohne Ausnahme sei"[34]. Liest man diesen Text wie Madame de Staël, so findet man sich beeindruckt von der Anmutung eines moralisch-politischen Anspruchs von großer Höhe oder auch von bedeutender Tiefe. Stellt man sich hingegen, wie Heine, vor, wie er sich auswirken müßte, wenn man der in ihm angelegten Intention entsprechend zur politischen Realisierung der philosophisch entworfenen Idee überginge, so müßten allein schon wegen der konsequenten Wegarbeit aller Tätigkeiten, deren Zwecke nicht Gemeinschaftszwecke wären, die Konsequenzen eo ipso terroristisch sein. Das wäre überdies so in den politischen Konsequenzen der von Fichte unterstellten Dispositionsgewalt des evolutionär vollemanzipierten kollektiven politischen Handelns, nämlich „das ganze Menschengeschlecht von dem blinden Zufall" zu erlösen und das „Schicksal" mit seinem bislang waltenden Widerfahrnischarakter zu vernichten, bis schließlich „die gesamte Menschheit … sich selbst in ihre eigene Hand", nämlich „unter die Botmäßigkeit ihres eigenen Begriffes"[35] gebracht haben wird.

Die dürftigen Orientierungen tradierter gemeiner Moral und alltagsbewährter Lebensführungskunst sind es nicht, über die wir diese Einsicht in den schlechthin verpflichtenden Endzustand der sich entwickelnden Menschheit gewinnen könnten. Gewiß: Im Kontext der modernen Zivilisation mit ihren kognitiv-wissenschaftlich, technisch, sozial und kulturell beschleunigt ansteigenden Innovationsraten gehört es zu den Konsequenzen dieser Evolution, daß die relative Reichweite der Common sense-Zuständigkeiten fortschreitend schrumpft und die Verläßlichkeit tradierter Wirklichkeitsannahmen abnimmt. Eben das kompensieren wir durch Bemühungen, unter den praktischen Vorgaben unserer individuellen und kollektiven Interessen sowie Verbindlichkeiten die Wirklichkeitsannahmen, die wir dabei zugrunde legen, empirisch valider zu machen und gegebenenfalls gemäß verbesserter Einsicht in die Folgen und Nebenfolgen unseres gutgemeinten Handelns auch unsere Handlungsziele zu modifizieren, zu ersetzen oder aufzugeben. Indessen: Von solcher empirischen Bemühung ist die Fichtesche Transzendentalphilosophie gänzlich frei. Die Idee eines Gemeinwesens, in welchem die individuellen und kollektiven Interessen nicht etwa nur kompatibel, vielmehr darüber hinaus identisch und verbindlich gemacht sind, in welchem wir überdies schicksalsüberhoben-kontingenzfrei unseres eigenen kollektiven Daseins uneingeschränkt mächtig geworden sein werden, ist gänzlich empiriefrei vom Himmel geholt. Common sense-transzendent ist sie sowieso, und die prätendierte Geltung dieser Idee wird po-

---

[34] Johann Gottlieb Fichte: Die Grundzüge des gegenwärtigen Zeitalters. Vorlesungen, gehalten zu Berlin, im Jahre 1804–1805. In: Joh. Gottl. Fichtes Werke. Vierter Band. Leipzig 1808, pp. 393–648, p. 545.

[35] Johann Gottlieb Fichte: Sonnenklarer Bericht an das größere Publikum über das eigentliche Wesen der neuesten Philosophie. Ein Versuch, die Leser zum Verstehen zu zwingen (zuerst Berlin 1801). In: Fichtes Werke. Dritter Band. Leipzig 1910, pp. 545–644, p. 633.

litisch von „Philosophen", von Intellektuellen also repräsentiert, die nach dem
„Zwingherrn" Ausschau halten, der dem moralisch eo ipso verbindlichen End-
zustandsideal den gehörigen politischen Nachdruck verschafft. Das Kriterium
der Legitimität solchen Nachdrucks ist dann die Linientreue. Die reine Lehre,
an der diese Linientreue gemessen wird, ist dabei keine Theorie wie jede andere, vielmehr diejenige Theorie, deren Wahrheit sich in letzter Instanz durch die
Universalität der Zustimmung zu ihr enthüllt. Bis dahin hat sie, im Unterschied
zu herkömmlichen Theorien, den Status einer „Waffe. Ihr Gegenstand ist ihr
Feind, den sie nicht widerlegen, sondern vernichten will". So war das schon,
bevor es im 20. Jahrhundert Wirklichkeit wurde, im 19. Jahrhundert philosophisch vorgedacht, nämlich bei Karl Marx, der der erste unter den Philosophen war, der die Idee einer Theorie entwickelt hat, über deren Wahrheit eo
ipso die politische Kompetenz konstituiert wird, moralisch legitime Vernich-
tungsurteile auszusprechen[36].

Karl Ludwig Sand war ein armer Student – schwach erleuchtet durch ein
Bild künftiger Gemeinschaft von Freien und Reinen, in der es Zyniker und ironische Volksverderber vom Schlage Kotzebues nicht mehr geben würde.
Selbstverständlich ist der brave Theologiestudent Sand keine Figur in der Vorgeschichte des groß-theoretisch angeleiteten Groß-Terrors der totalitären Bewegungen des 20. Jahrhunderts. Und doch sind beide verbunden durch die Figur der moralistischen Selbstlegitimation zur Gewalt in Orientierung an common sense-transzendenten höheren Zwecken. „Uns ist alles erlaubt" ließ Lenin
nach seiner Machtergreifung schreiben[37]. Was macht diesen ungewöhnlichen
Satz verständlich? Die leninistische Antwort lautet: „Unsere Humanität ist absolut ..." „Wir erheben zum ersten Mal in der Welt das Schwert ... im Namen
der allgemeinen Freiheit und der Befreiung von aller Sklaverei." Wer das wirklich von sich sagen kann, wer also über eine Theorie verfügt, die ihm sagt, wieso er kraft seiner Position im menschheitlichen Emanzipationsprozeß in Einheit mit seinen Genossen der erste ist, der überhaupt wissen kann, worum es in
der Menschheitsgeschichte zu tun ist – der hat eben damit zugleich das unein-
geschränkte Recht zur Übernahme der Führerschaft im organisierten kollektiven Fortschritt dieser Geschichte auf seine Seite gebracht. Es ist evident: Die
Selbstermächtigungsformel „Uns ist alles erlaubt" ist kein zynischer Satz, vielmehr der Grundsatz des politischen Moralismus. Der Satz erhält die politischen Konsequenzen der prätendierten Geschichtssinnergreifung.

Karl Popper hat diese Geschichtssinnergreifung bekanntlich „Historizismus" genannt[38]. Popper hat sein Historizismus-Buch den Opfern des Irrglau-

---

[36] Das Zitat zur Quintessenz der Marxschen Theorie-Theorie findet sich bei Karl
Marx: Zur Kritik der Hegelschen Rechtsphilosophie. Einleitung. In: Karl Marx,
Friedrich Engels: Werke. Band 1. Berlin 1977, pp. 378–391, p. 380.

[37] Im Tscheka-Organ „Rotes Schwert" am 18. August 1919, zitiert bei Peter Scheibert:
Lenin an der Macht. Das russische Volk in der Revolution 1918–1922. Weinheim
1984, p. 85.

[38] Karl R. Popper: Das Elend des Historizismus. Tübingen ²1969.

bens an die Existenz von Geschichtsgesetzen gewidmet[39]. Popper fand sich nicht geniert, dabei ineins sowohl der Opfer des Nationalsozialismus wie auch des Internationalsozialismus zu gedenken, und die Frage ist berechtigt, ob denn tatsächlich auch die nationalsozialistische Ideologie in der von Popper skizzierten Weise historizistisch Terror legitimatorisch möglich gemacht hat. Man sollte, wie ich meine, diese Frage bejahen. Rassenzugehörigkeit, nämlich Zugehörigkeit zur rassentheoretisch identifizierten Vorzugsrasse, ist, analog zur Zugehörigkeit zur gesellschaftsevolutionär identifizierten revolutionären Vorzugsklasse, die Bedingung der Möglichkeit, der Einsicht in die Triftigkeit der Rassentheorie und damit der eigenen politischen Vorzugsstellung in der Rassenkampfgeschichte überhaupt fähig zu sein. Gewiß: Der Unterschied zwischen dem ewigen Frieden der klassenlos gewordenen Menschheit einerseits und dem Zustand des ewigen Kampfes der Rassen andererseits ist ein Unterschied ums Ganze. Dennoch ist der cognitive Status der jeweils terrorlegitimierenden Theorien, der Klassentheorie einerseits und der Rassentheorie andererseits, analog. Beide sind, sobald sie politisch herrschend geworden sind, argumentativ unwiderleglich. Wer ihnen widerspricht, ist eo ipso allein schon dadurch als Feind erwiesen. Kritik wird zur Widerstandshandlung. Ideologisch formierte totalitäre Herrschaft endet daher auch nicht diskursiv über Wandel durch dialoggebahnte Annäherung. Sie scheitert in der Konsequenz der von ihr ausgelösten, ja exekutierten Katastrophe.

Des öfteren hatte ich, mit Bedacht, die Moral, über die der Terror sich legitimiert, „höhere Moral" genannt, und im Kontrast zum eben erwähnten Widerstand läßt sich abschließend sagen, wie sich Moral und höhere Moral unterscheiden. Es ist die Common sense-Transzendenz eines empiriefreien Ungemeinwissens, auf die sich die ungemeine höhere Moral der totalitären politischen Option stützt. Der Widerständler hingegen stützt sich, cognitiv, auf falsifikationsgeeignete ideologiekritische Argumente. Moralisch genügt ihm der Rekurs auf tradierte gemeine Moral, die Verbrechen verblüffungsfest als Verbrechen wahrnimmt, Glück und Unglück der Menschen an konventionellen Maßstäben bemißt und über Kenntnisse elementarer Rechte und Pflichten verfügt, für deren Erwerb nicht einmal der Besuch einer höheren Schule nötig wäre. Im übrigen hängen dann Erfolg oder auch Mißerfolg des antitotalitären Widerstands von Bedingungen ab, die jenseits der Wirkungen des guten moralischen Beispiels gerade nicht moralischer, sondern organisatorischer oder sonstiger technischer Natur sind.

Gegen die Theorie des Tugendterrors, die hier stark gemacht werden sollte, gibt es schließlich den Einwand, daß dieser Terror doch überall, wo er in Systemen etablierter totalitärer Gewalt praktiziert worden ist, massenhaft, statt exklusiv Idealisten, Privaträcher aller Art, pathologische Genießer physischer Macht über andere und Sadistenlust freigesetzt hat. Das ist wahr, und bekannt

---

[39] A.a.O., p. XI.

ist auch, daß die Aktivitäten aus manifester moralischer Korruption sogar strategisch eingesetzt wurden. Ein Einwand gegen die deskriptive Tauglichkeit der Tugendterrortheorie ist das nicht. Vielmehr gilt, daß die strategische Nutzung pathologisch korrumpierter gemeiner Moral den Legitimationsbedarf für das in Gang gesetzte Terrorwerk stets zusätzlich erhöhte und damit die Angewiesenheit des guten Endtätergewissens auf die Weisungen jener höheren Moral, über deren Integrität in ihrer common sense-transzendenten Esoterik Philosophen und Ideologen wachen.

Tatsächlich ist also die Terrorgeschichte mit der Philosophiegeschichte verwoben. Ein Einwand gegen die Philosophie ist das nicht, vielmehr ein Plädoyer für bessere Philosophie. Was auch insoweit bessere Philosophie leisten kann, sei abschließend mit einem einzigen neuen, das Thema des Tugendterrors betreffenden philosophischen Begriff aus dem späten 18. Jahrhundert demonstriert. Ich meine den Begriff der moralischen Trauer, den wir Kant verdanken. Gegenstand dieser Trauer sind nicht einfachhin die Untaten, die Menschen in ihrer gemeinhin wohlbekannten Unmoral einander zufügen, vielmehr jene Leiden, die Menschen gerade in „Verfolgung" ihrer „für wichtig und groß gehaltenen" Zwecke einander bereiten[40].

---

[40] Immanuel Kant: Kritik der Urteilskraft. Werke. Band V (Ed. Ernst Cassirer), p. 348.

4. Wissenschaft und Weltanschauung.
Kulturpolitische und erkenntnistheoretische Fronten im Streit um Emil Du Bois-Reymond

Die Geschichte der Wissenschaften spielt sich nicht nur auf der kognitiven Ebene ab. Sie ist nicht nur die Geschichte der Erweiterung unseres sammlungs- und beobachtungsabhängigen Wissens in bezug auf das, was der Fall ist. Sie ist nicht nur die Geschichte unserer konzeptuellen Unterscheidungs- und Zuordnungssysteme sowie die Geschichte der Theoriebildungsprozesse mit ihren evolutionären, ja gelegentlich revolutionären[1] Richtungsänderungen. Zur Geschichte der Wissenschaften gehört naheliegenderweise auch die Geschichte der materiellen, sozialen und institutionellen Voraussetzungen der Wissenschaftspraxis, und in letzter Instanz ist Wissenschaftsgeschichte Geschichte der Wissenschaftslegitimität, das heißt die Geschichte herrschender Anschauungen, die die Wissenschaften kulturell und politisch anerkannt oder auch, auf der anderen Seite, umstritten sein lassen.

Mein Bericht über einige kulturkämpferische Auseinandersetzungen, in deren Mittelpunkt Emil Du Bois-Reymond stand, möchte nun einen Einblick in eine Episode aus dieser Legitimitätsgeschichte der Wissenschaften zu geben versuchen. Es handelt sich um eine Episode aus einer Epoche, die man als wis-

---

[1] Die Vorstellung, daß die Geschichte der Wissenschaft ein Prozeß der Wissensakkumulation sei, ist alt. Man kann sie, zum Beispiel, bereits in der Art erkennen, in der Aristoteles (Met. 983 a ff.) die Geschichte der seinen eigenen Bemühungen vorausliegenden Prinzipienforschung erzählt (cf. dazu Olof Gigon: Die Geschichtlichkeit der Philosophie bei Aristoteles. In: Archivio di filosofia (1954), S. 129–150). Aber nicht erst Thomas S. Kuhn hat gesehen, daß Revolutionen der Orientierungsvoraussetzungen, die, durch welche Veranlassungen auch immer, sprunghaft die Fragemöglichkeiten des Wissenschaftssubjekts verändern, wesentliche, richtungsändernde Momente der Wissenschaftsgeschichte sind. Früher schon, zum Beispiel, hat Kant die Revolutionsmetaphorik im ganzen Reichtum ihrer Erweiterungsmöglichkeiten zur Beschreibung dramatischer Epochen in der Geschichte der Physik und Metaphysik benutzt, und zwar geleitet durch eine Theorie der Wissenschaftsgeschichte, die ausdrücklich erklären will, wieso diese Geschichte nicht von Anfang an und im ganzen als ‚sicherer Gang' und Fortgang, als ‚beständiger Anbau des Bodens' sich darstellt und darstellen läßt (cf. dazu meinen Aufsatz „Philosophiegeschichte als Philosophie. Zu Kants Philosophiegeschichtsphilosophie. In: Einsichten. Gerhard Krüger zum 60. Geburtstag. Frankfurt a. M. 1962, pp. 204–229.

senschaftskulturelle Epoche preußisch-deutscher Spätaufklärung bezeichnen
könnte, und das soll, vorweg, mit ein paar Sätzen erläutert sein.

Aufklärung zunächst – das ist selbstverständlich ein weites Feld. In unserem
Zusammenhang interessiert allein dasjenige Moment des Aufklärungsprozesses, das wir mit Hans Blumenberg die „Rechtfertigung der theoretischen Neugier" nennen können[2]. In wissenschaftskultureller und näherhin wissenschaftspolitischer Hinsicht bewirkt dieser Prozeß die Emanzipation der Wissenschaft
aus allen Bindungen, die sie verpflichten, institutionell fixierte vor- und außer-
wissenschaftliche Wahrheitsgeltungsansprüche als Indikatoren für Irrtümer
unter den Wirklichkeitsannahmen der Wissenschaften anerkennen zu sollen.
Genau das ist der einfache und verteidigungsfähige Sinn der bekannten, umstrittenen Formel von der ‚voraussetzungslosen Forschung', die durch Theodor Mommsen über einen Zeitungsartikel aus dem Jahre 1901 anläßlich einer
konfessionspolitisch mitbestimmten Lehrstuhlbesetzung in Straßburg (Affäre
Spahn) zu einem geflügelten Wort gemacht worden ist[3].

Aufklärung in dieser schlichten Bedeutung der Emanzipation der Wissenschaften aus allen politisch wirksamen Verpflichtungen der Vorabanerkennung
institutionalisierter Wahrheitsgeltungsansprüche läßt sich natürlich nicht
schlechthin als vollendet behaupten. Im ideenpolitischen Herrschaftsbereich
des Dialektischen und Historischen Materialismus gibt es die Freiheit keineswegs, in der man, zum Beispiel, geschichtswissenschaftspraktisch „die gesetz-
mäßige Abfolge" der bekannten „Gesellschaftsformationen"[4] zur Disposition
privater Historikerurteile gestellt sein lassen dürfte, und daß im berühmten Fall
des „Lyssenkoismus" sogar die Genetik dogmatisch gebunden war, wird heute,
nach seiner Überwindung, im Ostblock selbst als ein aus „bestimmten ange-
spannten politischen Bedingungen" erklärbares, „durch die Atmosphäre des
Personenkultes" seinerzeit begünstigtes Faktum eingeräumt[5].

Indessen: Dogmatische Sätze kirchlich tradierter religiöser Lehren begrenzen die wissenschaftlichen Theoriebildungsprozesse seit langem schlechter-

---

[2] Die Vorbereitung der Aufklärung als Rechtfertigung der theoretischen Neugier. In:
Europäische Aufklärung. Herbert Dieckmann zum 60. Geburtstag. Herausgegeben
von Hugo Friedrich und Fritz Schalk. München 1967, pp. 23–45, sowie, umfassen-
der, Hans Blumenberg: Die Legitimität der Neuzeit. Frankfurt am Main 1966, pp.
201–432: „Der Prozess der theoretischen Neugier".

[3] Jürgen von Kempski: „Voraussetzungslosigkeit". Eine Studie zur Geschichte eines
Wortes (1951). In: Jürgen von Kempski: Brechungen. Kritische Versuche zur Philosophie der Gegenwart. Reinbek bei Hamburg 1964, pp. 140–159.

[4] Cf. dazu exemplarisch Wolfgang Küttler/Gerhard Lozek: Marxistisch-leninistischer
Historismus und Gesellschaftsanalyse. Die historische Gesetzmäßigkeit der Gesell-
schaftsformation als Dialektik von Ereignis, Struktur und Entwicklung. In: Probleme der marxistischen Geschichtswissenschaft. Beiträge zu ihrer Theorie und Methode. Herausgegeben von Ernst Engelberg. Köln 1972, pp. 33–77, p. 45.

[5] Ideologie und Naturwissenschaft. Politik und Vernunft im Zeitalter des Sozialismus
und der wissenschaftlich-technischen Revolution. Herausgegeben von Georg Domin und Reinhard Mocek. Berlin 1968, p. 66.

dings nicht mehr, und insoweit läßt sich dann sagen, daß die Aufklärung in wissenschaftspraktischer Hinsicht sich kulturell und politisch durchgesetzt hat. Ein sicheres Indiz dieses Vorgangs ist der Schwund der religiösen Bedeutsamkeit, den der wissenschaftliche Erkenntnisfortschritt im Sieg der Aufklärung erleidet. Die Zumutungen der Kopernikanischen Weltbildrevolution bewirkten noch, wie man gesagt hat, eine „metaphysische Erschütterung" und konstituierten öffentliche Ordnungsprobleme bis hinauf auf die justizielle Ebene. Wie schwach war demgegenüber bereits der weltanschauliche Aufruhr, den, in Zustimmung und Widerstand, noch Darwin beim europäischen und amerikanischen Publikum zu erregen vermochte. Inzwischen, so scheint es, ist es im Fortschritt der Aufklärung überhaupt unmöglich geworden, durch wissenschaftliche Innovationen irgendwelche weltanschaulich-religiöse Bewegtheit auszulösen. Auf der kognitiven Ebene, so hat Karl Popper gezeigt, vollziehen sich heute wissenschaftliche Revolutionen, die in ihren wissenschaftstheoretischen und wissenschaftsgeschichtlich beschreibbaren Dimensionen den spektakulären wissenschaftlichen Revolutionen früherer Jahrhunderte nicht nachstehen[6]. Aber wir nehmen sie heute, sofern wir überhaupt in der Lage sind, sie zu apperzipieren, als Leser von hinteren Seiten des Wissenschaftsfeuilletons im Regelfall ohne besondere emotionale Bewegtheit zur Kenntnis, und genau das ist das Indiz dafür, daß unsere Wissenschaften heute kultur-evolutionär nach der Aufklärung existieren[7].

Du Bois-Reymond nun befindet sich historisch noch kurz vor der Schwelle, jenseits derer man dann auf die Aufklärung in ihrem skizzierten Begriff als auf einen wissenschaftsgeschichtlich abgeschlossenen Vorgang zurückblicken kann, und das in diesem Sinne Späte seiner Aufklärungsrolle drückt sich aus in seinem Selbstgefühl – im Selbstgefühl des Repräsentanten einer Wissenschaft, die es sich bereits wieder leisten kann, die weltanschaulich Besorgten unter den Feinden ihrer jüngsten Fortschritte zu schonen. Das Späte dieser Phase unserer wissenschaftskulturellen Aufklärungsgeschichte drückt sich ferner aus im Rückzugs- und Ghetto-Denken letzter weltanschaulicher Aufklärungsgegner und schließlich im Beschwichtigungsinteresse der Staatsrepräsentanz, das faktisch die Vollendung des wissenschaftspraktischen Emanzipations- und Aufklärungsprozesses fördert.

Die preußische Episode aus der spätaufklärerischen Legitimationsgeschichte der Wissenschaft, aus der ich zunächst erzählen möchte, wurde durch den bekannten Nachruf auf Darwin veranlaßt, den Du Bois-Reymond am 25. Januar 1883 in der Friedrichs-Sitzung der Preußischen Akademie der Wissenschaf-

---

[6] K. R. Popper: The Rationality of Scientific Revolutions. In: R. Harré (ed.): Problems of Scientific Revolution: Progress and Obstacles to Progress in the Sciences. Oxford 1975, pp. 22–101, insbes. pp. 88 ff.

[7] Cf. dazu meine Rede zur Eröffnung des XVI. Weltkongresses für Philosophie, Düsseldorf 1978, unter dem Titel „Wissenschaft nach der Aufklärung", erschienen in: Schweizer Monatshefte. 59. Jahr, Heft 2 (1979), pp. 149–157.

ten als deren Sekretar gesprochen hatte. Die Überschrift, unter der dieser kleine Nachruf später erschien, lautete „Darwin und Kopernikus"[8], und sie paral-
lelisierte damit die beiden großen Namen der Wissenschaftsgeschichte, die wie
keine anderen den voraufgeklärten weltanschaulich-religiösen Zumutungscharakter wissenschaftlicher Revolutionen repräsentieren. Darwin sei, ruft Du
Bois-Reymond aus, „der Kopernikus der organischen Welt". Seit Darwin bedürfe es nur noch „eines Schöpfungstages", nämlich desjenigen, „an welchem
bewegte Materie ward". „Die organische Zweckmäßigkeit" sei nun durch „eine
neue Art von Mechanik" ersetzt, als „welche man die natürliche Zuchtwahl
auffassen" dürfe. „Endlich" nehme „der Mensch den ihm gebührenden Platz
an der Spitze seiner Brüder ein"[9], setzte Du Bois-Reymond provozierend hinzu und verdeutlichte dann den Fortschritt der Aufklärung durch einen Vergleich der Lebensschicksale der beiden Wissenschaftsheroen. *„Während Kopernikus nur mit brechendem Auge noch ein Exemplar seines Buches sah, weil er es, obschon
längst vollendet, nicht herauszugeben gewagt hatte, überlebte Darwin das Erscheinen des
seinigen um fast ein Vierteljahrhundert. Er war Zeuge der Kämpfe, die anfangs sich um
seine Lehre erhoben, ihres wachsenden Erfolges, ihres Triumphes".* „Während das hl. Offizium des Kopernikus Anhänger mit Feuer und Kerker verfolgt, ruht Charles Darwin in
Westminster Abbey"[10].

So also sprach Du Bois-Reymond als Repräsentant einer selbstbewußt gewordenen Wissenschaft, die ihres emanzipierten kulturellen Status sicher zu
sein glaubte. Es war deswegen für Du Bois-Reymond eher eine Überraschung,
daß durch seine zitierten Worte noch einmal ein „hl. Offizium" sich provoziert
fand – dieses Mal in Gestalt eines journalistischen Akademie-Berichts im
„Reichsboten", der 1873 gegründeten christlich-nationalen Tageszeitung evan-
gelisch-konfessioneller Orientierung und Prägung. Dieser Artikel wirkte als
publizistischer Paukenschlag. Er löste unmittelbar „eine Lawine von Schmä-
hungen" in weiteren Blättern aus. ‚Reaktionäre und klerikale Organe', schrieb
Du Bois-Reymond selber im Rückblick[11], „umbellten mich mit wütendem
Hass". „Anonyme Briefe" „voll gemeiner Schimpfreden liefen … tagtäglich
bei mir ein". „Ein bekannter geistlicher Agitator, der wie einst die Wiedertäu-
fer Sozialismus und Christentum zu verbinden" wußte und „nebenher den
Rassenhass" schürte, „trug die Denunziation bis in das Haus der Abgeordneten".

---

[8] Darwin und Kopernikus. Ein Nachruf. Aus dem in der Friedrich-Sitzung der Akademie der Wissenschaften am 25. Januar 1883 statutengemäß verlesenen Bericht
über die seit der letzten gleichnamigen Sitzung eingetretenen Personalveränderun-
gen. In: Reden von Emil Du Bois-Reymond, in zwei Bänden. Zweite vervollständig-
te Auflage. Mit einer Gedächtnisrede von Julius Rosenthal, herausgegeben von
Estelle Du Bois-Reymond. Zweiter Band. Leipzig 1912, pp. 243–248.

[9] A.a.O., p. 244f.

[10] A.a.O., p. 246.

[11] Abgedruckt in den „Anmerkungen" zum zitierten Nachruf, Anm. I, a.a.O., pp.
246ff.

Der Agitator, den Du Bois-Reymond hier mit den Wiedertäufern in assoziative Verbindung bringt, war kein Geringerer als Adolf Stoecker, damals noch Hof- und Domprediger in Berlin und mit Adolf Wagner Hauptinitiator der christlich-sozialen Konservativen, die „seit 1878 eine judenfeindliche Stoßrichtung besaßen"[12], worauf sich Du Bois-Reymonds scharfe Bemerkung über den „Rassenhass" dieses Mannes bezieht[13]. Die Landtagsdebatte, in der Stoecker sprach, fand bereits wenige Wochen nach Du Bois-Reymonds Akademierede statt, nämlich mit Beziehung auf diese am 23. sowie am 26. Februar 1883, und wegen der politischen und weltanschaulich-religiösen Repräsentanz der Abgeordneten, die sich an dieser Debatte beteiligten, lassen sich die ideenpolitischen Fronten im Streit um Du Bois-Reymond hier besonders deutlich erkennen.

Für die angemessene Einschätzung des wissenschafts- und kulturpolitischen Orts dieser Debatte sind ein paar Vorbemerkungen nötig.

Im Preußischen Landtag, im Haus der Abgeordneten, debattierte man um Thesen und Lehrmeinungen eines Professors der Physiologie immerhin stundenlang. An der Unvollziehbarkeit des Gedankens, daß ein Physiologe oder ein sonstiger Naturwissenschaftler auch heute noch Gegenstand einer ähnlich ausgedehnten politischen Auseinandersetzung zu werden vermöchte, erkennt man die eingangs skizzierte kulturelle Wirkung des Aufklärungsprozesses, nämlich die Zunahme des weltanschaulich-religiösen und somit auch politischen Desinteresses an der kognitiven Seite des wissenschaftlichen Fortschritts. Wohlgemerkt: Sobald es sich um die technologisch vermittelten Auswirkungen wissenschaftlichen Fortschritts handelt, wächst gerade umgekehrt seit langem das politische Interesse an der Wissenschaft ständig an, und entsprechend steigt der Relevanzkontrolldruck, dem heute die Wissenschaften ausgesetzt sind[14]. Der Vorgang der Entpolitisierung und weltanschaulichen Neutralisierung begleitet den Wissenschaftsfortschritt, sofern er sich auf der kognitiven Ebene abspielt. Genau dieser so bestimmte Entpolitisierungs- und Neutralisierungsvorgang war also 1883 in der kulturellen und politischen Öffentlichkeit ersichtlich noch nicht beendet.

Der politische Sturm, in den Du Bois-Reymond durch seine Akademie-Gedächtnisrede auf Darwin gerät, ist äußerst heftig, aber gleichwohl politisch

---

[12] So Hans-Ulrich Wehler: Das deutsche Kaiserreich 1871 bis 1918. Göttingen 1973, p. 86.

[13] Als Anti-Antisemit, sozusagen, ist Du Bois-Reymond schon den Zeitgenossen aufgefallen. Mit einschlägigem Dokument erscheint er bei S. Singer: Briefe berühmter Zeitgenossen über die Judenfrage. Wien 1885, p. 3f. Ironisch zitiert hier Du Bois-Reymond Leute, die „vorgeschritten genug sind, in den Juden nicht die Religion, sondern die anthropologische Varietät zu hassen", und er plädiert dann dafür, das zu beschweigen; „um so eher" sei zu hoffen, daß „solche abgeschmackte Verirrungen" verschwänden.

[14] Cf. dazu die Kapitel I, III und IV in meinem Buch „Wissenschaftspolitik. Planung, Politisierung, Relevanz". Zürich 1977.

längst völlig ungefährlich. Wo wütet denn dieser Sturm? Im Blätterwald und dann als Abgeordnetenkontroverse bei Gelegenheit der Beratungen zum Etat des Ministeriums der Geistlichen Unterrichts- und Medizinalangelegenheiten, Dauernde Ausgaben, Kapitel 119. Universitäten. Das heißt: Der parlamentarische Streit um Du Bois-Reymond lief verfahrensmäßig auf eine schlichte Haushaltsentscheidung hinaus. Die institutionelle und bürgerliche Stellung Du Bois-Reymonds war dabei niemals betroffen oder gar gefährdet. Dieser befand sich also bereits in dem Fall, wo man als betroffener Wissenschaftler sicher und frei genug ist, noch den Publizitätsgewinn zu genießen, der aus den politischen und publizistischen Angriffen gegen eigene Thesen und Lehrmeinungen resultiert.

Über Du Bois-Reymond wurde im Preußischen Abgeordnetenhaus nicht deswegen gestritten, weil in seinem Fall ein Wissenschaftler öffentlich evolutionstheoretische Hypothesen Darwins vertreten hatte, vielmehr deswegen, weil Du Bois-Reymond es war, der das getan hatte. Man muß, um das angemessen zu verstehen, sich vergegenwärtigen, daß Ruhm und Geltung Du Bois-Reymonds in der Kommunität der Gelehrten sich gar nicht auf Beiträge zur Deszendenztheorie, vielmehr auf seine forschungsepochenbestimmenden, schulstiftenden Leistungen als Elektrophysiologe gründeten. Die Elektrophysiologie aber war ein Forschungsbereich, von dem, soweit ich sehen kann, eine weltanschaulich-religiöse Provokation nie ausging. Das Muster eines einschlägigen Provokateurs unter den herausragenden Naturwissenschaftlern dieser Epoche war in Deutschland vielmehr Ernst Haeckel als wichtigster deutscher Darwin-Rezipient[15], insbesondere seit seiner großen Münchener Rede im September 1877 in der Münchener Naturforscherversammlung[16], die nach der Darstellung Rudolf Virchows[17] ihre Entstehung fünfzig Jahre zuvor „als Ergebnis eines Konflikts mit der restaurativen Politik Preußens und der Philosophie des Deutschen Idealismus feierte"[18]. In dieser Rede rief Haeckel wirkungsreich zur ideenpolitischen Darwinismus-Propaganda auf, zur *„weitgreifenden Reform des Unterrichts in dieser Richtung'* und *zur kulturellen Vorbereitung der „wahren, vernünftigen Naturreligion"* in Opposition zur *„dogmatischen, mythologischen Kirchenreligion"*[19], und als dieser Weltanschauungs-Propagandist blieb Haeckel dann

---

[15] Mit exoterischer Wirkung aufs allgemeine Publikum seit dem Erscheinen seines populär geschriebenen, auflagenstarken Buches „Natürliche Schöpfungsgeschichte", zuerst Berlin 1868.

[16] Ernst Haeckel: Die heutige Entwicklungslehre im Verhältnis zur Gesamtwissenschaft. Vortrag in der ersten öffentlichen Sitzung der fünfzigsten Versammlung Deutscher Naturforscher und Ärzte zu München am 18. September 1877. Stuttgart 1878.

[17] Rudolf Virchow: Die Freiheit der Wissenschaft im modernen Staat. Berlin 1877.

[18] Horst Hillermann: Der vereinsmäßige Zusammenschluss bürgerlich-weltanschaulicher Reformvernunft in der Monismusbewegung des 19. Jahrhunderts. Schriftenreihe zur Geschichte und Politischen Bildung. Band 16. Kastellaun 1976, p. 110.

[19] Ernst Haeckel, a.a.O., p. 16f.

über die Jahrhundertwende mit seiner Welträtsellösung[20] bis zu seinen Bemühungen um die 1906 erfolgte Gründung des Deutschen Monistenbundes[21] tätig.

Wieso also entzündete sich der Berliner Darwinismus-Streit an einer Gelegenheitsrede Du Bois-Reymonds statt an den lautstarken weltanschaulichen Herausforderungen Haeckels? Die Antwort ist: mit Haeckel, der ja in Jena und nicht in Preußen lehrte, wußte man, sozusagen, wie man dran war. Haeckel befand sich, seiner kulturrevolutionären Aggressivität und Aktivität als Weltanschauungssektenstifter wegen, in einer kulturellen Außenseiterrolle. Aus dieser heraus agierte er als Provokateur, und eben das machte es zugleich leicht, ihn in der wohletablierten kulturellen Öffentlichkeit nach Kriterien bürgerlich-akademischer Seriosität zu isolieren. Du Bois-Reymond hingegen – er galt nun gerade als ein hervorragender Repräsentant dieser wohletablierten kulturellen, bürgerlich-akademischen Öffentlichkeit, und die zahlreichen Schilderungen seiner Vita, die bei Gelegenheit von Jubiläen und dann als Nachrufe in Zeitschriften und Blättern fürs gelehrte und gebildete Publikum erschienen, werden nicht müde, Du Bois-Reymond im Glanz der Erfolge und im Licht allseitiger Anerkennung zu zeigen. Von Alexander von Humboldt gefördert, als Dreiunddreißigjähriger bereits zum Mitglied der Akademie erhoben, inzwischen längst deren Sekretar, Nachfolger des berühmten Johannes Müller, wie dieser „der größte Physiologe unserer Zeit", Direktor des 1877 neuerrichteten Physiologischen Instituts, das, wie Helmholtz' Physikalisches Institut, als ein „Palast der Wissenschaft" bewundernde Gäste aus aller Welt anzog, derzeit sogar Rektor der hauptstädtischen Universität[22] –: daß ein solcher Mann sich öffentlich als Darwinist bekannte – das war es.

Hinzu kam die extraordinäre exoterische Publizität Du Bois-Reymonds. Er war in seiner Zeit der Prototyp des öffentlichkeitsfähigen Wissenschaftlers. Zwei Eigenschaften sind es ja, die regelmäßig diesen wissenschaftspolitisch so wichtigen Typus auszeichnen: hohe Fachkompetenz, die in der esoterischen akademischen Öffentlichkeit unbestritten ist, einerseits, und rhetorische Kompetenz andererseits. „In der Aula der Hochschule, auf dem Sessel der Akademie", in der „Versammlung deutscher Naturforscher und Ärzte" oder wo immer sonst feierte er „durch seine gewaltige und überzeugende Beredsamkeit die glänzendsten Triumphe"[23]. Selbst die Studenten saßen „voll gespannter Er-

---

[20] Ernst Haeckel: Die Welträtsel. Gemeinverständliche Studien über monistische Philosophie (zuerst 1899), 341.–360. Tausend. Leipzig 1918.

[21] Ernst Haeckel: Der Monistenbund. Thesen zur Organisation des Monismus (1904). In: Gemeinverständliche Werke. Herausgegeben von Heinrich Schmidt. Fünfter Band. Vorträge und Abhandlungen. Leipzig und Berlin 1924, pp. 481–491.

[22] So die Höhepunkte in der feiernden populären Lebensdarstelluntg bei Adolf Kohut: Emil Du Bois-Reymond. In: Westermanns Illustrierte Deutsche Monatshefte. Band 57 (1884/85), pp. 803–818, p. 816.

[23] A. a. O., p. 818.

wartung" auf ihren Bänken, „bis sich endlich die Tür öffnete und unter rasendem Getrampel die wohlbekannte Gestalt ... das Katheder betrat". „Dann trat lautlose Stille ein", so schildert uns Max Verworn diese Auftritte, die uns heute im Rückblick wie Riten der Selbstfeier des wissenschaftlich-akademischen Geistes auf dem historischen Höhepunkt seines Selbstgefühls erscheinen wollen, „und unter Verbeugungen nach rechts und links" hob Du Bois-Reymond zu reden an. „Von Zeit zu Zeit löste ein besonders treffender Vergleich oder ein verblüffendes Paradoxon ein donnerähnliches Beifallsgetrampel aus, wie auch ein solches mit dem Stundenschlage die Vorlesung beschloss"[24], gelegentlich sich zu „frenetischen Ausbrüchen" steigernd[25]. Der Kunst des Redners entsprach bei Du Bois-Reymond überdies, wie Julius Bernstein fand, ,eine bedeutende literarische ... Begabung'[26], und Du Bois-Reymonds Schüler Rosenthal wollte sogar seine exoterischen Reden und Schriften „zu einem Bestandteil der klassischen Literatur des deutschen Volkes" erhoben wissen[27]. – Wissenschaftler, denen dergleichen von der Zeitgenossenschaft nachgesagt wird, sind damit auf die Rolle des akademischen Festredners dauerverpflichtet. Solche Männer bemüht man in der Absicht, Jubiläen, Kongreßeröffnungen, Jahresfeiern durch rednerischen Glanz mit Worten aus bedeutendem Munde zu heben. Solche Männer braucht man, wenn man sicher sein will, daß die in außerordentlichen Fällen anwesenden hohen Herrschaften, Kaiser, Kanzler, Minister und Präsidenten, sich von der Wissenschaft nicht gelangweilt, vielmehr wohlunterhalten, ja bewegt fühlen. So geschah es dann auch diesen Herrschaften, und die Erinnerung an solche Begegnungen mit der Wissenschaft blieb für sie mit dem Namen Du Bois-Reymond verknüpft.

Du Bois-Reymond war also ein Mann dieser Klasse. Noch heute spürt man bei der Lektüre seiner Reden die Kraft, mit der er die Fülle historischer und theoretischer Daten zu Zwecken ihrer Präsentation vor einem allgemeinen Publikum zu organisieren vermochte, und gerade auch in seinen Gelehrtenarbeiten schrieb er jene leichtgängige, eingängige Wissenschaftsprosa, wie wir sie exemplarisch auch bei Hermann Helmholtz, Ernst Mach oder Adolf Harnack lesen können und die in der Stilgeschichte des Deutschen eine Epoche ausmacht. Gelegentlich bemerkt man, zumal in Du Bois-Reymonds Reden, natürlich auch die Saloppheit, ja mißglückte Gewagtheiten, zu denen man, erfolgs-

---

[24] Max Verworn: Zum Gedächtnis Emil Du Bois-Reymonds (Abdruck aus: Vossische Zeitung vom 5. November 1918). In: Leopoldina 54. Heft (Jahrgang 1918), pp. 78–80, p. 80.

[25] I. Munk: Zur Erinnerung an Emil Du Bois-Reymond. In: Deutsche Medicinische Wochenschrift. Dreiundzwanzigster Jahrgang. Nr. 2, 7. Januar 1897, pp. 17–19, p. 18.

[26] Julius Bernstein: Emil Du Bois-Reymond†. Nachruf (vorgetragen in der Naturforschenden Gesellschaft zu Halle am 23. Januar 1897). In: Naturwissenschaftliche Rundschau. Nr. 7 (1897), pp. 87–92, p. 92.

[27] J. Rosenthal: Emil Du Bois-Reymond. Zu seinem 50jährigen Doctorjubiläum. In: Berliner Klinische Wochenschrift. Band 30, Nr. 7 (1893), pp. 174–175, p. 175.

gewöhnt und erfolgsorientiert, verführt wird, wenn rhetorische Wirkungsabsichten die Textproduktion steuern. Dann und wann streife, so tadelt ein literarischer Beobachter, sein Stil „hart an das Feuilleton", ja gleite „über das Feuilleton hinaus einfach ins Abgeschmackte"[28], und ein gern zitiertes und ironisiertes Beispiel dieser Art ist Du Bois-Reymonds Statement in seiner berühmt-berüchtigten Goethe-Rede[29], Faust habe, „statt am Hof zu gehen, ungedecktes Papiergeld auszugeben, und zu den Müttern in die vierte Dimension zu steigen", besser daran getan, „Gretchen zu heiraten, sein Kind ehrlich zu machen, und Elektrisiermaschine und Luftpumpe zu erfinden". Das sei so wahr, wie es wahr ist, „dass es nicht Zweck der Dichtkunst" sei, „Tugendideale auszumalen", fand trocken ein Kritiker[30] und bestätigte zugleich in seiner Kritik den Ruhm Du Bois-Reymonds, indem er zurechtrückte, was als Verkehrtheit von geringerer Autorschaft niemand beachtet hätte.

Dieses Bild, das die Zeitgenossen von Du Bois-Reymond hatten, macht erst plausibel, wieso dieser, indem er als Darwinist, der er ja bloß durch Zustimmung, nicht durch eigene Forschungen war, öffentlich sich zu erkennen gab, ungleich stärkere politische Emotionen und Reaktionen auszulösen vermochte als selbst der einschlägig vertraute Erzprovokateur Haeckel. Auch dieser also — das ist der Tenor in der Reaktion seiner politischen Kritiker in dem Streit, der auf der Landtagsebene also von Adolf Stoecker ausgelöst wurde.

Was Stoecker, evangelischer Konservativer vom christlich-sozialen Flügel, gegen Du Bois-Reymond vorbringt, ist, auf der kognitiven Ebene beschrieben, gänzlich banal. Es handelt sich um den vertrauten Vorwurf der Inkompatibilität der Deszendenztheorie mit dem Schöpfungsglauben und seiner Theologie. Daß Stoecker mit dieser vermuteten Inkompatibilität sich damals längst in einem hoffnungslosen theologiegeschichtlichen Rückstand befand, bedarf kaum der Erläuterung. Entsprechend wußten dann seine intellektuell souveränen Landtagskollegen ihm zu entgegnen. Interessanter ist, wie er seine anti-darwinistische Pseudo-Orthodoxie mit seinem protestantischen Modernitätsanspruch zu verknüpfen weiß, nämlich in seiner Interpretation des Sinns der akademischen Lehrfreiheit. Sie mögen, ruft er aus — und das kann nach Lage der Dinge einzig an die Adresse der Kollegen vom katholischen Zentrum gerichtet sein — Sie mögen über „Lehrfreiheit denken wie Sie wollen – ich bin ... durchaus für Lehrfreiheit"[31]. Gegen die freie Wissenschaft sein – bekräftigt er drei

---

[28] Oscar Schmidt: Emil Du Bois-Reymond. Über die Grenzen des Naturerkennens. Die sieben Welträtsel. In: Deutsche Literaturzeitung. Nr. 13 (1. April 1882), Sp. 479–481, Sp. 480.

[29] Goethe und kein Ende. In der Aula der Berliner Universität am 15. Oktober 1882 gehaltene Rektoratsrede. In: Emil Du Bois-Reymond. Reden. Zweiter Band. Leipzig 1912, pp. 157–180, p. 169. – Zur Reaktion auf diese Rede cf. die „Anmerkungen" zu dieser Rede, a.a.O., pp. 180ff.

[30] Alfred Freiherr von Berger: Goethes Faust und die Grenzen des Naturerkennens. Wider „Goethe und kein Ende" von Emil Du Bois-Reymond. Wien 1883, p. 37.

[31] Stenographische Berichte über die Verhandlungen der durch die Allerhöchste Ver-

Tage später –, „das kann ein Protestant gar nicht"[32]. Indessen: Der durch die Wissenschaftsfreiheit geschützte Ort sei der esoterische akademische Raum, das Kolleg allenfalls – nicht dagegen die öffentliche akademische Feierrede, die über die Presse dem ganzen lesenden Volk kundgemacht wird. Es sei nun einmal dahingekommen, „dass man Männer mit umstürzenden Tendenzen geradezu an Universitäten beruft und mit Ehren überhäuft". Nun „mögen sie lehren, was sie wollen, aber sie mögen es lehren in ihrem Kolleg", aber nicht „bei öffentlichen Festlichkeiten". „Früher" hätten „die Freigeister" ihren aparten Meinungen angemessenerweise „privatim" gehuldigt, jedoch im Unterschied zu den „Freigeistern von heute" nicht sich erdreistet, sie „dem Volk aufzuzwingen"[33].

Ersichtlich interpretiert Stoecker die Wissenschaftsfreiheit hier extrem restriktiv als Privileg von Gelehrten in esoterischen, wissenschaftsinternen, publikumsfernen Öffentlichkeiten. Aber er versteht es, dieses durch die kulturellen, rechtlichen und politischen Realitäten längst überholte Öffentlichkeitsinterpretament mit einem pseudomodernen wissenschaftstheoretischen Argument aufzuputzen. Das Argument lautet: „Die Deszendenztheorie von Darwin" sei „noch heute, auch nach Meinung seiner Anhänger und Gesinnungsgenossen, eine bloße Hypothese". Hypothesen aber, als Wahrheiten noch längst nicht erwiesen, eigneten sich nicht als glaubenswiderstreitende Feiertagsproklamationen, insbesondere in Deutschland nicht, wo „das Professorenthum so angesehen, wie irgend sonst auf Erden" sei und wo entsprechend „Menschen … alles" glauben, „was ein deutscher Professor lehrt"[34].

Wohlgemerkt: Die „umstürzenden Tendenzen", als deren Subjekte Stoecker hier deutsche Professoren ausmacht, sind nicht Tendenzen der praktischen, politisch-gesellschaftskritischen Art, vielmehr Tendenzen der Weltanschauungskritik, und die Sorge, von der Stoeckers parlamentarischer Auftritt geleitet wird, ist unmittelbar Sorge um die Integrität einer religiösen, nämlich christlichen Weltanschauung in ihren lehrmäßig darstellbaren, kognitiven Gehalten. Erst mittelbar ist er auch praktisch besorgt – nicht einmal um die bestehende politische Ordnung oder gar um die Monarchie, vielmehr um die sittliche Substanz des Volkes, die durch die Orientierungswirkung der „Selektionstheorie" mit ihrer „Lehre vom Kampf ums Dasein" zersetzt zu werden drohe[35]. Zum Beispiel? Man höre: Du Bois-Reymond habe sich nicht gehindert gesehen, in seinem Kolleg den Ausdruck „menschliches Muttertier" zu gebrauchen. Und

---

ordnung vom 2. November 1882 einberufenen beiden Häuser des Landtags. Haus der Abgeordneten. Zweiter Band. Von der achtundzwanzigsten Sitzung am 17. Februar 1883 bis zur vierundzwanzigsten Sitzung am 8. März 1883. Von Seite 647–1281. Berlin 1883, p. 848 (23. 2. 1883).

[32] A.a.O., p. 919 (26. 2. 1883).
[33] Ibid.
[34] A.a.O., p. 918f.
[35] A.a.O., p. 920.

nun? „In der letzten Silvesternacht" sei es passiert, „dass ein Studiosus der Medizin seine Mutter auf das Schlimmste misshandelt" habe; wie angemessen sei er „darüber zum Gefängniss verurtheilt" worden, und man solle sich über Meinungen nicht wundern, die besagen „dass der Darwinismus mit einer solchen Pietätslosigkeit in gewissem Zusammenhang steht". „Sehr richtig" vermerkt an dieser Stelle das Parlamentsprotokoll „rechts und im Centrum", „Lachen" hingegen „links"[36].

Undeutlich bleibt, welche praktischen Konsequenzen Stoecker eigentlich aus einer Lage gezogen wissen möchte, in der nun selbst ein Spitzenrepräsentant der Wissenschaften in Preußen öffentlich vertritt, was die weltanschaulich engagierten Repräsentanten des konservativen Lagers für inkompatibel mit christlichem Glauben und christlicher Kultur halten. Eine genaue Vorstellung eben dieser praktischen Konsequenzen hatten indessen die Führer des Zentrums. Ludwig Windthorst bekräftigte in der Parlamentsdebatte zunächst ausdrücklich, daß der „ewig geltende Offenbarungsinhalt" „der nothwendige Regulator für alle die Resultate" sei, die von der Wissenschaft kommen können, und er ließ, antimodernistisch, nicht zweifelhaft, daß „nicht die Kirche ... sich nach der Wissenschaft zu richten" habe, sondern umgekehrt „die Wissenschaft ... sich ... nach ... göttlicher Offenbarung und göttlicher Institution"[37]. Die Offenbarung in ihren institutionell verbindlich gemachten kognitiven Gehalten als Indikator für Irrtümer unter den Wirklichkeitsannahmen der Wissenschaft – diese weltanschauungspolitische Funktionszuschreibung also gibt es hier noch. Aber ihr politischer Richtungssinn ist, selbstverständlich, nicht mehr inquisitorisch, vielmehr der der Erhebung eines kulturpolitischen Anspruchs auf Rechte im Rahmen eines weltanschaulich-pluralistisch organisierten Bildungs- und Wissenschaftssystems. Für Stoecker war Du Bois-Reymonds Rede Gegenstand echter Besorgnis. Windthorst dagegen nutzt den parlamentarischen Streit um sie als willkommenen Anlaß, die bekannten kulturpolitischen Forderungen des Zentrums erneut öffentlich geltend zu machen. Auch Windthorst bekräftigt zunächst: „Die Wissenschaften und ihre Lehre sind frei", und das Parlamentsprotokoll vermerkt es im Sperrdruck. „Wer sie angreift", setzt er im rhetorisch wirksamen Schein-Konsens mit Stoecker und sogar mit den liberalen Landtagskollegen hinzu, „ist mein Feind", und dann zieht er die kulturpolitische Konsequenz: Wenn die Wissenschaft des „Herrn Du Bois" und des „Herrn Virchow" die staatsmonopolistischen Universitäten bestimme – dann sei die Freiheit der Wissenschaft nur über die Errichtung staatsunabhängiger Universitäten wiederherzustellen. „Sind die Herren vielleicht geneigt", fragt er sarkastisch, „bei dem Herrn Minister mit uns zu beantragen, dass er uns gestatte, hier in Berlin neben der Staatsuniversität ein ebeno stattliches Gebäude aufzuführen, aber für eine freie Universität?" „Die Herren

---

[36] A.a.O., p. 849 (23. 2. 1883).
[37] A.a.O., p. 926 (26. 2. 1883).

schweigen", konstatiert Windthorst ironisch; „sonst für die Freiheit begeistert, aber für diese Freiheit sind sie stumm"[38]. Um es zu wiederholen: Windthorst benutzt also den Fall Du Bois-Reymond zur Bekräftigung der katholischen Argumentation in der kulturpolitischen Reaktion auf den Kulturkampf.

In diesem Kulturkampf befindet sich der Staat damals, obwohl bis zur Aufhebung der Maigesetze noch ein paar Jahre vergehen sollten, bereits auf dem Rückzug, und also muß dem in der Du Bois-Debatte anwesenden preußischen Kultusminister daran gelegen sein, die Affäre, aus der das Zentrum ersichtlich argumentativen Gewinn zu ziehen droht, herunterzuspielen. Genau dazu kommt ihm nun in hervorragender Weise die berühmteste aller Reden Du Bois-Reymonds, nämlich seine Rede über die Grenzen des Naturerkennens zustatten, die Du Bois-Reymond bereits elf Jahre zuvor, bei Gelegenheit der 45. Deutschen Naturforscherversammlung in Leipzig, gehalten hatte[39]. Der Sachgehalt dieser Rede ist im ideenpolitischen Zusammenhang der Landtagsdebatte gänzlich irrelevant. Allein das damals längst allbekannte, berühmt-berüchtigte „Ignoramus-Ignorabimus"[40] ist wichtig, und darauf beruft sich nun der Minister in taktisch sehr raffinierter Weise, die ihn als den überlegenen politischen Kopf in der Du Bois-Reymond-Debatte erweist. Er zitiert nämlich als den Erzdarwinisten Haeckel: „Also dieser Professor, der nicht einer preußischen Universität angehört, sagt: ‚dieses Ignorabismus ist dasselbe, welches die Berliner Biologie dem fortschreitenden Entwicklungsgange der Wissenschaft als Riegel vorschieben will. Dieses scheinbar demüthige, in der That aber vermessene „Ignorabimus" ist das Ignoratis des unfehlbaren Vatikan und der von ihm angeführten schwarzen Internationalen'"[41,42]. Soweit der Kultusminister von Gossler unter Berufung auf Haeckel. Wenn also Haeckel höchstselbst – diesen Schluß will der Minister nahelegen – Du Bois-Reymond mit den Absichten des Vatikans in Zusammenhang bringt: wieso fühlen sich dann die Herren vom Zentrum, Windthorst, Reichensperger, von Heeremann, ausgerechnet durch diesen Professor provoziert? Und noch einmal setzt von Gossler nach und zitiert aus der Rede eines Domkapitulars bei Gelegenheit der Frankfurter Katholikenversammlung vom Jahre zuvor: „Ich denke immer mit Respekt an den Berliner Professor Du Bois-Reymond, welcher in den letzten Jahren … das ehrliche Bekenntnis abgelegt hat, dass die Naturwissenschaft nichts entschei-

---

[38] A.a.O., p. 927.
[39] Über die Grenzen des Naturerkennens. In der zweiten allgemeinen Sitzung der 45. Versammlung Deutscher Naturforscher und Ärzte zu Leipzig am 14. August 1872 gehaltener Vortrag. In: Emil Du Bois-Reymond: Reden. 1. Band. Leipzig 1912, pp. 441–464.
[40] A.a.O., p. 464.
[41] Das von Gossler herangezogene Zitat findet sich bei Ernst Haeckel: Anthropogenie oder Entwicklungsgeschichte des Menschen. Leipzig 1875, p. 12.
[42] Stenographische Berichte … a.a.O., p. 931.

den könne ... über die Fragen des geistigen Lebens ... und das ist ein schönes Zeugnis"[43,44].

Man erkennt: Dieses Zitat ist, in politischer Absicht, gleicherweise irenisch und ironisch, und genau das ist denn auch die rhetorische Mischung, die die Stellungnahmen der liberalen Abgeordneten kennzeichnen – bei kräftigerer Akzentuierung des ironischen Moments. Beides, ihre Irenik wie ihre Ironie, ist Ausdruck ihrer Gewißheit, im akuten weltanschaulich-ideenpolitischen Streit die Schlacht im Grunde längst gewonnen zu haben. Sowohl Virchow wie sein Kieler Kollege, der Staatsrechtler Albert Hänel, die beide in die Debatte eingreifen, repräsentieren in klassischer Weise die ideenpolitisch dominante Intention der religionsbezogenen Aufklärung in Deutschland. Diese Intention ist, auf einen Satz gebracht, nicht, das religiöse Wirklichkeitsverhältnis durch den Nachweis seiner kognitiven Inkompatibilität mit dem wissenschaftlichen Wirklichkeitsverhältnis zu destruieren, sondern im Gegenteil durch Übersetzung tradierter religiöser Lehren in gegenwärtig akzeptable Vorstellungskontexte für die Einheit des Weltbildes zu sorgen, in dessen Horizont sich sowohl unsere religiöse wie unsere wissenschaftliche Lebenspraxis vollzieht. Hänel besorgte das souverän mit dem simplen Hinweis, daß der religiöse Sinn der Schöpfungslehre überhaupt nicht berührt sei, wenn wir uns an den Gedanken zu gewöhnen hätten, Spätlinge einer naturhistorischen Evolution zu sein. Diese Evolution selbst sei es dann eben, durch die Gott, „wunderbar", seine Werke vollbringe. – „Wenn der Darwinismus wirklich wahr wäre – ich weiß es nicht, ich kann es gar nicht kontrollieren – an unseren sittlichen und religiösen Vorstellungen brauchte er ebensowenig etwas zu ändern, wie es etwas daran geändert hat, dass uns naturwissenschaftlich bewiesen wurde, dass sich nicht die Sonne um die Erde dreht, sondern die Erde um die Sonne"[45].

---

[43] Ibid.

[44] Die von Gossler zitierte katholische Stimme ist repräsentativ. Auch in den zeitgenössischen publizistischen Reaktionen auf Du Bois-Reymonds „Ignoramus-Ignorabimus"-Bekenntnis wird dieses regelmäßig als ein Dokument bemerkenswerter und erfreulicher Einsicht des „Materialismus" in seine Unfähigkeit zur Beantwortung der eigentlich interessanten Lebensfragen herausgestellt. „Der Materialismus widerlegt sich ... in seiner eigenen Entwicklung am besten", heißt es beim Jesuiten Dressel zum Beispiel. „Stück um Stück" reiße der Materialismus „sein eigenes Gebäude nieder, um dann auf dessen Trümmern auszurufen: ,Ignoramus, Ignorabimus!'". „Diese Totenklage" sei „das glänzendste Zeugniss für die Unfähigkeit des Materialismus für jede wissenschaftliche Erklärung, und wir sind Herrn Du Bois-Reymond aufrichtig dankbar dafür, dass er uns für den Schluss ein so kräftiges Argument diktiert hat. Als Professor der ersten Hochschule Deutschlands und als langjähriges Mitglied der Akademie der Wissenschaften" stehe Du Bois-Reymond „auf der höchsten Warte der modernen Wissenschaft". So sei er „gewiss der Mann, ein richtiges Urtheil zu fällen, mögen die kleineren, kurzsichtigen Geister damit auch noch so wenig sich einverstanden erklären". (L. Dressel: Der belebte und der unbelebte Stoff nach neuesten Forschungs-Ergebnissen. Ergänzungshefte zu den Stimmen aus Maria-Laach 22. Freiburg im Breisgau 1883, p. 195).

[45] Stenographische Berichte ..., a.a.O., p. 857f. (23. 2. 1883).

Was Hänel in diesen schlichten Sätzen zur Geltung bringt, ist der Blickpunkt auf das Verhältnis von Wissenschaft und Religion nach der Aufklärung. Der Sinn religiöser Orientierung wird vom Wandel physikalischer, kosmologischer und biologischer Theorien abgekoppelt, und dieser Theorien-Wandel damit seinerseits – von welcher Relevanz er auch sonst immer sein mag – seiner religiösen Bedeutsamkeit beraubt. Die Aufgeklärten unter den Frommen sind, sozusagen, jederzeit zu jeder beliebigen Weltbildrevolution bereit, wenn anders diese Revolutionen nach Gründen, die epistemologisch Theorie-Revolutionen legitimieren, beglaubigte Revolutionen sind. Mit dem Aufklärungsprozeß verlieren die Theorie-Revolutionen ihren religiösen Zumutungscharakter[46], und von dieser Voraussetzung aus beziehen die liberalen Abgeordneten im Parlamentsstreit um Du Bois-Reymond Stellung. Ihre Debatten-Beiträge sind entsprechend von der Absicht geleitet nachzuweisen, daß der Anschein der Inkompatibilität von Religion und moderner Wissenschaft ein Schein sei, der sich erzeugt, solange man nicht gelernt hat, die Indifferenz des religiösen Sinns zentraler Theologumena, zum Beispiel der Schöpfung, gegenüber den Wandlungen unseres kognitiven Weltverhältnisses zu erkennen. „Die Auffassungen, welche von Herrn Du Bois vertreten sind, sind vollkommen verträglich mit der Annahme Gottes und mit der Annahme der Herrschaft" seines Willens, findet in Übereinstimmung mit Hänel auch Virchow[47]. Aber daß das, gegen Stoecker wie gegen Windthorst, ausdrücklich gesagt werden muß, ist für den kulturgeschichtlichen Ort dieser Debatte im Prozeß der religiösen Emanzipation der modernen Wissenschaft charakteristisch: noch gibt es Einflußreiche, die sich von der Voraussetzung einer religösen Bedeutsamkeit wissenschaftlicher Theoriebildung nicht gelöst haben[48].

---

[46] Cf. dazu meinen Aufsatz „Religion nach der Aufklärung": In Willi Oelmüller, Ruth Dölle, Jürgen Ebach, Hartmut Prybylski (Hrsg.): Diskurs: Religion. Paderborn, München, Wien, Zürich 1979, pp. 315–333.

[47] Stenographische Berichte ..., a.a.O., p. 920 (26. 2. 1883).

[48] In Relikten hat sich ja diese Voraussetzung bis in die Mitte des 20. Jahrhunderts erhalten. „Ältere Damen", berichtet Bernhard Rensch, hätten bei Gelegenheit der Wiedereröffnung der Schausammlung des Landesmuseums für Naturkunde in Münster am 26. Februar 1941 die Ausstellung von „Schädelabgüssen und des Pithecanthropus", weil sie dergleichen „mit ihrem christlichen Schöpfungsglauben nicht vereinen" konnten, mit „Mißfallensäußerungen" quittiert (Bernhard Rensch: Lebensweg eines Biologen in einem turbulenten Jahrhundert. Stuttgart, New York 1979, p. 96). Zu diesen Relikten verhält sich nun freilich genau komplementär, daß Bernhard Rensch sich seinerseits wundert, „wie schnell die Menschen" nach dem „Anschauungsunterricht" der Bildberichterstattung unserer Kosmonauten wieder zur „Tagesordnung" übergegangen seien, während sie sich „doch eigentlich" hätten „fragen müssen": „wo ist denn nun der Himmel, in den unsere Seelen einmal eingehen sollen?" (Bernhard Rensch, a.a.O., p. 233). Was hier Bernhard Rensch mit jenen „älteren Damen" verbindet, ist die Unterstellung der religiösen Relevanz wissenschaftlicher Auskünfte über das, was der Fall ist. Das war, bei stärkeren Graden des weltanschaulichen Engagements, auch die Voraussetzung, die im Streit um Du

Soweit die Skizze der kultur- und ideenpolitischen Fronten im Streit der Abgeordneten um Du Bois-Reymond. Wie man erkennt, wird das berühmte „Ignoramus-Ignorabimus" in diesem Streit nur rhetorisch, in geschickter Nutzung der Anmutungsqualität wissenschaftlicher Bescheidenheit und Demut verwendet, die diese Formel auszuzeichnen scheint. Das war natürlich ein Mißverständnis dieser Formel, wenn man auch zugeben muß, daß Du Bois-Reymond selbst durch die effektvolle Präsentation dieser Formel am Schluß seiner Leipziger Rede diesem Mißverständnis in folgenreicher Weise Vorschub geleistet hat. Der außerordentliche Effekt, den Du Bois-Reymond mit dieser Präsentation machte, mußte übrigens zur Nachahmung verleiten. „Impavidi progrediamur!" setzte Ernst Haeckel zum Beschluß seiner Abhandlung über „Freie Wissenschaft und freie Lehre" dem „Ignorabimus" Du Bois-Reymonds wie dem analogen „Restringamur" Virchows als „Ruf" „aus Jena" entgegen[49], und Nägeli versuchte, als Schlußsignal seiner Auseinandersetzung mit Du Bois-Reymond über die „Schranken der naturwissenschaftlichen Erkenntnis" eine Überbietung auf deutsch: „Wir wissen und wir werden wissen"[50]. Aber dergleichen blieb bloßer Nachhall. Die Paukenschlagwirkung des „Ignoramus-Ignorabimus" wurde von keinem Nachahmungsversuch mehr erreicht. Der Sache nach hatte die scheinbar demutsvolle Behauptung von der Unmöglichkeit, Empfindungen, wie Du Bois-Reymond mißverständnisträchtig schrieb, zum Gegenstand einer „Erklärung" durch Rekurs auf physiologische Daten zu machen[51], gar nicht den Sinn der Errichtung einer prinzipiellen Forschungsschranke, wie das Haeckel und dann, seit Joseph Dietzgen[52] und in Abhängigkeit von Lenins kanonischer Verwerfung aller Formen des sogenannten Agnostizismus[53], die Marxisten bis heute[54] unterstellen. Die angemessene,

---

Bois-Reymond Stoecker, Windthorst einerseits und Haeckel andererseits teilten, während Virchow und Hänel genau diese Voraussetzung zum Nonsens erklärten.

[49] Ernst Haeckel: Freie Wissenschaft und freie Lehre. Eine Entgegnung auf Rudolf Virchows Münchener Rede über ‚Die Freiheit der Wissenschaft im modernen Staat'. Stuttgart 1879, p. 93.

[50] C. von Nägeli: Die Schranken der naturwissenschaftlichen Erkenntnis. In: Mechanisch-physiologische Theorie der Abstammungslehre. München und Leipzig 1894, pp. 553–602, p. 602.

[51] Über die Grenzen des Naturerkennens, a.a.O., p. 458.

[52] Der aus der Perspektive der „Überlegenheit der sozialdemokratischen Weltanschauung" das „glaubenssüchtige untertänige Bewusstsein des Berliner Professors" tadelte, dessen Vortrag nun als „Rettungsplätzchen für religiöse Romantik" diene (Josef Dietzgen: Unsere Professoren auf den Grenzen der Erkenntnis (Vorwärts 1878). In: Josef Dietzgen: Schriften Band I. Stuttgart 1920, pp. 214–226, p. 214f.)

[53] W. I. Lenin: Materialismus und Empiriokritizismus. Kritische Bemerkungen über reaktionäre Philosophie (1909). Stuttgart 1952. Cf. dort in der Zusammenfassung den Agnostizismus-Vorwurf gegen Mach und Avenarius p. 116f.

[54] So nennt Friedrich Herneck das „Ignorabimus" eine ‚reaktionäre philosophische Formel' (Friedrich Herneck: Emil Du Bois-Reymond: 1818–1896. In: Abenteuer der Erkenntnis. Fünf Naturforscher aus drei Epochen. Berlin 1973, p. 47. – Dem steht nicht entgegen, daß Emil Du Bois-Reymond im übrigen inzwischen „in die progres-

Du Bois-Reymond in den Kontext der zukunftsbestimmenden philosophischen Bemühungen seiner Zeit einbeziehende Interpretation des „Ignoramus-
Ignorabimus" scheint mir zu sein, daß sie den Nonsens evozierenden Kategorienfehler in der Behauptung aufdeckt, in der anatomischen und physiologischen Theorie der materiellen Bedingungen des Bewußtseins rede man über
dieses. Daß die Analyse dieser Bedingungen kategorial etwas anderes ist als die
Analyse der Art, in der das Bewußtsein sich selbst gegeben ist – das ist es im
Kern, was Du Bois-Reymond gegen den dogmatischen Realismus, wie es ihn in
Deutschland seit den fünfziger Jahren des 19. Jahrhunderts gab, in Erinnerung
bringt. Das „Grundbestreben, die Welt mechanisch zu begreifen"[55], ist von
den Neukantianern bekanntlich produktiv als methodologische „Maxime der
Naturforschung" interpretiert worden[56], und Ernst Mach hat am deutlichsten
gesehen, daß die Ignoramus-Ignorabimus-Parole fürs Verständnis des Tuns
der Wissenschaften die Folge hat, den Widersinn sichtbar zu machen, der in
jedem Versuche steckt, das Subjekt des Naturerkennens als Objekt unter Objekten innerhalb der erkannten Natur selbst auffinden zu wollen. Der „sonst
kaum begreifliche Erfolg seiner Rede", schreibt Ernst Mach über Du Bois-
Reymond, sei als Wirkung der „Befreiung" von der Belästigung zu verstehen,
die von jenem Widersinn ausgeht, solange man ihn nicht als solchen durchschaut[57]. Ernst Mach hat damit, in seiner Analyse der Empfindungen, die Sensation der Ignorabimus-Rede Du Bois-Reymonds durch ihre Wirkung der Befreiung von einer verkehrten, nämlich metaphysisch-materialistischen Fragestellung erklärt. Nach Mach hat Du Bois-Reymond den Weg für ein Verständnis des Verhältnisses von Subjekt und Objekt freigelegt, nach der es nicht etwa
unmöglich, vielmehr eine sinnlose Problemstellung ist, herausfinden zu sollen,

---

sive Traditionslinie materialistischen Denkens in Deutschland" einbezogen worden
ist (so Siegfried Wollgast: Einleitung des Herausgebers. In: Emil Du Bois-Reymond:
Vorträge über Philosophie und Gesellschaft. Eingeleitet und mit erklärenden Anmerkungen herausgegeben von Siegfried Wollgast. Hamburg 1974, pp. V–LX. p.
LIII, indem man den anstößigen „Agnostizismus" des „Ignorabimus" als „Nebenprodukt" einschätzt, nämlich „als Folge der mechanischen", das heißt nicht-dialektischen „Position" im allerdings nötigen „Kampf" Du Bois-Reymonds „gegen den
Vitalismus" (so Georg Domin: Einige philosophiehistorische Fragen zu den theoretischen Auseinandersetzungen Emil Du Bois-Reymonds. In: Naturwissenschaft–
Tradition–Fortschritt. Zeitschrift für Geschichte der Naturwissenschaften, Technik
und Medizin. Beiheft. Berlin 1963, p. 115.

55 Emil Du Bois-Reymond an Eugen Dreher am 3. Oktober 1889. In: Die Grundlagen
der exakten Naturwissenschaft im Lichte der Kritik. Mit dem Bildnis des Verfassers,
einer Biographie und einem Anhang, betitelt: „Aus dem Briefwechsel Eugen Dreher's". ²1901. Dresden, p. 114.

56 So Friedrich Albert Lange: Geschichte des Materialismus und Kritik seiner Bedeutung in der Gegenwart. Zweites Buch. Geschichte des Materialismus seit Kant. Achte Auflage. Biographisches Vorwort und Einleitung mit kritischem Nachdruck in
zweiter, erweiterter Bearbeitung von Hermann Cohen. Leipzig 1908, p. 152.

57 Ernst Mach: Die Analyse der Empfindungen und das Verhältnis des Physischen
zum Psychischen. Sechste vermehrte Auflage. Jena 1911, p. 256.

wie das Subjekt aus seinen objektiven Bedingungen zu erklären sei, weil es nämlich für die Theorie eines objektiven Verhältnisses des Subjekts zu diesen seinen objektiven Bedingungen den dafür benötigten Blickpunkt aus einer dritten Position außerhalb dieser Beziehung gar nicht gibt, sondern lediglich den immanenten Gesichtspunkt eben derjenigen Subjektivität, die sich konstituiert, indem sie lernt, sich von dem, was sie nicht selbst ist, zu unterscheiden. „Während es keiner Schwierigkeit unterliegt", so setzt Ernst Mach zusammenfassend seine Philosophie zur Philosophie Du Bois-Reymonds ins Verhältnis, „*jedes* physische Erlebnis aus Empfindungen, aus *psychischen Elementen* aufzubauen, ist keine Möglichkeit abzusehen, wie man aus der in der heutigen Physik gebräuchlichen Elementen: Masse und Bewegungen ... irgendein psychisches Erlebnis darstellen könnte. Wenn Du Bois letzteres richtig erkannte, so bestand sein Fehler doch darin, dass er an den umgekehrten Weg gar nicht dachte ..."[58]. Zur Illustration dieser – phänomenologischen[59] – Struktur hat sich Ernst Mach ein geniales Bild einfallen lassen. Es zeigt uns ein Gelehrtenzimmer und im Blick durchs Fenster dieses Zimmers eine Landschaft, und von Interieur und Landschaft sieht man genau das, was auch der Mann sieht, der auf dem Kanapee des Gelehrtenzimmers liegend in diesem Bild selber mitdargestellt ist – mit Ausnahme natürlich dessen, was ein Mensch, der sieht, von sich selber nicht sieht[60].

Während in unserer gewohnten Ikonographie der Betrachter eines Bildes seine Position außerhalb dessen hat, was uns das Bild zeigt, verlegt Mach das Subjekt der Betrachtung als seine Grenzen in es.

In struktureller Übereinstimmung mit Ernst Mach hat später auch Wilhelm Dilthey den Widersinn einer „materialistischen" Theorie des Subjekts herausgestellt und dabei an Emil Du Bois-Reymonds Verdienste um die Identifizierung dieses Widersinns, der inzwischen „als roher Materialismus verschollen" sei, herausgestellt[61], und er formulierte an anderer Stelle sogar programmatisch, es sei „Du Bois-Reymond zu vervollständigen"[62]. Diltheys „Beiträge zur Lösung der Frage vom Usprung unseres Glaubens an die Realität der Außenwelt"[63] lassen sich dann in der Tat als Beitrag zur „Vervollständigung" der Phi-

---

58 Ernst Mach: Erkenntnis und Irrtum. Skizzen zur Psychologie der Forschung. Leipzig ²1906, p. 12 f. Anm. 1.

59 Über die Beziehungen Machs sowie der Empiriokritizisten zur Phänomenologie cf. meine Abhandlung „Positivismus und Phänomenologie" (1960). In: Hermann Lübbe: Bewusstsein in Geschichten. Studien zur Phänomenologie der Subjektivität. Mach–Husserl–Schapp–Wittgenstein. Freiburg im Breisgau 1972, pp. 33–62.

60 Ernst Mach: Die Analyse der Empfindungen ... a.a.O., p. 15.

61 Wilhelm Dilthey: Einleitung in die Geisteswissenschaften. Versuche einer Grundlegung für das Studium der Gesellschaft und der Geschichte. Erster Band. Gesammelte Schriften. I. Band. Stuttgart, Göttingen 1959, p. 12.

62 Wilhelm Dilthey: Weltanschauungslehre. Abhandlungen zur Philosophie der Philosophie. Gesammelte Schriften, VIII. Band. Stuttgart, Göttingen 1960, p. 68.

63 Gesammelte Schriften, V. Band, Stuttgart, Göttingen 1957, pp. 90 ff.

losophie Du Bois-Reymonds lesen, die zwar richtig die Unableitbarkeit des Subjekts aus seinen materiellen Bedingungen lehrte, aber zur Phänomenologie des Subjekts selber nichts beitrug.

Man muß sich natürlich fragen, wieso die wissenschaftsideologischen Gegner Du Bois-Reymonds den Aufweis des Widersinns einer nicht-phänomenologischen Theorie der Subjektivität nicht als den eigentlichen Sinn seiner Ignoramus-Ignorabimus-Rede zu erkennen vermochten. Die Antwort ist: Auch Wissenschaftler sind in ihrer Wahrnehmungsfähigkeit von der politischen und weltanschaulichen Rolle, die sie spielen oder sich selber zuschreiben, nicht unabhängig, und so erklärt es sich, daß die ideenpolitisch aggressiven Wissenschaftlergruppen von den Angehörigen der materialistischen weltanschaulichen Sekten in der Vorläuferschaft des späteren Monisten-Bundes bis zu den Marxisten der orthodoxen Observanz in der Ignorabimus-Formel nichts anderes als ein Quietiv weltanschaulicher Auseinandersetzungen zu erkennen vermochten, während sie in Wirklichkeit ein Scheinproblem, das sich als Konsequenz des metaphysischen Materialismus ergeben hatte, aus der Welt schaffte. Im Unterschied insbesondere zu Ernst Haeckel hat Du Bois-Reymond, unbeschadet seiner Position im kulturellen Zusammenhang radikaler wissenschaftlicher Aufklärung, niemals eine Neigung verspürt, als Stifter oder Papst einer wissenschaftlich-weltanschaulichen Anti-Kirche tätig zu werden[64]. Eben deswegen war er auch frei von der Angst, die Ignoramus-Ignorabimus-Formel könnte die moderne Wissenschaft in ihrer Rolle als neues Evangelium weltanschaulicher Propaganda-Vereine schwächen. Du Bois-Reymond war an solcher Propaganda desinteressiert, weil er, realistischer, die Legitimität der modernen Wissenschaften im wesentlichen längst als unbestritten ansah und sich in dieser Überzeugung auch durch gegenläufige Auftritte der Abgeordneten Stoecker oder Windthorst im Preußischen Landtag nicht beirrt fand.

---

[64] Zur Analyse der kulturellen und ideologisch-politischen Funktion der deutschen wissenschaftlichen Weltanschauungsvereine cf. das Kapitel „Weltverbesserung aus wissenschaftlicher Weltanschauung" in meinem Buch „Politische Philosophie in Deutschland", Basel, Stuttgart 1963, pp. 127–172.

5. Ernst Cassirer und die Mythen des 20. Jahrhunderts[1]

Die Neuerungen und Erneuerungen in der deutschen Philosophie seit dem Ende des Zweiten Weltkriegs haben das Werk Ernst Cassirers in seiner Heimat zunächst nicht wieder in den Vordergrund rücken lassen. Die Geltung seines Namens blieb groß, und er wurde oft genannt – an meinem Studienort Freiburg regelmäßig in wiederkehrenden Erzählungen über die Konfrontation zwischen Ernst Cassirer und Martin Heidegger 1929 in Davos[2], die Pierre Aubenque neu präsentiert und erläutert hat[3]. Aber der Tenor dieser Berichte war, indem sie den exzeptionellen Rang seines Werkes voraussetzten, stets der eines Dementis verbliebener Aktualität. Indem dieses Werk umfangreich und thematisch eindrucksvoll in den Regalen stand, forderte es zum Studium dennoch zunächst nicht heraus. Cassirers „Essay on Man"[4] ist von den Studenten im Umkreis seiner amerikanischen Wirkungen, wie man aus dem Vergleich der Berichte von drüben und hüben hier schließen darf, regelmäßiger gelesen worden als seine Philosophie der Symbolischen Formen in Deutschland, und das liegt nicht nur an Differenzen in der literarischen Form beider Werke. Es liegt vielmehr daran, daß das Werk Ernst Cassirers, und zwar sowohl in seiner schwergängigeren deutschen wie in seiner eingängigen amerikanischen Fassung, spezifische intellektuelle Bedürfnisse nicht zu bedienen vermochte, die in den ersten Nachkriegsjahren in Deutschland ausgeprägter als anderswo herrschten – Bedürfnisse nämlich einer Neuorientierung, die sich nach Phasen der Desorientierung durch dramatisierende intellektuelle Polarisierungen stabilisiert.

---

[1] Erweiterter Text einer Rede bei der wissenschaftlichen Tagung anläßlich des hundertsten Geburtstages von Ernst Cassirer, veranstaltet vom Philosophischen Seminar der Universität Hamburg, der Joachim Jungius-Gesellschaft e.V. sowie vom Warburg-Institute der University of London, 20.–22. Oktober 1974 in Hamburg.

[2] Cf. die Davoser Disputation zwischen Ernst Cassirer und Martin Heidegger, abgedruckt in: Martin Heidegger: Kant und das Problem der Metaphysik. Frankfurt am Main [4]1973, pp. 246–268.

[3] Ernst Cassirer, Martin Heidegger: Débat sur le Kantisme et la Philosophie (Davos, mars 1929) et autres textes de 1929–1931, présentés par Pierre Aubenque. Traduit de l'allemand par P. Aubenque, J.-M. Fataud, P. Quillet. Paris 1972.

[4] Yale University Press, New Haven 1944.

Die Philosophie Ernst Cassirers wirkt nicht als Appell zu intellektuellen Dezisionen. Die geistigen Entscheidungen, die Georg Simmel im Ersten Weltkrieg anstehen sah[5], lagen für Ernst Cassirer dem Zweiten Weltkrieg als längst
getroffene Entscheidungen voraus. Die Politik war dramatisch; es wurde ge-
kämpft. Aber die geistige Situation war nicht dramatisch, sondern klar. Die
Mythen des 20. Jahrhunderts waren für ihn daher nicht ein Gegenstand gespannter intellektueller Auseinandersetzung. Zu entgegnen, zu widersprechen
gab es hier nichts, was nicht trivial gewesen wäre. Der Kampf gegen die politischen Kräfte, die durch den Mythos mobilisiert und organisiert worden waren,
wurde politisch geführt und verlangte die Anspannung aller Kräfte. Die Ideale
jedoch, auf die man in diesem Kampf sich berief, hatten Selbstverständlichkeitscharakter. Von Selbstverständlichkeiten aber redet man nicht appellativ,
sondern eher in der Funktion der Vergegenwärtigung, der Erinnerung und in
diesem Sinne akademisch. Es ist denn auch zunächst eine ins akademische Milieu gehörende wissenschaftliche Frage, wie man den erlebten Zusammenbruch
solcher Selbstverständlichkeiten verstehen könne. Diese Frage verlangt Interpretation und Analysen, aber keine Stellungnahmen, die sich von selbst verstehen, und die Anmutungsqualität des Cassirerschen Stils entspricht dem. Er
vermochte daher eine Generation nicht zu fesseln, bei der in der Schwäche ihrer Geprägtheit durch kulturelle Selbstverständlichkeiten die Prozesse der philosophischen Identifikationen existentiell bewegter verliefen. Ich brauche hier
die Örter nicht näher zu charakterisieren, an denen man das damals erlebte.
Das schon erwähnte Freiburg war ein solcher Ort, und später wurde auch
Frankfurt einer.

Cassirer ist überhaupt kein jugendbewegter und jugendbewegender Autor.
Von dieser Feststellung bleibt unberührt, daß seine Bücher außerordentliche
Qualitäten des akademischen Lehrers bezeugen. Der Eindruck, den sie in dieser Hinsicht machen, reicht bis zur Rührung, wenn man bemerkt, wie er sich in
seinen letzten, in Amerika entstandenen großen Arbeiten zur Anthropologie[6]
und zur politischen Philosophie[7] den Ansprüchen seines dortigen Publikums
öffnet und in seiner Darstellung bündig, eingängig, ja mühelos wird. Ich weiß
nicht und ich habe auch niemanden befragen können, wie Cassirer auf der
Lehrkanzel, auf dem Katheder wirkte. Ich stelle mir, wenn ich seine Texte auf
mich wirken lasse, vor, daß er durch einen außerordentlichen Anspruch, den er
nicht eigentlich stellte, sondern repräsentierte, eindrucksvoll wirkte, von den
spezifischen Beschränktheiten des akademischen Milieus unberührt, daher in
der Anrede „Herr Professor" weniger dem Professor als dem Herrn entspre-

---

[5] Georg Simmel: Der Krieg und die geistigen Entscheidungen. München und Leipzig
1917. Diese Existenzphilosophie des Krieges habe ich in meinem Buch „Politische
Philosophie in Deutschland" analysiert (München 1974, pp. 217 ff.).

[6] Ernst Cassirer: Was ist der Mensch? Versuch einer Philosophie der menschlichen
Kultur. Stuttgart 1960.

[7] Ernst Cassirer: Vom Mythus des Staates. Zürich 1949.

chend. Die Jüngeren unter uns haben diesen Typus, der in der Geschichte der heute so genannten deutschen Ordinarienuniversität nicht die Regel, aber nicht selten war, zum Beispiel auch in der Erscheinung Max Horkheimers gegenwärtig. Zum Bild solcher Erscheinung gehört souveräne, aus sozialer Distanz besorgte Erfüllung der akademischen Rollen, Bildung, ironiefreie Skepsis, Publizitätsunbedürftigkeit und ein Pathos, das bei Cassirer, anders als bei Horkheimer, ein ungebrochenes Pathos derjenigen Rationalität war, die sich in der neuzeitlichen Wissenschaft zur Geltung gebracht hat.

Ernst Cassirers Werk ist also akademisch geprägt. Es erfüllt den Sinn der akademischen Institutionen vollkommen. Es nutzt ihre Freiheiten und Rechte ohne jede Neigung zur Zweckentfremdung. Es ist ihren Regeln so sehr konform, daß, anders als bei Max Weber[8], nicht einmal die politische Manifestation der Geltung dieser Regeln in ihm selbst stattfindet. Cassirers Philosophie verlangt entsprechend ein studentisches Publikum, das seinerseits den Sinn der akademischen Einrichtungen nicht überanstrengt und nicht mehr verlangt, als man von diesen Einrichtungen billigerweise verlangen kann, also wissenschaftliche Bildung, das heißt Früchte der Erziehung durch Teilnahme am Leben der Wissenschaft. Ich formuliere das mit Absicht altväterlich[9], um einen angemessenen historischen Ton in diese Darstellung zu bringen. Die Aktualität Ernst Cassirers ist, insoweit, seine Repräsentanz für gegenwärtig Schwindendes. Damit sind vorweg die Zwänge anerkannt, die uns heute Forschung in wachsendem Maße unter dem Druck der Erwartung benötigten instrumentellen Wissens treiben lassen, und andererseits Lehre als Dienstleistung für berufsfeldbedingte Ausbildungszwecke. Aber diese klar hervortretenden Erfordernisse können Forschung und Lehre auch heute nur unter Anspruchsbedingungen sicherstellen, deren Garantie zu jenen traditionellen Zwecken der akademischen Institutionen gehört, die man am Werke Cassirers ablesen kann. Ich meine die Selbstverständlichkeit in der akademischen Präsenz der Unterscheidung von theoretischer und politischer Praxis. Cassirer hat, anders als Max Weber, diese Unterscheidung nicht als politische Bedingung theoretischer Praxis in wissenschaftspolitischer Absicht explizit thematisiert. Er hat sie aber in seiner akademischen Arbeit kultiviert. Sein letztes Werk „Vom Mythos des Staates" ist, auch in seiner rekonstruierten deutschen Fassung, ein auf Deutsche bewegend wirkendes Dokument dieser Freiheit von Neigungen zu existentiellen Exaltationen in philosophischer Autorenschaft. Die Absicht des Werkes ist, den deutschen Nationalsozialismus zu begreifen. Was Cassirer hier leistet, wird

---

[8] Max Webers Rede „Wissenschaft als Beruf" (in: Gesammelte Aufsätze zur Wissenschaftslehre. Tübingen ²1951, pp. 566–597) ist die klassische politische Rede gegen die Politisierung der Wissenschaft.

[9] Nämlich nach Wilhelm von Humboldt. Cf. dazu meine Rede „Wilhelm von Humboldts preußische Universitätsreform", in Hermann Lübbe: Hochschulreform und Gegenaufklärung. Analysen, Postulate, Polemik zur aktuellen Hochschul- und Wissenschaftspolitik. Freiburg im Breisgau 1972, pp. 109–118.

sichtbar, wenn man sich bei der Lektüre seine spezielle biographische Betroffenheit gegenwärtig hält. Es ist nicht ein Werk in der Tradition des Satzes „Noli turbare circulos meos". Diese Tradition hat, in analoger Betroffenheit, Edmund Husserl repräsentiert, als er das Schreiben des Karlsruher Ministeriums, das ihm als Juden das Betreten der Universität untersagte, las und nahm und auf seiner Rückseite mit den stenographischen Kürzeln bedeckte, in die er seine wahrnehmungsphänomenologischen Analysen faßte. Auch dieses Vermögen ist zweifellos eine Bedingung fürs Überleben der Theorie. Theorie als menschliche Praxis verdankt sich nicht den Herausforderungen der Politik. Sie bedarf nur des Schutzes der Politik gegen die Zumutungen der Politik. Sie lebt aus der Kräftigkeit eines theoretischen Interesses, das der politische Weltlauf nicht brechen, sondern allenfalls durch Vernichtung seiner Subjekte auslöschen kann.

Die politischen Ereignisse, die Cassirer von Deutschland nach England, nach Schweden und nach Amerika führten, haben seine theoretische Einstellung nicht verändert, ihn wohl aber veranlaßt, eben diesem Weltlauf sich zuzuwenden. Anders als zur Phänomenologie gehört ja zur Tradition des Neukantianismus die Seite praktischer und näherhin politischer Philosophie, und in der Zuwendung zu ihr aus historisch und biographisch gegebenem Anlaß bleibt Cassirer insofern in der neukantianischen Tradition. Dem entspricht, daß auch die Darstellungsart seines letzten Werkes unbeschadet seines politischen Gegenstandes akademisch-konventionell bleibt. Auch in diesem Falle freilich hält er sich an die Maxime, die er schon beim „Essay on Man" befolgte, die „Gedanken möglichst kurz und bündig auszudrücken", nachdem er, wie er eingesteht, „bei der Abfassung" der „Philosophie der symbolischen Formen" „nicht immer" Lessings Einsicht beachtet habe, daß ein großes Buch ein großes Übel sei[10].

Gleichwohl bleiben auch noch Cassirers amerikanisch geschriebenen Werke Bücher des langen Atems. Ihr Text wirkt nicht gedrechselt, sondern current. Die phänomenologische und sprachanalytische Mikroskopie ist nicht Cassirers Sache. Die Sprache, die er benutzt, ist die in der Erlanger Schule heute in kritischer Absicht so genannte Bildungssprache. Aber sein Werk ist der Beweis, daß man sich dieser bedienen kann, ohne ein Opfer der Verhexung des Verstandes durch die Mittel der Sprache zu werden. Die klassische Sprachkritik von John Locke bis zu Max Müller war ihm vertraut[11]. Aber ihrer Reinigungswirkung konnte er sich unbedürftig wissen. Hell-dunkel-Effekte gibt es bei ihm nicht. Einen jener gespreizten individuellen Gelehrtenidiome hat er nicht ausgebildet. Das Gemeinte liegt stets an der Oberfläche. Cassirers Texte haben die Anmutungsqualität leichter Verständlichkeit und Interpretationsunbedürftigkeit. Wichtige Begriffswörter bei ihm bezeugen freilich, zumal in seinen frü-

---

[10] Was ist der Mensch? A.a.O., Vorwort zur amerikanischen Ausgabe, p. 7.
[11] Philosophie der symbolischen Formen. Erster Teil: Die Sprache. Berlin 1923, pp. 73 ff.; Was ist der Mensch? A.a.O., pp. 140 ff.

hen Büchern, den neukantianischen Schulzusammenhang, und damit hat er als
Autor gelegentlich auch zu kämpfen. Aber diese Färbung seines Stils durch
Elemente esoterischer Schule mindert nicht das Recht der Feststellung, daß
sein Werk in die Tradition akademischer Sprachkultur gehört, die in ihren herausragenden Exempeln von Helmholtz über Mach bis zu Harnack eine Tradition großer Gelehrtenprosa begründet hat. Auch insofern ist die Erinnerung
an Cassirer heute eine gegensteuernde Erinnerung.

Cassirers letztes Werk „Vom Mythos des Staates" gleicht den früheren auch
durch die Methode der genetischen Vergegenwärtigung der Sache, um die es
sich handelt. Das Thema ist der Totalitarismus in seiner nationalsozialistischen
Aktualität. Walter Rüegg hat darauf aufmerksam gemacht[12], daß gleichwohl der
Nationalsozialismus unter diesem Namen nicht dreimal erwähnt wird. Die
Wörter „Faschismus" oder „faschistisch" fallen öfter. Die explizite Erklärung
des Faschismus als eine rationale Technologie sozialpsychologischer Applikation von Mythen zur politischen Mobilisierung unbefriedigter Identifikations-
bedürfnisse in einer politisch-geistigen Krisensituation füllt wenige letzte Seiten[13]. Im übrigen ist von den Klassikern die Rede, von Platon und Augustinus,
von Machiavelli und von Rousseau, von Hegel und Comte in ausgedehnten
Kapiteln. Wieso das? Dieses Verfahren beruht auf der Überzeugung, daß die
Geschichte der menschlichen Zivilisation eine Geschichte des Fortschritts
ohne Garantie des Ausschlusses von Rückfällen ist. Alsdann verbleibt als eine
Daueraufgabe, an vergangene Stationen zu erinnern, hinter die man zurückfallen kann, aber nicht darf – nicht, weil in Permanenz Fortschritt geboten wäre,
sondern deswegen, weil der Rückfall hinter erreichte Fortschritte von gestern
die Gegenwart und ihre Zukunftsfähigkeit zerstört. Die Philosophie, die sich
dem Phänomen einer Dekadenz politischer Kultur zuwendet, liefert in ihrer
Klassiker-Präsentation zunächst einmal die Maßstäbe zur Vermessung des
Ausmaßes dieser Dekadenz. Sie präsentiert überdies die Exempel analoger früherer Dekadenz und präpariert so ein Ensemble von Kategorien zur theoretischen Verortung der Phänomene, das ad hoc zu erfinden niemandem möglich
wäre. Bei diesem Verfahren, das nur der historischen Bildung offensteht und
deren Unersetzbarkeit es durch die Tat demonstriert, hält sich Cassirer nicht
an die Zunftschranken der Philosophie. Seine Rezeptivität ist stets nach allen
Fachseiten von der Physik über die Ethnologie bis zur historischen Grammatik
offen, und er organisiert solche Realitätsfülle über Hunderte von Seiten hin in
der Perspektive des jeweils herrschenden theoretischen Gesichtspunkts. Cassirers Bücher haben einen großen Atem. Sie wollen entsprechend auch zügig gelesen sein. Dann erschließt sich die Perspektive, und der Umfang der Bücher
schreckt nicht mehr.

---

[12] Walter Rüegg: Vorwort des Herausgebers. In: Ernst Cassirer: Vom Mythus des Staates, a.a.O., pp. 5–6.
[13] Vom Mythus des Staates, a.a.O., pp. 360: „Die Technik der modernen politischen
Mythen".

Cassirers Mythologie des Faschismus und Nationalsozialismus sei jetzt inhaltlich skizziert, und zwar in sechs Abschnitten.

Erstens. Eine argumentative Auseinandersetzung mit den Mythen des 20. Jahrhunderts in ihren parteioffiziellen Texten erfolgt nicht. Ich weiß nicht, ob Cassirer zum Beispiel Alfred Rosenbergs „Mythus des zwanzigsten Jahrhunderts" gekannt hat oder Verwandtes[14]. Ob ja oder nein: So oder so sind diese Texte kein Gegenstand expliziter Kritik. Was soll man denn auf der theoretischen Ebene, philosophisch, auf Manifeste des Führerkults, des Rassenhasses und der totalitären Gewalt in einem von einer totalitären politischen Massenorganisation eroberten Staat erwidern? Der fällige Widerspruch wäre inhaltlich trivial. Nicht-trivial sind die Gründe, die uns ihre mobilisierende politische Wirkung erklären.

Zweitens. Die Schrecken der Gewalt, die der totalitäre Mythos zu mobilisieren vermochte, werden nicht erinnert und nicht geschildert. Die Realität, über die die Nachrichten bekannt sind, braucht zum Zweck ihrer mythologischen Erklärung nicht erst noch einmal geschildert zu werden. Von den totalitären Macht- und Rechthabern der Epoche ist nicht die Rede – nicht, weil einem zu Hitler nichts einfiele, sondern deswegen, weil es sich in bezug auf diesen primär nicht um Einfälle handelt. Es handelt sich vielmehr darum zu verstehen, wie der Einbruch in die überlieferte politische Kultur der Menschenrechte, die ihm gelang, möglich war.

Drittens. Der geschilderte konsequente Verzicht auf die mobilisierenden Wirkungen, die eine Erinnerung an Worte und Taten totalitärer Recht- und Machthaber haben könnte, hat seinen Grund, soweit ich sehe, in akademischer Rollendisziplin. „Es geht über die Macht der Philosophie hinaus", so heißt es wörtlich, „die politischen Mythen zu zerstören"[15], und mit dieser Zerstörung der Mythenmacht waren ja auch andere Mächte mit ihren materiellen militärischen Mitteln längst beschäftigt. Also kann und muß sich der Philosoph darauf beschränken, für den gegebenen Fall nachträglich, aber für künftige analoge Fälle in potentiell prophylaktischer Absicht die Bildungsgesetze dieser Mythenmacht aufzudecken.

Man kann tatsächlich nicht daran zweifeln, daß Cassirer am Ideal einer politisch nutzbaren Sozialtechnologie orientiert war. In unzweideutiger Antithetik legt er dar, daß es uns im Gegensatz zu unserem Naturverhältnis bislang noch nicht gelungen sei, gemäß Comtescher Hoffnung aus der Politik eine instrumentelle, anwendungsfähige positive Wissenschaft zu machen. Aber ein anderer Weg als der durch diese Hoffnung bezeichnete sei nicht offen. „Selbst in dieser Sphäre", schreibt er, „müssen wir Bacons Rat befolgen. Wir müssen lernen, den Gesetzen der sozialen Welt zu gehorchen, ehe wir es unternehmen, diese Welt zu beherrschen"[16]. Es liegt in der Natur solchen Herrschaftswis-

---

[14] Die Formel „Mythos des zwanzigsten Jahrhunderts" kommt vor, cf. a.a.O., p. 360.
[15] A.a.O., p. 388.
[16] A.a.O., p. 387.

sens, daß es für disparate Zwecke verwendbar ist. Eben das lehrt ja auch die
Rolle des Mythos im Faschismus, den Cassirer, auf den Spuren Sorels, der un-
erwähnt bleibt, als zweckrational eingesetztes Instrument politischer Massen-
mobilisierung deutet. Soweit diese Deutung richtig ist, wäre durch das Faktum
die Möglichkeit der Entwicklung von Sozialtechnologien unter Beweis gestellt,
und indem es die Feinde der Humanität waren, die diesen Beweis eindrucksvoll
lieferten, sieht Cassirer nicht die Sozialtechnologie denunziert, sondern die
Notwendigkeit ihrer Nutzung für die Zwecke der Emendation politischer Zustände demonstriert.

Cassirer erkennt freilich im fraglichen Fall der Nutzung von Mythen zu
Zwecken der Massenführung schwerwiegende Unterschiede. Es handelt sich ja
nicht darum – neuen mythogenen Katastrophen vorbeugend –, im Gegensatz
zu dem faschistischen oder nationalsozialistischen Fall nun künftig mit guten
Mythen zu guten Zwecken Massen zu lenken. Das Problem ist, wie sich jene
günstigen sozialen Situationen stabilisieren lassen, in denen es für den Regreß
in die mythische Identifikation keine überwältigende Motivation gibt und wo
entsprechend das Instrument der Massenlenkung durch propagandistische Applikation von Neomythen nicht greifen kann. Es ist evident, daß es eine Sozialtechnologie zur Erzeugung von Lagen dauerhafter Regressionsresistenz nicht
gibt. Diese Lagen sind nicht machbar – sie sind glückhaftes Resultat einer historischen Genesis. Die Stabilität dieser Lagen, in denen die Bedingungen der
Rationalität gesichert sind, besteht gewiß nicht unabhängig von der Beziehung
der Subjekte, deren Lagen sie sind, auf sie. Aber diese Beziehung ist nicht die
einer Produktion, sondern die einer Identifikation durch vernünftige Zustimmung zu den Ansprüchen der eigenen Herkunftsgeschichte. Deren Vergegenwärtigung ist die insofern auch politisch notwendige Aufgabe der Kulturwissenschaften einschließlich der Philosophie. So erklärt sich der exzeptionell
große Anteil der historiographischen Vergegenwärtigung der Lehren der Klassiker in Cassirers politischer Philosophie. So wird nun auch die politische Intention der historischen Erklärung des Nationalsozialismus plausibel, die Cassirer vorträgt. Die funktionale Erklärung des Nationalsozialismus und Faschismus war ja die einer Massenführungstechnologie analog den Einsichten Sorels.
Die historische Erklärung leistet die genetische Aufklärung einer Situation, die
für eine solche Technologie mit den bekannten Folgen den Ansatzpunkt bot.
Was Cassirer zum Zweck dieser historischen Erklärung inhaltlich ausführt, ist
historiographisch konventionell. Es ist die genetische Schilderung einer Situation, in der die Belastungen durch ökonomische und soziale Krisen, die andere
Nationen, wenn auch weniger scharf oder doch weniger anhaltend, gleichfalls
ergriffen hatten, mit einer nationalen Identitätskrise zusammentrafen, das
heißt mit einer Situation latenter oder auch offen erklärter Unbereitschaft, sich
zu einer Zukunft unter den Prämissen akzeptierter Resultate eigener Vergangenheit zu entschließen.

Entscheidend ist die politische Intention, die Cassirer mit dieser Erklärung
verbindet. Man kann diese Intention durchaus die einer Relativierung nennen.

Das Interesse ist dabei aber natürlich nicht das der Entlastung oder gar der Bagatellisierung. Es ist vielmehr das Interesse des Dementis einer theoriefähigen historischen Zwangsläufigkeit der eingetretenen politischen Katastrophe. Das heißt: Niemand verfügt über eine Theorie historischer Gesetzmäßigkeit, nach der es so kommen mußte, wie es gekommen ist. Nachdem es eingetreten ist, erkennt man die in ihrer genetischen Kombination nicht prognostizierbaren Bedingungen, die den Aufstand der neomythischen Herrschaft plausibel machen. Was eingetreten ist, bleibt natürlich ein spezifisches Ereignis der deutschen Geschichte. Aber das spezifisch Deutsche daran ist eine nicht verallgemeinerungsfähige, eben historische und insofern einzigartige Kombination von Bedingungen, die als solche gerade nicht spezifisch deutsch, sondern allgemeinen Charakters sind. Indem Cassirer das sichtbar macht, ist seine Intention die der Warnung – nicht vor den Deutschen, diese Warnung käme zu spät –, sondern vor dem naiven Vertrauen in die Stabilität rationaler politischer Orientierungen überhaupt. „In der Politik leben wir immer auf vulkanischem Boden"[17], lautet sein Resümee dieser Ansicht der Dinge wörtlich, und dem entspricht die außerordentlich kunstvoll geführte genetische Analyse der Elemente der Mythen des 20. Jahrhunderts.

Viertens. Führerkult als Selbstidentifikation von Kollektiven durch Personifizierung ihres Wunsch- und Hoffnungsbildes von sich, Rassismus als besondere Form der Selbststärkung des kollektiven Ich durch ideologische naturale Absicherung eines Überlegenheitsbewußtseins und schließlich die Legitimierung totalitärer Macht durch Begründung der Staatsfunktion auf den Sinn der Geschichte – diese drei Elemente des Mythos des 20. Jahrhunderts führt Cassirer in der offenkundigen Absicht ihrer regional und historisch differenzierenden Distribution an je einem englischen, französischen und deutschen Beispiel vor, nämlich an den Beispielen der Heldenverehrung Carlyles, der Rassentheorie Gobineaus und der als Machtstaatstheorie fortwirkenden Staatsmachtstheorie Hegels. Selbstverständlich waren diese tatsächlichen oder vermeintlichen Quellen des Mythos des 20. Jahrhunderts schon vorher aufgespürt worden. Indem Cassirer sie analysiert, verliert sich der Schein der Zwangsläufigkeit ihres Zusammenflusses. Es erscheinen Theorien von topischem Charakter, deren Brisanz in der Mischung der Topoi liegt, von deren Rezept damals noch niemand wußte und zu deren Zündung es außerdem einer exzeptionellen historischen Lage bedurfte, über deren Voraussicht niemand verfügte.

Fünftens. Den Eindruck des unableitbaren Verhängnischarakters der Explosion, die sich dann später tatsächlich ereignete, steigert Cassirer kunstvoll durch eine subtile, differenzierende Analyse der zitierten Negativ-Klassiker. Carlyle war ein Prophet der Heldenverehrung auf der Basis eines anthropologischen Pessimismus, der den Menschen heroischer Orientierung für bedürftig hält. Aber die Qualität des Heros ist bei Carlyle die Moralität, die personifizier-

---

[17] A.a.O., p. 364.

te Erfüllung von Ansprüchen universeller Geltung, und von hier aus führt kein direkter Weg zum Mythos des 20. Jahrhunderts mit seinen ihm wesentlichen Elementen eines Führerkults. Für Gobineaus Rassentheorie gilt Analoges. Zwar enthält sie in ihrer Quintessenz kein Moment, das Cassirer für zustimmungsfähig hielte. Er begnügt sich insoweit, hier in wenigen Sätzen den logischen Fehler einer petitio principii nachzuweisen. Was ihn beschäftigt, ist die Frage der Zwangsläufigkeit mythogener Prozesse. Was der Theorie des Rasse-Adels politische Sprengkraft verlieh, ist ihre Amalgamierung mit der politischen Kraft des modernen Nationalismus. Genau dieses Moment aber fehlt bei Gobineau, der weder ein Nationalist noch ein Patriot war und im Patriotismus den Verfall „germanischer" Tugenden erblickte[18].

So gilt auch in diesem Fall: Aus der Perspektive der neomythischen Katastrophe werden uns ihre ideologiegeschichtlichen Spuren in der Vergangenheit sichtbar. Analysieren wir dann diese Spuren, so verschwindet der Eindruck der historischen Zwangsläufigkeit dieser Katastrophe. – So schließlich auch bei Hegel, der geschrieben hatte: „Die Menschen sind so närrisch, ... in ihrem Enthusiasmus für Gewissensfreiheit und politische Freiheit die Wahrheit zu vergessen, die in der Macht liegt." Über diesen Satz schreibt Cassirer den härtesten, anklagendsten Satz, den wir überhaupt in seiner politischen Philosophie lesen können. Er lautet: „Diese Worte ... enthalten das klarste und unbarmherzigste Programm des Fascismus, das jemals durch irgendeinen politischen oder philosophischen Schriftsteller vorgetragen wurde."[19] Jedoch hat Cassirer auch in diesem Falle nicht mit der Selektivität des Anklägers gelesen, sondern mit der des Zersetzers des Glaubens an unsere Fähigkeit, die Kunst des Lesens historischer Spuren prognostisch wenden zu können. Deshalb zitiert Cassirer dann Hegel zugleich kontrapunktisch, und so auch jene berühmten Sätze aus der Philosophie der Geschichte, die die Französische Revolution einen herrlichen Sonnenaufgang nannten, der einen Enthusiasmus des Geistes erweckt habe und Rührung durch jene Feier der Epoche, die damals alle denkenden Wesen vereinigte[20]. Wie steht es nun mit Hegels Präfaschismus? Cassirer selbst sorgt hier dafür, daß eine objektive Zweideutigkeit Hegels sichtbar bleibt. Cassirer erinnert zustimmend an Hayo Holborns Parallelisierung der ideologisch-politischen Antithese von Nationalsozialismus und Sowjet-Kommunismus mit dem Gegensatz von Rechts- und Links-Hegelianismus im 19. Jahrhundert[21]. Aber im Werke Hegels finden sich beide Seiten dieses Gegensatzes, und so zitiert Cassirer eben auch denjenigen Hegel, dessen Sätze von analogen Sätzen der politischen Philosophie Kants dem Gehalt nach nicht verschieden sind[22].

---

[18] Cf. a.a.O., p. 310.
[19] A.a.O., p. 347.
[20] Cf. Georg Wilhelm Friedrich Hegel: Vorlesungen über die Philosophie der Geschichte. Ed. Hermann Glockner, XI, pp. 557ff.
[21] Vom Mythus des Staates. A.a.O., p. 323.
[22] Cf. a.a.O., pp. 351ff.

Damit vergegenwärtigt Cassirer also auch noch den für die Tradition des politischen Liberalismus reklamierbaren Hegel.

Sechstens. Seine Darstellungsweise der Differenzierung hält Cassirer sogar bis in die eigene Gegenwart im Urteil über seine philosophischen Kollegen und Zeitgenossen durch, unter denen er sich in erster Linie auf Spengler einerseits und auf Heidegger andererseits bezieht. In bezug auf Spengler erwähnt er ausdrücklich, daß dieser kein Anhänger der Nazibewegung war. In bezug auf Heidegger erwähnt er nicht, daß dieser es zeitweise war. Die Kritik an beiden hat den wesentlichen Inhalt, daß ihre Philosophien die politische Urteilskraft schwächten, die zum Widerstand gegen den Anspruch der politischen Neomythen prädisponiert hätte. –

Soweit meine Charakteristik der Form, in der sich Cassirer mit dem Mythos des 20. Jahrhunderts genealogisch auseinandersetzt. Auch auf diese Form trifft natürlich die Kennzeichnung zu, sie sei akademisch. Aber einen Erklärungswert hat diese Kennzeichnung in diesem Fall nicht mehr. Das Organisationsprinzip der ausgedehnten Darstellungen zur Genealogie des Mythos des 20. Jahrhunderts in Cassirers politischer Philosophie ist das der Hervorhebung dessen, was geeignet ist, den Versuch zu erschweren, aus dieser Genealogie eine bündige Theorie zu machen. Was ist das Interesse Cassirers bei der Wahl dieses Organisationsprinzips? Auf diese Frage möchte ich abschließend eine Antwort zu geben versuchen. Wie ich schon oben dargelegt habe, ist das Interesse Cassirers nicht, die Theoriefähigkeit sozialer Prozesse überhaupt zu bestreiten. Im Gegenteil denkt er in dieser Hinsicht in wissenschaftshistorischen Perspektiven, die wir dem bei uns heute zumeist in polemischer Intention so genannten Positivismus zurechnen würden, das heißt: Er setzt Hoffnung auf einen Zuwachs an Steuerbarkeit sozialer Prozesse durch Entwicklung von Technologien aufgrund der Einsicht in ihre Gesetzmäßigkeiten. Wenn er dennoch alles tut, was geeignet ist, den Versuch zu erschweren, den katastrophischen Regreß in den politischen Mythos bündig abzuleiten, so erklärt sich das nicht aus Entlastungsabsichten. Es erklärt sich vielmehr aus der Absicht einer Demonstration der Schwierigkeiten, die es bereitet, auf diesem komplexen Feld das zu leisten, was ein erkenntnistheoretisch gesicherter Theoriebegriff von uns fordert. Ich lese Cassirers Auseinandersetzung mit dem Faschismus und Nationalsozialismus als eine Warnung vor der Gefahr der Besetzung eines Feldes mit Theorien, die den Ansprüchen eines wissenschaftstheoretisch konsolidierten Theoriebegriffs nicht genügen. Ihrem epistemologischen Status nach sind ja Mythen genau das – unbeschadet ihrer anthropologisch erhellbaren Leistung, die sie reaktivierbar macht. Die modernen politischen Mythen wissen zu viel. Für die Konservierung und Entwicklung der Rationalitätsbedingungen politischen Handelns kommt es insofern nicht nur darauf an, in Erfahrung zu bringen, was wir wissen können. Es kommt auch darauf an zu verhindern, daß politisches Handeln sich auf die Argumente von Theorien stützt, die zuviel behaupten. Der Totalitarismus hätte keine Chance, wenn wir uns in unseren theoretischen Ansprüchen innerhalb der Grenzen der tatsächlichen Leistungskraft unserer Vernunft hielten.

6. Historisch-politische Exaltationen.
Spengler wiedergelesen

1

Spengler ist kein Klassiker. Wir lesen ihn heute nicht, um uns wichtige Wahrheiten und dauerhaft maßgebende Orientierungen zu vergegenwärtigen, die durch ihn zuerst aber unüberboten formuliert worden wären. Der bestimmende Eindruck einer Spenglerlektüre ist heute entgegengesetzter Art. Man macht vor allem die Erfahrung, daß die Zeit, in der es möglich war, so zu denken und zu schreiben und damit Erfolg zu haben, weit weg und vorbei ist. Aber das heißt nicht, daß einem Spengler, indem man ihn wieder zur Hand nimmt, alsbald langweilig werden müßte. Das Gegenteil ist der Fall. Die Wirkung des Befremdlichen, die seine Bücher, Aufsätze und Reden heute auslösen, ist derart außerordentlich, daß es unmöglich ist, nicht gefesselt zu sein. Dem bildungssprachlich versierten Leser kommt Spengler ohnehin entgegen. Die Psychodynamik seiner Texte schlägt auch heute noch durch. Effektvolle Formulierungen provozieren dazu, sie am Buchrand mit Ausrufungszeichen herauszustreichen. Zugleich verlangt der Stil kein ablenkendes ästhetisches Sonderinteresse, und eine lesepsychologisch günstige Redundanz der Texte hält ihr Publikum von den Belastungen einer angestrengten Daueraufmerksamkeit frei. Also: Spengler garantiert unverändert ein großes Lesevergnügen – vorausgesetzt, man läßt die erwähnte Anmutungsqualität außerordentlicher Befremdlichkeit auf sich wirken und findet sich gereizt, sich durch eine Analyse dieser Fremdheitserfahrung zu Spengler historisch und theoretisch in eine ausdrückliche Beziehung zu setzen.

Es ist banal zu sagen, daß der Untergang der von Spengler verachteten Weimarer Republik[1] in der Machtergreifung des Nationalsozialismus und dann der Untergang des Deutschen Reiches als Konsequenz dieser von Spengler abschätzig kommentierten Machtergreifung[2] die Distanz, in der wir uns heute zu

---

[1] Die Novemberereignisse 1918 nannte Spengler „Die dümmste und feigste, ehr- und ideenloseste Revolution der Weltgeschichte" (PSch, Vorwort, p. VII). In dieser Revolution sei „nicht das Volk, nicht einmal die sozialistisch geschulte Masse", sondern „das Pack mit dem Literatengeschmeiß an der Spitze" „in Aktion" getreten (PrS, in: PSch, p. 9).

[2] Spengler anerkannte, der „nationale Umsturz" von 1933 sei „etwas Gewaltiges" ge-

Spengler befinden, historisch bewirkt haben. Es ist längst auch banal zu sagen, daß Spenglers Philosophie in die ideologische Vorgeschichte des Nationalsozialismus hinein gehört und daß unser praktisches Urteil über diesen unser Urteil über die praktischen Urteile Spenglers zwangsläufig mitbestimmt. Aber was in dieser Hinsicht zu sagen war, hatte seine Aktualität in den Anfangsjahren der Bundesrepublik Deutschland. Sein Platz unter den „geistigen Wegbereitern des deutschen Zusammenbruchs" ist Spengler alsbald nach diesem Zusammenbruch angewiesen worden[3], seine Stellung im Kontext der „Konservativen Revolution" differenziert angegeben[4], seine Rolle speziell als einer der „Väter" der „Jungkonservativen" erkannt[5] und die Signifikanz seines Werkes für „antidemokratisches Denken in der Weimarer Republik", insbesondere sein Antiparlamentarismus[6], angemessen gekennzeichnet worden. Das Gesamtresultat dieser und analoger[7] Verortungen Spenglers in der intellektuellen Vorgeschichte von Nationalsozialismus und Faschismus ließe sich, nach Analogie eines Diktums von Karl Löwith über Friedrich Nietzsche, folgendermaßen zusammenfassen: Spenglers Schriften „haben ein geistiges Klima geschaffen, in dem bestimmte Dinge möglich wurden"[8]. Wie immer diese übliche, stets auch Spengler einbeziehende Kennzeichnung des Zusammenhangs von rechts-intellektueller schriftstellerischer, publizistischer Tätigkeit in den zwanziger Jahren einerseits und Nationalsozialismus andererseits des näheren ausgelegt werden muß – der Korrelationszusammenhang ist unübersehbar, während der Wirkungszusammenhang zu komplex ist, als daß entscheidbar wäre, in welchem Maße eine Literaten-Existenz bloß Indikator oder auch Faktor ist. „Schriftsteller wie Oswald Spengler und Carl Schmitt, Dichter wie Gottfried Benn und Ernst Jünger sind diffizile Erscheinungen" und stehen zum Faschismus in einem diffizilen und – fand Ernst Nolte – „jedenfalls wirkungslosen Verhältnis"[9]. In der Tat kann, sobald es sich um die Analyse eines individuel-

---

wesen; er sprach dann aber kritisch von den „Träumern von einem Dritten Reich" mit ihren an Idealen der Massenbeglückung orientierten Parteiprogramminhalten von der „Brechung der Zinsknechtschaft" etc. in einem künftigen „Staatssozialismus" (JdE, pp. VIII, 98).

[3] Cf. Alfred von Martin: Geistige Wegbereiter des deutschen Zusammenbruchs (Hegel – Nietzsche – Spengler). Recklinghausen 1948.

[4] Cf. dazu Armin Mohler: Die konservative Revolution in Deutschland 1918–1932. Grundriss ihrer Weltanschauung. Stuttgart 1950.

[5] Armin Mohler: Die konservative Revolution … a.a.O., p. 83.

[6] Cf. Kurt Sontheimer: Antidemokratisches Denken in der Weimarer Republik. Die politischen Ideen des deutschen Nationalismus zwischen 1918 und 1933. München 1962, z.B. p. 247.

[7] Cf. zum Beispiel ferner Karl J. Newman: Zerstörung und Selbstzerstörung der Demokratie in Europa 1918–1938. Köln, Berlin 1965, pp. 241, 352 u.ö.

[8] Karl Löwith: Nietzsche, nach sechzig Jahren. In: Karl Löwith: Gesammelte Abhandlungen. Zur Kritik der geschichtlichen Existenz. Stuttgart 1960, pp. 127–151, p. 131.

[9] Ernst Nolte: Der Faschismus in seiner Epoche. Die action française. Der italienische Faschismus. Der Nationalsozialismus. München 1963, p. 57.

len Intellektuellen-Werkes handelt, dieses nur als Wetterfahne, nicht aber als Sturmzentrum angesehen werden, und auch in extraordinären Fällen wie dem Fall Spengler gilt das.

Auffällige Konvergenzen zwischen der Richtung, in die Spengler wies, mit Richtungen, in die dann in Deutschland tatsächlich marschiert wurde, sind also in ihrer unübersehbaren Aufdringlichkeit längst erkannt und nachgezeichnet worden, und es erübrigt sich, das hier zu wiederholen. Je mehr die historische Distanz sich weitet, in der wir uns sowohl zu Spengler wie zum Nationalsozialismus befinden, um so mehr gewinnen wir Freiheit, auch Spengler, statt aus der Perspektive einer Position „nach dem Untergang", der sich, als der Untergang des Deutsches Reiches, wirklich ereignet hat[10], aus der Perspektive einer Position vor jenem Untergang, den Spengler tatsächlich meinte und der sich, bislang jedenfalls, im Gegensatz zu Spenglers Meinung nicht ereignet hat, zurückzublicken. Das soll hier geschehen, und aus dieser Perspektive sieht man, was Spengler heute auch über seine Rolle in der intellektuellen Vorgeschichte des Nationalsozialismus hinaus interessant macht. In dieser Perspektive rückt Spengler uns nicht etwa wieder näher, vielmehr nimmt ganz im Gegenteil der Eindruck seiner Weggerücktheit noch zu und damit die Schwierigkeit, aus obliquem Interesse seine faszinierende Befremdlichkeit zu charakterisieren.

Das auffälligste Charakteristikum scheint mir in diesem Sinn Spenglers intellektuelle Exaltation zu sein. „Wir wollen keine Sätze mehr, wir wollen uns selbst" lautet der eindrucksvoll knappe Satz[11], mit dem Spengler die existialistische Exaltation, die später Martin Heidegger daseinsanalytisch auf den Begriff bringen sollte[12], publizistisch ausdrückt. „Ideologische Systeme werden uns nicht mehr den Kopf verwirren. Programme gehören ins vorige Jahrhundert", konstatiert der Ideologe eines polit-existentialistischen Erweckungsprogramms und zielt damit auf die unreife Generation, das heißt auf die Jugend, in der Hoffnung auf eine Formation ihrer unbedienten Bereitschaft zum Engagement. „Armut und Entsagung" werden ihr angekündigt, zugleich der „Stolz des Dienens" zugesprochen, „römisch" „in der Demut des Befehlens" „Pflichten von sich selbst fordernd" das „Schicksal zu erfüllen", „das sie sind". „Wortloses Bewusstsein" nennt Spengler wortreich diese Form politischen Bei-sich-selbst-Seins, „das den Einzelnen in ein Ganzes fügt", nämlich in das Ganze eines Volkes, ‚des jüngsten und letzten unserer Kultur'. Was dieses Volk ausmacht – wer bislang „hat das verstanden?" „Wer durchschaut jene Wiederkehr des Herzogs Widukind in Luther" zum Beispiel? „Was verbindet in der tiefsten Tiefe das Rätsel von Legnano mit dem von Leipzig?"[13] Wer weiß es?

---

[10] So Theodor W. Adorno: Spengler nach dem Untergang. In: Theodor W. Adorno: Prismen. Frankfurt am Main 1955, pp. 55–81.

[11] PrS, in: PSch, p. 4.

[12] „Die Frage nach dem Ganzseinkönnen ist eine faktisch-existentielle. Das Dasein beantwortet sie als entschlossenes." Martin Heidegger: Sein und Zeit. Erste Hälfte (1927). Halle a.d.S. ⁵1941, p. 309.

[13] PrS, in: PSch, pp. 4ff.

Spengler weiß es und weiß zum Beispiel, was „unser Schicksal bestimmt",
nämlich der „Zwist in der faustischen Seele, der in Gotik und Renaissance,
Potsdam und Versailles, Kant und Rousseau, Sozialismus und Anarchismus"
„derselbe" ist. Überall also, als unser Schicksal, wirkt dieser Zwist. „Trotzdem
ist dies Schicksal eine Einheit ... Epikur ist eine andere Form der Stoa ...
Caesar hat Senat und Plebs zusammengeführt. Der Taoismus des Lao-tse hat
das Konfuzianische China mitgeschaffen. Die abendländischen Völker mit an-
archischem Instinkt sind sozialistisch im größeren Sinne des Faustisch-Wirkli-
chen"[14] etc. usf.

Was wissen wir nun? Und wenn man endlos fortführe, zitathaft Sätze und
Absätze dieser lunatischen Sorte aneinanderzufügen – die Fortschritte, die wir
auf der kognitiven Ebene machen könnten, blieben gering. Unsere Versuche,
„jene Wiederkehr des Herzogs Widukind in Luther" wirklich zu durchschauen,
müßten erfolglos bleiben. Worum handelt es sich also?

Die Pragmatik der Spenglerschen Texte ist die einer Politisierung des Bewußtseins beim Leser-Publikum. Mit einer bei entsprechender Eingestimmt-
heit wahrhaft berauschenden historizistischen Assoziationskraft wird Entschlossenheit stimuliert, das eigene Schicksal politisch zu übernehmen, nämlich in ihrer zivilisatorischen Endphase die europäische Kultur-Dekadenz in
„Härte" zu überwinden und ausgreifend standzuhalten. „Der Untergang des
Abendlandes" will in diesem Sinne ein Buch zur Unterscheidung und Scheidung der Geister sein. Auf die einen müsse es durch den Anblick des gräßli-
chen Fatalismus der Geschichte, den es eröffnet, „vernichtend wirken". Andere haben es als seine Leser, wie Spengler aus ihren Zuschriften an den Autor
berichtet, der sich darin verstanden findet, „wie ein Stahlbad" genommen –
solche nämlich, „die entschlossen sind, im Leben etwas zu *sein*"[15].

Das ist die Rhetorik des politischen Existentialismus, und die historizistische Argumentation ist das Mittel der Erweckung des Bildungsbewußtseins zu
diesem politischen Existentialismus. Die Pragmatik dieser Erweckungsabsicht
ist es, über die die Spenglerschen Texte Konsistenz gewinnen. Für jeden Leser,
der sie, naiv oder reflektiert, in der gegenläufigen Absicht eines informationspraktisch konsistenten Erkenntnisgewinns auf den Feldern der Geschichtswissenschaft und der empirisch-politischen Situationsanalyse zu lesen versuchte,
müßten sie rasch unlesbar werden. Welchen Erkenntnisrahmen gäbe es denn,
in welchem wir aufbehaltbar und für kognitive Fortschritte nutzbar die Information einfügen könnten, „von der Person Luthers" spönnen sich „feine Fä-
den ... rückwärts zu der Heinrichs des Löwen und vorwärts zu der Bismarcks",
nämlich als Repräsentanten von „Epochen", die als „Triumphe über den Hang
zum Süden, zum Sorglosen ... innerlichst verwandt" seien? Wie muß man denken, um eine ‚merkwürdige Deutlichkeit des Periodischen' darin finden zu

---

[14] A.a.O., pp. 25f.
[15] Pessimismus? (1921) In: RuA, pp. 63–79, p. 74.

können, daß „je 345 Jahre zwischen den symbolischen Akten von Legnano,
Worms und Königgrätz" liegen? Was ist der Sinn der Behauptung, dergleichen
chronologische Fakten bewiesen „eine physiognomische Prägnanz des Er-
lebens, deren nur die abendländische Seele mit ihrem großen Sinn für den reinen Raum und die Historie fähig" gewesen sei und allein „in dem unsagbar
durchsichtigen und logischen Aufbau der ägyptischen Geschichte ... ein Sei-
tenstück"[16] habe? – Es ist evident, daß das kognitiv interessierte Subjekt in solchen Sätzen Sinn nicht zu entdecken vermöchte. Sinn gewinnen diese Sätze,
sobald man sie unter dem Gesichtspunkt ihrer Qualität betrachtet, die sie geeignet macht, orientierungsverunsicherte Subjekte in jene „abendländische
Seele" einschwingen zu lassen und durch lektürevermittelte Partizipation an
ihrer „physiognomischen Prägnanz" zu restabilisieren.

Kein Zweifel: Wer Spenglers historizistische Rhetorik als pseudogeschichts-
wissenschaftliches Geschwätz klassifizierte, verfehlte ihr Genus und machte
sich unfähig, die außerordentliche Sensation zu verstehen, die sie waren. Im
bewußtseinsmobilisierenden Arrangement von temporal und regional weltum-
spannenden Analogien ist Spengler ein publizistisches Genie ungewöhnlichen
Ranges. Wenn man sich auf die Intention seiner Texte wirklich einläßt – politische Existentialisierung des Bewußtseins durch Eröffnung globaler Düster-
Perspektiven mit der Provokation einer zu sich selbst entschlossenen Tat-Be-
reitschaft –, dann ist Bewunderung für Spenglers literarische Effizienz und
schriftstellerische Durchschlagskraft die zugleich angemessene und unwider-
stehliche Reaktion. Es wäre also, um es abschließend noch einmal mit Rekurs
ʼauf Sätze Spenglers zu sagen, die ihrem kognitiven Gehalt nach in einen militä-
risch-politiktheoretischen Zusammenhang gehörten, sinnwidrig, wenn man als
potentielle, empirisch gesättigte, rational diskutierbare strategische Erwägungen damaliger Regierungen oder Generalstäbe zu lesen versuchte, was seiner
literarischen Funktion nach nichts anderes als politisierende Stimulanzien der
Bewußtheit sind, von ungeheuren Gefahren, aber auch außerordentlichen
Chancen umschauert zu sein. „Es besteht kein Zweifel", heißt es in apodikti-
scher Expertenton-Imitation, „dass eine sozusagen nationalasiatische Armee
von hunderttausend Mann, die in Turkestan steht, das Schicksal Asiens unbedingt in der Hand hat. Ob sie sich gegen Indien, China oder Persien wendet,
sie wird ..." – es erübrigt sich, solche Sätze zu Ende zu zitieren. Wer versuchen wollte, sie mit Rekurs auf damalige konkrete Lagen im nachhinein zu ve-
rifizieren oder zu falsifizieren, erführe rasch die Sinnwidrigkeit eines solchen
Versuchs. Ihre emotive und expressive Qualität macht ihren Sinn, und gelegentlich kennzeichnet Spengler sie selbst als solche Expressionen: „heute haben wir das Gefühl, dass jenseits der Weichsel eine ungeheure Menschenmasse
sich in einer seelischen Erregung befindet, von welcher niemand weiß ..."[17]
usf. – Schwätzt nicht, lautet die Botschaft dieser verschwenderischen Worte-

---

[16] UdA I, p. 209.
[17] Politische Pflichten der deutschen Jugend (1924). In: PSch, pp. 127–156, pp. 136 f.

fülle, sondern wappnet euch in schicksalsbereiter Entschlossenheit zu euch selbst für die kommenden Dinge.

2

Die intellektuelle Exaltation, die wir heute beim wiedergelesenen Spengler in erster Linie bemerken, ist natürlich das Indiz eines tiefreichenden Schwunds an orientierungspraktischer Selbstgewißheit in der politischen Öffentlichkeit, in der er sein Publikum fand. Zugleich setzt seine Art zu reden und zu schreiben einen Geltungsverfall der Normen voraus, die in politischen Normallagen unsere publizistischen Äußerungsweisen zügeln. Hemmungslosigkeit in der literarischen Ausnutzung dieses Geltungsverfalls – das ist entsprechend der Inhalt des Vorwurfs, den die politisch Besorgten unter seinen zeitgenössischen Kritikern gegen Spengler richteten. Wer es, wie Ernst Troeltsch oder Friedrich Meinecke, unter den bürgerlichen Intellektuellen vermochte und willens war, nach dem Untergang des Kaiserreichs sich auf den Boden der Weimarer Republik zu stellen, mußte in Spenglers Werk ein literarisches Werkzeug zur Schwächung der politischen Kultur erkennen, aus deren tatsächlicher Schwäche es sich zugleich erklärt. Troeltsch fand, Spenglers „Untergang des Abendlandes" sei „selbst ein aktiver Beitrag" zu diesem Untergang[18], und Meinecke beklagte, wie hier „ein von der Natur ungewöhnlich reich ausgestattetes Talent" seine Fähigkeiten nutzte, „eine narkotische und benebelnde Wirkung" zu verbreiten[19]. In der politischen Zuspitzung lautete dann der Vorwurf gegen seine „Geschichtsklitterung": „sie ist nichts anderes als eine moderne und expressionistisch umgemalte Kopie jener älteren konterrevolutionären und konservativen Ideologien, die im frühen 19. Jahrhundert im extremen Gegenschlag gegen den Radikalismus der Vernunftideen von 1789 entstanden"[20]. – Thomas Manns Spengler-Kritik hatte demgegenüber weniger einen historisch-politischen als einen zivilisationskritisch-literarischen Sinn. Strukturell argumentiert sie analog: Spenglers Philosophie intensiviere die Misere, deren Reflex sie ist. Spengler sei der komplizierte, paradoxe Fall eines heimlich Konservativen, der „nicht mit Tod und Verwesung nur pädagogisch droht, um sie hintanzuhalten, sondern die ‚Zivilisation' bejaht, sie mit fatalistischer Wut in seinen Willen aufnimmt, ihr gegen die Kultur eisern-höhnisch recht gibt" – ein Zivilisationsprophet kraft neigungswidrig vollbrachter literarischer Dezision, „mit einem Wort ... ein *Snob*"[21].

---

[18] Ernst Troeltsch: (Rez.) Der Untergang des Abendlandes. I. Band. In: Ernst Troeltsch: Aufsätze zur Geistesgeschichte und Religionssoziologie. Herausgegeben von Dr. Hans Baron. Tübingen 1925, pp. 677–684, p. 684.
[19] Friedrich Meinecke: Über Spenglers Geschichtsbetrachtung. In: Wissen und Leben. Zürich 1922–1923 (XVI), pp. 549–561, p. 552.
[20] A.a.O., p. 552.
[21] Thomas Mann: Über die Lehre Spenglers (1924). In: Thomas Mann: Reden und Aufsätze 2. Stuttgart 1974, pp. 172–180, pp. 178 f.

Das ist zeitgenössische Kritik aus der Feder derer, die mit Erhaltungsinteresse der politischen oder kulturellen Realität verbunden sind, aus deren Geltung sich zu emanzipieren Spengler sein Publikum anführen möchte. Nachdem auf unsere eigene Lage die Fronten schlechterdings nicht mehr abbildbar sind, zwischen denen man damals nicht umhin konnte, für oder gegen Spengler Partei zu ergreifen, wird situationsunspezifisch Spengler als Prototyp des Intellektuellen in der Rolle des antiliberalen Systemüberwinders interessant. Die Selbstüberhebung über die Regeln bürgerlicher Wissenschaftspraxis, die das akademische Element liberaler Öffentlichkeit bildet, ist stets eine Konsequenz dieser Rolle. Bekundungen des Hohns über die Professoren und über ihre Wissenschaft, über die Philosophie zumal, sind bei Spengler bekanntlich häufig. „Welche Geringfügigkeit der Person!" heißt es über die Philosophen seiner Gegenwart, „welche Alltäglichkeit des geistigen und praktischen Horizontes!" „Wie kommt es", fragt Spengler, „dass die bloße Vorstellung, einer von ihnen solle seinen geistigen Rang als Staatsmann, als Diplomat, als Organisator großen Stils, als Leiter irgendeines mächtigen kolonialen, kaufmännischen oder Verkehrsunternehmens beweisen, geradezu Mitleid erzeugt?" Statt zum wiederholten Male eine „überflüssige Theorie der Apperzeption" zu entwickeln und neuerlich Probleme des „psychophysischen Parallelismus" abzuhandeln, „wäre es besser, Pflanzer oder Ingenieur zu werden" und „einen Flugmotor zu konstruieren"[22].

Das ist literarische Praktizismus-Pose in der Tradition der Professorenphilosophie-Kritik einerseits und der Tradition der Antithese von Philosophie und Leben andererseits. Daß die Behauptungen über die akademische Szene, die Spengler dabei riskiert, auf Vertrautheitsmängeln beruhen, bedarf kaum der Erläuterung. Von „den großen Problemen der Weltstädte, des Kapitalismus, der Zukunft des Staates, des Verhältnisses von Technik zum Ausgang der Zivilisation", von „der Wissenschaft" sei nirgends die Rede? Man muß erwidern: Bei Spengler selbst ist auf sechshundert Seiten des Buches, dem die zitierten Invektiven entstammen, nicht ein einziges Mal von Max Weber die Rede, nicht von Tönnies, nicht von Troeltsch oder von Simmel.

Natürlich wäre es unbillig zu sagen, daß hinter Spenglers Mißverhältnis zur akademischen Welt Ressentiments eines Außenseiters steckten. Sich in der eigenen intellektuellen Karriere den Professions-Zwängen, die in dieser Welt herrschen, aus welchen Gründen auch immer, gerade nicht angepaßt zu haben – das ist im Falle Spenglers eine Voraussetzung dieser Karriere. Niemals hätte Spengler die erstaunlichen Massen seiner historischen Analogiebildungen in der Absicht der Beschwörung eines Bildes der zivilisatorischen Endphase europäischer Kultur literarisch aufzuhäufen vermocht, wenn er sich im Fluß seiner Sätze von Bedenklichkeiten über ihre methodologische Validität hätte hemmen lassen. Die pragmatische Disziplin, der seine Produktion gehorcht, ist

---

nicht die der Epistemologie, sondern die der literarischen Prophetie, und das
gewaltige Echo, das er im Publikum auslöste, berechtigte ihn selbstverständlich, sein Selbstgefühl als Erfolgsautor im Kontrast gegen die Regeln und
Zwänge, ohne deren Beachtung akademische Karrieren nicht möglich sind, zu
artikulieren. Es gilt nur eben auch umgekehrt: Der oft wiederholte Vorwurf,
der Umstand, daß der nach meßbarer Publizität erfolgreichste Philosoph seiner
Jahre nicht in die akademische Welt integriert worden ist, beweise deren Borniertheit, ist seinerseits gegenstandslos. Hans-Georg Gadamer hat die Unsin-
nigkeit dieses Vorwurfs gegen Pierre Bourdieu in angemessener Weise herausgestellt. Weder Spengler „noch die anderen konservativen Revolutionäre fühlten sich in Wahrheit als verhinderte Professoren. Ihr Selbstbewusstsein hätte
das weit von sich gewiesen."[23]
Im übrigen muß man sich erinnern, daß die akademische Philosophie sich
mit Spengler ungleich gründlicher auseinandergesetzt hat als Spengler mit dieser. Manfred Schröters frühe, bis heute für jede Beschäftigung mit der Wirkungsgeschichte Spenglers unentbehrliche Darstellung des Streits um ihn[24] do-
kumentiert vor allem akademische Spengler-Kritik. Unbeschadet der Härte im
Urteil, die sich in dieser Kritik immer wieder einmal bekundet[25], hat ja dann
schließlich sogar die akademische Kommunität Spengler eingeladen, ihr beizu-
treten. Eduard Spranger, zum Beispiel, lud ihn auf amerikanische Bitte ein, vor
dem internationalen Philosophie-Kongreß in Cambridge (Mass.) zu sprechen;
Spengler lehnte ab[26]. Dann kam es sogar, schon 1918, zur Kontaktaufnahme
mit Spengler mit der Anfrage, ob er nicht einen Lehrstuhl für Philosophie
übernehmen möchte[27]. Wiederum lehnte Spengler ab, übrigens in angemessener Selbsteinschätzung[28]. Dasselbe wiederholte sich dann noch einmal, dringlicher und offizieller, mit Engagements Freyers, Schaeders und Berves für
Spengler 1933 wegen einer Leipziger Professur[29]. Abermals wird im negativen

---

[23] Hans-Georg Gadamer: (Rez.) Pierre Bourdieu: Die politische Ontologie Martin
     Heideggers. Frankfurt a. M. 1975. In: Philosophische Rundschau. 26. Jahrgang. Heft
     1/2 (1979), pp. 143–149, p. 147.
[24] Manfred Schröter: Der Streit um Spengler. Kritik seiner Kritiker. München 1922.
[25] Zum Beispiel bei Rickert, der zu Recht fand, „für jeden, der Klarheit über die logi-
     sche Struktur des geschichtlichen ... Denkens hat", zeuge Spenglers „Propheten-
     tum" „von so unwissenschaftlicher Willkür, dass sich in einem wissenschaftlichen
     Zusammenhang davon überhaupt nicht gut reden" lasse; cf. Heinrich Rickert: Die
     Philosophie des Lebens. Darstellung und Kritik der Philosophischen Modeströmun-
     gen unserer Zeit. Tübingen ²1922, p. 32, Anm. 1.
[26] Nachzulesen bei Anton Mirko Koktanek: Oswald Spengler in seiner Zeit. München
     1968, p. 317.
[27] Georg Misch an Oswald Spengler am 8. November 1918: „Darf ich Sie, trotz Ihrer
     Abneigung gegen Philosophieprofessoren, fragen, ob Sie prinzipiell geneigt wären,
     einen Lehrstuhl für Philosophie zu übernehmen?" in: B, p. 111.
[28] Cf. dazu Koktanek, a.a.O., p. 322.
[29] A.a.O., pp. 451 ff.

Bescheid an den sächsischen Minister deutlich[30], daß Spengler seine Produkti-
vität und spezifische Wirksamkeit richtig an eine akademisch nicht gebundene
Intellektuellen-Rolle geknüpft weiß.

Es handelt sich, noch einmal, um die Rolle des Zivilisationspropheten, der
mit seinen literarischen Trompetenstößen die morschen Fassaden einer deka-
denten Kultur zum Einsturz bringen und seiner deutschen Zeitgenossenschaft,
speziell aber der Jugend, das Signal geben möchte, in der Einheit von ,altpreu-
ßischem Geist und sozialistischer Gesinnung'[31] zur Übernahme ihres Schicksals kampfbereit anzutreten. „Ich sehe schärfer als andere ... ich habe die Dinge vorausgesehen, wie sie sich organisch entwickelten und weiter entwickeln
werden ... Will man endlich hören und nicht nur lesen? Ich warte darauf."[32] –
Wie gelingt es, dergleichen über sich sagen und drucken zu lassen? Das gelingt
nur in erfolgsgestützter, reflexionsloser Naivität, unter Bedingungen fortgeschrittener Geltungsschwäche von Selbstverständlichkeiten einer politischen
Normalkultur. Unter solchen Bedingungen nimmt die Menge der Möglichkeiten, sich unmöglich zu machen, dramatisch ab, und die Prophetie des Untergangs dieser Normalkultur, in der dieser intellektuelle Prophet zertritt, was der
Schonung bedurft hätte, kann sich ungehemmt entfalten. Kein Intellektueller
der deutschen Zwischenkriegszeit demonstriert diesen Zusammenhang eindrucksvoller als Spengler und belehrt uns damit auch für die Gegenwart über
die Bedingungen intellektueller Selbstaufblähung.

Die Naivität, auf die man als Medium entsprechend benötigter Selbstkritik-
resistenz angewiesen ist, spricht sich bei Spengler schön aus. „Die Gescheiterten aller akademischen Berufe" bilden für ihn die „Spitze" des ‚geistigen
Mobs'[33] liberalistisch-bolschewistischer Prägung. „Jedes Ideal stammt von einem, der es nötig hat", psychologisiert er nietzscheanisch und charakterisiert
die psychische Prädisposition für die Karriere der Berufsrevolutionäre folgendermaßen: „Sie hatten einen Beruf gewählt, zu dem sie nicht berufen waren"[34].
Allein Naivität erklärt, daß der Prophet der konservativen Revolution es vermochte, sich vor der Selbstanwendung solcher und analoger Einsichten zu bewahren. Aus zugewandter Distanz hat Koktanek, der als Biograph Spenglers
seinem Helden sich in bewunderungswürdiger Weise gewachsen gezeigt hat,
die Schwierigkeiten Spenglers bei seinem ersten Versuch geschildert, ins bürgerliche Berufsleben einzutreten: schon der Anblick der Lüneburger Schule, in
der er sein Seminarjahr antreten sollte, genügte, ihn mit einem Nervenzusammenbruch niederzuwerfen. Das findet dann, in den verletzungsfrei-ironischen
Erzählungen Koktaneks, seine Fortsetzung in der von ordinären Professions-
zwängen frei gewordenen Literaten-Existenz des „unbekannten namenlosen

---

[30] Oswald Spengler an Wilhelm Hartnacke am 24. Juni 1933, B, p. 692.
[31] PrS, in: PSch, p. 4.
[32] PSch, p. XIII.
[33] JdE, p. 89.
[34] A.a.O., p. 99.

Schwabingers", die, nachdem sie in sensationeller Weise erfolgreich geworden war, sich sehr „direktorenhaft" zu geben wußte, in Verachtung für „das Räuberzivil der Windjackenzeit", wie es die Nazis schätzten, in korrekten Anzügen, „bester homespun", „unendlich solide", und doch auf dem insoweit erreichten gesellschaftlichen Niveau nur der „Tafelaufsatz bei Zusammenkünften von Politikern, Generälen, Geheimräten und Direktoren"[35]. In der nicht seltenen Hypochondrie des Schreibtischarbeiters war er zuvor schon unempfindlich genug gewesen, in Vergleich mit ‚4 Tagen in der Woche Kopfschmerzen' den „Schützengraben", den er zugleich fürchtete, als Vorzugsaufenthaltsort zu benennen[36]. Der Vorwort-Wunsch, mit dem er den Untergang des Abendlandes, erster Band, herausgehen ließ, will dazu passen: Möge „dies auch neben den militärischen Leistungen Deutschlands nicht ganz unwürdig dastehen"[37].

Vor dem Hintergrund solcher Züge, die Koktanek eher mit freundlichem Verständnis für Schwächen als mißbilligend biographisch gezeichnet hat, wird dann Spenglers eigene Intellektuellentheorie zu einem faszinierenden Dokument intellektueller Naivität in der Unterlassung der Selbstanwendung dieser Theorie. ‚Mangelnde Begabung, Erfahrung zu machen' bescheinigt er der ‚wurzellosen städtischen Intelligenz'. Ihre rationalistischen Produkte, heißt es, „sind auf dem Papier entstanden … und leben *nur* auf dem Papier". Diese „Herrschaft des städtischen wurzellosen Geistes" gehe nun „heute zu Ende". Der Extremfall „rationalistischer Überschätzung aus Mangel an Sinn für die Wirklichkeit" sei die „Romantik", „infantil", „ohne die Kraft zur Selbst-Kritik", „aus dem dumpfen Bewusstsein persönlicher Schwäche" revolutionär, aber „nicht mit Messer und Revolver wie in Russland", sondern mit „Gerede". „Redselige Kritik aus fröhlicher Unwissenheit" breite sich aus. „Das Volk der Dichter und Denker" sei „im Begriff", ein Volk „der Schwätzer und Hetzer zu werden"[38]. Auf wen trifft das zu?

3

Wie steht es nun, Spenglers Kritik am papierenen Intellektuellen-Räsonnement gegenüber, mit der Wirklichkeitsnähe seines eigenen Räsonnements? Zur Beantwortung dieser Frage kann man es nicht vermeiden, Spenglers Philosophie an ihrem außerordentlichen Anspruch zu messen, „Geschichte vorauszubestimmen"[39]. Dabei genügt es nicht, zum wiederholten Male auf allerlei Details hinzuweisen, in denen sich Spenglers prognostische Behauptungen tatsächlich

---

[35] Koktanek, a.a.O., pp. 85; 187; 221.
[36] Oswald Spengler an Hans Klöres am 3. November 1915. B, pp. 49–50; p. 50.
[37] UdA I, p. VIII.
[38] JdE, pp. 5–9.
[39] UdA I, p. 3.

als richtig erwiesen haben – zumeist übrigens in Übereinstimmung mit Expertenurteilen, die damals weit verbreitet waren. Besonders auf militärisch-strategischer und näherhin auf militärtechnischer Ebene hat ja Spengler in solchen Details unwidersprechlich voraussichtsvoll geurteilt. Die „Entwicklung der Luftwaffe" mache es zweifelhaft, sieht er, „ob die Zeit der Panzerschiffe nicht überhaupt zu Ende"[40] sei. „Die Flugzeug- und Tankgeschwader" seien das künftige Element der militärischen „Beweglichkeit", in deren Besatzungen zugleich der alte „Soldaten*beruf*" frei von der Volksheermentalität, wie sie das demokratische Institut der „allgemeinen Wehrpflicht" erzeugt, in technischer Transformation des Selbstgefühls der Angehörigen der „alten berühmten Kavallerieregimente" fortleben werde[41]. „Das ganze Gebiet westlich Moskaus, Weißrusslands, die Ukraine, … von Riga bis Odessa", heißt es, bilde „heute ein phantastisches Glacis gegen Europa" und könne preisgegeben werden, ohne daß das „System zusammenbricht". Damit sei „jeder Gedanke an eine Offensive von Westen her sinnlos geworden. Sie würde in einen leeren Raum stoßen"[42]. Hätte doch Hitler Spengler gelesen, denkt man angesichts solcher Sätze. – Nach Ostasien sich wendend, macht Spengler, gegenüber japanischem Expansionsdrang, Amerika als ‚einzigen ernsthaften Gegner' aus; gleichwohl seien im Konfliktfall „die Philippinen … kaum zu halten"[43] usf.

Man kann sich lebhaft vorstellen, daß prognostische Wahrheiten oder Halbwahrheiten dieser Art, zu weltpolitischen Orientierungszwecken in Vorträgen verarbeitet, auch ein urteilsfähiges Publikum von Erfahrenen und Einflußreichen der Wirtschaft oder der höheren Diplomatie, wie Spengler es schätzte[44], zu beeindrucken vermochten, zumal wenn er, was er an Plausibilitäten oder Wahrscheinlichkeiten aufzubieten wußte, unbeschadet ihres Mangels an Originalität mit dem rhetorischen Ton kalter Einsicht in schicksalhafte Unausweichlichkeiten versah, der ihm in unvergleichlicher Weise zur Verfügung stand.

Aber der Anspruch, an dem Spengler gemessen sein will, erstreckt sich weit über die Klasse der Erwägungen und Überlegungen hinaus, wie sie in allen Gremien angestellt werden mußten, die für Fragen außenpolitischer und militärischer Strategie zuständig sein mochten. In diesen weiteren Horizont der intellektuellen Ausgriffe Spenglers in die Zukunft gehört natürlich auch seine Cäsaren-Prophetie und damit seine Voraussage über die künftige Struktur des Systems politischer Herrschaft in den Gesellschaften der modernen Industriezivilisation. „Zu einem Goethe werden wir Deutschen es nicht wieder bringen, aber zu einem Cäsar"[45], lautet das vielzitierte Diktum, das zugleich, in der An-

---

[40] JdE, p. 36.
[41] A.a.O., p. 37.
[42] A.a.O., pp. 43 ff.
[43] A.a.O., p. 47.
[44] Cf. dazu Koktanek, a.a.O., p. 220.
[45] Pessimismus? In: RuA, p. 79.

wendung auf Deutschland, eine Summe seiner mannigfachen Ausführungen zur kommenden politischen Diktatur zieht. Selbstverständlich ist es unmöglich, im nachhinein nicht an Hitler als die Erfüllung dieser Prognose zu denken, und sogar auf die innere Struktur seiner Herrschaft scheint Spenglers Kennzeichnung des „Cäsarismus" zu passen: „Cäsarismus nenne ich die Regierungsart, welche trotz aller staatsrechtlichen Formulierungen in ihrem inneren Wesen wieder gänzlich formlos ist."[46]

Indessen: Spengler selbst hat ja in Hitler, dem er zweimal begegnete[47] und einmal auch, bei der Reichspräsidentenwahl vom 10. April 1932, wählte[48], als er dann an der Macht war den angekündigten Caesar gerade nicht erkannt und anerkannt. Das spricht selbstverständlich nicht gegen Spengler, verbietet aber, mit Hinweis auf Hitler, den Spengler undifferenzierterweise für einen „Dummkopf" hielt[49], sein prophetisches Genie demonstrieren zu wollen. Wäre denn dieses Genie als solches schließlich durch die Untergänge erwiesen, die sich seither, wie der Untergang Preußens und der Reichsuntergang, tatsächlich ereignet haben? „Wenn wir nicht unser Verhältnis zur Welt als das wichtigste Problem gerade für uns sehen, geht das Schicksal – und was für ein Schicksal! – erbarmungslos über uns hinweg"[50], schreibt er, und es ist unmöglich, bei der Lektüre solcher Sätze heute nicht an Ereignisse zu denken, die inzwischen hinter den Deutschen liegen. „Deutschland ist in Gefahr" titelte er bereits 1929 und fand dann 1933, seine „Angst um Deutschland" sei „nicht kleiner geworden"[51], und das klingt nun gar, als habe er Hitler, den er nicht mochte, bereits damals in der angstbereitenden Bedeutung erkannt, die dieser für Deutschland wirklich gewinnen sollte.

Indessen: Man muß die zitierten Spenglerschen Sätze mit umgekehrtem Richtungssinn lesen. Die Prämisse der Spenglerschen Besorgtheit war ja gerade nicht, daß Hitler zuzutrauen sei, mit unabsehbaren Risiken für Deutchland ein „Würfelspiel um die Weltherrschaft" zu beginnen. Spengler ging vielmehr umgekehrt davon aus, daß dieses „Würfelspiel" schon „begonnen" habe, und zwar als ein Spiel, das „zwischen starken Menschen zu Ende gespielt werden" werde. „Sollten nicht auch Deutsche darunter sein?"[52] – Das war die Frage, die Spengler „um Deutschland" „Angst" haben ließ. Daß die „müden, feigen, vergreisten Seelen" der verrottenden Demokratie, die im ‚Völkerbund, diesem Schwarm von Sommerfrischlern'[53] den Weltfrieden glaubten hüten zu können, in der Lage sein sollten, ‚den Zweiten Weltkrieg', der ‚vielleicht schon dicht'

---

[46] UdA II, p. 541.
[47] Koktanek, a.a.O., p. 216.
[48] A.a.O., p. 427.
[49] Ibid.
[50] JdE, pp. XI f.
[51] A.a.O., p. XI.
[52] A.a.O., p. 57.
[53] A.a.O., pp. 13; 12.

bevorstünde[54], zu führen – das ist, aus dieser Weltsicht, natürlich ein absurder
Gedanke. Entsprechend werden Hitler und seine Nationalsozialisten an der
Frage gemessen, ob sie es denn seien, denen man zutrauen darf, nach dem
Ende des ‚anarchischen Zwischenzustandes, der heute als Demokratie bezeich-
net wird‘, sozusagen mit „Glück im Würfelspiel um die Weltherrschaft“, „das
Trümmerfeld geschichtlicher Traditionen unumschränkt zu beherrschen“[55].
Die Antwort lautet: Sie feiern ihre „Machtergreifung“ mit „viel Lärm“, schei-
nen die „Mobilmachung mit dem Sieg“ zu verwechseln[56], bauen „Luftschlös-
ser“[57], kultivieren innenpolitisch einen an Volksbeglückungsideen orientierten
„Staatssozialismus“[58], und das alles unter einem „Führer“, den Spengler, indem ja Hitler in der Faschingszeit zur Regierung berufen worden war, für den
Vorsteher eines ‚Faschingsministeriums‘ hielt[59] und überhaupt für einen
„Schafskopf“[60].
Insoweit ist dann die Richtigkeit der Spenglerschen Weltkriegsprophetie
nicht der Richtigkeit seiner Einsichten in die politische Natur der Nationalsozialisten und der Diktatorenpotenz Hitlers zuzuschreiben, sondern im Gegenteil seiner durchs Cäsarenideal bedingten Selbsttäuschung über beide. Das läßt
sich natürlich hinterher leicht konstatieren, und am Ende hängt das Urteil über
Spenglers Propheten-Gabe auch nicht von der Solidität seiner Deutschland-
Prophetie ab, vielmehr vom Schicksal des „Abendlandes“, dessen angesagter
„Untergang“ ja derzeit noch aussteht. In der Ansage dieses Schicksals erstreckt
sich der Anspruch Spenglers am weitesten. In der Entwicklung einer Kunst,
die es erlaubt, angeblich „zum ersten Mal“ in der Geschichte „Geschichte vorauszubestimmen“, sei „noch einmal die Tat des Kopernikus zu vollbringen“
gewesen[61], und es ist nicht zweifelhaft, daß Spengler sich die Leistung dieser
Tat zuschrieb. Die Apodiktizität, mit der er immer wieder über das, „was geschehen *muss*, weil es geschehen *wird*“[62], sich zu äußern riskierte, beweist es.
Banalerweise ist die Legitimität dieses Spenglerschen Anspruchs nicht diskutabel – nicht nur, weil selbst nach Maßstäben Spenglerscher Beschreibungen
zivilisatorischer Endphasen kultureller Evolutionen ein „Erlöschen der abendländischen Kultur“[63] noch nicht konstatierbar ist, sondern vor allem auch deswegen, weil die theoretischen Grundlagen der Spenglerschen Prophetien änig-
matisch sind und seine konzeptuellen Beschreibungsmittel desolat. Es ist kein
Zweifel, daß in den Erörterungen zu einer neuerlichen methodologischen

---

[54] A.a.O., p. XI.
[55] A.a.O., p. 28.
[56] A.a.O., p. IX.
[57] A.a.O., p. 3.
[58] A.a.O., p. 107.
[59] Oswald Spengler an Albert Knittel am 14. Februar 1933, B, pp. 681–682, p. 682.
[60] Koktanek, a.a.O., p. 437.
[61] UdA I, pp. 3; 136.
[62] JdE, p. X.
[63] UdA I, p. 4.

Selbstverständigung der historischen Wissenschaften in ihrem Verhältnis zu den theoriebildenden Sozialwissenschaften, auf die man inzwischen als im wesentlichen abgeschlossene Erörterungen zurückblicken kann[64], Spengler regelmäßig allenfalls beiläufig erwähnt wird. Weder aus ökonomischer[65] noch aus soziologischer[66] Perspektive ergab sich ein Sachzwang, im Kontext von Bemühungen zur Charakteristik der Rolle, die sozialwissenschaftliche Theorien über rekurrente, regelhafte gesellschaftliche Prozesse in der Historiographie spielen[67], in eine methodologische Auseinandersetzung mit Spengler einzutreten. Zwei Jahrzehnte zuvor, in den fünfziger Jahren, war es die deutsche Toynbee-Rezeption, die, wegen der expliziten Anknüpfung Toynbees an Spengler, auch diesen noch einmal bei uns geschichtsphilosophisch und geschichtswissenschaftstheoretisch interessant werden ließ[68]. Indessen: Die methodologisch-geschichtswissenschaftlich argumentierende Toynbee-Kritik, wie sie damals mit besonderer Wirksamkeit von Peter Geyl formuliert wurde[69], mußte Spengler, dessen Apriorismus insbesondere in bezug auf das Problem der Kultur-Entstehung ja schon Toynbee seinerseits durch empirisch fundierte historische Annahmen kritisch zu ersetzen für nötig hielt[70], indirekt mitbetreffen.

Eine epistemologisch disziplinierte Geschichtstheorie kann an Spengler heute deswegen nicht anknüpfen, weil eine solche Theorie, unbeschadet seines Anspruchs, die Historiographie prognostisch gemacht zu haben, bei Spengler selbst nicht auffindbar ist. Seine Kulturtheorie ist, analytisch gesehen, nichts anderes als eine Metaphern-Explikation. Es ist wohl wahr, daß auch Theoriebildungsprozesse durch Vor-Orientierungen metaphorischer Art gesteuert sein können[71]. Bei Spengler jedoch hat die traditionsreiche Organismus-Metaphorik nicht die Funktion einer Vor-Orientierung in Theoriebildungsabsicht. Sie ist vielmehr eine Analogiebildungszwangsjacke, der Spengler nicht entkommt,

---

[64] Cf. dazu mein Buch: Geschichtsbegriff und Geschichtsinteresse. Analytik und Pragmatik der Historie. Basel, Stuttgart 1977.

[65] Cf. dazu den Sammelband: Hans-Ulrich Wehler (Hrsg.): Geschichte und Ökonomie. Köln 1973.

[66] Cf. dazu den Sammelband: Hans-Ulrich Wehler (Hrsg.): Geschichte und Soziologie. Köln 1972.

[67] Cf. dazu den Sammelband: Karl-Georg Faber und Christian Meier (Hrsg.): Historische Prozesse. München 1978.

[68] Cf. dazu Jürgen von Kempski: Stilisierte Geschichte (1959), in: Jürgen von Kempski: Brechungen. Kritische Versuche zur Philosophie der Gegenwart. Reinbek bei Hamburg 1964, pp. 7–39. Ferner: Georgi Schischkoff: Spengler und Toynbee. In: Spengler-Studien. Festgabe für Manfred Schröter zum 85. Geburtstag. Herausgegeben von Anton Mirko Koktanek. München 1965, pp. 59–75.

[69] Peter Geyl: Die Diskussion ohne Ende. Darmstadt 1958.

[70] Cf. dazu Jürgen von Kempski, a.a.O., pp. 10ff.

[71] Cf. dazu das für die Methodologie der Begriffsgeschichte grundlegende Werk von Hans Blumenberg: Paradigmen zu einer Metaphorologie. In: Archiv für Begriffsgeschichte. Bonn 1960. Band 6, pp. 7–142.

weil ihn sein Theorie-Desinteresse sich in ihr wohlfühlen läßt[72]. Die Orientierung an der Verlaufsgestalt der Entwicklung individueller Organismen inhibiert geradezu die theoretische Frage nach den Gründen des „Untergangs" sozialer Gebilde, soweit diese sich überhaupt, wie insbesondere Institutionen,
also Staaten zum Beispiel, als in ihren Sinn-Grenzen eindeutig bestimmbare
Individuen identifizieren lassen. Die bei Spengler zentrale Unterscheidung von
„Schicksalsidee" und „Kausalitätsprinzip", die der Rechtfertigung seines Verzichts auf konventionell-historische Kausalanalytik dienen soll[73], ist ihrerseits
für die Konzeptualisierungsschwäche besonders signifikant, die man Spengler
nachsagen muß. Das Kompensat dieser Schwäche ist die „Begriffsverachtung",
die ihm, zu Recht, von seinen Kritikern von Anfang an vorgehalten worden
ist[74].

Es bleibt vergebens, in Spenglers Untergangs-These Gehalte einer prognostisch potenten Theorie entdecken zu wollen. Diese These ist vielmehr selbst
nur eine Metapher, deren intellektueller Reiz ihre Vieldeutigkeit ist. Spengler
selbst vermutet, zu Recht, daß ihre akute Bedrohlichkeitsanmutung sich ergeben habe, indem man sie als Schiffsuntergangmetapher gelesen habe. Indessen
sei „der Begriff einer Katastrophe ... in dem Worte nicht enthalten"[75]. „Vergleichsgegenstand" ist aber „hier keine untergehende Titanic, sondern ein untergehendes Gestirn": es handelt sich um eine „Astral-Metapher", wie Alexander Demandt feststellt[76].

Es bliebe also vergeblich, die Erschütterungen, die Spengler beim lesenden
Publikum auszulösen vermochte, nach Analogie der Erschütterungen verstehen zu wollen, die Kopernikus und dann, bereits schwächer, auch noch Darwin mit der aus kognitiven Innovationen sich ergebenden Zumutung bewirkten, Systeme der Weltorientierung revolutionär umbauen zu sollen. Spenglers
Philosophie wirkt nicht durch umwälzende Neuerungen auf der kognitiven
Ebene, sondern durch seine singuläre Kraft literarischer Expression einer zivilisatorischen Befindlichkeit. Spenglers Philosophie ist das Dokument einer sich
verschärfenden Selbstdistanzierungstendenz der technisch-industriellen Zivilisation. Sie informiert nicht, sondern drückt die Ambivalenz im kulturellen
Selbstgefühl ihres Publikums aus und intensiviert, was sie ausdrückt, durch die
literarische Intensität ihres Ausdrucks. „Was lebendig war, wird starr und
kalt."[77] Das ist, in Kurzfassung, der Ausdruck eines Zeitgefühls, das in der weit
zurückreichenden Tradition europäischer Zivilisationskritik, zumal in Deutsch-

---

[72] Cf. zum Beispiel die ausschweifende Metaphernexplikation UdA I, pp. 150 ff.

[73] UdA I, pp. 164 ff.

[74] Cf. Karl Joel: Die Philosophie in Spenglers „Untergang des Abendlandes". In: Logos. Internationale Zeitschrift für Philosophie der Kultur. Tübingen 1921. (Band
IX), pp. 135–170, p. 168.

[75] Pessimismus? In: RuA, pp. 63 f.

[76] Alexander Demandt: Metaphern für Geschichte. Sprachbilder und Gleichnisse im
historisch-politischen Denken. München 1978.

[77] PrS, in: PSch, p. 23.

land[78], längst sich ausgebildet hatte und in Spenglers Physiognomik zivilisatorischer Endzustände sich ins Spiegelbild gebracht fand. „Die Seele der Stadt"[79] – unter diesem Titel bot Spengler Schilderungen, die seinen Lesern, die als Jugendbewegte ja bereits an Märschen „aus grauer Städte Mauern" heraus teilgenommen hatten, durch Mark und Bein gehen mußten, und zwar auch in der Gestalt einer historisch verfremdeten Prophetie der literarischen Präsentation von Trümmerbildern untergegangener römischer Metropolen, wo heute „auf dem Forum und im Gymnasium Viehherden weiden und im Amphitheater Getreide gebaut wird"[80]. Dergleichen in Verbindung mit dem Appell zur heroischen Dennoch-Haltung der Bereitschaft zum eigenen „Schicksal", entlastet durch eine Ästhetik, die einem kalte zivilisatorische Modernität – die „klaren, hochintellektuellen Formen eines Schnelldampfers, eines Stahlwerkes, einer Präzisionsmaschine"[81] ebenso wie diszipliniertes „Soldatenmaterial" und seine ,Sturmangriffe' – vorzugsweise als „prachtvoll" zu goutieren empfahl: es bedurfte schon einer ausgeprägten Verblüffungsfestigkeit, um gegen die Reize solcher Expressionsliteratur unempfindlich zu bleiben[82].

4

Die Selbstdistanzierungstendenzen der wissenschaftlich-technischen Zivilisation haben sich seit den Tagen Spenglers eher verstärkt, und sie sind, nach langer Latenz, inzwischen sogar wieder öffentlich gegenwärtig. Insofern liegt es nahe zu fragen, ob es nicht zu einer Reaktualisierung insbesondere der Spenglerschen Technik-Philosophie kommen könnte. Immerhin findet sich unter seinen Prophetien auch die einer beginnenden Zivilisationsdesertation. Zeichen der Flucht „aus der Zivilisation in primitivere Erdteile, ins Landstreichertum" seien bemerkbar. Die „geborenen Führer" zögen sich „von der Maschine" zurück: „bald werden nur noch Talente zweiten Ranges, Nachzügler einer großen Zeit verfügbar sein"[83]. Soweit Spengler. Sogar Elemente einer Technik-Kritik aus ökologischer Perspektive sind bei Spengler zu finden. „In wenigen Jahrzehnten sind die meisten großen Wälder verschwunden", übertreibt er eine Halbwahrheit, „in Zeitungspapier verwandelt". Zivilisationsbedingte Klimaveränderungen bedrohten „die Landwirtschaft ganzer Bevölkerungen". „Unzählige Tierarten sind … ganz oder fast ganz ausgerottet". „Eine künstliche Welt durchsetzt und vergiftet die natürliche." „Das Automobil hat sich in den

---

[78] Cf. dazu das Kapitel „Die politischen Ideen von 1914" in meinem Buch „Politische Philosophie in Deutschland", Basel, Stuttgart 1963, pp. 173–238, bes. pp. 181 ff., 193 ff.
[79] UdA II, pp. 101 ff.
[80] A.a.O., p. 127.
[81] UdA I, p. 61.
[82] JdE, pp. 32 f.
[83] MuT, p. 82.

großen Städten durch seine Massenhaftigkeit um die Wirkung gebracht." „Der Zerfall meldet sich ... allenthalben."[84]

Das alles könnten auch Sätze aus Manifesten aktueller, ökologisch orientierter Zivilisationskritiker sein. Dennoch ist auch in diesem zeitgenössischen Orientierungskontext eine Spengler-Renaissance unwahrscheinlich, und zwar deswegen, weil Spenglers ökologisch argumentierende Technikphilosophie aus dem Zusammenhang seiner in technikpolitische Argumente sich umsetzenden Farbigen-Angst schwerlich herausgelöst werden kann. „Verrat an der Technik"[85] ist die Überschrift über diese Argumentation, und ihr kruder Inhalt ist, die „‚weißen' Völker" hätten, um ihr Industriemonopol zu behaupten, ihr ‚technisches Wissen geheim ... halten' müssen. Statt dessen habe man es „auf allen Hochschulen, in Wort und Schrift prahlerisch aller Welt dargeboten, und man war stolz auf die Bewunderung von Indern und Japanern". „Hier" begänne „die Rache der ausgebeuteten Welt gegen ihre Herren"[86], lautet eine resümierende weitere Prophetie Spenglers, und abermals ist man versucht, ihn für einen Prognostiker zu halten, der auf die Spannungen zwischen der Dritten Welt und dem Westen, wie sie heute in jeder UNO-Debatte durchschlagen, vorauszuschauen vermochte. Aber wiederum hat Spengler nur scheinbar recht behalten. Seine These war, die Industrialisierung der übrigen Welt sei deswegen „der Beginn einer Katastrophe" für den Westen, weil sie wegen der Genügsamkeitslöhne in der übrigen Welt den Westen mit einer Vernichtungskonkurrenz überziehen werde[87]. In Wirklichkeit hat sich aber überall, wie exemplarisch im Falle Japan, die auf der technisch-industriellen Ebene vollbrachte Verwestlichung im Endeffekt als das wirksamste Medium der Einbeziehung der Konkurrenten in ein Weltwirtschaftssystem mit überwiegend wechselseitigen Vorteilswirkungen erwiesen, und Spannungen ergeben sich innerhalb dieses Systems in erster Linie im Verhältnis zu solchen Ländern, die gerade ihrer technisch-industriellen Rückständigkeit wegen noch unter Disparitätsmängeln leiden.

Es ist genau dieser Punkt, an welchem noch einmal auf Spenglers Verhältnis zum Nationalsozialismus zurückzukommen ist, und zwar näherhin auf die nationalsozialistische Kritik an ihm. Überraschenderweise wird auch in dieser Kritik Spenglers wirtschaftspolitisch argumentierende Farbigen-Angst als realitätsfremde Dramatisierung zurückgewiesen, und zwar mit ökonomischen Gegenargumenten. Spengler hatte seinen prophetischen Ausblick auf die Unheilskonsequenzen einer Technisierung und Industrialisierung der nicht „faustischen", außer-westlichen Kulturen mit der heroisch-nihilistischen Sentenz beschlossen: „auf dem verlorenen Posten ausharren ohne Hoffnung, ohne Ret-

---

[84] A.a.O., pp. 78f.
[85] A.a.O., p. 84.
[86] A.a.O., p. 87.
[87] A.a.O., pp. 87f.

tung, das ist Pflicht. ... das ist Größe, das heißt Rasse haben. Dieses ehrliche
Ende ist das einzige, das man dem Menschen nicht nehmen kann."[88]

Plausiblerweise war das nicht die Perspektive, in der sich der Nationalsozialismus zu Beginn seiner Herrschaft zu sehen wünschte, und Professor Muhs
war es, der entsprechend mit der zitierten wirtschaftspolitischen Weltsicht
Spenglers abrechnete[89]. Spenglers These, die die nachwirkende Weltwirtschaftskrise zu einer Krise „säkularen" Charakters heraufstilisiere, sei „– glück-
licherweise – eine Irrlehre"[90]. Seine Angst vor einer ‚farbigen Revolution‘[91] als
Folge hiesiger Verbesserungen der Lebensverhältnisse der arbeitenden Massen
über eine „Politisierung des Lohnes" sei gegenstandslos und bezeuge einen
„gegenwartsfremden Sozialaristokratismus". Muhs hält Spengler wegen seiner
wirtschaftspolitischen Konstruktionen einer farbigen Weltgefahr, die sich in
der Weltwirtschaftskrise bereits zeige, für einen ökonomischen Ignoranten:
„Nie ist das ... Bild der Weltkrise einseitiger und unzulänglicher gezeichnet
worden." Mit der Realität in Übereinstimmung zu bleiben – das sei Spengler
„auf diesem Feld der ökonomischen Geschichte nicht zuteil geworden"[92]. Und
schließlich: Wenn heute „die farbigen Rassen die Erhebung zu ihrem nationalen Recht und ihrer nationalen Freiheit" begännen, findet Muhs, so werde damit doch nur „zu einem kleinen Teil liquidiert, was die weiße Rasse an gehäuf-
ter Schuld auf sich geladen" habe. „Die Kultur und Zivilisation des Abendlandes" seien dadurch „nicht bedroht".

Auf das Gebiet der „rassen- und nationalpolitischen" Probleme wollte sich
Professor Muhs mit diesen Bemerkungen freilich nicht begeben haben[93], vielmehr lediglich, noch einmal, den „Sozialaristokratismus" Spenglers zurückgewiesen, der nicht verstehen wolle, daß zu den „ersten Voraussetzungen" der
staatlichen und völkischen Neuordnung auch diese gehöre, „den Millionen
ohne Arbeit Arbeit zu schaffen, von den Massen den Druck der ökonomischen
Verelendung zu nehmen"[94]. Damit ist die Spengler-Kritik des Nationalsozialismus, insofern er ein Sozialismus ist, erreicht. „Preußentum und Sozialismus"
vermochten die Nationalsozialisten als eine wenn auch nicht vollständige Pro-
grammschrift ihres eigenen Sozialismus durchaus anzuerkennen: die Befreiung
des „deutschen Sozialismus von Marx"; die Kritik am Klassenkampf als Kritik
am „Kapitalismus der Unterklasse"; die Frontbildung gegen „Plutokratie" und
„Schiebertum"; die Überwindung des „Liberalismus" als unseres ‚inneren Eng-
lands‘; die Integration des „Gemeingefühls" preußischer Prägung in die sozia-
listische Tradition mit den Tugenden der Treue, der Selbstlosigkeit und der

---

[88] A.a.O., p. 89.
[89] Karl Muhs: Spengler und der wirtschaftliche Untergang Europas. Berlin 1934.
[90] A.a.O., p. 13.
[91] A.a.O., p. 50.
[92] A.a.O., p. 49.
[93] A.a.O., p. 51.
[94] A.a.O., p. 3.

Selbstzucht und schließlich, selbstverständlich, die Rehabilitierung des Eigentums als „anvertrautes Gut" im „Auftrag der Allgemeinheit" bei gleichzeitiger Überwindung des Charakters der Arbeit als einer „Ware" durch ihre Erhebung in den Rang einer „Pflicht" eben dieser „Allgemeinheit" gegenüber[95].

Dieser Spenglersche Sozialismus auf Spuren Fichtes oder auch Sombarts war also nationalsozialistisch anerkennungsfähig, weil er „Teile von dem" enthielt, „was der Nationalsozialismus erfüllt hat", wenn auch Spengler sich „etwas quer" zur „heutigen Gefühlsbewegung" ausgedrückt habe[96]. Indessen: Spengler fehle „das warmherzige Empfinden, die soziale Seelenbewegung, die die Güte zum Volksgenossen und den Sinn für Gerechtigkeit – deutsche Gerechtigkeit, nicht irgendeine, – in sich birgt"[97]. Spenglers politische Philosophie konvenierte also nicht mit denjenigen Zügen des Nationalsozialismus, die man heute „populistisch" zu nennen pflegt. „‚Der Arbeiter' wird", hatte in der Tat Spengler, mit polemischer Spitze gegen Ernst Jünger[98], in kritischer Absicht geschrieben, in der sozialistischen Ideologie „der eigentliche Mensch, das eigentliche Volk, der Sinn und das Ziel der Geschichte, der Politik, der öffentliche Sorge"[99]. Daß eben das auch im nunmehr herrschenden Sozialismus nationalsozialistischer Prägung nicht anders geworden sei – das ist es, was nächst der Geringschätzung des Politikers Hitler Spengler die politische Identifikation mit dem Nationalsozialismus unmöglich gemacht hat, argumentativ gestützt auf die pseudoökonomische Theorie von den zerrüttenden Folgen einer Politik der Anhebung der Massenwohlfahrt. Der „Snob", wie Thomas Mann ihn genannt hatte[100], der es besser fand, „unter einem römischen Palast begraben zu werden, als an irgend so einer ekligen Krankheit zu sterben"[101] und die Atmosphäre der Massenversammlungen, der Winterhilfsküchen und der sonstigen Manifestationen der „Volksgemeinschaft" – das paßte allerdings nicht zusammen, und entsprechend wurde nach der „Machtergreifung" mit Spengler abgerechnet. „Spenglers Buch", schrieb Johann von Leers über die „Jahre der Entscheidung", sei das „heimliche Evangelium" aller derer geworden, „die den zweiten Teil des Namens ‚Nationalsozialismus' nicht aussprechen mögen"[102]. Hinter der „heroischen Phrase Oswald Spenglers" verberge sich „eiskalte Verachtung des Volkes". „Hinter der Verführung seiner scheinpreußischen Schlag-

---

[95] PrS, in: PSch, p. 4; 47; 67; 61; 35; 69; 32; 92; 81.
[96] So Arthur Zweininger: Spengler im Dritten Reich. Eine Antwort auf Oswald Spenglers „Jahre der Entscheidung". Oldenburg i.O. o.J., p. 16.
[97] A.a.O., p. 23.
[98] Cf. Ernst Jünger: Der Arbeiter. Herrschaft und Gestalt. Hamburg 1932. – Über Spenglers sich distanzierende Reaktion auf dieses Buch cf. Koktanek, a.a.O., pp. 429 f.
[99] JdE, p. 87.
[100] Cf. Anm. 21.
[101] Koktanek, a.a.O., p. 423.
[102] Johann von Leers: Spenglers weltpolitisches System und der Nationalsozialismus. Berlin 1934, p. 6.

worte" erscheine „die Herrschaft vom Volk losgelöster Gewalthaber ..., an der
Stelle Adolf Hitlers ein Cäsar, der die deutschen Arbeiter auf die Lebenshal-
tung" von Fellachen herabdrücken solle. Zugleich trete bei ihm, außenpoli-
tisch, an die Stelle „einer vertrauensvollen Zusammenarbeit schaffender Völker die zügellose Herrschaft der ‚Wirtschaftsführer‘"[103]. „Die gebildete Jugend" werde „von der Arbeiterjugend" getrennt[104], die ‚soziale Verpflichtung‘
geleugnet. Daß es dem berühmten Verfasser von „Preußentum und Sozialismus" auch jetzt noch „um die Schaffung eines deutschen Sozialismus" gehe –
davon könne keine Rede sein[105]. Es handele sich bei der politischen Philosophie Spenglers vielmehr um ein Programm „imperialistischer Großmachts-
politik" mit der gewollten Folge, „die arbeitenden Massen des Volkes sozial in
die Tiefe" zu drücken. Die Entscheidung, vor die Spengler führe, sei „die Entscheidung zwischen großkapitalistischem, reaktionärem Imperialismus und
volkhaftem Nationalismus"[106]. Wer aber dieses wolle – „an die Stelle eines
Staates der schaffenden Arbeit, des nationalen Sozialismus" einen „Gewalt-
staat des Großkapitals" zu setzen – der betreibe den „Generalplan der Konter-
revolution"[107].

Spengler, der anti-sozialistische Volksfeind – das ist der Generalnenner, auf
den sich die Spengler-Kritik der Nationalsozialisten gleich nach der „Machtergreifung" bringen ließe[108]. Aus heutiger Perspektive wirken die ideologiepoli-
tischen Fronten, wie sie in solchen Zitaten sich abzeichnen, leicht verwirrend,
und zwar durch die Elemente der Selbsttäuschung über Hitler und seinen Nationalsozialismus auf beiden Seiten: Was Spengler der nationalsozialistischen
Politik nicht zutraute, trauten die Spengler-kritischen Anhänger dieser Politik
ihr auch nicht zu, und das war es gerade, was sie in Opposition zueinander
bringen mußte. Wenn man beiden Seiten ein Recht auf diese Selbsttäuschung
zubilligt, so ist es, am Inhalt dieser Selbsttäuschung gemessen, der Anti-Nazi
Spengler auch nicht, dessen Partei man, wäre man dabei und zu einer Entscheidung in dieser sonderbaren Alternative herausgefordert und veranlaßt gewesen, im nachhinein ergriffen haben möchte.

Für einen letzten Punkt, an dem zwischen Spengler und Nationalsozialismus sich im Jahr der Entscheidung 1933 die Geister schieden, gilt das allerdings nicht, und dieser Punkt ist der Rasse-Begriff, der zur Entscheidung
stand. Spenglers „ablehnende Haltung ... zum Rassebegriff der nationalsozia-

---

[103] A.a.O., p. 7.
[104] A.a.O., p. 47.
[105] A.a.O., p. 6.
[106] A.a.O., p. 46.
[107] A.a.O., p. 7.
[108] So auch bei Günther Gründel: Jahre der Überwindung. Umfassende Abrechnung
mit dem „Untergangs"-Magier – Aufgaben der deutschen Intellektuellen – weltgeschichtliche Sinndeutung des Nationalsozialismus. Ein offenes Wort an alle Geistigen. Breslau 1934.

listischen Ideologie" war unübersehbar[109], und kein Geringerer als Alfred Rosenberg höchstselbst hat schließlich das Urteil gesprochen, Spengler, „mit be-
trächtlicher Überredungskunst begabt", habe mit seiner Philosophie jenen ‚ge-
fährlichen Irrtum' genährt, der sich über die wahrhaft schicksalsgestaltenden
Urkräfte der Geschichte verbreiten muß, wenn man eine Kulturtheorie propa-
giert, die versäumt, „die rassisch-organische Entstehung" der Kulturen „zu
prüfen"[110].

Auf dieses Niveau hat sich in der Tat Spengler nirgends begeben. Für seinen
Rassebegriff, als einen Begriff totalitärer Sport- und Politästhetik[111], spricht
das, auch in dieser Opposition, natürlich gleichwohl nicht.

5

Auch Spengler gehört in die lange Reihe von Denkern auf der Suche nach der
deutschen Identität. Was er über die Deutschen sagt, paßt auf ihn selbst: „Zä-
higkeit … in allem, was wir unserem Mangel an Selbstvertrauen abgezwungen
haben"; „unbegrenztes Bedürfnis, … irgend etwas zu verehren, … allen Ein-
wänden zum Trotz"; „charakteristisch bis zur Tollheit"; „was für Denk-
systeme, was für Weltanschauungen, was für politische Ideen!"; „formlos mit
Betonung"; „unbequem in einer Welt, wo einer des anderen sicher sein möchte"; „schwer in Bewegung zu setzen", aber einmal in Bewegung versetzt „aus
dem Rahmen gewohnter … Berechnung weit" heraustretend; ‚… zeitgemäß
…?'[112].

Für zitierte Schriften Spenglers werden in den Zitaten die folgenden Abkürzungen ver-
wendet:
PSch: Politische Schriften. Volksausgabe. München 1933
PrS: Preußentum und Sozialismus (1919). In: PSch, pp. 1–126
JdE: Jahre der Entscheidung. Erster Teil. Deutschland und die weltgeschichtliche
          Entwicklung. 61.–80. Tausend. München 1933
RuA: Reden und Aufsätze. München 1937
UdA I: Der Untergang des Abendlandes. Umrisse einer Morphologie der Weltgeschich-
          te. Erster Band: Gestalt und Wirklichkeit. 23.–36. Tausend. München 1920
B: Briefe 1913–1936. In Zusammenarbeit mit Manfred Schröter, herausgegeben
          von Anton M. Koktanek. München 1963
UdA II: Der Untergang des Abendlandes. Umrisse einer Morphologie der Weltge-
          schichte. Zweiter Band. Welthistorische Perspektiven. 51.–70. Tausend. Mün-
          chen 1922
MuT: Der Mensch und die Technik. Beitrag zu einer Philosophie des Lebens. Mün-
          chen 1931

---

[109] Zweininger, a. a. O., p. 82.
[110] Alfred Rosenberg: Der Mythus des 20. Jahrhunderts. Eine Wertung der seelisch-geistigen Gestaltungskämpfe unserer Zeit. 71.–74. Auflage 1935. p. 403.
[111] Cf. zum Beispiel JdE, p. 4.
[112] Vom deutschen Volkscharakter (1927), in: RuA, pp. 131–134, passim.

7. Carl Schmitt liberal rezipiert. Wider die intellektuelle Freund-Feind-Hermeneutik

Bei der Aufarbeitung der Wirkungsgeschichte Carl Schmitts sollte das Interesse nicht übergangen werden, das man seinem Werk in dem von Joachim Ritter Ende der vierziger Jahre gegründeten Collegium Philosophicum zu Münster entgegengebracht hat[1]. In der Carl Schmitt-Literatur ist darüber bislang meines Wissens nicht berichtet worden – bei der hochgradigen Selektivität jenes Interesses am Werk Carl Schmitts wohl durchaus zu Recht. Immerhin fehlt es nicht an gelegentlichen Versuchen, den deutschen Sonderzweig des sogenannten Neokonservativismus[2] durch ein halbherziges Verhältnis zur Moderne zu charakterisieren. Ernst Forsthoff, Arnold Gehlen und dann auch Joachim Ritter werden als Repräsentanten dieser Halbherzigkeit ausgemacht, und als Hintergrundsfigur erscheint, naheliegenderweise speziell im Falle Forsthoff, Carl Schmitt. Geprägt durch solche Lehrer, seien die deutschen Neokonservativen, im Unterschied zu den liberal geprägten amerikanischen Neokonservativen, herkunftsmäßig als „jungkonservativ" einzuschätzen[3].

Daß speziell Ernst Forsthoff viel getan hat, um die Kenntnis der Arbeiten Carl Schmitts bei den Nachwuchswissenschaftlern zu fördern, ist bekannt. Nicht zuletzt die Ebracher Treffen[4], an denen auch Carl Schmitt selber gele-

---

[1] Man beachte, daß dieser Aufsatz sieben Jahre vor dem Erscheinen des wichtigen Buches von Dirk van Laak („Gespräche in der Sicherheit des Schweigens. Carl Schmitt in der politischen Geistesgeschichte der frühen Bundesrepublik", Berlin 1993) erschienen ist. Joachim Ritters Collegium Philosophicum wird dort pp. 192–200 vorgestellt, und auch dieser Aufsatz wird dort in die Wirkungsgeschichte Carl Schmitts eingestellt. – Ein frühes Dokument der Tätigkeit des Collegium Philosophicum ist die Ritter-Festschrift: COLLEGIUM PHILOSOPHICUM. Studien Joachim Ritter zum 60. Geburtstag. Basel, Stuttgart 1965.

[2] Zum Vergleich amerikanischen und deutschen Neokonservativismus cf. Hans Rühle/Hans-Joachim Veen (Hrsg.): Der Neo-Konservativismus in den Vereinigten Staaten und seine Auswirkungen auf die Atlantische Allianz. Melle 1982.

[3] So Jürgen Habermas: Die Kulturkritik der Neokonservativen in den USA und in der Bundesrepublik. In: Jürgen Habermas: Die Neue Unübersichtlichkeit. Kleine Politische Schriften V. Frankfurt a. M. 1985, pp. 30–56, bes. pp. 41 ff. – Zur Metakritik cf. meinen Aufsatz „Neokonservative in der Kritik". In: Hermann Lübbe: Fortschritts-Reaktionen. Über konservative und destruktive Modernität. Graz, Wien, Köln 1987, pp. 27–40.

[4] „Ebracher Studien" nennen sich daher die Beiträge zur Forsthoff-Festschrift: Säku-

gentlich teilnahm, dienten dem. Weniger bekannt ist, daß Carl Schmitt eben
auch im Collegium Philosophicum Joachim Ritters, selten genug, zugegen war
– mit seinen Thesen und dann und wann auch leibhaftig. Eine Geschichte des
Collegium Philosophicum, deren Aufarbeitung sich lohnen dürfte, gibt es bislang nur in Ansätzen, und auch diese Bemerkungen über die Rolle, die Carl
Schmitt im Collegium Philosophicum spielte, sind nicht aus den Quellen erar-
beitet. Sie entstammen vielmehr meiner Erinnerung, und ich erinnere mich,
daß Carl Schmitt zum ersten Mal 1958 in einer Sitzung des Collegium Philosophicum in Münster zugegen war. Es war Ernst-Wolfgang Böckenförde, der, als
Mitglied des Collegium Philosophicum, die Verbindung zwischen Ritter und
Schmitt hergestellt hatte. Bei der Liberalität, die die intellektuelle Atmosphäre
in Münster prägte, nahm niemand an, daß es sich bei der Herstellung solcher
Verbindungen um einen Akt der Herstellung von Gesinnungsfrontlinien handeln könne. Daß es sich nicht um ein Treffen Alter Kameraden handele, war
bei Kenntnis der fraglichen Lebensgeschichten ohnehin klar. Carl Schmitt galt
eben als bedeutender Intellektueller unter den Juristen. Von seinen Verwicklungen in die Frühgeschichte nationalsozialistischer Herrschaft hatten wir gehört, was naturgemäß Carl Schmitt als einen Zeitzeugen für uns Jüngere zusätzlich interessant machen mußte, und daß Belastungen einer Person durch
Verwicklungen in totalitäre Regime mit der Falsifikation ihrer Theorien nicht
identisch sind, war uns Philosophen allein schon aus analytisch-methodologi-
schen Gründen ohnehin klar. Wie hätten wir sonst in der Erwartung eines Ori-
entierungsgewinns Heidegger lesen können oder auch Lukács?

Carl Schmitt wurde also in Münster nicht nur in abwehrender Absicht gelesen, und in der Verbindung zu ihm spiegelte sich allerdings mehr als die räum-
liche Nähe zwischen den westfälischen Örtern Plettenberg, Arnsberg und
Münster. Ein Teil der Autoren, die an der Festschrift mitgewirkt hatten, die
Joachim Ritter zu seinem 60. Geburtstag gewidmet worden war, haben sich
dann später auch an der Festschrift zum 80. Geburtstag Carl Schmitts[5] beteí-
ligt, und auch in dem erwähnten Ebracher Kreis Ernst Forsthoffs waren Mitglieder des Collegium Philosophicum immer wieder einmal präsent. Solche
Verbindungen setzen plausiblerweise mehr als Vorgänge bloßer Kenntnisnahme voraus. Sie lassen Wirkungsgeschichten und damit Aneignungsvorgänge erkennen, und die Frage ist, um welche Inhalte es sich dabei handelte.

---

larisation und Utopie. Ebracher Studien. Ernst Forsthoff zum 65. Geburtstag.
Stuttgart, Berlin, Köln, Mainz 1967.
[5] Epirrhosis. Festgabe für Carl Schmitt. Herausgegeben von Hans Barion, Ernst-
Wolfgang Böckenförde, Ernst Forsthoff, Werner Weber. Zwei Bände Berlin 1968. –
„Der zweite Teilband enthält die Beiträge der Autoren, die nach 1945 in eine wis-
senschaftliche oder persönliche Beziehung zu Carl Schmitt getreten sind", heißt es
hier auf der Titelblatt-Rückseite. – Beiträger zu diesem Teilband, die zugleich Mit-
glieder des Collegium Philosophicum waren, sind Ernst-Wolfgang Böckenförde,
Karlfried Gründer, Hermann Lübbe, Günter Rohrmoser, Robert Spaemann, Rainer
Specht.

Es war Wolfgang Wieland, der mir gegenüber bereits 1958 – wir waren damals beide an der Universität Hamburg tätig – von einem Münsterschen Links-Schmittianismus sprach. Das möchte ich aufnehmen. Selbstverständlich hatte dabei Wieland nicht einen Vorgang nach Art der Carl-Schmitt-Rezeption bei der anti- oder transliberalen deutschen[6] und dann auch europäischen Linken[7] im Auge. Wieland hatte vielmehr bemerkt, daß die politische Theorie des Liberalismus-Kritikers Schmitt sich auch in liberaler Absicht nutzen ließ – gegen den Antiliberalismus Schmitts wie gegen den der Marxisten gleicherweise. Just das war in der Tat die Münstersche Lesart der Arbeiten Carl Schmitts. Es war eine Lesart, die sich für eine Generation nahelegte, die aus Altersgründen sich einem Spruchkammerverfahren nicht mehr zu unterwerfen gehabt hatte, die entsprechend, mit der „Gnade später Geburt"[8] ausgestattet, für praktisch-politische Engagements bei der zweiten parlamentarischen deutschen Demokratie frei war, zum Beispiel in die neuen Parteien eintrat oder auch für politische Wahlkörperschaften kandidierte. Hätte Helmut Schelsky das Collegium Philosophicum, das heißt seine Mitglieder, bereits 1957 gekannt[9], so hätte ihm diese Kenntnis zur Einschränkung seiner Diagnose von der „Skeptischen Generation"[10] dienen müssen.

Es hat Evidenz, daß in einer so charakterisierten Runde die Arbeiten Carl Schmitts nicht als Gelegenheiten zur Kultur jungkonservativer Nostalgien rezipiert wurden. Nicht minder evident ist, daß über die Schmitt-Rezeption, die

---

[6] Cf. hierzu Ellen Kennedy: Carl Schmitt und die „Frankfurter Schule". Deutsche Liberalismuskritik im 20. Jahrhundert. In: Wolf Lepenies (Hrsg.): Wissenschaften im Nationalsozialismus. Geschichte und Gesellschaft. 12. Jahrgang, Heft 3. Göttingen 1986, pp. 380–419.

[7] Cf. den auch die Linke einbeziehenden Bericht von Carlo Galli: Carl Schmitt nella cultura italiana (1924–1978). Storia, bilancio, prospettive di una presenza problematica. In: Materiali per una storia della cultura giuridica. Bologna. Anno IX, No. 1, 1979, pp. 81–160, bes. pp. 128 ff.

[8] Es bleibt verblüffend, wieso just dieser Ausspruch in Deutschland zum bevorzugten Objekt intellektuellen Degouts über ein moralisch angeblich defizientes Verhältnis zur nationalsozialistischen Vergangenheit werden konnte. Demütiger und selbstanklagebereiter kann man es doch gar nicht sagen: Man dementiert ausdrücklich den Anspruch, daß man, als biographisch erweislicher Nicht-Nationalsozialist, auch niemals, wäre man früher geboren gewesen, ein Nationalsozialist zu sein vermocht hätte, und benennt als Grund des eigenen Nicht-Verstricktseins in die Formationen des Nationalsozialismus den schlechterdings indisponiblen und daher auch moralisch nicht unter eigene Verdienste subsumierbaren Bestand des Geburtsjahres.

[9] Helmut Schelsky wechselte 1960 von der Universität Hamburg zur Universität Münster.

[10] Zu Helmut Schelskys um die Wende der sechziger zu den siebziger Jahren überaus einflußreiche Jugendsoziologie cf. Bernhard Schaefer: Helmut Schelskys Jugendsoziologie: „Prinzip Erfahrung" contra Jugendbewegtheit. Ein Beitrag zu den Jugendgenerationen der Bundesrepublik. In: Horst Baier (Hrsg.): Helmut Schelsky – ein Soziologe in der Bundesrepublik. Eine Gedächtnisschrift von Freunden, Kollegen und Schülern, pp. 57–67.

hier stattfand, sich nicht ein Zirkel von „Schmittianern" konstituierte. Man verhielt sich zum Werk Carl Schmitts, sozusagen, eklektisch, nämlich nach der Paulinischen Regel, daß alles zu prüfen und das Gute zu behalten sei. Die Prätention, politische Theorien und Philosophien seien einer Konsistenz fähig, die uns zwingen könnte, sie entweder ganz oder gar nicht zu übernehmen, repräsentiert intellektuellen Totalitarismus, und dieser Totalitarismus entfaltet sogar praktische Wirkung, wenn er sich mit jenem Moralismus amalgamiert, der eine Theorie allein schon kraft erwiesener praktischer Irrtümer ihres Subjekts für erledigt hält. Ernst Bloch hatte aus gegebenem Anlaß die intellektuelle Linke gemahnt, doch Wahrheiten nicht deswegen zu verschenken, weil man sie rechtsliegend angetroffen hat. Das ist, obwohl im übrigen Ernst Bloch gewiß kein Liberaler war, ein aneignungsfähiger Grundsatz, und auf diesen Grundsatz läßt sich auch der Eklektizismus bringen, der die liberale Schmitt-Rezeption im Umkreis Joachim Ritters bestimmte.

Bernhard Willms möchte Carl Schmitt in den Rang eines Klassikers erhoben wissen[11]. Die Beschleunigung zivilisatorischer, näherhin auch wissenschaftsgeschichtlicher Abläufe hat den Bedarf an Klassikern überall sprunghaft wachsen lassen. An der zunehmenden Zahl von Gesamtausgaben, die heute, oft sogar noch zu Lebzeiten der Autoren, erscheinen, läßt sich das ablesen. Unter solchen Bedingungen der Klassiker-Inflation müßte jeder Versuch, Carl Schmitt den Rang eines Klassikers abzusprechen, sozusagen als szenefremd erscheinen. Klassiker ist, wer Einsichten mitzuteilen hat, die unbeschadet ihres zunehmenden Alters nicht veralten, und wer überdies, der Fülle seiner Einsichten wegen, in theoretisch wie praktisch höchst disparaten Orientierungszusammenhängen zitationsfähig ist. Was ist es also, was so auch das Werk Carl Schmitts für die Erneuerung liberalen politischen Denkens hergab?

Erstens war bei Carl Schmitt, wie bei einem so entschiedenen Kritiker des Liberalismus nicht anders zu erwarten, eine besonders prägnante Charakteristik des Liberalismus zu finden. In der Absicht ihrer Aneignung lasen wir in Münster die Schmittsche Hobbes-Interpretation[12]. „Auctoritas, non veritas facit legem" – dieser von Carl Schmitt häufig zitierte Grundsatz des Hobbesianischen staatskirchenrechtlichen Absolutismus repräsentiert natürlich zunächst einmal nicht Liberalität, vielmehr absolutistische Souveränität in der Festlegung öffentlicher Religionspflichten. Nachdem, so Schmitt, wie die hierbei

---

[11] Nach einer Äußerung bei Gelegenheit eines Carl-Schmitt-Colloquiums 1986 an der Verwaltungshochschule Speyer.

[12] Selbstverständlich ohne uns damit – dergleichen Identifikations-Anachronismen kommen ja bei Philosophen gelegentlich vor – zu „Hobbesianern" zu machen. Kraft der liberalisierenden Wirkungen des historischen Bewußtseins blieb man überdies auch für ideenpolitisch konträre Lesarten des hobbesianischen Werkes offen – zum Beispiel für die später von Martin Kriele vorgelegte. Martin Kriele: Die Herausforderung des Verfassungsstaates. Hobbes und englische Juristen. Neuwied und Berlin 1970.

vorausgesetzte historische Erfahrung gelehrt hat, der Streit der Theologen und sonstigen Eiferer über die Glaubenswahrheit endlos ist, kann die Entscheidung, die im Absolutismus Religionspflichten öffentlich festlegte, ersichtlich nicht mehr eine durch die Evidenz der Glaubenswahrheiten legitimierte Entscheidung sein. Sie wird zur Entscheidung kraft Autorität: Auctoritas, non veritas facit legem[13]. Die Gewißheit der Nötigkeit einer solchen autoritären Festlegung öffentlicher Religionspflichten ist dabei ersichtlich eine vorliberale Gewißheit. Nichtsdestoweniger ist die Zuversicht, daß die autoritäre Festlegung öffentlicher Religionspflichten, sofern sie nur den allerwichtigsten und zugleich bei jedermann unbestrittenen Glaubensgehalt unberührt läßt, Frieden stiften und gewährleisten könne, eine liberalismusvorbereitende Zuversicht. Eben dadurch nämlich, daß der Souverän seine autoritäre Festlegung öffentlicher Religionspflichten, statt mit Rekurs auf Wahrheitsansprüche, pragmatisch mit Friedenszwecken legitimiert, läßt er die Wahrheit dessen, wozu er förmlich verpflichtet, dahingestellt sein. Damit tut sich ein Freiraum subjektiver Gewißheiten auf, die öffentlich zu bekunden oder gar zu propagieren niemandem verstattet ist, die aber privat zu hegen und im unmittelbaren Umgang mit den biblischen Quellen der Wahrheit zu nähren zugleich niemand gehindert werden kann. Indem somit für die öffentlich geltenden Religionspflichten als ihre Legitimation nicht Wahrheit, vielmehr lediglich die Autorität des friedenssichernden politischen Entscheidungsmonopolisten in Anspruch genommen wird, bleibt die religiöse Gewissensinnerlichkeit der Dissidenten geschont. Indem an die Stelle der Wahrheit des Bekenntnisses die Autorität des Souveräns zum Grund der öffentlichen Geltung dieses Bekenntnisses gemacht wird, findet sich zugleich das Subjekt in seiner Verpflichtung zur politischen Anerkenntnis dieser Geltung vom Gewissenszwang zur Anerkenntnis dieser Geltung aus Wahrheitsgründen entlastet.

Subjektivität, die, in Anlehnung an Kant formuliert, gehorcht, aber räsoniert, also es im Zweifel besser weiß als die politische Dezisionsinstanz, der sie unterworfen ist, die Salons, Clubs und Seminarmitgliedschaften schließlich, zu denen diese Subjektivität sich erweitert[14] – das ist die Einbruchs- und Durchbruchsstelle jener liberalen Ansprüche, die der absolutistische Dezisionismus, indem er sie zu domestizieren suchte, dem Begriffe nach freisetzt und dann auch real provoziert.

---

[13] Bei Hobbes selbst hat freilich der zitierte Satz den ungleich weniger dramatischen, dafür aber genauen Sinn, den Unterschied von Gesetzesgeltung einerseits und dem Geltungsmodus von Lehren andererseits herauszuheben: „Doctrinae quidem verae esse posse; sed auctoritas, non veritas facit legem": Thomas Hobbes Malmesburiensis Opera Quae Latine Scripsit (ed. W. Molesworth). Vol. III: Leviathan sive materia, forma, et potestate Civitatis Ecclesiasticae et civilis. Reprint of the Edition 1839–45. Aalen 1961.

[14] So ließe sich das formulieren in Anlehnung an Reinhart Koselleck: Kritik und Krise. Freiburg, München 1959 u. ö.

Zugespitzt könnte man sagen, daß die liberale Carl-Schmitt-Rezeption insoweit den von Carl Schmitt charakterisierten Zentralgehalt liberaler Evolution, nämlich die fortschreitende institutionelle Emanzipation subjektiver Geltungsansprüche, aufnimmt und zugleich gegenüber Schmitts Bewertung dieses Vorgangs das Bewertungsvorzeichen umkehrt. Noch kürzer formuliert: Carl Schmitt, so der liberale Links-Schmittianismus[15], hatte die Genesis des Liberalismus plausibel beschrieben; es blieb lediglich nachzuholen, diese Genesis zu bejahen.

Banalerweise handelt es sich in dieser Schmitt-kritisierenden Schmitt-Rezeption nicht um eine beliebige Antithese in Ansichtssachen. Den Hintergrund dieser Antithetik bilden Erfahrungen, daß moderne Gesellschaften sich entweder totalitär strukturieren oder rigoros die Menge der religiösen, weltanschaulichen, ideologischen, auch moralischen Gehalte reduzieren müssen, die jedermann als verbindlich angesonnen werden können. Wachsende Neutralität unserer religiösen und konfessionellen, weltanschaulichen, ideologischen und kulturellen Zugehörigkeitsverhältnisse oder politische Totalität – das ist die von Carl Schmitt ebenso wie von Max Weber analytisch eindrücklich gemachte Alternative, in der die Option für die liberale Antwort den hier gemeinten Links-Schmittianern zugleich die Voraussetzung der Institution „Staat" in einer modernen Gesellschaft zu sein schien.

Es ist wahr, daß bei solcher liberalen Carl-Schmitt-Lektüre der „konfessionelle Bürgerkrieg" immer wieder einmal allzusehr strapaziert worden ist. Nichtsdestoweniger hat der konfessionelle Bürgerkrieg in der liberalen Lesart nicht, wie Jürgen Habermas fand, die Rolle eines „Gespensts" gespielt. Erstens sind ja die Erfahrungen dieses konfessionellen Bürgerkrieges aus der Geschichte liberaler Orientierungen bis hin zur späteren verfassungspolitischen Ausformulierung einschlägiger Bürgerrechte, insbesondere der Religionsfreiheit, gar nicht wegzudenken[16]. Zweitens sind es diese Erfahrungen, die strukturell durchaus analog sich unter dem Druck der Geltungsansprüche der totalitären Ideologien des von Karl Popper so genannten historizistischen Typus[17] in unserem eigenen Jahrhundert wiederholten. Drittens sind schließlich auch in unserer Gegenwart religiöse Fragen als politische Fragen nicht erledigt – im

[15] Von ‚linksschmittianischen Ritter-Schülern' – erwähnt werden ausdrücklich Böckenförde, Lübbe, im weiteren auch Spaemann – sprechen ausdrücklich Heinz Kleger/Alois Müller: Mehrheitskonsens als Zivilreligion? Zur politischen Religionsphilosophie innerhalb liberal-konservativer Staatstheorie. In: Heinz Kleger/Alois Müller (Hrsg.): Religion des Bürgers. Zivilreligion in Amerika und Europa. München 1986, pp. 221–262, p. 260.

[16] Cf. dazu Ernst-Wolfgang Böckenförde: Die Entstehung des Staates als Vorgang der Säkularisation. In: Ernst-Wolfgang Böckenförde: Staat, Gesellschaft, Freiheit. Studien zur Staatstheorie und zum Verfassungsrecht. Frankfurt am Main 1976, pp. 42–64.

[17] Karl R. Popper: Das Elend des Historizismus (Engl. 1960). 2., unveränderte Aufl. Tübingen 1969.

modernitätsreaktiven islamischen Fundamentalismus ohnehin nicht, im religiös formierten Widerstand gegen totalitäre politische Geltungsansprüche unverändert auch in der europäischen Gegenwart nicht, in der überdies die Unterschätzung des politischen Gewichts staatskirchenrechtlicher, auch religionsrechtlicher Fragen in erster Linie politische Unbildung verriete[18].

Die liberale Tendenz – so läßt sich zusammenfassend sagen –, die die liberale Schmitt-Rezeption in seinem Werk eindrucksvoll ausformuliert fand, ist die Tendenz fortschreitender Ausweitung derjenigen religiösen, weltanschaulichen, kulturellen und moralischen Lebensinhalte, die man nicht zur Disposition des politischen Souveräns gestellt wissen möchte und über die in genau diesem Sinne nicht mehr innerhalb des politischen Systems entschieden werden soll.

Hätte man damit in einer Weise, die auch dem rehabilitierten Eklektizismus nicht verstattet sein kann, den Sinn des Schmittschen Dezisionismus verkannt? Die Antwort lautet, daß gerade auch der Schmittsche Dezisionismus einer liberalen Aneignung fähig ist, ja als Medium der Verteidigung des Liberalismus wiederum gegen strukturell totalitäre Geltungsansprüche sich hervorragend nutzen läßt[19]. Jürgen Habermas hat den Dezisionismus, als dessen Erzrepräsentanten ihm Schmitt und Weber gelten[20], als eine Lehre charakterisiert, der zufolge politische Entscheidungen im Kampf zwischen Alternativen fallen, „die zwingender Argumente entraten und einer verbindlichen Diskussion unzugänglich bleiben"[21]. Diese Charakteristik kann man aufnehmen und festhalten, und gerade dann zeigt sich, daß zu den Bedingungen der Liberalität liberaler Verhältnisse gehört, daß die Verbindlichkeit verbindlicher Geltungsansprüche, denen wir politisch und juridisch unterliegen, gerade nicht die Verbindlichkeit verbindlicher Diskussionen und zwingender Argumente, vielmehr nichts anderes als die Verbindlichkeit von Entscheidungen ist, deren Legitimität auf der Legalität der Verfahren beruht, über die sie in Kraft gesetzt worden sind. Zu diskutieren, wo statt dessen zu entscheiden wäre – das ist die aus Erfahrungen der Weimarer Republik genährte Mißachtung des Parlamentarismus, die die Schmittsche Kritik des Liberalismus durchzieht. Man tut nun gewiß gut

---

[18] Cf. hierzu, im internationalen Vergleich, die in dem unter Anm. 15 zitierten Titel gesammelten Aufsätze.

[19] Cf. dazu meinen Aufsatz „Dezisionismus – eine kompromittierte politische Theorie". In: Hermann Lübbe: Praxis der Philosophie, Praktische Philosophie, Geschichtstheorie. Stuttgart 1978, pp. 61–77.

[20] Cf. dazu: Max Weber und die Soziologie heute. Verhandlungen des 15. Deutschen Soziologentages. Im Auftrage der „Deutschen Gesellschaft für Soziologie" herausgegeben von Prof. Dr. Otto Stammer. Redaktion: Dipl.-Soziol. Rolf Ebbighausen. Tübingen 1965. Darin: „Diskussionsbeiträge" zum Referat Talcott Parsons, hier: Jürgen Habermas: pp. 74–81, p. 81: „Wir können nicht daran vorbei, dass Carl Schmitt ein legitimer Schüler Max Webers war."

[21] Zur Kritik der antiliberalen Konsequenzen der diskurstheoretisch argumentierenden Dezisionismus-Kritik cf. meinen unter Anm. 19 zitierten Aufsatz.

daran, nicht dem Gemeinplatz zu widersprechen, daß Entscheidungsverweige-
rung und Entscheidungsunfähigkeit in allen politischen Systemen besonders
wirksame Faktoren ihrer Selbstgefährdung sind. Aber diese Art der Selbstgefährdung ist gegenüber dem Unterschied sogar von Diktatur einerseits und liberaler parlamentarischer Demokratie andererseits grundsätzlich indifferent.
Wären Parlamente Institutionen, die sich am Diskursideal orientieren, daß Diskussionen als solche schließlich „verbindlich" zu machen seien, so müßten sie
sich in der Tat tendenziell entscheidungsunfähig machen. Statt dessen wird
doch ständig abgestimmt, werden also Stimmen nicht mehr gewogen, vielmehr
gezählt, und nicht der Zwang zwingender Argumente konstituiert die Verbindlichkeit der getroffenen Dezisionen, vielmehr die festgestellte Mehrheit. Mehrheit statt Wahrheit – das ist es, was gerade die Bürger in parlamentarischen
Demokratien ständig sich bieten lassen müssen, um es aus der Perspektive von
Diskursidealisten zu sagen. „Die Einrichtungen einer verwirklichten Demokratie wären wie verschwebende Netze, aus zerbrechlichster Intersubjektivität
gewoben", fand Jürgen Habermas[22]. Gemessen an diesem Ideal repräsentierte
dann sogar das britische Parlament reinsten Dezisionismus, von der Entschei-
dungspraxis schweizerischer kantonaler Landsgemeinden ganz abgesehen. Diskursideale sind Normen, die Verfahrensregeln zu validieren verstatten. Als
Vorstellung davon, wie in der Praxis unserer Parlamente die Verbindlichkeit
der Entscheidungen fortschreitend in die Verbindlichkeit verbindlicher Diskussionen transformiert werden könnte, müßten sie schlicht antiparlamenta-
risch wirken[23].

Dabei haben die Abstimmungsdezisionen in der parlamentarischen Praxis
nicht den Charakter einer Konzession an die Erfordernisse der Lebenspraxis.
Mehrheit statt Wahrheit – das ist nicht eine notgedrungene Verkehrung der
wahren Rangordnung der Legitimitätsgründe unserer Verbindlichkeiten. Der
Dezisionismus gerade auch der parlamentarischen Praxis ist nicht ein Indikator
mangelhafter Verwirklichung jener Diskursideale, an denen sich die Demokratie zu orientieren hätte. Mehrheit fungiert, statt Wahrheit, als Geltungsgrund
unserer Verbindlichkeiten nicht deswegen, weil wir, von Emanzipationsmän-
geln gezeichnet, noch nicht zu voller demokratischer Diskurskompetenz erweckt und entwickelt wären. Die parlamentarische Praxis ist, unbeschadet jeweils identifizierbarer und historisch erklärbarer Schwächen und Mängel, als
eine dezisionserfüllte Praxis nicht hinter ihrer eigenen Idealität zurückgeblieben. Mehrheit vor Wahrheit ist als parlamentarisches Dezisionsprinzip alles
andere als eine Konzession an die Zeitknappheitsbedingungen unserer politischen Lebenspraxis. Vielmehr ist dieses Dezisionsprinzip das Grundprinzip

---

22 Jürgen Habermas: Universität in der Demokratie – Demokratisierung der Universität. In: Jürgen Habermas: Protestbewegung und Hochschulreform. Frankfurt am
  Main 1969, pp. 108–133, p. 129.
23 Zur einschlägigen Diskussion cf. Heinrich Oberreuter (Hrsg.): Wahrheit statt Mehrheit? An den Grenzen der parlamentarischen Demokratie. München 1986.

antitotalitärer Liberalität. Liberal ist das Dezisionsprinzip, indem es Mehrheit statt Wahrheit zum Grund unserer bürgerlichen Verbindlichkeiten erhebt, deswegen, weil einzig so denjenigen Bürgern, die in der Minderheit verblieben, uneingeschränkt offensteht, die Wahrheit, statt bei der Mehrheit, an ganz anderer Stelle zu vermuten, das öffentlich in lautstarken Akten parlamentarischer Entscheidungsschelte zu sagen und die Gewißheit, auf die gerade die Verlierer in besonderer Weise angewiesen sind, in Anspruch zu nehmen, daß die Wahrheit sich dermaleinst schon ihre Mehrheit zu verschaffen wissen werde[24].

Kurz: Einzig unter Voraussetzung des skizzierten Dezisionsprinzips bleibt auch die diskursive Seite parlamentarischer Praxis erhaltungsfähig. Hingegen wäre ein politischer Zwang, der als Legitimationsprinzip nichts als den Zwang zwingender Argumente für sich in Anspruch nähme, mit dem Ende der Freiheit identisch, die Legitimität dieses Zwangs öffentlich zu bestreiten. Die Vision, „die Einrichtungen einer verwirklichten Demokratie wären wie verschwebende Netze, aus zerbrechlichster Intersubjektivität gewoben", ist eine antiparlamentarische, antiliberale Vision. Sie verkennt nicht nur den Sinn parlamentarischer Institutionen. Selbst in informellen Kleingruppen müßte die Orientierung an einem solchen Ideal neurotisierend wirken. Selbstverständlich ist man nicht auf Carl-Schmitt-Lektüre zur Ausbildung entsprechend fälliger Neurotisierungsresistenzen angewiesen. Aber wer Schmitt, aus welchen insoweit kontingenten Gründen auch immer, einmal gelesen hatte, konnte ihn durchaus für Zwecke der Schärfung des liberalen Sinns des parlamentarischen Dezisionsprinzips „Mehrheit statt Wahrheit" nutzen, und genau diesen Nutzen zog die hier gemeinte liberale Rezeption Schmitts aus der Beschäftigung mit dem Dezisionismus.

Die Parlamentarismuskritik Carl Schmitts durfte man dabei getrost rechts liegenlassen. Aus welchen historischen Erfahrungen auch immer – bis hin zu den für die Lebensgeschichte Carl Schmitts entscheidenden Erfahrungen mit den politischen Handlungsfähigkeiten und Handlungsunfähigkeiten des Parlamentarismus in der Weimarer Republik – die Schmittsche Kritik am System des politischen Liberalismus sich nähren mochte: dauerdiskussionsbewirkte Entscheidungsunfähigkeit schien uns Jüngeren jedenfalls nicht zu den systembedingten Charakteristika der zweiten deutschen parlamentarischen Demokratie zu gehören. Welchen das Verständnis der Geschichte der Bundesrepublik Deutschland in wichtiger Hinsicht aufschließenden Sinn hätte es haben können, von der Kennzeichnung „diskutierende Klasse" einen auf diese Geschichte bezogenen verachtungsvollen Gebrauch zu machen? Und darüber hinaus

---

[24] Cf. dazu meinen Aufsatz „Zur Philosophie des Liberalismus und seines Gegenteils", in: Hermann Lübbe: Fortschrittsreaktionen. Über konservative und destruktive Modernität. Graz, Wien, Köln 1987, pp. 41–55. Cf. ferner die Dokumentation und Interpretation bei Ernst Benda: Die Notstandsverfassung. Im Anhang: Siebzehntes Gesetz zur Ergänzung des Grundgesetzes und Erklärung der Drei Mächte. München, Wien 8/10/1968, bes. 143 ff.

gefragt: Wie ließe sich die Weltgeschichte dieses Jahrhunderts im Ausgang vom Pseudotheorem vermeintlicher Dezisionsschwäche liberaler parlamentarischer Systeme verstehen? Im Resümee heißt das: Dezision und Diskussion sind Begriffe für institutionalisierte Verfahrensschritte, aber doch nicht Begriffe für politische Verfahrensalternativen, und es sind Formen komplementärer politischer Romantik, entweder fürs Verschwinden der Diskussion in die Dezision oder fürs Verschwinden der Dezision in die Diskussion zu optieren. Für die konzeptuelle Charakteristik dieser Formen politischer Romantik bietet Liberalen die politische Theorie Carl Schmitts in der Tat gute Voraussetzungen, was trivialerweise nicht bedeutet, Carl Schmitt zum Liberalen zu ernennen[25].

Für den hier gemeinten Links-Schmittianismus bot nicht zuletzt Schmitts „Legalität und Legitimität" wichtige Einsichten in die Bedingungen der Selbstbehauptungsfähigkeit politischer Systeme. Die Schwäche der Weimarer Republik, so erschien es uns aus der Perspektive der Lektüre der genannten kleinen Arbeit Carl Schmitts, war nicht zuletzt ihre Unfähigkeit, ihre eigenen Todfeinde als solche juridisch und politisch zu identifizieren und entsprechend zu reagieren. Genau das sollte – so die Lehre, die gerade auch Liberale aus den Analysen Schmitts ziehen konnten – der zweiten deutschen parlamentarischen Demokratie nicht wieder passieren. Bonn sollte nicht Weimar sein und wurde es ja auch nicht. „Wehrhafte Demokratie" – das war in den frühen Jahren der Bundesrepublik Deutschland ein bis in die Publizistik hinein gern gebrauchtes Stichwort, und an der Praxis der Parteienverbote erläuterte man, was das exemplarisch bedeuten könne. Politische Opportunitätserwägungen mochten dabei durchaus gegen solche Parteienverbote sprechen. So oder so: daß ein liberales System bei Strafe seiner Selbstgefährdung fähig sein muß, seine Legitimität gegen den auf eine höhere Legitimität sich berufenden Legalitätsbruch in Anspruch zu nehmen und wirksam zu verteidigen – eben das ließ sich mit Schmittschen kategorialen Mitteln gut aussagen. Selbst die berühmt-berüchtigte Unterscheidung von Freund und Feind erwies sich in diesem Zusammen-

---

[25] Wohl hingegen ist damit Carl Schmitt als Romantiker charakterisiert. Diese Romantik hat, näherhin, die Bedeutung einer polit-ästhetischen besonderen Schätzung des Ausnahmefalls. Die bekannten Sätze aus Carl Schmitts politischer Theologie („… das Normale beweist nichts, die Ausnahme beweist alles; sie bestätigt nicht nur die Regel, die Regel lebt überhaupt nur von der Ausnahme. In der Ausnahme durchbricht die Kraft des wirklichen Lebens die Kruste einer in Wiederholung erstarrten Mechanik" etc.) belegen das eindrucksvoll. Nachdem ich das in meinem Aufsatz „Zur Theorie der Entscheidung" (in: Hermann Lübbe: Theorie und Entscheidung. Studien zum Primat der praktischen Vernunft. Freiburg i. Br. 1971, pp. 7–31) näher ausgeführt hatte, sagte mir Carl Schmitt bei Gelegenheit eines Treffens in Ebrach: Sagen Sie über mich, was Ihnen richtig zu sein scheint; aber nennen Sie mich nicht einen Romantiker! – Hinter dieser Aufforderung steckte natürlich Carl Schmitts bekannter Romantik-Begriff, der einen freilich nicht daran hindern muß, die spezielle ästhetische Schätzung des politischen Ausnahmefalls ihrerseits „romantisch" zu nennen. Ob Carl Schmitt ein Romantiker zu nennen sei, was ich vorziehen möchte, oder nicht, ist insoweit ein Streit um Worte.

hang als brauchbar, ja als unentbehrlich. Daß die liberale Demokratie ein System sei, das vom „Freund-Feind-Denken" Abschied zu nehmen habe, gehört bekanntlich zu den Topoi moralisierender Schmitt-Kritik. Dieser Topos ist gewiß gut gemeint: wir sollen einander nicht Feinde sein. Aber was ist, wenn dieser christlichen Norm die politische Realität nicht entspricht? In der liberalen Demokratie ist niemand jemandes politischer Feind – so sollte es sein. Aber hätte denn nicht just diese Demokratie selber ihre Feinde gehabt und hätte sie noch? Wie sollte man denn gegebenenfalls mit den praktizierenden Freunden des sogenannten Freund-Feind-Denkens politisch fertigwerden können, ohne sie eben in dieser Rolle als Feinde wahrzunehmen? Ließe sich denn die Potentialität des Notstands durch die Abneigung gegen Notstände aus der Welt schaffen? Hatte denn nicht der Verfassungsgesetzgeber beim Einbau der Notstandsartikel in sie allen Deutschen das Recht zum Widerstand gegen jeden, der es unternimmt, die Verfassungsprinzipien außer Kraft zu setzen, zugesprochen, wenn anders Abhilfe nicht möglich ist?[26] Welchen Sinn hätte das haben können, wenn der Begriff des Verfassungsfeindes, weil einem sogenannten Freund-Feind-Denken entstammend, ein Unbegriff genannt werden müßte?

Kurz: Das zentrale Begriffsensemble der politischen Theorie Carl Schmitts ließ sich, liberal, mühelos zur Begründung der verfassungsrechtlichen und sonstigen politischen Erfordernisse der Selbstbehauptung liberaler parlamentarischer Demokratie nutzen. Linksschmittianisch in genau diesem Sinn war entsprechend im Streit um die sogenannte Notstandsverfassung die Option für sie ebenso wie eine gewisse Abneigung gegen das gleichzeitig mit der Notstandsverfassung konstituierte Recht zum Widerstand – nicht, weil man das Recht zum Widerstand abgelehnt hätte, vielmehr deswegen, weil das Widerstandsrecht seiner politischen Natur nach ein Recht ist, das man nicht braucht, solange einem die Berufung aufs Recht unbenommen ist, und das einem nichts mehr nützt, sobald man auf diese Berufung aufs Recht wirklich angewiesen wäre[27].

Linksschmittianisch im skizzierten liberalen Sinn war dann später auch die Kritik an mannigfachen politischen Erscheinungsformen der zweiten deutschen, insbesondere akademischen Jugendbewegung in den späten sechziger und frühen siebziger Jahren[28]. Man erinnert sich noch an die zahlreichen Kommentatoren, die den aktionistischen Rechtsverstößen, die damals üblich

---

[26] Cf. hierzu als Kritik exemplarisch Dieter Sterzel (Hrsg.): Kritik der Notstandsgesetze. Mit dem Text der Notstandsverfassung. Frankfurt a. M. 1968.

[27] Zu diesem Paradox cf. Erhard Denninger: Der Schutz der Verfassung. In: Ernst Benda, Werner Maihofer, Hans-Jochen Vogel (Hrsg.): Handbuch des Verfassungsrechts der Bundesrepublik Deutschland. Berlin, New York 1983, pp. 1293–1327, bes. p. 1321.

[28] Aus der inzwischen bibliothekenfüllenden Literatur cf. exemplarisch: Der Überdruss an der Demokratie. Neue Linke und alte Rechte – Unterschiede und Gemeinsamkeiten, von Kurt Sontheimer, Gerhard A. Ritter, Rita Schmitz-Hübsch, Paul Kevenhörster, Erwin K. Scheuch. Vorwort: Helmut Schmidt. Köln 1970.

wurden, die politisch höhere Legitimität eines moralisch höheren, nun erst in
der deutschen Nachkriegsgeschichte aufbrechenden Willens zu wahrer Demokratie bescheinigten[29]. In Wahrheit handelte es sich, wie Odo Marquard das
beschrieben hat, um Erscheinungsformen eines nachgeholten Widerstands[30]:
Revolutionsromantik nach dem definitiven Untergang aller Verhältnisse, deren
Untergang selbst revolutionär herbeigeführt zu haben man im nachhinein
noch den Wunsch verspürte. Katheder-Leninisten traten auf, das alte Ideal ent-
fremdungsfreier Identität von Wahrheit und hundertprozentiger Vollversamm-
lungsmehrheit steuerte den Entwurf von Konzepten nicht-formaler Demokratie, und letzte Feinde wurden theoretisch und praktisch identifiziert, nach deren Beseitigung es unter Demokraten niemals Feinde mehr würde geben können. Carl Schmitt in zustimmender Absicht gelegentlich zitiert zu haben genügte damals, um sich zum Beispiel in seinem Recht, an einer universitären
Lenin-Konferenz teilzunehmen, bestritten zu finden. So ist es mir in Jugosla-
wien ergangen[31], wobei es sich bei den Denunzianten selbstverständlich nicht
um Jugoslawen, vielmehr um jugendbewegte, nämlich aus bürgerlicher Verhal-
tensmoral emanzipierte deutsche Kollegen handelte. Dergleichen Vorgänge
ließen sich, unbeschadet ihrer Possennatur, in ihrer Struktur natürlich ausgezeichnet mit Schmittschen kategorialen Mitteln beschreiben: gerade das politische Handeln vom Leninschen Typus ist es, an der der Schmittsche Begriff des
Politischen abgelesen zu sein scheint.

Schließlich entnahm der liberale Links-Schmittianismus der Schmittschen
Politischen Theorie ein Plädoyer für den „starken Staat". „Starker Staat" – mit
dieser Kennzeichnung verbinden sich heute freilich kaum noch liberale Kon-
notationen, so daß es einiger Erläuterung bedarf, was dabei gedacht war. Um
es in einem recht harmlosen Exempel aus der Frühgeschichte der Bundesrepublik zu sagen: Das Jugendwohlfahrtsgesetz[32] war für uns damals ein Objekt
nicht zuletzt schmittianisch inspirierter Opposition. Daß der Staat, näherhin
alle Gebietskörperschaften einschließlich der Kommunen, als Träger und An-
bieter von Wohlfahrtsleistungen grundsätzlich gegenüber freien, insbesondere
kirchennahen Trägern solcher Leistungen zurückzutreten, nichtsdestoweniger
den weitaus größeren Teil ihrer Kosten zu tragen hätten – das schien uns damals mit Forderungen aus Staatsbürgersinn nicht vereinbar zu sein[33]. Der Geltung des Subsidiaritätsprinzips sollte damit im Grundsatz keineswegs wider-

---

[29] Zur Kritik dieser Legitimationskonzessionen cf. mein Buch „Endstation Terror.
Rückblick auf lange Märsche". Stuttgart 1978.
[30] Odo Marquard: Abschied vom Prinzipiellen. Philosophische Studien. Stuttgart
1981, bes. pp. 9 ff.: „Nachträglicher Ungehorsam".
[31] Zagreb 1970.
[32] Zum juridischen, rechtshistorischen und sozialpolitischen Kontext cf. Hermann
Riedel: Jugendwohlfahrtsrecht. Textausgabe mit Erläuterungen und Sachregister. 7.,
neubearbeitete Aufl. München 1971.
[33] Hierzu Trutz Rendtorff: Kritische Erwägungen zum Subsidiaritätsprinzip. In: Der
Staat, Jahrband 4 (1962), pp. 405–430.

sprochen sein, wohl aber seiner Verkehrung in einen an die öffentliche Hand
sich richtenden Finanzierungsanspruch für Einrichtungen in privilegierter freier Trägerschaft, auf deren Leistungen ein jeder Bürger unabhängig von seiner
Zugehörigkeit oder Nicht-Zugehörigkeit zu gesellschaftlichen Gruppen angewiesen ist[34].

Was hinter dieser Opposition gegen das exemplarisch erwähnte Jugendwohlfahrtsgesetz steckte, war, allgemein formuliert, das Interesse, Bürgerfreiheit gegenüber der Zugriffsmacht organisierter gesellschaftlicher Gruppen zu
sichern, und welche Institution, wenn nicht der Staat, sollte diese Sicherheit
bieten können? Kurz: Die bekannte Schmittsche Kritik am Pluralismus konnte
in solchen Optionen als Medium eines Plädoyers für den Staat in seiner Funktion dienen, der Zugriffsmacht der organisierten gesellschaftlichen Gruppen
dem Individuum gegenüber Grenzen zu setzen[35].

Pluralismus, gewiß, ist heute primär ein Stichwort für gesellschaftliche und
kulturelle Verhältnisse, wie sie einzig unter Bedingungen politisch gewährleisteter Bürgerfreiheit sich herstellen können. Dem steht nicht entgegen, daß in
der Frühgeschichte der Bundesrepublik Deutschland Anlässe vorhanden waren, sich auch einmal einen nicht-konfessionellen Kindergarten in erreichbarer
Nähe zu wünschen, oder zu hoffen, daß die Entscheidung für einen Universitätsstandort doch nicht ausgerechnet unter dem Gesichtspunkt getroffen werde, in welchem Diözesanbereich sich eine Universität noch nicht fände[36]. Bei
zugestandenermaßen durchaus mangelhaftem Verständnis für seinen Sinn und
seine Geschichte erschien uns das Closed-Shop-Prinzip[37] als bürgerfreiheitsverletzend, und der Staat schien gefordert, gewerkschaftlichen Tendenzen, es
auch bei uns zur Geltung zu bringen, entgegenzutreten.

Der Staat als Liberalitätsgarant –: das war die unverkennbar politisch naive
und nichtsdestoweniger fortdauernd unentbehrliche Idee hinter dieser Opposition wider neofeudale Tendenzen, wie sie aus organisierter Gruppenmacht resultieren. Auch das so charakterisierte Plädoyer für den Staat als liberalitätsgarantierenden Ordnungsrahmen des gesellschaftlichen Pluralismus vermochte
sich, sagen wir zur Zeit der Gründung der Zeitschrift „Der Staat"[38], unter an-

---

[34] Zur einschlägigen rechtspolitischen Diskussion des Subsidiaritätsprinzips cf. Hans-
   Jürgen Schultz: Von der Subsidiarität zur Partnerschaft. Entwicklung und Folgen
   des Verhältnisses von Staat und Kirche, dargestellt am Beispiel der Jugendhilferechtsreform. Diss. Frankfurt a. M. 1981.
[35] Das ist es, was, unter anderem, auch das Gründungskonzept der Zeitschrift „Der
   Staat" mitbestimmt. – Cf. dazu „Zum Geleit", in: Der Staat. Zeitschrift für Staatslehre, öffentliches Recht und Verfassungsgeschichte. Herausgegeben von Gerhard
   Oestreich, Werner Weber, Hans J. Wolff. 1. Band, Heft 1 (1962), pp. 1–2.
[36] Cf. hierzu meinen Rekurs auf die Gründungsgeschichte der Ruhr-Universität Bochum in meinem Buch „Geschichtsbegriff und Geschichtsinteresse. Analytik und
   Pragmatik der Historie." Basel, Stuttgart 1977, pp. 35–38.
[37] Stephan Dunn, John Gennard: The Closed Shop in British Industry. London and
   Basingstoke 1984.
[38] Cf. Anm. 35.

deren auf Carl Schmitt zu berufen. Die links-schmittianische, nämlich liberale Rezeption der Schmittschen Pluralismustheorie tat das. Der Kern der Sache war ein anti-existentialistisches Plädoyer für eine bürgerliche Existenz, deren die öffentliche Kultur prägende Anmutungsqualität nicht Gesinnung, nicht Konfessionalismus, nicht Parteilinientreue oder Klassenkämpfertum sind, vielmehr Rechtlichkeit und damit Respekt vor den Rechtsinstitutionen und ihren Verfahren. In den Wirkungszusammenhängen der Münsterschen Schule verband sich das bruchlos mit den institutionentheoretischen Interessen, wie sie nach seinem Wechsel von Hamburg nach Münster in wachsendem Maße auch die Arbeit Helmut Schelskys bestimmten[39]. In der Westfälischen Sektion der Internationalen Gesellschaft für Rechts- und Sozialphilosophie wirkten dann auch Schelsky und Ritter zusammen, und das hat sich bis in die Gründungsgeschichte der Universität Bielefeld hinein fortgesetzt. Die erste Einrichtung dieser neuen Universität, das Zentrum für interdisziplinäre Forschung, begann seine Arbeit mit Konferenzen zur skizzierten Thematik[40]. –

Ich halte es für wahrscheinlich, daß Schmittianer des nostalgischen Typus an der Aufarbeitung der hier skizzierten liberalen Rezeption Carl Schmitts nicht einmal interessiert sind. Umgekehrt ist nicht zu erkennen, was Liberale hindern sollte, wirkungsgeschichtlich interessant zu finden, daß es der ein wenig in Vergessenheit geratenen, von der europäischen Aufklärungsintelligenz einst überall hochgerühmten liberalen Erztugend des Eklektizismus möglich ist, selbst noch Carl Schmitt in liberaler Absicht in Anspruch zu nehmen[41].

---

[39] Helmut Schelsky: Die Soziologen und das Recht. Abhandlungen und Vorträge zur Soziologie von Recht, Institution und Planung. Opladen 1980 – Cf. auch Rosemarie Pohlmann (Hrsg.): Person und Institution. Helmut Schelsky gewidmet. Würzburg 1980.

[40] Cf. dazu meinen Aufsatz „Helmut Schelsky und die Interdisziplinarität. Zur Philosophie gegenwärtiger Wissenschaftskultur". In: Jürgen Kocka (Hrsg.): Interdisziplinarität. Praxis – Herausforderung – Ideologie. Frankfurt a. M. 1987, pp. 17–33.

[41] Armin Mohler hat meine vorstehenden Ausführungen eine Causerie improvisée genannt, was insoweit durchaus zutrifft, als es sich ja hier nicht um eine Mitteilung von Forschungsresultaten handelt, vielmehr um eine Erinnerung an einen Wirkungszusammenhang, den zu erforschen sich lohnen dürfte. Im übrigen ist die Überraschung, die Mohler nach eigener Bekundung verspürt haben muß, unter dem glitzernden Begriff des Links-Schmittianismus Ausführungen über die Schmitt-Präsenz im Umkreis des Collegium Philosophicum in Münster zu vernehmen, ein Ausdruck der Herablassung Mohlers gegenüber Liberalismen, die sich zur Realität des Ausnahmefalls, ohne ihre Potentialität leugnen zu wollen, nicht fasziniert verhalten (cf. Armin Mohler: Schmittistes de droite, Schmittistes de gauche et … Schmittistes établis. In: Nouvelle Ecole. Numéro quarantequatre, printemps 1987. Science politique. Carl Schmitt 1888–1985, pp. 63–66, p. 66.

8. Die Institutionalisierung der Reflexion.
Helmut Schelsky als Kritiker Arnold Gehlens

Jürgen Habermas hat Arnold Gehlen den ‚konsequentesten Denker eines gegenaufklärerischen Institutionalismus' genannt[1]. Diese Kennzeichnung hat eine politisch-moralische Qualität. Sie bezieht ihre kritische Schärfe aus der Erinnerung an die Herrschaft des Nationalsozialismus. Habermas hält es, 1970, für aktuell, vor der Wiederbelebung politischer Aggressivitäten zu warnen, die gegen neuernannte „innere Feinde" sich richten werde. Neue Freiheitsliquidationen von rechts werden befürchtet. „Das unglückliche Bewusstsein der intellektuellen Rechten" wird als Quelle ideologischer Formation gegenaufklärerischen Modernitätshasses identifiziert. Die nationalsozialistische Politik wird dabei als eine „Politik der nachgeahmten Ursprünglichkeit in einer technisch entwickelten Zivilisation"[2] beschrieben. Kein Zweifel, daß es dergleichen im Nationalsozialismus gab. Eine andere Frage ist, ob die „nachgeahmte Ursprünglichkeit" als Element nationalsozialistischer Bewegtheit nun gerade das ist, worauf es bei einer kritischen Analyse des Nationalsozialismus in erster Linie ankommt. So oder so: Die „nachgeahmte Ursprünglichkeit" ist die Eigenschaft, über die Habermas die Institutionenlehre Arnold Gehlens mit rechtstotalitärer Ideologie in Verbindung bringt, und zwar in der Absicht, sie damit zu disqualifizieren.

Das ist in zweierlei Hinsicht unpassend. Erstens ist die „nachgeahmte Ursprünglichkeit" eben gerade nicht das, womit sich die besondere Aggressivität nationalsozialistischer Herrschaft erklären ließe. Vielmehr ist diese Aggressivität die Konsequenz politischer Selbstprivilegierung durch eine Ideologie, die ihre Anhänger kraft Einsicht in Naturgeschichtsgesetze wissen läßt, wieso man selber, als Angehörige einer Vorzugsrasse, nicht aber die anderen dieser Einsicht überhaupt fähig sind. Eine solche Selbstermächtigungsideologie macht überdies gerade nicht institutionenfromm. Sie macht ganz im Gegenteil in besonderer Weise umsturzbereit. Sie ermächtigt zu revolutionärer Souveränität den institutionell befestigten gesellschaftlichen Verhältnissen gegenüber[3]. Sie

---

[1] Jürgen Habermas: Nachgeahmte Substantialität (1970). In: Jürgen Habermas: Philosophisch-politische Profile. Frankfurt am Main 1971, pp. 200–221, p. 200.
[2] A.a.O., p. 221.
[3] Cf. dazu die bejahende Antwort auf die Frage nach dem revolutionären Charakter des Nationalsozialismus bei Richard Löwenthal: Die nationalsozialistische „Macht-

setzt Bewegung frei und macht sich das Recht dienstbar, während der institutionelle Rechtsgehorsam als Rechtsformalismus der intellektuellen Verachtung anheimfällt[4]. – Zweitens ist – wie immer man die Institutionenlehre Gehlens schließlich ideologiekritisch validieren mag – die Empfehlung Ernst Blochs zu beachten, daß man keine Wahrheit bloß deswegen verschenken dürfe, weil man sie rechtsliegend vorgefunden hat. Ideologien, die exklusiv aus Irrtümern konstituiert wären, gibt es gar nicht, und es käme einer gut gemeinten, aber realitätsfernen Verharmlosung der Ideologie des Nationalsozialismus gleich, ihm keinerlei Nutzung gewichtiger Wahrheiten zuzutrauen. Was für eine Großideologie gilt, gilt selbstverständlich für eine Philosophie erst recht. Sogar für Zwecke der Analyse des Totalitarismus ließe sich doch die Institutionentheorie Arnold Gehlens verwenden. Wieso verschmähen so viele seiner Kritiker diese Chance? Was ist es, das sie beim Studium dieser Theorie, wie auf Zynismen, empört reagieren läßt und damit zur Ausübung der Kunst der Unterscheidung und damit zur Aufklärungstugend des Eklektizismus momentan unfähig macht?

Das läßt sich verständlich machen. Es erklärt sich aus der provozierenden Wirkung von Elementen einer Kulturkritik der Moderne, die Gehlen seiner Institutionentheorie beigemischt hat. Das gilt insbesondere für das Institutionenkapitel aus seinem 1956er Buch „Urmensch und Spätkultur"[5]. Ich präsentiere zunächst eine kleine Blütenlese dieser kulturkritischen Elemente. Sie sind es, auf die sich ausdrücklich dann auch Helmut Schelsky bezieht, und zwar in der Absicht, die Fälligkeit einer Theorie der Institutionalisierung der Reflexion zu begründen.

Was also lesen wir bei Gehlen zur Kulturkritik der sich selbst thematisierenden Subjektivität im Kontext der modernen Gesellschaft? Zunächst wird die kulturhistorisch-soziologische Trivialität nicht bestritten, vielmehr bekräftigt, daß die enorme Expansion notwendigkeitsentlasteter Dispositionsfreiräume, in denen heute das Individuum selbstbestimmt sich betätigen und somit als Subjekt sich erfahren kann, ein relativ spätes „Produkt" moderner „Kulturverhältnisse" ist. Institutionen, die funktionieren, indem sie auf der einen Seite Subjektivität binden, wirken zugleich, auf der anderen Seite, durch Verschaffung von Hintergrundserfüllung entlastend. Eben damit befreien sie das Subjekt zu sich selbst, und zwar in demselben Maße fortschreitend, in welchem über Funktionenteilung zwischen den Institutionen die Menge der Lebensvorausset-

---

ergreifung" – eine Revolution? Ihr Platz unter den totalitären Revolutionen unseres Jahrhunderts. In: Deutschlands Weg in die Diktatur. Internationale Konferenz zur nationalsozialistischen Machtergreifung im Reichstagsgebäude zu Berlin. Referate und Diskussionen. Ein Protokoll. Berlin 1983, pp. 42–74.

4 Cf. dazu meinen Aufsatz „Die Politik, die Wahrheit und die Moral", in: Geschichte und Gegenwart. Vierteljahreshefte für Zeitgeschichte, Gesellschaftsanalyse und politische Bildung. 3. Jahrgang 4 (Dezember 1984), pp. 288–304, bes. pp. 298 ff.

5 Arnold Gehlen: Urmensch und Spätkultur. Philosophische Ergebnisse und Aussagen. 4., verbesserte Auflage Frankfurt am Main 1977.

zungen zunimmt, für deren Erfüllung weit weg, nämlich im entfernten kulturellen und sozialen Hintergrund eigener Daseinslagen, längst gesorgt ist. „Widerstand der rohen Natur" wird kaum noch verspürt; ‚körperliche Anstrengung', sofern durch immediat wirkende Erfordernisse der Lebensfristung erzwungen, entfällt. Alle Verpflichtungsgründe werden tendenziell „versachlicht". „Symbolentleert" erscheint somit das kulturelle Ambiente, in welchem das Subjekt als Selbstzweck sich wiederfindet. „Überall schießen" jetzt die „Ideen" empor, fährt Gehlen fort, „mit denen sich nichts anderes anfangen lässt, als sie zu diskutieren"[6]. „... die am opus operatum orientierte Disziplin ... zerfällt"; „das Ideologische und Humanitäre ... verselbständigt" sich[7]. Ein Moralismus ‚handlungsloser Gesinnungen' breitet sich aus[8]. Gesinnung aber, „der die Außenstützung durch Institutionen entzogen ist", verwandelt sich schließlich in handlungslose kritische Befindlichkeiten[9]. „Geist", der so „nur individualistisch wirkt, verflattert"[10]. Dazu ist, an anderer Stelle, Gehlen noch die hübsche petrochemietechnische Metapher des „Abfackelns" eingefallen – das Bild also nutzloser Beleuchtung durch Entzünden des Unbrauchbaren. „Reflexion", so könnte man die Gehlenschen Reflexionen, mit seinen eigenen Worten, zusammenfassen, ist heute „chronischer Zustand und Strukturmerkmal sogar des Massenbewusstseins"[11] geworden. Die Reflexion aber ist, wie die Philosophie, institutionenfremd[12]. Selber nicht institutionalisierbar, wirkt sie als Ferment der Auflösung von Institutionen. Die Reflexion wirft, zum Beispiel, die „Sinnfrage" auf, was anzeigt, daß man sich „verlaufen" hat oder aus den „vorhandenen Institutionen" ausziehen möchte[13]. Das erklärt, wieso Gehlen schließlich die Reflexion ‚das gefährlichste aller Medien' nennt, und dem entspricht die komplementäre Stilisierung institutionell befestigter Lebensverhältnisse, die Schilderung der ‚plastischen Kraft und inneren Wahrheit' „primitiver Kulturen", deren „Reiz" „ein moralischer" sei[14], oder auch, späterhin, die Bekundung des Respekts vor allem, was „Status" hat, vor der ‚intakten großen Autorität der Richter und Ärzte' einschließlich zugehöriger „Amtstracht", auf der diese Autorität „sehr wesentlich" beruhe[15].

Es erübrigt sich, diese Zitation der kulturkritischen Obertöne, die der Gehlenschen Institutionentheorie ihre spezifische Klangfarbe verleihen, fortzusetzen. Man darf, selbstverständlich, diese Klangfarbe nicht mit der Melodie dieser Theorie verwechseln, das heißt mit ihrer anthropologischen Herleitung der

---

[6] A.a.O., p. 256.
[7] A.a.O., p. 24.
[8] A.a.O., p. 26.
[9] A.a.O., p. 42f.
[10] A.a.O., p. 44.
[11] A.a.O., p. 93.
[12] A.a.O., p. 41.
[13] A.a.O., p. 61.
[14] A.a.O., p. 295.
[15] A.a.O., p. 26.

Institutionen und mit ihrer Erklärung kultureller Dynamik aus der Expansion
von Handlungsspielräumen durch progressive institutionelle Entlastung. Andererseits ist evident, daß die zitierten kulturkritischen Obertöne der Gehlenschen Institutionentheorie allen Emanzipationstheoretikern schmerzlich in die
Ohren stechen müssen, und so erklärt es sich, daß sie nicht selten ununter-
schieden beides verwerfen: die Institutionenlehre ineins mit ihrer kulturkritischen Applikation. Genau an diesem Punkt trifft Helmut Schelsky die fälligen
Unterscheidungen. Dabei versteht sich, daß, was hier zu unterscheiden ist, sich
in der Einheit des Gehlenschen Werkes und ihres Autors nicht trennen läßt.
Aber indem man die Operationen des Trennens einerseits und des Unterschei-
dens andererseits unterscheidet, läßt sich die Institutionentheorie Gehlens zustimmungsfähig halten, ohne sein Dekadenzaburteil über die Reflexionskultur
entlastungsbegünstigter moderner Subjekte zu teilen. Entsprechend verteilen
sich in der Auseinandersetzung Schelskys mit Gehlen Zustimmung und Kritik.
Was man im ersten Teil des Gehlenschen Werkes von 1956 lesen kann, zählt
Schelsky zu den ‚bedeutsamsten Aussagen und Fortschritten in einer modernen Theorie der Institution‘[16]. Bezieht man diese Institutionentheorie, statt auf
kulturrevolutionär archaische Formationen, auf die zivilisatorischen Lebensverhältnisse der Moderne, so erkennt man, daß die ihr spezifisch zugehörige
Reflexionskultur ihrerseits durch die Freisetzungs- und Entlastungswirkungen
unseres gegenwärtigen institutionellen Lebenszusammenhangs erst möglich geworden ist. Auch insoweit vermag Schelsky mit Gehlen noch übereinzustim-
men. Aber Schelsky teilt Gehlens Version der Dialektik der Aufklärung nicht,
derzufolge „die moderne Subjektivität", als das Freisetzungsprodukt funktio-
nierender Institutionen, die Bedingungen ihres Funktionierens schließlich zersetzt und somit zur „Hauptursache eines allgemeinen Institutionenverfalls in
unserer Kultur" wird[17]. „Die pessimistische Zeitphilosophie" Gehlens verhält
sich nach Schelsky zu seiner Institutionentheorie grundsätzlich kontingent[18].
Entsprechend läßt Schelsky, jedenfalls bis Ende der 60er Jahre, den Zivilisa-
tionspessimismus Gehlens auf sich beruhen und schlägt statt dessen eine Fortbildung seiner Institutionentheorie vor, die vor allem zwei Elemente enthält.
Erstens handelt es sich darum, die moderne Reflexionskultur, statt sie für eine
destruktiv wirkende kulturevolutionäre Luxusbildung zu halten, in ihrer funktionalen Notwendigkeit zu erkennen. Zweitens handelt es sich darum, die so den
Erhaltungsbedingungen moderner Gesellschaften zuzurechnende Reflexionskultur ihrer funktionalen Nötigkeit wegen selber zu institutionalisieren und so
zu sichern. Gehlen hat die Institutionen ja unter anderem durch die Funktion
charakterisiert, das Subjekt vor sich selber zu schützen. Eben das wendet

---

[16] Helmut Schelsky: Zur soziologischen Theorie der Institution. In: Helmut Schelsky:
   Die Soziologen und das Recht. Abhandlungen und Vorträge zur Soziologie von
   Recht, Institution und Planung (1970). Opladen 1980, pp. 215–231.
[17] A.a.O., p. 227.
[18] Ibid.

Schelsky auf die reflexiv sich selbst thematisierende moderne Subjektivität an und programmiert die institutionelle Selbstorganisation und damit den funktionierenden Selbstschutz eben dieser reflektierenden Subjektivität. „Die Entzweiung zwischen dem Allgemeinen, das in den Institutionen von alters verkörpert ist", und „der Subjektivität des modernen Menschen" sei „die entscheidende Spannung unserer gegenwärtigen Kultur", und zwar eine funktional nötige Spannung, und sie bedürfe eben „deswegen der Institutionalisierung"[19]. So schrieb, Gehlen-kritisch, zusammenfassend Schelsky im Kontext seiner späteren Bielefelder Zuwendung zum Institutionenproblem 1970.

Für die von ihm geltend gemachte funktionale Nötigkeit institutionalisierter Reflexion im Lebenszusammenhang der modernen Kultur hat Schelsky als Beleg naheliegenderweise die existenten Reflexionsinstitutionen in Anspruch genommen, die kirchlichen Akademien also, die Institutionen der Publizistik, die Einrichtungen der Erwachsenenbildung und die Hochschulen selbstverständlich – von den gewerkschaftsnahen Gelegenheiten, zweite Bildungswege zu beschreiten, denen Schelsky ja selber biographisch verbunden war, bis hin zum Zentrum für interdisziplinäre Forschung an der Universität Bielefeld, das als Reflexionsinstitution bekanntlich Schelskys eigener universitärer Gründungsidee zu verdanken ist. Das theoretische Interesse, mit dem Schelsky diesen Einrichtungen zugewandt und verbunden war, ist das Interesse eines Soziologen der Institutionen gegenwärtiger Intellektuellenkultur. Man darf sich nicht täuschen lassen: Schelskys spätere Kritik an der von ihm so genannten „Priesterherrschaft der Intellektuellen"[20], auf die noch zurückzukommen sein wird, gehört einem anderen theoretischen sowie historisch-politischen Kontext an als die scheinbar gleichtönende, wohlbekannte ältere Intellektuellen-Kritik Gehlens[21]. Beide, Gehlen wie Schelsky, waren meisterliche Nutzer der Publizitätschancen, die dem Intellektuellen in den Medien und in den sonstigen Räsonier- und Reflexionsinstitutionen heute geboten sind und auf die er in seiner Intellektuellen-Rolle angewiesen ist. Gehlen hat dabei im Nachkriegsdeutschland vorzugsweise die dekadente Natur jenes Betriebs analysiert, zu dem er mit eben diesen Dekadenzanalysen selber beitrug, und wer ihm je zuzuhören Gelegenheit hatte, erinnert sich an die kalte Lust am Untergang, mit der er sein Publikum auf die Symptome verwies, die für den Bevorstand solchen Untergangs zu sprechen schienen. Schelskys analoge Auftritte hingegen schienen stets von einem Bewußtsein ihrer produktiven kulturellen Bedeutung erfüllt, und sie schlossen stets die Anerkennung der öffentlichen Nötigkeit der Institutionen ein, die ihm für seine Auftritte als Basis dienten. Selbst sofern er

---

[19] A.a.O., p. 229.
[20] Helmut Schelsky: Die Arbeit tun die anderen. Klassenkampf und Priesterherrschaft der Intellektuellen. Opladen 1975. – Cf. dazu die wichtige Ergänzung „Nachwort zur 2. Auflage. Erfahrungen mit einem ‚Bestseller‘". In: Helmut Schelsky: Die Arbeit tun die anderen. 2. erweiterte Auflage 1975, pp. 381–442.
[21] Arnold Gehlen: Gesamtausgabe Band 7: Einblicke. Herausgegeben von Karl-Siegbert Rehberg. Frankfurt am Main 1978, pp. 237 ff.: Intellektuellenkritik.

seinerseits diese Institutionen kritisierte, blieb ihre grundsätzliche Anerkennung vorausgesetzt. Entsprechend war die Anmutungsqualität solcher Kritik bei Schelsky stets vom Feuer des Engagements geprägt und später, unter dem Druck von Mißerfolgserfahrungen, von komplementärer Resignation. Wo man indessen, wie unter den Bedingungen der Bundesrepublik Arnold Gehlen, intellektuell desengagiert existiert, ist für Resignation ein Auslöser gar nicht vorhanden. Das erklärt den grundsätzlichen Unterschied in den Attitüden dieser beiden Groß-Intellektuellen.

Liest man aus der Perspektive dieses Unterschieds Schelskys Beiträge zur Theorie der institutionalisierten Reflexion nach, so fällt schon in den älteren dieser Beiträge jene charakteristische Überbietung der Institutionenlehre Gehlens ins Auge, auf die es hier ankommt. Vor allem für seine wirkungsreiche, religionssoziologisch zugespitzte Beantwortung der Frage, ob Dauerreflexion institutionalisierbar sei, gilt das[22]. Gehlens ,negatives Urteil ... über die moderne Subjektivität‘, so heißt es hier, sei eine Konsequenz ihrer Vergleichung mit der Stabilität und „Lebenshöhe tradierter Institutionen". Aber eben diese Vergleichung sei unangemessen. Sie enthalte eine „Verführung des Geistes zu konservativen Betrachtungsweisen". Sie insinuiere ,Verfall‘[23], wo in Wirklichkeit eine Spannung, ein spezifisch moderner produktiver ,Widerspruch der Institution zu sich selbst‘ anzutreffen sei, der grundsätzlich seinerseits „mitinstitutionalisiert" werde[24]. – Ganz analog ist auch Schelskys ältere Theorie der öffentlichen Meinung und ihrer publizistischen Institutionen angelegt. Sie repetiert zunächst Gehlens bekannte Analyse der Rolle publizistisch gelenkter oder repräsentierter Meinung als Kompensat progressiver Erfahrungsschwäche des modernen Subjekts[25]. Aber dann verteidigt Schelsky „die Massenkommunikationsmittel" gegen jene ,intellektuelle Kulturkritik‘, die in ihnen vorzugsweise „die Nachteile der modernen Zivilisation im Extrem verwirklicht" sehe[26], und er erhebt die massenmedial zugänglichen Informationen zur „Luft der sozialen Welt, in der wir leben". Diese Luft medial zugänglicher Information sei heute ebenso „selbstverständlich" wie „lebensnotwendig"[27].

Inzwischen ist es überfällig zu sagen, welches denn nun die Funktion moderner Reflexionskultur sei, die die Institutionalisierung dieser Reflexionskul-

---

[22] Helmut Schelsky: Ist Dauerreflexion institutionalisierbar? Zum Thema einer modernen Religionssoziologie (1957). In: Helmut Schelsky: Auf der Suche nach Wirklichkeit. Gesammelte Aufsätze. Düsseldorf, Köln 1965, pp. 250–275.

[23] A.a.O., p. 265.

[24] A.a.O., p. 272.

[25] Cf. dazu Arnold Gehlen: Die Seele im technischen Zeitalter. Sozialpsychologische Probleme in der industriellen Gesellschaft. Hamburg 1957, pp. 47 ff.: Meinungen, Erfahrungen aus zweiter Hand.

[26] Helmut Schelsky: Gedanken zur Rolle der Publizistik in der modernen Gesellschaft (1961). In: Helmut Schelsky: Auf der Suche nach Wirklichkeit ... a.a.O. (cf. Anm. 22), pp. 310–323.

[27] A.a.O., p. 316.

tur Schelsky zufolge nötig macht und erzwingt. Auf diese Frage möchte ich
hier, Schelskys einschlägige Theorien in äußerster Verkürzung zusammenfassend, mit vier Hinweisen antworten. Erstens ist Reflexion, als mitinstitutionalisierte, das, was Institutionen in dynamischen Zivilisationen an sich verän-
dernde Umstände produktiv anpassungsfähig hält und ihnen somit Stabilität
verschafft. „Die Möglichkeit selbstkritisch-analytischer Kontrolle gehört heute
... zu den Grundlagen einer stabilen Institution", schrieb Schelsky bereits
1949[28]. Es steht heute nichts entgegen, diese These trivial zu finden. Aber es
ist niemals trivial, an Trivialitäten von fundamentaler Bedeutung gegen Theorien zu erinnern, die dieser Bedeutung nicht gerecht werden. Genau das ist die
Position, die Schelsky hier gegenüber Gehlen bezieht. Er stellt sich einerseits
auf den Boden der Gehlenschen Anthropologie und übernimmt insbesondere
den „Begriff der Entlastung" als ihre „reifste Kategorie"[29]. Auf der anderen
Seite verwirft er die kulturkritische Illusion der „Rückkehr zu einem naiven,
d. h. ... ohne Selbstversachlichung sich motivierenden institutionellen Verhalten"[30] und erklärt damit den kulturellen Modernisierungsprozeß für irreversibel. Auch in dieser Irreversibilitätsthese darf Schelsky sich natürlich mit Gehlen noch einig wissen – nicht aber in der Zusatzthese, daß die in modernen Institutionen mitinstitutionalisierte Reflexivität zu den Erhaltungsbedingungen
eben dieser Institutionen gehöre. – Zweitens ist institutionalisierte Dauerreflexion ein in modernen, dynamischen Kulturen unentbehrliches Traditions-
fortbildungsmedium. Das hat Schelsky vor allem in seiner schon erwähnten
religionssoziologischen Hauptschrift[31] verdeutlicht. Religiöse Institutionen,
unsere Kirchen zumindest, sind, als conditio sine qua non ihres Daseins, an
Urkunden von traditionaler Dauergeltung zurückgebunden. Aber es wäre illu-
sionär anzunehmen, daß diese traditionale Dauergeltung der Glaubensurkun-
den sich am besten im Wirklichkeitshorizont fundamentalistisch geprägter
Naivität sichern ließe. Die Sache verhält sich umgekehrt: Je schärfer, zum Beispiel, das Bewußtsein ihrer Historizität sich in der modernen Kultur kraft ihrer
Dynamik irreversibel ausprägt, um so zwingender sind wir auf reflexive Ver-
mittlungen religiöser Wahrheiten angewiesen, die sich bereits gestern mitgeteilt
wissen, jedoch heute verstanden sein wollen. Generell sind Traditionen unter
Bedingungen raschen kulturellen Wandels nur dynamisch zu stabilisieren, und
Reflexion, als mitinstitutionalisierte, ist das unerläßliche Medium dieser dynamischen Stabilität. – Drittens muß man mit Helmut Schelsky auch die Institutionen der Wissenschaft zu den Einrichtungen zählen, deren gesichertes Refle-

---

[28] Helmut Schelsky: Über die Stabilität von Institutionen, besonders Verfassungen.
Kultur-anthropologische Gedanken zu einem rechtssoziologischen Thema. In: Helmut Schelsky: Auf der Suche nach Wirklichkeit, a.a.O. (cf. Anm. 22), pp. 33–55, p.
47.
[29] A.a.O., p. 50.
[30] A.a.O., p. 48.
[31] Cf. Anm. 22.

xionspotential eine Erhaltungsbedingung moderner Gesellschaften ist. Das ist das große Thema des Verhältnisses von wissenschaftlicher Theorie und gesellschaftlicher Praxis im Kontext der von Helmut Schelsky so genannten wissenschaftlichen Zivilisation[32]. Verwissenschaftlicht sind Zivilisationen in demselben Maße, in welchem es sich bei den Wirklichkeitsannahmen, die wir unseren Entscheidungen und Handlungen zugrunde legen, um wissenschaftsförmig im Praxiszusammenhang wissenschaftlicher Institutionen generierte Wirklichkeitsannahmen handelt. Je mehr aber die Bedeutung der Wissenschaft als Lieferantin von entscheidungs- und handlungsrelevantem Wissen anwächst, um so nötiger wird zugleich die Sicherung der Interessensunabhängigkeit der Wissensproduktion. Zu den personalen Voraussetzungen dieser Unabhängigkeit gehört, als intellektuelle Fundamental-Tugend, die Sachlichkeit, die ihrerseits der Sicherung durch Mechanismen sozialer Kontrolle bedarf, die institutionell durch den Kollegialverband der Angehörigen autonomer wissenschaftlicher Einrichtungen ausgeübt wird. Die Selbstbestimmungsrechte dieser Einrichtungen haben in einer liberalen politischen Kultur nicht den Sinn, Intellektuelle zu privilegieren. Sie haben ganz im Gegenteil den Sinn, sie durch Gewährleistung von Unabhängigkeit den Normen der Sachlichkeit zu unterwerfen und so zu disziplinieren. Helmut Schelsky hat in seiner praktischen Tätigkeit als Forschungs- und Hochschulplaner[33] einerseits rigoroser als andere professorale Planer institutionenpolitisch auf Sicherung der Unabhängigkeit organisierten wissenschaftlichen Sachverstandes gedrungen. Hierhin gehört vor allem seine Forderung, daß Gremien mit dem Zweck wissenschaftlicher Politik-Beratung personell nicht nach politischen Proporzgesichtspunkten des Auftraggebers, vielmehr in gremieninterner Autonomie sachkompetenzorientiert zu besetzen seien. In seinen eigenen wichtigsten Beiratstätigkeiten hat Helmut Schelsky diesen Forderungen tatsächlich Geltung zu verschaffen verstanden. Das gilt für seine Tätigkeit als Vorsitzender des Gründungsausschusses für die Universität Bielefeld[34], und es gilt auch für seine analoge, sich daran anschließende Tätigkeit als Vorsitzender des Hochschulplanungsbeirats im Lande Nordrhein-Westfalen[35]. In beiden Fällen hat Schelsky es durchzusetzen vermocht, daß die ministeriellen Berufungen in diese Sachverständigengremien, im wesentlichen, nach innerkollegial abgesprochenen eigenen Vorschlägen erfolgten. Auf der

---

[32] Helmut Schelsky: Der Mensch in der wissenschaftlichen Zivilisation. Opladen 1961.
[33] Cf. dazu meinen Aufsatz „Helmut Schelsky als Universitätsgründer", in: Horst Baier (Hrsg.): Helmut Schelsky – ein Soziologe in der Bundesrepublik. Stuttgart 1986, pp. 157–166.
[34] Cf. dazu Helmut Schelsky: Zur Vorgeschichte dieser Schrift und zu den Zielen dieser Schriftenreihe. In: Paul Mikat, Helmut Schelsky: Grundzüge einer neuen Universität. Zur Planung einer Hochschulgründung in Ostwestfalen. Gütersloh 1966, pp. 7–10.
[35] Aus dieser Tätigkeit sind die Empfehlungen I und II zur „Entwicklung der akademischen Hochschulen in Nordrhein-Westfalen bis 1974/75", Düsseldorf 1968 sowie Düsseldorf 1970, hervorgegangen.

anderen Seite wußte Helmut Schelsky natürlich, daß die personelle Rekrutie-
rungsautonomie wissenschaftlicher Institutionen bizarre Effekte zeitigen muß,
wenn man institutionenintern die Menge der Möglichkeiten, sich unmöglich zu
machen, gegen Null sinken läßt. Der elementare Zusammenhang ist dieser:
Wissenschaft setzt Freiheit ihrer Institutionen voraus, und zugleich innerhalb
dieser Institutionen rigoristische Geltung der spezifischen Moral des Wissen-
schaftsberufs. – Viertens nimmt, je wichtiger in einer wissenschaftlichen Zivilisation die Wissenschaften in ihrer Rolle als Lieferanten von Entscheidungs-
und Handlungswissen werden, komplementär dazu unsere Angewiesenheit auf
Orientierungswissen zu. Komplexität und Dynamik der wissenschaftlichen Zivilisation steigern, sozusagen, den Philosophiebedarf. Es war Helmut Schelsky
nicht zweifelhaft, daß dieser Philosophiebedarf sich heute nicht mehr durch
Leistungen privater Selbstdenker bedienen läßt. Orientierungswissen ist, wie
hochspezialisiertes Handlungswissen, seinerseits auf spezialisierte Institutionen
angewiesen, die organisatorisch fällige Prozesse kognitiver Integration einlei-
ten und begünstigen. Schelskys Idee eines Zentrums für interdisziplinäre Forschung ist die Idee einer solchen Institution. Mit dieser Idee hält Schelsky
daran fest, daß, komplementär zu den ausbildungspraktischen sowie Handlungswissen bereitstellenden Dienstleistungen moderner Universitäten, es Aufgabe dieser Universitäten bleibt, den umfassenden kulturellen Lebenszusammenhang reflexiv einzuholen, auf den die Dienste der dienstleistenden Wissenschaften sich beziehen. Kurz: Mit seiner Idee dieses Zentrums für interdisziplinäre Forschung hat sich Helmut Schelsky als Humboldtianer zweiter Stufe erwiesen. Die Universitäten, die nach dem Konzept Humboldts Kultur und Natur reflexiv integrieren, bilden heute in sich selbst Institutionen aus, in denen
die Wissenschaften in ihrer natur- und kulturverändernden Wirkung ihrerseits
reflexiv thematisiert werden. Das Zentrum für interdisziplinäre Forschung ist
eine solche Institution. Nichts erweist die Nötigkeit der Idee, die dem Zentrum
zugrunde liegt, besser als das Faktum, daß auch im deutschsprachigen Bereich
die Zahl der Einrichtungen ständig wächst, die im institutionellen Zusammenhang der modernen Wissenschaften reflexiv der Sicherung der kulturellen Einheit der Wissenschaften gewidmet sind. Es ist an dieser Stelle noch hinzuzufügen, daß Helmut Schelsky speziell auch die Soziologie als eine Disziplin verstanden hat, von der wir, im glücklichen Fall, überwiegend Orientierungswissen, also nicht unmittelbar nutzbares, gar technologisch umsetzbares Wissen
zu erwarten haben. Das konveniert übrigens mit der Feststellung Rainer Lepsius', daß der „Anteil an … Entscheidungswissen", den die Soziologie habe zur
Verfügung stellen können, eher gering geblieben sei, insbesondere geringer als
die entsprechenden Anteile, mit denen Rechtswissenschaften, Wirtschaftswissenschaften und Naturwissenschaften die politischen „Entscheidungsprozes-
se" zu beeinflussen vermochten[36]. Anders ausgedrückt: Für Helmut Schelsky

---

[36] M. Rainer Lepsius: Die Entwicklung der Soziologie nach dem Zweiten Weltkrieg.

ist die Soziologie stets Philosophie, Reflexionswissenschaft also geblieben –
eine erfahrungswissenschaftlich gesättigte Philosophie freilich, deren kulturelle
Funktion die Schärfung des Sinns für orientierungskritische Lagen ist, in denen
es weniger an guter Gesinnung als an Kenntnissen dessen fehlt, was der Fall
ist. –

Mit dieser Skizze der Funktionen, die Helmut Schelsky der institutionalisierten Reflexion im Lebenszusammenhang der modernen Kultur zugeschrieben
hat, ließe sich lange fortfahren – von seinen gelegentlichen Bemerkungen zur
Rolle der modernen Kunst bis hin zu seinen Analysen zur Funktion der Publizistik. Vergegenwärtigt man sich das, so wird schließlich evident, was die Institutionentheorie Schelskys von derjenigen Gehlens unterscheidet: Das Theorem nämlich der Mitinstitutionalisierung der Reflexion als institutioneller Sta-
bilitätsbedingung moderner Kultur.

Was aber ist dann der Sinn der späten Intellektuellen-Kritik Schelskys, die
mit dem publizistischen Paukenschlag seines Artikels über den Marsch durch
die Institutionen in der Frankfurter Allgemeinen Zeitung vom 10. Dezember
1971[37] begann und mit der Veröffentlichung seines Bestsellers „Die Arbeit tun
die anderen" vier Jahre später auf ihren Höhepunkt kam? Hat Schelsky in diesen sich fortsetzenden späten Polemiken[38] seine Gehlen-kritische Position und
damit seine These von der nötigen Mitinstitutionalisierung der Reflexion revoziert, und hat er damit nun selber der „Verführung des Geistes zu konservativen Betrachtungsweisen" nachgegeben, als deren Konsequenz er fünfzehn
Jahre zuvor die Gehlensche kulturkritische Applikation der Institutionenlehre
gekennzeichnet hatte?[39] Die Sache verhält sich grundsätzlich anders. Die
Theorie der wachsenden Nötigkeit von Reflexionsprozessen zur dynamischen
Stabilisierung von Institutionen in der modernen Kultur wird keineswegs auf-
gegeben. Schelskys späte Kritik an den Reflexionseliten dementiert nicht die
Nötigkeit der kulturellen und politischen Funktion dieser Eliten. Das Objekt
dieser Kritik ist ein ganz anderes. Es handelt sich um eine Kritik an manifesten
Verstößen gegen Regeln der Institutionen, die die Reflexion in der modernen
Kultur zu sichern und funktionsfähig zu halten bestimmt sind. Nicht die Rolle
des Intellektuellen wird kritisiert, vielmehr, zum Beispiel, die publizistische
Praxis der Informationsunterdrückung aus moralisierender Gesinnungskonfor-
mität. Nicht die ideologische Bewegtheit akademischer Jungbürger wird ange-
griffen, sondern, zum Beispiel, die Beflissenheit von Professoren, an sich be-

---

1945–1967. In: Deutsche Soziologie seit 1945. Entwicklungsrichtungen und Praxisbezug. Herausgegeben von Günther Lüschen. Opladen 1979, pp. 25–70.

[37] Wiederabdruck im Kontext weiterführender Analysen in Helmut Schelsky: Systemüberwindung. Demokratisierung und Gewaltenteilung. Grundsatzkonflikte der Bundesrepublik. München 1972.

[38] Cf. zum Beispiel das Hochschulkapitel in einem seiner letzten Bücher: Helmut
Schelsky: Funktionäre – gefährden sie das Gemeinwohl? Stuttgart-Degerloch 1982,
pp. 213 ff.

[39] Cf. Anm. 23.

langlose studentische Verstöße gegen Regeln, die innerakademisch die Wissenschaftsfreiheit sichern sollen, als kulturrevolutionär legitimiert anzuerkennen. Nicht das Bürgerrecht der Gelehrten, sich publizistisch-politisch zu engagieren, wird bestritten, vielmehr, zum Beispiel, die wissenschaftskulturzerrüttende Insinuation, eine politische Meinungsäußerung gewinne an qualifizierter öffentlicher Geltung, indem sie durch einen Fakultätsbeschluß konfirmiert wird.

In der Zusammenfassung heißt das: Helmut Schelskys späte Kritik an der sich so nennenden kritischen Intelligenz dementiert nicht die kritische Rolle der Intelligenz. Sie hat vielmehr den Sinn der Erinnerung an gewisse institutionelle Bedingungen, die geeignet sind, diese Rolle im Kontext einer liberalen politischen Kultur zu sichern und auf Dauer zu stellen. Schelskys später Konservativismus ist insofern ein Konservativismus in bezug auf die reflexionsinstitutionellen Bedingungen dieser liberalen politischen Kultur.

9. Wissen in Geschichten. Wilhelm Schapps Philosophie – berufsfrei und lebensweltnah

Nie gab es so viele Philosophen wie heute. Mir wurde das eindrucksvoll und unvergeßlich, als ich einmal zur Gelegenheit eines Weltkongresses für Philosophie den Eröffnungsvortrag zu halten hatte[1]. Es ist eine Erbschaft Platonischer Tradition, daß wir fortdauernd mit dem Wort „Philosoph" Assoziationen verbinden, die beim Anblick mehrerer tausend Philosophen in einer Messehalle Irritationen auslösen. Der deutsche Bundespräsident sprach in seiner Grußadresse von „Scheu vor der Philosophie und den Philosophen" und nannte den Begriff der Philosophie ‚ehrwürdig'[2]. Gegenüber einer Philosophenversammlung von der Größenordnung eines Gewerkschaftskongresses verflüchtigen sich aber Anwandlungen der Scheu, und es drängt sich die Frage auf, wieso denn die Philosophie, um ihren Platz in Wissenschaft und Kultur zu behaupten, nach ihrem Personalbestand als Großorganisation auftreten müsse. Die Antwort auf diese Frage ist in ihrem ersten Teil trivial: Mit dem Grad der Modernität unserer Zivilisation expandiert überall der Lebenszeitanteil, den wir in Einrichtungen der Ausbildung und Fortbildung zu verbringen haben, und die Philosophie ist als Element der entsprechenden Lehrangebote keineswegs modernisierungsabhängig verschwunden. Die Nachfrage nach Philosophie wächst sogar noch, und der zweite Teil der Antwort auf die Frage, wieso sich das so verhält, ist nicht trivial. Sie besagt in der Quintessenz, daß mit der Komplexität und Dynamik unserer Zivilisation, die wie nie zuvor eine Zivilisation vom Wissen und Können der Experten abhängig geworden ist, zugleich der Bedarf an orientierungssicherndem Generalistenwissen anwächst. Das kommt neben anderen Disziplinen, die geeignet sind, Beiträge zum Gemeinwissen von der Welt, in der wir leben, zu leisten, auch der Philosophie zugute, und entsprechend handelt es sich bei den Philosophen, die für ihre Welttreffen auf die Infrastruktur von Geschäftsmessen angewiesen sind, überwiegend um Professoren oder andere Philosophielehrer, deren Alimentierung zumeist aus

---

[1] Es handelte sich um den 1978er Kongreß der Fédération Internationale des Sociétés de Philosophie (FISP). Cf. dazu Alwin Diemer (Hrsg.): 16. Weltkongreß für Philosophie 1978. Eröffnungs- und Schlußsitzung, Plenarsitzungen, Abendvorträge. Frankfurt am Main, Bern, New York 1983.

[2] Grußansprache des Bundespräsidenten der Bundesrepublik Deutschland Walter Scheel. A.a.O., pp. 13–21, p. 13.

öffentlicher Kasse erfolgt. Es sei aber noch hinzugefügt, daß inzwischen anteilmäßig und absolut auch die Zahl der freiberuflich tätigen Philosophen wächst. Diese philosophischen Freiberufler sind, zum Beispiel, als Korrespondenten für die Medien einschließlich der Massenmedien tätig, die für ihre Feuilletons oder für ihre Nachtprogramme Spezialredaktionen für die Philosophie eingerichtet haben. Aber auch Dienstleistungen der Lebensberatung werden von Philosophen angeboten, die dabei weder den Seelsorgern noch den Psychiatern und Psychoanalytikern Konkurrenz machen, vielmehr in kleinen Gruppen Gemeinwissen von den Voraussetzungen gelingenden oder auch mißlingenden Lebens erneuern und festigen. Von Tugenden oder Untugenden ist dabei nicht in akademischer, vielmehr in lebenspraktischer Absicht die Rede, und auch die Nachfrage nach Angeboten zur Anleitung zu dieser Praxis wächst modernitätsabhängig und blüht international. Viel gerühmt wird dabei heute zum Beispiel die Philosophische Praxis Gerd B. Achenbachs[3].

Wilhelm Schapp war bekanntlich kein Philosophiedozent, und freiberuflich hat er sich als Philosoph auch nicht betätigt. Seine Rolle unter den Philosophen war somit die eines Mannes, der über die ganze Dauer seines Erwachsenenlebens hin philosophieberufsfrei sich der Philosophie neben seiner beruflichen Tätigkeit als Rechtsanwalt gewidmet hat[4]. Bei dieser Charakteristik der Art, ein Philosoph zu sein, drängt sich heute das Wort „hobby" auf, und von Personen des öffentlichen Lebens, die sich massenmedial autobiographisch mitzuteilen haben, wird ja heute regelmäßig auch eine Information über ihre „hobbies" erwartet. Indessen ist evident, daß die Kennzeichnung „hobby", jedenfalls in ihrem vorherrschenden deutschen Gebrauch, auf das philosophische Lebenswerk Wilhelm Schapps gar nicht paßt. Um das Resultat einer Liebhaberei, einer beliebig austauschbaren gar, also um das, was man noch zur Jugendzeit Schapps in Deutschland ein „Steckenpferd" nannte, handelt es sich nicht, wohl hingegen um eine Art berufsfreier Beschäftigung, „that may involve the development of intricate knowledge or expertise about a limited field"[5]. Auf Wilhelm Schapps lebenspraktisches Verhältnis zur Philosophie bezogen heißt das: Unbeschadet der Tatsache, daß Schapp in keiner Lebensphase aus der Philosophie einen Beruf gemacht hat, arbeitete er philosophisch in Orientierung an den methodischen und professionellen Standards, die er an deutschen Universitäten kennengelernt hatte. Er verstand, was er schrieb, als

---

[3] Es handelt sich um einen Schüler Odo Marquards. Cf. dazu Gerd B. Achenbach: Philosophie als Beruf. In: Gerd B. Achenbach: Philosophische Praxis. Mit Beiträgen von Matthias Fischer, Thomas H. Macho, Odo Marquard und Ekkehard Martens. Köln 1984, pp. 23–36.

[4] Zu den wichtigsten Daten und Fakten der Biographie Wilhelm Schapps cf. Hermann Lübbe: Schapp, Wilhelm Albert Johann. In: Biographisches Lexikon für Ostfriesland. Herausgegeben im Auftrag der Ostfriesischen Landschaft von Martin Tielke. Erster Band. Aurich 1993, pp. 302–305.

[5] So zu „hobby" gemäß Cassell's Modern Guide to Synonyms and Related Words. Edited by S. I. Hayakawa, Revised by P. J. Fletcher. London 1971, p. 267.

Beiträge zum Fach. Er erwartete nach Publikation seiner Bücher gehörige Rezensionen und freute sich zumeist über sie, und für Übersetzungen dieser Bücher in andere Sprachen, die ja stets von anspruchsvollen institutionellen und personellen Voraussetzungen abhängig sind, gilt das ebenso. Über Korrespondenzen hielt er Verbindung mit Phänomenologen aus seinen Studienjahren, und auch zahlreiche neue Verbundenheiten mit Philosophen des Inlands wie des Auslands bildeten sich heraus. Auf den Gedanken, einen Weltkongreß für Philosophie zu besuchen, wäre er gewiß nicht gekommen. Aber zu Reisen in der Absicht von Fachgesprächen brach er dann und wann auf, und fachgesprächsintensiv verlief auch die philosophische Arbeit im heimischen Aurich. Davon muß noch die Rede sein.

Kurt Röttgers hat empfohlen, Wilhelm Schapp einen Dilettanten zu nennen. Diese Empfehlung ist gut, wenn anders man sich imstande sieht, sein Ohr wieder auf die Bedeutung des Wortes „Dilettant" zu stimmen, die auch im Deutschen bis gegen das Ende des 18. Jahrhunderts hin die vorherrschende war: „Dilettant" – der Eigner einer Könnerschaft aus purer Liebhaberschaft. Schiller freilich behandelte später den Dilettanten polemisch, und zurückhaltender tut das auch Goethe[6]. Dilettantismus – das sei die Art, „immer das Unmögliche leisten zu wollen, welches die höchste Kunst erforderte, wenn man sich ihm je nähern könnte"[7]. Demgegenüber müßte man sich, wenn anders wir unbeschadet der modernen Geringschätzung des Dilettantismus durch die zitierten Klassiker, Wilhelm Schapp denn einen Dilettanten nennen wollen, postmodern an Schopenhauer halten, welcher fand, solche Geringschätzung des Dilettantismus beruhe auf der „niederträchtigen Überzeugung, dass Keiner eine Sache ernstlich angreifen werde, wenn ihn nicht Noth, Hunger, und sonst welche Gier dazu anspornt"[8].

Nach guter Aristotelischer Regel sollte man freilich auch in der Dilettantismus-Frage Wortstreit vermeiden. Interessanter ist der soziologische Aspekt der Sache und mit ihm die Frage, ob sich denn in der Tat auch im modernen Lebenszusammenhang Könnerschaften außerhalb professioneller, nämlich berufsmäßig ausgeübter Tätigkeiten entfalten und halten können. In der modernen Hochschätzung der Professionalität steckt die Vermutung des Gegenteils. Aber diese Vermutung ist unzutreffend. Soweit Könnerschaften nicht an professionelle Dauernutzung großer Institute und analoger Infrastrukturen gebunden ist, bewirkt gerade die modernisierungsabhängig fortschreitende Gleich-

---

[6] Cf. dazu Michael Niedermeier: Dilettantismus. In: Goethe Handbuch Band 4/1. Herausgegeben von Hans-Dietrich Dahnke und Regine Otto. Stuttgart, Weimar 1998, pp. 212–214.

[7] Maximen und Reflexionen (821), in: Goethes Werke. Hamburger Ausgabe. Band XII. Hamburg ²1956, p. 481.

[8] Arthur Schopenhauer: Über Gelehrsamkeit und Gelehrte. In: Arthur Schopenhauers sämtliche Werke. Herausgegeben von Paul Deussen. Fünfter Band. Parerga und Paralipomena. Zweiter Band. München 1913, pp. 523 f.

verteilung der Zugangsmöglichkeiten zu Informationen und Kommunikationen über die Fläche, daß sich komplementär zu den Zentren professioneller Ausübung wissenschaftlicher oder auch künstlerischer Tätigkeiten dezentral Könnerschaften aus berufsfrei ausgeübten Beschäftigungen von Liebhabern sich herausbilden können. Exemplarisch heißt das: Aus Volksschullehrern konnten Experten ersten, auch akademisch anerkannten Ranges für regionale Flora und Fauna werden, ja sogar mit Ehrendoktoraten ausgezeichnete, berufsfrei sich betätigende Fachleute für geologische Landesaufnahmen[9]. Was sich so liebhaberschaftlich tun läßt oder auch nicht, wandelt sich selbstverständlich mit dem Wandel der wissenschaftlichen Methoden und sonstigen Standards. Aber es verschwindet nicht, expandiert vielmehr als lebendiger Teil moderner wissenschaftlicher Landeskultur, heute zum Beispiel in Gestalt anspruchsvoller Lokalhistoriographie[10]. Selbstverständlich findet sich auch die Philosophie von diesem Prozeß der Ausweitung der Möglichkeiten liebhaberschaftlicher, also berufsfreier wissenschaftlicher Arbeit begünstigt. Die Differenzen zwischen den Niveaus metropolitaner und so genannter provinzieller kultureller Betätigungen flacht sich ab, und der Philosoph Wilhelm Schapp verfaßte sein Lebenswerk entsprechend in Aurich nicht mangels besserer Möglichkeiten, vielmehr weil er es in freier und realistischer Einschätzung von Nutzen und Nachteil berufsfreier und berufsbezogener philosophischer Arbeit so wollte.

Als ich selber längst Philosophie an Universitäten dozierte, fragte ich gelegentlich Schapp, wieso er denn darauf verzichtet habe, aus der Philosophie einen akademischen Beruf zu machen. Die Frage lag nahe. Immerhin fand bereits die Dissertation Wilhelm Schapps eine Anerkennung und Daueraufmerksamkeit, die ihr drei Auflagen sicherten. Nach der Promotion im Jahre 1909 erschien die erste Auflage der „Beiträge zur Phänomenologie der Wahrnehmung" bekanntlich 1910, 1925 wurde sie nachgedruckt und postum kam eine dritte Auflage 1976 heraus[11]. Die Doktoren der Philosophie, die heute an unseren Hochschulen beruflich tätig sind, mögen sich fragen, wer denn mit seiner Dissertation eine ähnlich nachhaltige Lesernachfrage ausgelöst hat. Bedenkt man überdies, daß Husserl, der in seinen Göttinger Jahren noch unter einer gewissen Nichtbeachtung seiner Bemühungen litt[12], seinem zweiten und ge-

---

[9] Ein ostfriesisches Beispiel wäre dafür Dodo Wildvang: Die Geologie Ostfrieslands. Abhandlungen der Preußischen Geologischen Landesanstalt. Neue Folge, Heft 181. Berlin 1938. – Wildvang war Ehrendoktor der Universität Göttingen.

[10] So exemplarisch im Band 69 der Abhandlungen und Vorträge zur Geschichte Ostfrieslands. Herausgegeben von der Ostfriesischen Landschaft in Verbindung mit dem Niedersächsischen Staatsarchiv in Aurich: Aurich im Nationalsozialismus. Im Auftrag der Stadt Aurich herausgegeben von Herbert Reyer. Aurich 1989.

[11] Wilhelm Schapp: Beiträge zur Phänomenologie der Wahrnehmung. Mit einem Vorwort zur Neuauflage von Carl Friedrich Graumann. Wiesbaden 1976.

[12] Cf. Wilhelm Schapp: Erinnerungen an Husserl. Ein Beitrag zur Geschichte der Phänomenologie (zuerst 1959). Wiesbaden 1976, p. 19.

schätzten Doktoranden Wilhelm Schapp selbstverständlich den Zugang zur akademischen Karriere geöffnet hätte, so lag doch die Frage nahe, wieso der Referendar Schapp es vorzog, statt dessen den Beruf eines Juristen zu ergreifen. Schapps Antwort auf meine Frage war von anspruchsvoller Bescheidenheit. Sie lautete: Die Philosophie, in der er sich einigermaßen sicher bewegen zu können glaube, hätte doch ihrem Umfang nach niemals für eine dreißigjährige Dozententätigkeit ausreichen können, und so sehe er das im Rückblick auch heute noch. Ach, meinte ich, das meint man am Anfang immer – zu Beginn des Semesters findet man, der Stoff werde nicht reichen, und jeweils am Semesterende erweist sich die Zeit als das knappe Gut. Meinen Sie? – erwiderte Schapp skeptisch und frug nach meinem derzeitigen Semesterprogramm. Es waren, wenn ich mich recht erinnere, Themen vertrauten philosophiehistorischen Unterrichts – Hegels Philosophie der Geschichte, Lenins Staats- und Revolutionstheorie, überdies noch die popularwissenschaftlichen Publikationen der großen Naturforscher in der zweiten Hälfte des 19. Jahrhunderts. Das sei ja alles sehr nützlich, fand Schapp. Ohne daß dergleichen an unseren Hochschulen angeboten werde, könne man die Philosophie tatsächlich nicht studieren. Aber diese Aneignung und Weitergabe der Philosophie anderer, der überwiegende Teil der Dozententätigkeit also, sei ihm doch als Beruf nie sehr verlockend erschienen, und dahinter verberge sich wohl eine unauslöschliche Prägung durch eine seminaristische Maßgabe Husserls. Husserl nämlich habe einen Studenten, der sich langatmig über Berkeley ausließ, schließlich unterbrochen und gewünscht, er möge doch, statt mitzuteilen, was er gelesen habe, sagen, was er gesehen habe.

Gelesenes einerseits und Gesehenes andererseits – das ist gewiß keine reine Alternative. Aber im Blick auf diesen Unterschied läßt sich doch erkennen, wieso Schapp in der Wirkung des in der frühen phänomenologischen Schule geltenden Imperativs „Zu den Sachen!" für philosophiehistorische Studien, wie sie einem Philosophiedozenten von Berufs wegen angesonnen sind, sich nur schwach motiviert fand, jedenfalls nicht ausreichend für eine berufslebenslange Vorlesungstätigkeit. Gewiß: Der frühe Husserl vermochte seine Pflichtstunden nahezu exklusiv mit eigenen Einsichten zu füllen, und es bedurfte selbst in gesellschaftlichen Zusammenhängen nur eines Stichworts, um bei Husserl endlose Monologe auszulösen, so erzählte man. Husserl wurde darüber zu einer Ausnahmegestalt, die man bewundern mußte, der man aber bei konventionelleren Lebensverbringungsansprüchen nicht gut nacheifern konnte.

So blieb also Schapp beim Beruf des Juristen und bei der Philosophie in der erläuterten anspruchsvollen Bedeutung des Wortes als „Dilettant". Ein ganz eigenes Profil gewann darüber die Philosophie Wilhelm Schapps stilistisch. Im Versuch der Charakteristik dieses Stils ist die Erinnerung an die Gespräche hilfreich, zu denen Schapp in Vorbereitung des Buches, das 1953 dann unter dem Titel „In Geschichten verstrickt" erschien, zumeist junge Philosophen aus seiner näheren oder weiteren Umgebung um die Wende der vierziger zu den

fünfziger Jahren einlud – darunter auch mich und mich schließlich über Jahre
hin bei meinen Aufenthalten im heimischen Aurich regelmäßig. Es handelte
sich um Gespräche eines ungewöhnlichen Typus, und das gilt schon für den
Zeitrahmen, in den sich diese Gespräche schließlich einfügten. Man begann
am mittleren Nachmittag mit dem Tee und blieb über eine nicht immer, aber
zumeist frugale Abendmahlzeit hinaus bis gegen Mitternacht gesprächshalber
beisammen. Das waren dann gesamthaft sechs, ja sieben Stunden, und das in
kleineren Zeitabschnitten gelegentlich wöchentlich, jedenfalls mehrmals jähr-
lich in den gesprächsintensiveren Zeiten. Sechs- bis siebenstündige Gespräche
– die sind in fortgeschrittenen Lebensjahren bei Annäherung an die Grenze
zum biblischen Alter nur dann bekömmlich, wenn sie über Eigenschaften verfügen, die auf die physiologische und mentale Befindlichkeit ebenso anregend
wie schonend wirken. Die Gespräche mußten anstrengungsfrei bleiben, und sie
mußten die Nachtruhe, statt sie zu stören, begünstigen. Nur bei garantiert
streitfreien Gesprächen, die keinerlei nachwirkende Erregung auslösen, ist das
gewährleistet. Dafür sorgen Gesprächsgegenstände, die, weil sie ohnehin nicht
zur Disposition unserer Handlungsmöglichkeiten stehen, weder moralisierbar
noch politisierbar sind. Es mag sich um Bekömmlichkeiten oder um Unbe-
kömmlichkeiten handeln – solange sich, was ist, wie es ist, gar nicht ändern
läßt, evoziert es keinerlei Engagement. Man kann weder dafür noch dagegen
sein, und die Kommunität der Gesprächsteilnehmer wird von unterschiedli-
chen praktischen Optionen dieser Art gar nicht berührt. Eben deswegen fungiert bekanntlich das Wetter als unverfängliche Anknüpfungsgelegenheit für
Gespräche. Dem einen mag es recht sein und dem anderen schaden – weil niemand es bestellt oder verursacht hat, gerät man mit seiner Thematisierung
nicht zwischen Fronten. Man tauscht, wenn anders man es für sinnvoll hält,
bei der Sache zu bleiben, Wahrnehmungen aus, lenkt die Aufmerksamkeit auf
Besonderheiten oder Ungewöhnlichkeiten, und so entlastet von Gelegenheiten
zur Bekundung von Genugtuung oder Empörung, von gutem Einvernehmen
oder Befremden verliefen auch die philosophischen Gespräche bei Schapp.
Ihre sehr lange Dauer hing an der Abwesenheit jeglichen Problemdrucks. In
der temporalen Charakteristik der Gespräche bedeutet das: Sie waren nicht ter-
miniert. Die Begrenztheit des Lebenszeithorizonts, gewiß, ließ auch die Absicht, aus den Gesprächsresultaten schließlich eine Publikation zu machen, im
Gesprächshintergrund stets präsent sein. Im übrigen hing aber für den Lebens-
fortgang nichts davon ab, ob man mit diesem oder jenem Problem noch innerhalb der eigenen Lebensfrist fertig geworden sein würde oder eher nicht. Dazu
paßt, daß die Gespräche nicht Dialogform hatten. Selbstverständlich wechselte
die Wortinhaberschaft. Aber sie wechselte nicht in der Abfolge von Argumenten, in der es nötig schien, einer These die Antithese entgegenzusetzen. Es
waren nicht Unzulänglichkeiten in der Begründung von Behauptungen, auf die
man mit einer Wortmeldung aufmerksam machen wollte. Um wechselseitige
Abklärung unterschiedlicher Wortgebrauchsregeln, denen man mißverständnisträchtig gefolgt war, handelte es sich selten. Man nahm das Wort, um im

Kontext von Beschreibungen[13] auf Phänomene aufmerksam zu machen, die geeignet waren, die Beschreibung zu ergänzen oder zu verfeinern. Wer gerade nicht sprach, sondern durch die Beschreibungen des Sprechenden angeleitet hinsah, sah dann mit einer gewissen Wahrscheinlichkeit in dieser Rollenverteilung momentan mehr und Genaueres als der Sprechende, so daß es Anlaß gab, selber in die Rolle des expliziten Beschreibers zu wechseln.

Es erübrigt sich, mit der Beschreibung der Gespräche in phänomenologischer Absicht, wie Schapp sie führte, fortzufahren. Und wenn man nun noch einmal hört, daß sich das jeweils über sechs bis sieben Stunden hinzog, so könnte sich die Anmutung der Langweiligkeit einstellen. Aber das wäre ein Mißverständnis. Gerade die ungewöhnliche Dauer der Gespräche schloß doch Langeweile eo ipso aus –: gelangweilt kann man nicht stundenlang miteinander reden. Schopenhauer hat bekanntlich den Zwang zur Vertreibung der Langeweile zu einem der wichtigsten Faktoren menschlicher Zeitverbringung erklärt. Aber auch dieser Faktor war in den Schapp-Gesprächen gar nicht wirksam. Nicht erfolgreich vertriebene Langeweile, vielmehr die durch sie untangierte Befindlichkeit der Gesprächsteilnehmer kennzeichnete sie. Unterhaltsam waren sie eben deswegen auch nicht. Einzig unterhaltungsunbedürftig war man zur Teilnahme an diesen Gesprächen fähig. Gelegenheiten zur Selbstdarstellung wurden nicht geboten. Der Affekt der Bewunderung für die Kunst schlagender Argumente wurde nicht geweckt. Verbalisierungsbrillanz blieb, wenn sie denn vorgekommen wäre, als solche unbemerkt. So lassen sich also die Schapp-Gespräche zusammenfassend als Kontrastphänomen zu guten philosophischen Talk-Shows verstehen. –

Wilhelm Schapp pflegte seine Buchtexte zu diktieren, und gelegentlich war ich für kurze Zeit Mithörer solcher Diktate. Nach meiner deutlichen Erinnerung unterschied sich die Sprechform dieser dann später gedruckten Diktate nicht von Schapps Art, sich gesprächshalber zu äußern. Entsprechend gewinnt man über die Lektüre von „In Geschichten verstrickt" wie auch der sechs Jahre später zuerst erschienenen „Philosophie der Geschichten"[14] zugleich einen verläßlichen Eindruck vom Schappschen Gesprächsstil. Die Texte sind informationsvermittlungspraktisch nicht minimalisiert. Sie sind wiederholungsreich, das aber mit Gewinnen in der Präsenz der Gegenstände durch Perspektivenwechsel. Unbeschadet des Willens zur Genauigkeit in der Deskription der Phänomene hielten sich die beschreibenden Texte von reflexiver Bemühung zur Schärfung der sprachlichen Beschreibungsmittel nahezu vollständig frei. Der

---

[13] Ganz im Sinne des Statements von Ernst Wolfgang Orth: „Phänomenologie und Beschreibung werden gerne als ein unzertrennliches Begriffspaar präsentiert, d.h., wer Phänomenologie sagt, impliziert Beschreibung, und wer beschreibt, verfährt phänomenologisch." Ernst Wolfgang Orth: Beschreibung in der Phänomenologie Edmund Husserls. Perspektiven und Probleme der Husserlschen Phänomenologie. Beiträge zur neueren Husserl-Forschung. Freiburg, München 1991, pp. 8–45, p. 8.
[14] Wilhelm Schapp: Philosophie der Geschichten. Leer/Ostfriesland 1959.

Leser unterliegt nicht der Aufforderung, sich an Wortgebrauchsregeln zu halten. Die Phänomenologie Wilhelm Schapps kennt keine „Orthosprache", wie der so genannte philosophische Konstruktivismus sie für erforderlich hielt und tatsächlich auch nützlich gemacht hat[15]. Dennoch wird das nicht als Mangel verspürt, und zwar deswegen nicht, weil sich die Schappschen Texte frei von Elementen der von den erwähnten Konstruktivisten aus gutem Grund verschmähten „Bildungssprache" halten[16]. Wilhelm Schapp bedient sich durchweg der „Sprache des Alltags"[17] und das zugleich in Prägung durch die Erfahrung des Juristen, der gelernt hat, was sprachlich für die Identifizierbarkeit von Tatbeständen geleistet sein will. Entsprechend fehlen bei Schapp auch stilistische Expressionen des analytischen Willens zur Präzision. Sie fehlen, weil sie gegenstandslos gewesen wären. Es wird ja dauerhaft „vorläufig jede Theorie beiseite" gelassen. Um „Begriffsuntersuchung" handelt es sich nicht[18]. Unbeschadet der Kompatibilität, ja Nähe von Phänomenologie und analytischer Philosophie[19] sind Analytiker einerseits und Phänomenologen andererseits schon nach dem sprachlichen Profil ihrer Texte unverwechselbar, und im Verhältnis zu den gleichfalls kompatiblen, ja benachbarten Bemühungen der Konstruktivisten gilt dasselbe.

Aber was war denn nun der „Gegenstand" der Gespräche, der ihre skizzierte stilistische Gestalt, ihre Form, nahelegte? Im Ablauf der philosophischen Arbeit Schapps handelte es sich ja bei diesen Gesprächen, wie gesagt, um Bemühungen, die mit der Publikation seines bekanntesten Buches „In Geschichten verstrickt" endeten[20]. Das ließe vermuten, Schapp hätte in den fraglichen Gesprächen an Themen seiner Philosophie angeknüpft, die dem neuen Thema

---

[15] Wie sie, immerhin mit dem End-Ziel, „den Frieden stabiler" zu machen, Paul Lorenzen entwickelt hat. Cf. Paul Lorenzen: Lehrbuch der konstruktiven Wissenschaftstheorie. Mannheim, Wien, Zürich 1987, p. 237, mit dem in vielen seiner Elemente orthosprachlich emendierten „Sachverzeichnis" pp. 317–330.

[16] „Unser skeptisches Misstrauen richtet sich gegen die *Bildungssprache*" – so Wilhelm Kamlah, Paul Lorenzen: Logische Propädeutik oder Vorschule des vernünftigen Redens. Mannheim 1967, p. 24.

[17] Wilhelm Schapp: Beiträge zur Phänomenologie der Wahrnehmung, a.a.O. (cf. Anm. 11), p. 19.

[18] A.a.O., p. 3.

[19] Zur Nähe von analytischer und phänomenologischer Philosophie habe ich mich zuerst in meinem Aufsatz „‚Sprachspiele' und ‚Geschichten'. Neopositivismus und Phänomenologie im Spätstadium" (1960/61) geäußert, wiederabgedruckt in Hermann Lübbe: Bewusstsein in Geschichten. Studien zur Phänomenologie der Subjektivität. Mach, Husserl, Schapp, Wittgenstein. 1972, pp. 81–114. – Cf. ferner Cornelis Anthonie van Peursen: Phänomenologie und analytische Philosophie. Stuttgart, Berlin, Köln, Mainz 1969.

[20] Wilhelm Schapp: In Geschichten verstrickt. Zum Sein von Mensch und Ding. Hamburg 1953. – Die 2. Auflage erschien 1976 in Wiesbaden, mit einem Vorwort zur Neuauflage von Hermann Lübbe, 3. und 4. Auflage 1985 und 2004 in Frankfurt am Main.

„Geschichten" näher standen als die Wahrnehmungsphänomene, die in der frühen Dissertation behandelt waren. Dafür hätte sich Schapps Rechtsphänomenologie angeboten, die zuerst 1930 erschienen war[21] und die alsbald mit einem zweiten Band fortgeführt wurde[22]. Es lag in der Natur der Sache, daß Schapp in seiner Rechtsphilosophie längst vor seiner Geschichtenphilosophie Geschichten zu erzählen hatte – zum Beispiel die von der Übertragung eines Miteigentums am Hofe zugunsten einer Bäuerin bei der Einheirat, deren Bedeutung im Fall eines normalen Eheverlaufs nie bemerkt wird, zu extremer Auffälligkeit aber beim Ausnahmefall einer Scheidung am Ende „einer regelwidrig verlaufenen Ehe" gelangt. Dieser Unglücksehe sitzt dann das zuvor unauffällig gebliebene positivrechtliche Miteigentum am Hofe „wie angegossen"[23].

Selbstverständlich rekurriert auch das Geschichtenbuch auf Rechtsgeschichten, in die wir verstrickt sind[24]. Dennoch wurde in den Schapp-Gesprächen in Vorbereitung des Geschichten-Buches an Rechtsgeschichten eher selten angeknüpft. Vielmehr stand die Wahrnehmungsphänomenologie im Mittelpunkt, und exemplarisch möchte ich eines der Phänomene herausheben, das uns ausführlich beschäftigt hat. Es handelt sich um das Phänomen des Glanzes. Erwähnt wird es unter diesem Namen in den vorliegenden Büchern eher beiläufig dann und wann[25], und so mag dann die Erinnerung an die Glanz-Gespräche die heute nachlesbare Phänomenologie Schapps noch um ein kleines Stück ergänzen. Es handelt sich dabei freilich um ein Stück, das uns Schapp zugleich als einen künstlerisch interessierten Aisthetiker erkennen läßt. Daß „Glanz" ein Wort mit großer philosophiehistorischer Ladung ist, war selbstverständlich auch Schapp bekannt – bis hin zu jenem Glanz, in welchem Gott, reines Sein und reiner Geist, uns unsichtbar bleibt eben des Glanzes wegen, der, was da strahlt, überstrahlt[26]. Auf Gegenstände dieser Größenordnung reagierte Schapp mit Scheu. Dabei lag es ihm fern, den guten Sinn der Beschäftigung mit ihnen in Kontexten der Metaphysik zu bestreiten. Er beharrte lediglich darauf, daß es nützlich sei, die Bedeutung der metaphorisch verabsolutierten Phänomene in jenen lebensweltlichen Kontexten zu beschreiben, in denen wir ihnen primär, nämlich vor aller Philosophie längst begegnet sind. Also beschrieb er, statt des Glanzes des ewigen Lichts, den Glanz im Widerschein der

---

[21] Wilhelm Schapp: Die neue Wissenschaft vom Recht. Eine phänomenologische Untersuchung. Berlin Grunewald 1930. Auf Veranlassung von Ortega y Gasset erschien bereits ein Jahr später eine spanische Übersetzung dieses Werkes: Wilhelm Schapp: La Nueva Ciencia del Derecho. Traducción des Alemán por J. Pérez, Madrid 1931.

[22] Berlin-Grunewald 1932.

[23] A.a.O. (cf. Anm. 21), p. 24.

[24] A.a.O. (cf. Anm. 20), pp. 107 ff.

[25] So a.a.O., p. 39, ferner in „Beiträge zur Phänomenologie der Wahrnehmung", a.a.O. (cf. Anm. 11), p. 92.

[26] Zur Begriffsgeschichte von „Glanz" cf. D. Schlüter: Glanz. In: Historisches Wörterbuch der Philosophie. Herausgegeben von Joachim Ritter. Band 3. Basel, Stuttgart 1974, Sp. 626.

Kerze auf dem Messing des Teestövchens vor ihm auf dem Sitzungstisch in seinem Arbeitszimmer.

Was gibt es da zu beschreiben? Die Frage ist nicht leicht zu beantworten. Es handelt sich ja hier nicht um eine Einführung in die wahrnehmungsphänonologische Praxis, sondern um eine exemplarische Vergegenwärtigung dieser Praxis in der Quintessenz. Zur lebensweltgeschichtlichen Wiedererkennung dessen, worum es sich bei der Wahrnehmungsphänomenologie, hier am Beispiel des Glanz-Phänomens, handelt, mag man sich an den Beschreibungsaufsatz erinnern, den man als Sextaner oder Quintaner zu schreiben hatte, nämlich zur Einübung in die Kunst, für die optische Präsenz eines beliebigen Gegenstandes ein verbales Äquivalent zu schaffen. Bleibt man in dieser Kunst stümperhaft, so ist Langeweile ein unvermeidlicher Begleiter der Versuche mit dieser Kunst, und von der plausiblen Vermutung, die Schapp-Gespräche in ihrer skizzierten Charakteristik hätten doch wohl langweilig sein müssen, war schon die Rede. Tatsächlich kann es sein, daß man, wenn man statt über sechs oder sieben Stunden hin in fünf Minuten vorzuführen sucht, was einen die Phänomenologie sehen läßt, nicht zugleich mitzusehen lernt, wie sich darüber die Gegenwart unserer Lebenswelt verändert. So oder so: Glanz, so ließ Schapp Vertrautes sehen, haftet im Unterschied zu ihrer Farbe den Dingen nicht an, sondern wandert mit der Quelle des Lichts, das sie erglänzen läßt – langsam über Stunden hin mit der sinkenden Sonne zum Beispiel, rasch hingegen, indem der Betrachter selber sich im Raume bewegt, und noch einmal anders, nämlich auf den Gegenstand wandernd in konstanter Position in Relation zum Betrachter, wenn dieser die Quelle des Glanzlichts, also die Kerze oder die Lampe, bei seiner Bewegung im Raum mit sich führt.

Aber wozu machen Sie sich denn die Mühen mit solchen Unterscheidungen, mag antworten, wer Besseres zu tun und es damit zugleich eilig hat. Ihm wäre zu antworten, daß er doch seinerseits die soeben ausdrücklich herausgehobenen Unterschiede in der Positionierung des Glanzes auf glänzenden Gegenständen längst implizit beachtet, ja lebenspraktisch berücksichtigt hat, zum Beispiel im Arrangement von Licht und glänzenden Gegenständen auf einem Schreibtisch so, daß der Glanz die Konzentration auf ganz andere Gegenstände als auf ihn selbst nicht stört, oder auch umgekehrt bei der Positionierung einer matt vergoldeten Buddha-Statue so, daß sie im Zugang zum Raum beim Einschalten des Lichts sanft erglänzt und dem Besucher auffällig wird. Nicht also, daß die Phänomenologie einen insoweit erst lehrte, wie sich ästhetisch bedeutsame Wahrnehmungen machen lassen. Aber indem man deskriptiv explizit macht, was sich so machen läßt, erhöht sich der Grad unserer Wahrnehmungsintensität.

Eine überaus nützliche Aristotelische Regel besagt, daß man zur Verbesserung seiner Auffassung von Wortbedeutungen das fragliche Wort jeweils im Kontrast zu seinem „Gegenteil" hören solle[27]. Diese Regel läßt sich mit Ge-

---

[27] Top. 106 a 9 ff.

winn auch auf phänomenale Gegebenheiten übertragen, und bei Glanz bedeutet das die Steigerung seiner Wahrnehmbarkeit im Kontrast zum Stumpfen. Jetzt sieht man spontan: Glanzlos sind Gegenstände, die im Kontrast zum Beispiel zum wohlgeputzten Messing des Stövchens eine chaotisch-inhomogene, nämlich rauhe Oberfläche haben, Textilien naheliegenderweise, rohes Holz. Das ist uns vertraut, und es ist insoweit trivial. Aber die Trivialität dieser Gegebenheiten verflüchtigt sich, wenn wir auf Phänomene des Glanzes aufmerksam werden, die sich erfolgreicher Mühe der Glättung des Stumpfen verdanken – der feinere Faden, die Webart von großer Dichte, der subtile Schliff schwerer Hölzer. Es ist der matte Glanz, der so sich erzeugt, und was ihn vom strahlenden Glanz der Metalle unterscheidet, ist der größere Diffusionsgrad des Lichts in seiner Spiegelung auf den Gegenständen. Daß man damit erst zu den allerersten Anfängen einschlägiger Beschreibungen gelangt sei – das ist eine bei Schapp sich ständig wiederholende Ermahnung zur Zurückhaltung in der Einschätzung erworbenen Fähigkeiten zu sehen, was wir sehen, und doch genügt schon die skizzierte grobe Entgegensetzung von matt glänzenden und stumpfen Geweben, um plötzlich plausibel zu finden, wieso glänzende Silberknöpfe geeignet sind, grobe Walkstoffe zu heben, feinen Zwirn aber herabsetzen würden. Und was die Reflexionsformen des Lichts zwischen strahlendem Glanz und mattem Glanz anbetrifft, so sieht man jetzt schon, daß es sich um Phänomene irgendwo in der Mitte zwischen vollständig lichtecholosen Oberflächen einerseits und dem Spiegel andererseits handelt, der, wenn er denn ein guter Spiegel ist, gerade nicht glänzt, vielmehr optisch seitenverkehrt noch einmal sehen läßt, was wir, ob stumpf oder glänzend, schon sahen.

Ich unterbreche diese Erinnerung an Studien des Glanzes, wie sie in den Schapp-Gesprächen stattfanden, und mache eine Zwischenfrage explizit, die mancher sich stellen wird und Intellektuelle mit Engagement für Engagements ohnehin. Die Frage lautet: Hatten Sie denn nichts Besseres zu tun als Stunde um Stunde phänomenologischen Deskriptionen dieses Typus zu widmen, und das in Jahren, als Deutschland noch weithin in Trümmern lag, ein Großteil des im großdeutschen Krieg zerstörten Europas dazu, als die Lebensmittelkarten gerade erst abgeschafft waren, die verschleppten Personen noch nicht repatriiert, die Temperaturen des Kalten Krieges schon spürbar? Wie war es denn möglich, daß man sich in Aurich mit dem strahlenden Glanz von Teestövchenmessing befaßte, während anderswo, nämlich bei Philosophen in Frankfurt, längst ein ganz anderes Strahlen das Thema war, nämlich das Strahlen der ganzen Erde „im Zeichen triumphalen Unheils"? Und eine Antwort auf die Herausforderung dieser Lage hatte man in Frankfurt doch auch schon gefunden, nämlich in negativer Dialektik das strikte Verbot jeglicher intellektuellen „Affirmation". Antworten dieser philosophischen Größenordnung standen Schapp in der Tat nicht zur Verfügung. Aber der Vorwurf, daß er sich, statt sich den Herausforderungen praktischer Probleme zu stellen, in die Esoterik einer aisthetizistischen Philosophie geflüchtet hätte, träfe ihn auch nicht. Er hätte erwidern können: Das Thema „Glanz" beschäftigt mich derzeit tatsächlich reichlich, über sechs bis sieben Stunden hin manchmal, das aber doch nur einmal in der Woche, gar im Monat, und überdies vergessen Sie, was ich schon am Vormittag zu tun hatte, nämlich neben meiner Arbeit als Anwalt die abschließende Niederschrift meines Buches zum Thema „Boden- und Höferecht nach Kontrollratsgesetz 45 und den Ausführungsbestimmungn der Britischen Zone, sowie der Länder Bayern, Hessen, Baden-Württemberg, mit Erläuterungen"[28]. – Man muß das einmal so kontrastieren, um die Zugehörigkeit auch derjenigen Philosophie zur menschlichen Lebenspraxis zu demonstrieren, die zur Emendation dieser Lebenspraxis über das Beharren auf der Zugehörigkeit zu ihr hinaus gar nichts beiträgt. Für die zitierte Philosophie der strikten Affirmationsverweigerung gilt schließlich dasselbe.

Jens Soentgen hat der Wahrnehmungsphänomenologie Wilhelm Schapps und näherhin seiner Göttinger Dissertation nach Sprachgestus und expressiver Anmutungsqualität ,triumphale Heiterkeit des Anfangs' bescheinigt[29]. Das ist überraschend stark ausgedrückt, trifft aber zu, wenn man den Prädikator „Heiterkeit" in seiner emphatischen Bedeutung nimmt, nämlich als Kennzeichnung einer Daseinsverfassung, in der man nachhaltig sich Problemen der Philosophie ohne Dazwischentritt von Problemen zu widmen frei ist, die man mit sich selber hat. Man kann auch sagen: Wilhelm Schapps Philosophie ist frei von existentialisierenden Obertönen. Sie appelliert nicht und mahnt nicht, sie unterstellt nicht Befangenheit in universellen Verblendungszusammenhängen, tritt nicht als verdrängungsauflösendes Remedium auf und präsentiert keine Entwürfe von Eigentlichkeit in der Absicht, unser Ungenügen zur Evidenz zu bringen und uns zu Wandlungen und Aufbrüchen zu bewegen. In diesem Sinne blieben auch die Schapp-Gespräche stets heiter in der Nüchternheit ihrer Zuwendung zu den phänomenalen Reichtümern unserer Lebenswelten, die im Prinzip jedermann zugänglich sind.

Schapp war ein Bilderfreund, und als solchen beschäftigte ihn immer wieder einmal die Kunst der Glanz-Imitation im Tafelbild – von den Fensterlichtreflexen auf Trauben im Objektensemble niederländischer Stilleben bis hin zu analogen Künsten moderner Zeuxis-Nachfolger in der Manier des Hyperrealismus. Die Bewunderung dieser Kunst der Glanz-Imitation bleibt naiv, ist aber unvergänglich. Schapps Thematisierung dieser Kunst ließ darüber hinaus phänomenologische Bedingungen ihrer Wahrnehmbarkeit erkennen. Im ikonographischen Regelfall befindet sich ja die Quelle des Lichts, dessen Reflexe das Glanz-Bild imitiert, an einem nicht beliebigen, aber doch im Bild selbst nicht mitimitierten Ort jenseits des Bildrahmens. Eben das setzt als Bedingung ungestörter Entfaltung des imitierten Glanzes im Bild eine Beleuchtung dieses Bildes voraus, die jegliche Konkurrenz mit dem imaginären Licht, welches im

---

[28] Der Titel erschien in Einbeck 1948.
[29] Jens Soentgen: Splitter und Scherben. Essays zur Phänomenologie des Unscheinbaren. Zug 1998, p. 9.

Bild erglänzt, strikt vermeidet. Das bedeutet: Das Licht, in welchem für den Betrachter die imitierten Licht-Reflexe eines Bildes für uns sichtbar werden, muß selber unbeschadet seiner wünschenswerten Helle maximal diffus, also unbeziehbar auf eine präsente Lichtquelle sein. Gewiß: Jeder Museumsexperte, der für Hängung und Beleuchtung zuständig ist, weiß das. Aber die phänomenologische Analyse macht dieses Wissen für jeden Teilnehmer dieser Analyse sichtbar und steigert damit zugleich die ästhetische Präsenz des Kunstwerks.

Man wird nun keine Schwierigkeiten mehr haben zu verstehen, wieso die Schapp-Gespräche als Gespräche, die einer Streit-Kultur schlechterdings nicht bedürftig waren, sich über viele Stunden hin zu erstrecken vermochten. Sie ließen den Sinn der Sinne besser erkennen[30] – auch diesseits der Kunst in lebensweltlich vertrauten Formen der Verschaffung von Sinnenlust über zweckfreie Gelegenheiten extraordinärer Sinneserfahrung. Schapp demonstrierte das mit der Vergegenwärtigung des Sinns der Versammlung von Publikumsmassen am Nordstrand von Norderney zum Sonnenuntergang an schönen Herbsttagen bei klarem Himmel und der von leichter Brise aufgefrischten See. Man müßte schon ein Existentialist oder ein ausnahmsweise einmal ungeschickter Inselfahrer sein, um zu finden, die Attraktion eines solchen Sonnenuntergangs beruhe auf seiner Eignung zur symbolischen Repräsentation für die Alterserfahrung der Verdunkelung unseres Lebenszeithorizonts oder gar des Endes aller Dinge hienieden. Tatsächlich beruht die Attraktion des Sonnenuntergangs gar nicht auf einer symbolischen, vielmehr auf einer extraordinären sinnlichen Erfahrung. Es handelt sich um die Auflösung des Sonnenlichts, in dessen Widerschein am Tage die Erde erglänzt, in ein Chaos dinglich nicht mehr fixierbarer Reflexe, in welchem kein Schiff und kein Segel, kein ferner Leuchtturm und kein springender Fisch mehr erkennbar ist. Es handelt sich um ein Phänomen, das sich genau komplementär zur orientierungssichernden Tages- und Standard-Leistung der Sinne verhält, Diffuses fest, wiedererkennbar und identifizierbar zu machen, Dingwelten aufzubauen und ihre Räume begehbar. „Es gibt Anschauungsarten, die nicht nach Dingen suchen; zumal ästhetische Anschauung. In ihr liegt nicht dies Streben nach Dingen und Deutlichkeit. Sie fühlt sich wohl in der Undeutlichkeit"[31] – so hatte Schapp schon in seiner Dissertation charakterisiert, was er in seinen Gesprächen am Exempel der Norderneyer Gelegenheit erläuterte, die Erfahrung der Auflösung der Dingwelt im chaotisch gewordenen Glanz zu machen, der sich über sie legt.

Soweit die Erinnerung an Schapps Glanz-Phänomenologie, die er in seinen Gesprächen weit über die Beiläufigkeiten hinaus ausführte, die man dazu auch in seinen Büchern, vor allem in seiner Phänomenologie der Wahrnehmung, finden kann. Selbstverständlich läßt sich, was in dieser Philosophie geschieht,

---

[30] Nach dem berühmten Buchtitel von Erwin Straus: Vom Sinn der Sinne. Berlin, Göttingen, Heidelberg 1956.

[31] Wilhelm Schapp: Beiträge zur Phänomenologie der Wahrnehmung, a.a.O. (cf. Anm. 11), p. 76.

auch generalisierend, alsdann aber unanschaulich sagen. Erstens handelt es sich um Vergegenwärtigungen dessen, was wir, indem wir in die Welt sehen, gern übersehen, weil es uns allzu nah ist. Die Phänomenologie schafft neue Vertrautheit mit Erfahrungen, die, gerade weil sie uns allzu vertraut sind, normalerweise im Schatten unserer Aufmerksamkeiten verbleiben. Die Ästhetik ist nur ein Anwendungsfall, freilich ein wichtiger Anwendungsfall der phänomenologischen Kunst, das übersehene Nahe neu sichtbar zu machen[32]. Zweitens handelt es sich bei der Phänomenologie um eine Vergegenwärtigung derjenigen Lebenswelten, über die die modernen Wissenschaften mit ihren Auskünften über das lebensweltlich unzugängliche sehr Ferne und ganz Große und komplementär dazu über das gleichfalls lebensweltlich gänzlich unzugängliche sehr Kleine und Hyperkomplexe hinausführt, ohne aber damit unsere vorwissenschaftlichen lebensweltlichen Wissensformen abzulösen, woraus sich dann, komplementär zur vermeintlich tendenziell vollständigen Verwandlung unseres Welt-Wissens in wissenschaftliches Wissen, die Aufgabe ergibt, sichtbar zu machen, an welche lebensweltlichen Erfahrungen und Verrichtungen auch noch das trans-lebensweltliche wissenschaftliche Welt-Wissen anknüpft und zurückgebunden bleibt[33].

Fachwissenschaftsnah sind diese sich aus den Fragestellungen der Phänomenologie ergebenden Probleme der innerlebensweltlichen Konstitution translebensweltlichen wissenschaftlichen Wissens insbesondere in den Schulzusammenhängen des schon erwähnten so genannten Konstruktivismus behandelt worden[34]. Wilhelm Schapp selber hat die Frage des Verhältnisses von methodologisch konstruiertem wissenschaftlichem Wissen einerseits und lebensweltlichem Wissen andererseits in seinem Buch „Wissen in Geschichten"[35] zum Thema gemacht, hat sich aber dabei primär mit der Analyse lebensweltlicher Widersinnigkeiten begnügen müssen, die sich ergeben, wenn man zu Zwecken populär gemeinter Bekanntmachung mit physikalischen Theorien über kosmologische Entitäten, ferne Sterne etc. spricht, als seien sie auch in anderer Weise als die Sterne des gestirnten Himmels über uns Lebenswelt-

---

[32] Zum Gesamtzusammenhang von Phänomenologie und Ästhetik cf. Ferdinand Fellmann: Phänomenologie als ästhetische Theorie. Freiburg, München 1989.

[33] Cf. dazu das Buch des auch phänomenologisch kompetenten Physiologen Yrjö Reenpää: Wahrnehmen, beobachten, konstituieren. Phänomenologie und Begriffsbestimmung der ersten Erkenntnisakte. Frankfurt am Main 1967.

[34] Cf. dazu für die Logik Carl Friedrich Gethmann: Phänomenologische Logikfundierung. In: Phänomenologie im Widerstreit. Zum 50. Todestag Edmund Husserls. Herausgegeben von Christoph Jamme und Otto Pöggeler. Frankfurt am Main 1989, pp. 192–212. – Zu Problemen der an lebensweltliche Vorgegebenheiten sich anschließenden und in diesem Sinne „pragmatischen" rekonstruktiven Wissenschaftstheorie der Naturwissenschaften cf. Peter Janich: Konstruktivismus und Naturerkenntnis. Auf dem Weg zum Kulturalismus. Frankfurt am Main 1996.

[35] Wilhelm Schapp: Wissen in Geschichten. Zur Metaphysik der Naturwissenschaft (zuerst 1965). Wiesbaden ²1976.

elemente. Damit sind, drittens, die phänomenologischen Arbeiten Wilhelm Schapps Beiträge zur Beschreibung einer Wirklichkeit, der das seine Lebenswelt sich erschließende und darin sich selbst gewinnende Subjekt selber zugehört. Schapp war sichtlich fasziniert, als ich ihn auf eine vorphänomenologische Illustration dieser Denkfigur der Simultanität von Subjekt und Objekt in der Einheit subjektiv erschlossener Wahrnehmungswelten aufmerksam machte. Es handelte sich um die berühmte Skizze in Machs Analyse der Empfindungen[36], die uns zeigt, wie unser „Gesichtsfeld" aussieht, wenn wir dabei uns selber, um deren Gesichtsfeld es sich handelt, nicht übersehen. In der gesamten europäischen Ikonographie verbleibt ja derjenige, der sieht, was ein Bild zeigt, außerhalb des Bildes selbst – vom hier nicht interessierenden Sonderfall abgesehen, daß der Maler eines Bildes sich als Person unter anderen abgebildeten Personen wie aus der Perspektive anderer gesehen mitabgebildet hat. Demgegenüber ist es Ernst Mach in einem seltenen Fall instruktiver Illustration eines philosophischen Theorems gelungen, uns mit einer Bildskizze sehen zu lehren, wie wir tatsächlich die Welt sehen, wenn wir dabei nicht übersehen, was wir von uns selbst sehen, wenn wir denn sehen[37]. Ich verzichte mit Absicht darauf, diese Bildskizze hier wiederzugeben oder zu verbalisieren. Die generalisierte Beschreibung dessen, worum es sich handelt, dürfte genügen, um jenen ungewohnten Blick in die Welt zu tun, wie wir ihn tun, wenn wir uns entschließen, reflexiv in diesem Tun uns, als die Sehenden, nicht zu übersehen[38]. Das Sehen des Sehens, das Hören des Hörens, das Tasten des Tastens – darum also handelt es sich, wobei Schapp in seinen Gesprächen auch noch zum Fundierungsverhältnis der entsprechenden Sinnenwelten eine Vermutung riskierte, die man in seinen Büchern nicht findet. Er hatte sich mit der Lebensgeschichte Helen Kellers befaßt und damit mit dem gelingenden Aufbau einer Lebenswelt durch eine Person, die weder hören noch sehen konnte, gleichwohl aber über den verbliebenen Tastsinn lernte, sich von derjenigen Wirklichkeit, die sie nicht selber war, zu unterscheiden, sich in eben dieser Wirklichkeit zurechtzufinden, darüber in ein Verhältnis zu sich selbst zu gelangen und so selbst jemand zu sein.

Und damit ist schon die letzte Frage angesprochen und zugleich ihre Beantwortung nahegelegt, wie Schapp denn von seinen Wahrnehmungsanalysen zum Geschichtsphänomenologen werden konnte und wieso sogar noch die dafür exemplarisch vorgeführte Glanz-Phänomenologie beizutragen vermochte. „Wir sollten einen Historiker unter uns haben", soll Husserl, wie Schapp erzählte, schon früh, nämlich in seiner Göttinger Zeit, gesagt haben, und man hat gefragt, ob denn Schapp als Autor seiner Geschichten-Philosophie nicht

---

[36] Ernst Mach: Die Analyse der Empfindungen und das Verhältnis des Physischen zum Psychischen. Vierte vermehrte Auflage. Jena 1903.

[37] A.a.O., p. 15.

[38] Zur Bedeutung Ernst Machs für die Phänomenologie Edmund Husserls cf. Manfred Sommer: Husserl und der frühe Positivismus. Frankfurt am Main 1985.

später in diese von Husserl bemerkte Kompetenz-Lücke der Göttinger oder auch der Münchener Phänomenologie eingetreten sei. Unterstellt man, daß Husserl in seiner Bedarfsanmeldung das Wort „Historiker" konventionell gebraucht hat, so müßte man die Frage nach der Eignung dieses Wortes zur Kennzeichnung der Rolle des Geschichten-Theoretikers Schapp schlechthin verneinen. Historische Fragen stellte er nicht. Erklärungen lebensweltlicher Befremdlichkeiten vom Typus der Historischen Erklärung[39] kamen nach meiner Erinnerung in den Gesprächen nicht vor. Die historische Bildung Schapps, näherhin auch die literatur- und philosophiehistorische Bildung, war umfassend, aber konventionell klassikerbezogen. Das wurde auch in den Gesprächen genutzt, vor allem zu Beispielszwecken, aber die Emendation historischer Kenntnisse, gar Rekonstruktion philosophie- und wissenschaftshistorischer Evolutionen oder von Wirkungs- und Rezeptionsgeschichten kamen nicht vor oder nur zufällig-fragmentarisch. Liest man die gedruckte Geschichten-Philosophie, so ergibt sich kein anderes Bild. Obwohl doch Schapp, immerhin, auch bei Dilthey gehört hatte, ist er nicht ein Phänomenologe in Nähe zu den Traditionen der hermeneutischen Philosophie. Schapps Geschichtenphilosophie läßt sich daher auch nicht mit den geschichtsphilosophisch inspirierten und später ideologiepolitisch so wichtig gewordenen Groß-Erzählungen moderner Mono-Mythen in Verbindung bringen[40]. Mit diesem Bestand konveniert zugleich Schapps Interesse für lebensweltliche Phänomene von universeller Geltung.

Es war Bochenski, der schon früh darauf aufmerksam machte, daß die noch in der Frühzeit des Kalten Krieges übliche, an den Weltkongressen der Philosophie abgelesene Einteilung der Philosophie in Sowjet-Philosophie einerseits, primär analytisch geprägter anglo-amerikanischer Philosophie andererseits und schließlich der kulturhistorisch-geisteswissenschaftlich orientierten kontinentaleuropäischen Philosophie unzulänglich sei. Man finde eben auch in Kontinental-Europa eine eigenständige, primär nicht historisch orientierte Philosophie mit ausgeprägtem Interesse „in the problem of universals", und als dafür repräsentativ benennt er den Phänomenologen Merleau-Ponty[41]. Das will auch auf Wilhelm Schapps Phänomenologie passen. Es gibt die eindrucksvollen Berichte der Linguisten über die Universalität der ersten drei Schritte in der sprachlichen Evolution colorischer Unterscheidungs- und Zuordnungssysteme, oder auch den Nachweis, daß in Sprachen, die einige Zahlen mit Hilfe von

---

[39] Cf. dazu das Kapitel „Was heißt ‚Das kann man nur historisch erklären'?" in meinem Buch „Geschichtsbegriff und Geschichtsinteresse. Analytik und Pragmatik der Historie. Basel, Stuttgart 1977, pp. 35–47.

[40] Entsprechend wird aus gutem Grund Schapp im vermeintlich einschlägigen Titel von Ludwig Landgrebe: Phänomenologie und Geschichte. Gütersloh 1967, nicht einmal erwähnt.

[41] I. M. Bochenski: Foreword. In: Anna-Teresa Tymieniecka: Phenomenology and Science in Contemporary European Thought. Toronto, New York 1962, pp. VII–XI, p. VIII.

Subtraktionen benennen, die zu subtrahierende Zahl stets kleiner ist als die über diese Subtraktion gebildete Zahl[42]. Dazu fügen sich die als lebensweltliche Apriritäten von universeller Geltung verstandenen, phänomenologisch analysierten Rechtsfiguren schön, wie Schapp sie in Übereinstimmung mit den Intentionen Adolf Reinachs in seiner Rechtsphilosophie vorgeführt hat, und selbstverständlich wurden auch die analysierten Phänomene der wahrnehmungspraktischen Konstituierung primärer Lebensweltelemente von Schapp als Phänomene von anthropologisch-ontologischer Universalität verstanden.

Eben das gilt nun auch noch für unser Verstricktsein in Geschichten. Universell ist näherhin die narrative Struktur in der Vergegenwärtigung der Zusammenhänge, in der „Mensch und Ding" und schließlich wir selbst uns begegnen. „Kein Selbst ohne Geschichten" – das ist der glückhaft gefundene quintessentielle Titel eines Buches, das uns diese Geschichtenphilosophie vorstellt[43]. Aus der Universalität des so benannten Bestandes folgt keineswegs die Universalität historischer Kultur. Es gibt eine solche historische Kultur mit ihren Leistungen des sich betätigenden historischen Sinns in Archiven und Museen, im Denkmalschutz und in der professionalisierten Geschichtswissenschaft ja keineswegs überall, und es gibt sie auch in den hochentwickelten Zivilisationen nicht seit eh und je. Wenn sich dann allerdings eine historische Kultur unter angebbaren zusätzlichen Nötigkeitsbedingungen entwickelt[44], so muß sie sich deswegen entwickeln, weil Menschen universell ineins mit ihren Lebenswelten und allen Beständen dieser Lebenswelten über Geschichten sich konstituierende Entitäten sind.

Von den beiden dem Thema „Geschichten" gewidmeten Büchern Schapps ist der Titel des späteren Buches, also „Philosophie der Geschichten", der blassere und zugleich der genauere. Der Titel des ersten einschlägigen Buches „In Geschichten verstrickt" lenkt hingegen vom trockenen Inhalt einer phänomenologischen Universalienanalyse ab, indem er über eine ernste, nämlich unausweichliche Lebenslage des Menschen Bericht zu erstatten verheißt. Wirkungsgeschichtlich ist aber just dieser Titel der Geschichten-Philosophie Schapps sehr zugute gekommen, und er ist insofern ein glücklicher Titel. Die

---

[42] Cf. dazu den Abschnitt „Universale Anthropologie" bei Elmar Holenstein: Europa und die Menschheit. Zu Husserls kulturphilosophischen Meditationen. In: Phänomenologie im Widerstreit. Zum 50. Todestag Edmund Husserls. Herausgegeben von Christoph Jamme und Otto Pöggeler. Frankfurt am Main 1989, pp. 40–64, pp. 54–60. Cf. ferner Elmar Holenstein: Controversies about Universals Today. In: Alwin Diemer (Hrsg.), a. a. O. (cf. Anm. 1), pp. 449–453.

[43] Stefanie Haas: Kein Selbst ohne Geschichten. Wilhelm Schapps Geschichtenphilosophie und Paul Ricœurs Überlegungen zur narrativen Identität. Mit einem Nachwort von Jean Greysch. Hildesheim, Zürich, New York 2002.

[44] Solchen Nötigkeitsbedingungen für die Entwicklung des historischen Sinns und der über ihn sich entfaltenden historischen Kultur ist mein Buch „Im Zug der Zeit. Verkürzter Aufenthalt in der Gegenwart" gewidmet. Dritte, um ein Nachwort erweiterte Auflage Berlin, Heidelberg, New York 2003.

Berichterstattung über seine Inanspruchnahme zu dramatisierenden Zwecken müßte lang ausfallen – von Roman Schnur[45] bis Alfred Andersch[46]. Der Sache nach genügt zur Vergegenwärtigung dessen, was Verstricktsein in Geschichten besagt, die Forterzählung der rudimentären Geschichten, auf die wir schon bei der exemplarisch vorgeführten Phänomenologie des Glanzes ständig zu rekurrieren hatten – von der Geschichte, die uns erzählt, wieso die Badegäste auf Norderney an klaren Herbsttagen bei leicht bewegter Meeresfläche sich zum Sonnenuntergang am Strand versammeln, bis zu der Geschichte, über die uns verständlich wird, wieso die Museumsarchitekten dafür zu sorgen haben, daß die Beleuchtung des Ausstellungsgutes nicht mit den imaginären Lichtquellen in Konkurrenz tritt, denen jeweils der bildimmanente Glanz zu verdanken ist.

Eine der Geschichten dieser Art möchte ich abschließend in Erinnerung an die Erzählungen Schapps erzählen – die Geschichte von der Irrelevanz chinesischen Porzellans für den Genuß ostfriesischen Tees. Das Porzellan der Tassen, aus denen die Ostfriesen zumeist ihren Tee trinken, kommt durchaus in Qualitäten vor, die höheren kunstgewerblichen Ansprüchen genügen, und auch im Hause Schapp war das der Fall. Aber auch auf diesem Anspruchsniveau bleibt das ostfriesische Porzellan, wo immer es gefertigt wurde, relativ kräftig und erreicht heimisch nie die extreme, transparente Dünne von Porzellantassen chinesischer Herkunft. Dabei gibt es chinesisches Porzellan auch in Ostfriesland durchaus, in einfachen Lebensverhältnissen sogar, nämlich als Relikte aus Seefahrerzeiten in vormaligen Schifferdörfern – heute zumeist musealisiert oder als wohlfahrtsabhängiger Neu-Import. Ob die Chinesen und aus welchen Gründen leistungsfähigere Porzellanmanufakturen hatten, bemerkte Schapp, wisse er nicht. Aber er könne doch sagen, wieso, recht bedacht, das heißt: genau besehen, die Ostfriesen für sehr dünne Porzellantassen eigentlich gar keine Verwendung hätten. In ihren kräftigeren Tassen sieht man die Farbe des ostfriesischen Tees, der dunkler als Tee in anderen Teetrinkerkulturen ist, für den Augenblick, da er eingeschenkt wird. Und in diesem Moment läßt sich auch noch die Farbe des Tees genießen. Alsdann verändert sie sich drastisch, ja wird zugedeckt von dem Wölkchen Rahm, das man in den Tee tropfen läßt, und danach sind dann für den Genuß andere Sinne gefordert. Die Chinesen hingegen und nicht nur sie trinken Tee zarterer Färbung und das ohne Sahne. Just in diesem Fall wird das sehr dünne Porzellan der Teetasse wirklich wichtig. Es läßt nämlich den Tee nicht nur im Licht, das von oben in die Tasse fällt, erglänzen. Der Tee wird überdies von innen her vom Licht durchleuchtet, das matt durch das Porzellan dringt. Darauf müssen also die Ostfriesen wegen ihrer Lust auf Rahmwölkchen im Tee verzichten, und verzichten könnten sie deshalb auch auf die hier und da üblichen chinesischen Tassen.

---

[45] Roman Schnur: Geschichten in Geschichten verstrickt. Von Astrachan nach Kairouan (über Jerusalem). Berlin 1992.
[46] Alfred Andersch: Ein Liebhaber des Halbschattens. Drei Erzählungen. Zürich 1974.

10. Affirmationen.
Joachim Ritters Philosophie im akademischen Kontext der zweiten deutschen Demokratie

Nach dem Untergang der Nationalsozialistischen Deutschen Arbeiterpartei ge-langten im Westen des besiegten und geteilten Deutschlands für die fällige Staatsrekonstruktion, politisch irresistibel, Prinzipien antitotalitärer Demokra-tie zur Geltung. Als wichtigstes Instrument der Befreiung von materieller Not empfahl sich gegen Widerstände alsbald, statt Planwirtschaft, deren Liquida-tion. Das erlaubte es, ja zwang die Bürger, den Erfordernissen des Alltags sich ideologiefern in ihrer pragmatisierenden Trivialität zu stellen. Das individuelle und kollektive Leben war schwer beschädigt, wurde aber überwiegend als zu-kunftsfähig erfahren. Das machte im Verhältnis zur neu sich herausbildenden Ordnung affirmationsbereit. Entsprechend erwies sich diese Ordnung, als wie-der gewählt werden konnte, schließlich als dauerhaft mehrheitsfähig.

Daß sich die Universitäten in dieser Lage als Institutionen eines institutio-nalisierten intellektuellen Dauervorbehalts gegen diese Lage hätten erneuern können, wäre ebenso unmöglich wie sinnwidrig gewesen. Nach Katastrophen haben Restaurationen und Rekonstruktionen Dringlichkeitsvorrang. Auch für die Hochschulen mußte das gelten. Die Einrichtungen der akademischen For-schung und Lehre erhöhten in diesem Prozeß ihrer Erneuerung zunächst sogar noch ihre relative kulturelle und politische Geltung. Das wurde in Münster symbolisch manifest, indem der Universität das Schloß, in dessen Flügeln zu-vor der Kommandierende General und der Oberpräsident residiert hatten, als Hauptgebäude zur Verfügung gestellt wurde. Auch die Philosophie, als infra-strukturell bescheidenes Fach am Rande, erfuhr diese Gunst nachkriegsdeut-scher wissenschaftskultureller Entwicklungen, und ich möchte aus der Per-spektive meiner eigenen Erinnerungen Ritters Anteil an diesem Vorgang zu skizzieren versuchen.

Erinnerungen an frühe Nachkriegsjahre nehmen bei Angehörigen einer Ge-neration, die das Studium zumeist erst nach Wiedereröffnung der Universitä-ten begann, leicht nostalgische Züge an. Berichte über die Fortschritte zum Kanonenofenkomfort in Seminarbaracken oder über Bücherspenden aus der Schweiz, aus den USA oder aus Schweden, die sich der Vermittlung von Kir-chen oder auch von Besatzungsoffizieren verdankten, werden heute von den Angehörigen der nächsten oder gar übernächsten Generation günstigenfalls nachsichtig zur Kenntnis genommen – zu Recht, soweit es sich dabei um altersspezifische Lust der Vergegenwärtigung früherer Mangellagen handelt, aus denen später Wohlfahrt wurde, zu Unrecht aber in der Verkennung der frustrationsvorbeugenden und pragmatisierenden Wirkung interpretationsunbedürftiger Notlagen, die in der Evidenz ihrer Fälligkeiten die später emphatisch sogenannte Aufbaugeneration prägten. Joachim Ritter machte daraus über beiläufige Bemerkungen einen Grundsatz akademischer Moralistik, nämlich den des schuldigen Respekts der Angehörigen wissenschaftlicher Kommunitäten gegenüber der Fülle dessen, was bereits getan und herbeigeschafft sein mußte, und zwar zumeist von anderen Leuten, bevor überhaupt Wissenschaft einschließlich der Philosophie wieder stattfinden konnte.

Aber was fand denn nun philosophisch bei Ritter statt? Im Vordergrund stand naheliegenderweise etwas durchaus Konventionelles: die Lehre und das Studium klassischer Philosophie in Vermittlung und Aneignung ihrer großen Texte. Das wurde von uns Studenten auch durchaus als konventionell wahrgenommen, nämlich in Kenntnisnahme der nicht nur in Deutschland weit verbreiteten Art, das Studium der Philosophie als Studium ihrer Geschichte einzurichten. In Deutschland ist es mir allerdings schon passiert, daß bei gelegentlichen Berichten darüber spontan und in kritischer Absicht mit der Frage reagiert wurde, wieso wir uns denn das hätten bieten lassen – semesterlange Lektüre der Soliloquia und der Confessiones des Augustinus oder des Cartesianischen „Discours de la Méthode", und das mit dem Studienziel, am Semesterende eine zu benotende Arbeit über die philosophische und methodische Funktion des Zweifels bei diesen beiden Denkern vorzulegen. Wäre denn nicht statt dessen Zweifel am Sinn eines solchen Philosophiestudiums fällig gewesen, das über eine katastrophale Vergangenheit hinweg philosophische Traditionsgüter transferierte, ohne dabei einen erkennbaren Beitrag der Bewältigung dieser schlimmen Vergangenheit zu leisten? Meine Antwort war: In der Tat spielte die Auseinandersetzung mit dem Nationalsozialismus im Philosophieunterricht Joachim Ritters keine auffällige Rolle. Nichtsdestoweniger wurde nichts „verdrängt", und es wurde auch nichts durch Beschweigen „entsorgt". Die Unterstellung, um dergleichen müsse es sich doch gehandelt haben, entstammt der Neigung, ja der politischen Absicht späterer Jahre, die Gründungsgeschichte der zweiten deutschen Demokratie moralisch zu delegitimieren.

Wahr ist statt dessen, daß der Terror der nationalsozialistischen Diktatur in den frühen Jahren nach deren Untergang eine Präsenz im Bewußtsein der Zeitgenossenschaft hatte, die einer sie auffrischenden Erinnerung gar nicht bedurfte. Auch Philosophie war gar nicht nötig, um die Nachkriegsdeutschen endlich über die moralische Natur der nationalsozialistischen Menschheitsreinigungspraxis aufzuklären. Der Unterschied von Gut und Böse lag in manifesten Fakten offen zutage. In einem für das Münsterland exemplarischen Fall heißt das: Die betroffenen Bauernfamilien, deren Nachbarn und Freunde wußten doch, wie sie die offenkundige Tötung eines debilen Angehörigen im Pflegeheim zu beurteilen hatten, und sie hatten sich in dieser Sache an Vertrauenspersonen gewandt, an den Bischof schließlich, der gegen das Unrecht predigte und Hitler sogar zum Einlenken brachte – nicht, weil er zur besseren Moral bekehrt worden wäre, vielmehr um Ruhe „an der Heimatfront" zu haben. Für den Abschluß der damit zunächst abgebrochenen Praxis volksinterner Reinigung des biotischen Menschheitserbes blieben die Jahre des erwarteten Siegfriedens reserviert.

Richtig ist, daß damals andere Philosophen mit großer öffentlicher Wirkung moralisch-juridische Folgeprobleme der nationalsozialistischen Herrschaft thematisierten, die im Philosophieunterricht Joachim Ritters nach meiner Erinnerung unterrichtspraktisch nicht explizit auf die Tagesordnung gelangten. Das gilt, zum Beispiel, für Karl Jaspers' Analyse von unterscheidungsbedürftigen Begriffen moralischer und politischer Schuld einschließlich seiner Zurückweisung des Begriffs der Kollektivschuld als eines Unbegriffs[1]. Das und weniger bedeutende frühe philosophische Beiträge zur Vergangenheitspolitik[2] wurden selbstverständlich auch in Münster zur Kenntnis genommen. Curricular dominant waren aber, noch einmal, Klassikerstudien zur Einübung in Vorgaben von Traditionen, deren Verbindlichkeit nach 1945 neu zu bekräftigen war. Joachim Ritter bot diese Studien sozusagen amtspflichtgemäß an. Dabei war diese Amtsgemäßheit, für die sich der Philosoph Ritter in seiner Professorenrolle gern auf Hegel berief, keineswegs Element einer Selbststilisierung von leicht zopfiger Anmutungsqualität. Ihr Sinn war vielmehr die Selbstverpflichtung zum Verzicht auf Nutzung des Katheders zur Evokation intellektueller Exaltationen. Damit verband sich selbstverständlich nicht die Meinung, Philosophie ließe sich moralisch, politisch und existentiell desinteressiert studieren. Die Meinung war vielmehr, an der Universität finde eben Forschung und Lehre statt, wo man am Ende einer philosophischen Vorlesung je nach Studienfächerkombination zur nächsten Vorlesung zum Beispiel über Sachenrecht oder Barockarchitekturhistoriographie aufbricht und nicht zu Selbstgewinnungsvollzügen über diejenigen hinaus, die einem in häuslicher Nacharbeit der Vorlesungsnachschriften ohnehin schon angesonnen waren. Dem entsprach die Gewinnbilanz, mit der man den Besuch eines philosophiehistorischen Seminars bei Joachim Ritter resümieren konnte. Nach dreimonatiger angeleiteter Lektüre der Nikomachischen Ethik im Ritter-Seminar glaubte man, Aristoteles besser verstanden zu haben. Jaspers' „Große Philosophen" hingegen las man später primär in der Absicht einer vollständigeren Aneignung der Philosophie von Karl Jaspers. Gewiß: Diese Alternative ist stilisiert. Sie trifft aber den Rit-

---

[1] Karl Jaspers: Die Schuldfrage. Von der politischen Haftung Deutschlands. Unveränderte Taschenbuchausgabe Zürich ²1996. – Dieser Titel erschien zuerst 1946.

[2] Den Terminus „Vergangenheitspolitik" haben wir dem Historiker Norbert Frei zu verdanken, der indessen in seinem einschlägigen Buch „Norbert Frei: Vergangenheitspolitik. Die Anfänge der Bundesrepublik und die NS-Vergangenheit. München 1996" sich auf die Schuldphilosophie Jaspers' überraschenderweise gar nicht bezieht.

ter prägenden Willen zur akademischen Konventionalität im Unterricht, und
dieser Wille, der erfolgreich war, ist signifikant für Ritters eigene Philosophie,
über die in den Vorlesungen zu Aristoteles, Kant oder Hegel über diese Klassiker hinaus den Hörern dann auch Ritter selbst interessant wurde.

Die Selbstverständlichkeit, mit der Ritter seine Studenten dazu anleitete, das
Studium der Philosophie primär als Studium der Philosophiegeschichte zu betreiben, hatte für mich selbst allerdings auch eine überraschende Seite. Meinen
Vorerwartungen, mit denen ich das Studium der Philosophie am kontingenten
Studienort Münster aufnahm, entsprach das gar nicht. In Göttingen hatte ich
zuvor schon bei Nikolai Hartmann gehört, der auf seinen neuen Wegen der
Ontologie voranschritt und uns Studenten zum Beispiel mit der Frage traktier-
te, ob der „Finalnexus", den wir in biotischen Verläufen zu erkennen glauben,
nicht in Wahrheit mit dem „Kausalnexus" identisch sei, dessen Effekt in biotischen Systemen wir bei finitistischer Betrachtung deren Zweck nennen. Es
bleibe hier unerörtert, ob das überhaupt eine gesunde Frage war. So oder so
hätte selbst bei Erörterung dieser Zusatzfrage uns Klassikerhermeneutik unmittelbar gar nicht helfen können. Man fand sich, statt zu Behauptungen über
die Behauptungen anderer, zum Versuch ermuntert, selber etwas zu behaupten
– sei es in Nutzung zugänglicher physiologischer Empirie, sei es über Analysen
zur deskriptiven Tauglichkeit der in der fraglichen Frage in Anspruch genom-
menen Begriffe. So oder so: Hier wurde, statt über Klassiker, direkt zur Sache
geredet[3], und eben derselbe Impuls, sich unbeschadet der traditionsrepräsen-
tierenden Bedeutung der Klassiker unmittelbar der Sache der Philosophie zuzuwenden, war mir auch schon früher in einer bedeutenden Hervorbringung
der sogenannten „Göttinger Phänomenologie" begegnet[4], nämlich in Gestalt
der bei Husserl geschriebenen „Phänomenologie der Wahrnehmung" Wilhelm
Schapps[5]. Überdies war auch die Philosophie, mit der ich am heimischen Gymnasium zu Aurich in Ostfriesland als Abiturient Bekanntschaft zu machen Gelegenheit hatte, durch die Wissenschaftstheorie des Wiener Kreises bestimmt,
und zu den Philosophen, die in Münster über Joachim Ritter hinaus für einen
Studenten dieses Faches eindrucksvoll waren, gehörte selbstverständlich auch

---

[3] Nikolai Hartmanns „Neue Wege der Ontologie", die zuerst 1942 erschienen, wurden später in Münster in Joachim Ritters Lesezirkel „Philosophische Neuerschei-
nungen" besprochen – hier aber nicht in der Absicht einer Erörterung der Triftigkeit ihrer Thesen in deren eigenem theoretischen Kontext, vielmehr in der ausgrei-
fenden Neigung zur Kenntnisnahme dessen, was andere tun, was aus welchen
Gründen einflußreich geworden oder auch wieder vergessen ist, etc.

[4] Helmuth Plessner: Husserl in Göttingen (1959). In: Helmuth Plessner: Gesammelte
Schriften. Herausgegeben von Günter Dux, Odo Marquard und Elisabeth Ströker,
unter Mitwirkung von Richard W. Schmidt, Angelika Wetterer und Michael-Joachim
Zemlin. Band IX. Schriften zur Philosophie. Frankfurt am Main 1985, pp. 355–372.

[5] Wilhelm Schapp: Beiträge zur Phänomenologie der Wahrnehmung. Mit einem Vorwort zur Neuauflage von Carl Friedrich Graumann. Wiesbaden 1976. – Die erste
Auflage dieses Werkes, einer Göttinger Dissertation des Jahres 1909, erschien 1910.

Heinrich Scholz, der seinen philosophischen Lehrstuhl während des Krieges in eine Professur für „Mathematische Logik und Grundlagenforschung" hatte umwandeln lassen. Bei Scholz belegte und besuchte ich den dreisemestrigen Einführungskursus in die „Logistik", wie wir damals zu sagen pflegten, und Scholz war es auch, der uns schon 1948 auf Ludwig Wittgenstein aufmerksam machte, auf den Tractatus Logico-Philosophicus nämlich. Gerade bei einem entsprechend geweckten Interesse an Fragen der Philosophie, die keine historischen Fragen waren, gewann nun Joachim Ritters vorherrschende Unterrichtspraxis der Einübung in den Umgang mit Hauptwerken philosophischer Klassiker ihr spezielles Profil, und der damit sich verbindende theoretisch-philosophische Anspruch wurde sichtbar.

Zum modernen Begriff der Klassik gehört die temporale Qualität der Alterungsresistenz, so daß sich das Studium der in diesem Sinne klassischen Werke allein schon wegen der größeren Wahrscheinlichkeit empfiehlt, daß man dort findet, was heute ebenso richtig ist wie es schon früher war[6]. Das machte Ritter exemplarisch eindrücklich, indem er historische Berichte über das Scheitern frühsowjetischer Experimente, zur Stärkung brüderlicher Gemeinschaftsbindung Familienstrukturen zu lockern, mit der Aristotelischen Platon-Kritik kommentierte, daß die Fürsorglichkeit des Menschen doch in erster Linie geliebten Angehörigen zugewandt wird, so daß, wo diese Fürsorglichkeit gesellschaftspolitisch zentralisiert und universalisiert wird, sie „bei den Bürgern eines solchen Staates nicht" mehr „zu finden" sei. Analog ließ sich dann auch bei der schmerzlich-bekennenden Verwunderung eines Ex-Marxisten, er verstünde heute gar nicht mehr, wie er denn selbst einmal an die gesellschaftspolitische Universalisierbarkeit binnenfamiliärer Bindungen habe glauben können, auf Hegel verweisen, der die Rekonvaleszenz nach Überwindung großer Irrtümer auf den schönen Satz gebracht hatte, daß die „Wunden des Geistes heilen, ohne dass Narben bleiben". Ritter pflegte die gebildete Erinnerung an Einsichten dieses Ranges bei passenden Gelegenheiten durch die an die Seminarrunde gerichtete exemplarische Frage zu evozieren: „Was würde Hegel dazu sagen?" Das diente selbstverständlich nicht der Äufnung eines philosophischen Zitaten-Schatzes, vielmehr der Erweckung des Sinns für Unüberbietbarkeiten durch Verschaffung von Kenntnissen der Kontexte ihrer Findung. Nur durch Historisierung der großen Topoi erschließt sich Einsicht in den Umfang der Erfahrungen, die gesammelt und verarbeitet sein mußten, bevor ihnen schließlich ihre Quintessenz abzugewinnen war.

Klassiker haben unbeschadet ihrer kanonischen Geltung ihre wechselnde Aktualität, die jeweils neu entsteht oder vergeht. Sie sind, wie Odo Marquard

---

[6] Klassisch ist, was seine Historisierung aushält – so sagt es Karl Reinhardt: Die klassische Philologie und das Klassische. In: Karl Reinhardt: Vermächtnis der Antike. Gesammelte Essays zur Philosophie und Geschichtsschreibung. Herausgegeben von Carl Becker. Göttingen ²1966, pp. 334–360, p. 336.

das nannte, „Klassiker vom Dienst". Das ist es, was in der Rezeptionsgeschichte klassischer Werke deren stets unausgeschöpftes Wirkungspotential sichtbar macht. Die Kunst der Hermeneutik, in die man sich darüber bei Joachim Ritter eingeführt fand, war insoweit mit der Hermeneutik, die wir in ihrer inzwischen ihrerseits klassisch gewordenen Rezeptionsgestalt Hans-Georg Gadamer zu verdanken haben, kongruent. Entsprechend kooperativ waren dann bekanntlich auch die mannigfachen Beziehungen zwischen etlichen Angehörigen des Münsterschen Collegium Philosophicum einerseits und den Mitgliedern des Kreises um Hans-Georg Gadamer andererseits – später dauerhaft wirksam geworden in der Arbeitsgruppe „Poetik und Hermeneutik" und universitär auch in den personellen und forschungspraktischen Sonderbeziehungen zwischen den Plätzen Heidelberg, Münster, Gießen, Konstanz und Bielefeld. Es hieße, ein Stück Geschichte der Geisteswissenschaften im Nachkriegsdeutschland schreiben, wollte man hier die Fülle methodisch elaborierter und positivierter Werke philosophiehistorischer Forschung nennen, die schon in der ersten Schülergeneration Gadamers und Ritters entstanden. Darunter befinden sich etliche Werke eines Ranges, der allein schon die später populär gewordene Diagnose, die Geisteswissenschaften seien in eine Krise geraten, im Rückblick als eine erklärungsbedürftige Fehldiagnose evident macht.

Schließlich wirkte Ritters Kunst der Klassiker-Vergegenwärtigung resistenzbildend gegen Tendenzen intellektueller Selbstbornierung aus Mangel an Intimität mit historischen Gegenständen. – Ritter war ein Institutionalist, was heißen soll, daß er die Funktionstüchtigkeit akademischer wie bürgerlicher Kommunitäten vom Verbot moralischer und intellektueller Bloßstellung ihrer Angehörigen abhängig wußte. Publizistisch entsprach dem der Verzicht auf Pamphletistik, und mir ist spontan nur ein einziger Fall gegenwärtig, der Ritter zum groben Mittel öffentlicher Kritik an einem ahistorischen Moralismus greifen ließ. Nicht zufällig handelt es sich bei diesem Fall, in welchem Ritter scharf wurde, nicht um eine Randfigur, der das hätte schaden können, vielmehr um eine Prominenz des allererersten Ranges, die bloßzustellen allenfalls Ritter selbst hätte schaden können, nämlich um Karl R. Popper. Ritter zitiert Poppers „The Open Society and its Enemies" und näherhin den nach Popper angeblich die Lehre Hegels wiedergebenden Satz, „dass der Staat alles und das Individuum nichts sei". So stünde es also in „diesem kuriosen Buch"[7], konstatiert Ritter, und in der Tat: Poppers Verkennung der Zugehörigkeit der politischen Philosophie Hegels zur Frühgeschichte des Liberalismus ist verblüffend. Gewiß ist es unvermeidlich, daß im Kontext der modernisierungsabhängig zunehmenden Selbsthistorisierung unserer Zivilisation auch die Menge wirksamer historischer Irrtümer wachsen muß. Poppers Umgang mit Hegel beruht indessen nicht auf einigen emendationsfähigen philosophiehistorischen Irrtümern, viel

---

[7] Joachim Ritter: Hegel und die Französische Revolution. Köln und Opladen 1957. Arbeitsgemeinschaft für Forschung des Landes Nordrhein-Westfalen. Geisteswissenschaften. Heft 63, p. 51.

mehr auf einem ungleich schwerer behebbaren Mangel an historischer Urteilskraft. Richtig ist natürlich, daß auch noch die Faschisten – in Italien die wirklichen und in Deutschland die so genannten – sich auf Hegel beriefen. Aber
eben das noch hätte man doch als Indikator für den Groß-Klassiker-Rang
Hegels einzuschätzen gehabt, nämlich die Zugehörigkeit seines Werkes zu jenen Herkunftsgütern, auf die ihrer weltweit anerkannten Klassizität wegen gerade auch noch die totalitären Regime zu Zwecken traditionaler Selbstlegitimation Anspruch erheben mußten, und das in signifikanten Erbschaftsstreitigkei-
ten über die Grenzlinien linker und rechter Ideologien hinweg.

Von Zynismen und Ideologemen abgesehen, die auch der moralische Common sense als inakzeptabel erkennen und benennen kann, pflegte Ritter sich
moralisierender Qualifikation der Philosophie anderer zu enthalten, und solche
Liberalität befähigte ihn zugleich zum selektiven Umgang mit der Philosophie
anderer – also zum Eklektizismus, der intellektuellen Erztugend des Aufklä-
rungszeitalters. Im Verhältnis zu Popper bedeutete das, daß Ritter unbeschadet
seines mokanten Umgangs mit dessen Auslassungen über Hegel seine ideologiekritisch bedeutsame analytische Charakteristik des „historizistischen" Typus
der Geschichtsphilosophie übernahm – mit der korrigierenden Bemerkung
freilich, daß die Geschichtstheorie Hegels diesem Typus historisch ja gar nicht
zuzurechnen sei. So äußerte sich Ritter mir gegenüber im Anschluß an einen
Vortrag, den ich zur Beantwortung der Frage „Was heißt ‚Das kann man nur
historisch erklären'?" in der Düsseldorfer Wissenschaftsakademie zu halten
hatte. Dabei berief ich mich im wissenschaftstheoretischen Kern meiner Antwort auf Carl G. Hempel und in der Charakteristik der ideologiekritischen Bedeutung dieser Antwort auf Karl R. Popper, nämlich mit der Auskunft, über
historische Prozesse, natural wie kultural, ließen sich aus prinzipiellen Gründen keine Theorien bilden, entsprechend seien sie im vorhinein nicht prognostizierbar und darstellungspraktisch im nachhinein einzig erzählbar[8]. Im Urteil
über die geschichtstheoretische und ideologiekritische Bedeutung der analytischen Philosophie bestand also Einvernehmen und in der Wahrnehmung
gleichfalls, daß Leistungen der Theoriebildung historischen Sinn nicht eo ipso
erwecken, wohl aber nötiger machen.

Um so größer war Ritters Respekt vor denjenigen Philosophen, die mit bedeutenden Forschungsleistungen Theorie und Historiographie miteinander zu
verbinden vermochten. Das ist in der Zuwendung Ritters zum Lebenswerk des
schon erwähnten Heinrich Scholz manifest. Bekanntlich gab Joachim Ritter
gemeinsam mit Hans Hermes und Friedrich Kambartel 1961 Scholz' „Abhandlungen zur Philosophie als strenger Wissenschaft" heraus[9]. Die fachwissen-

---

[8] Der einschlägige Vortrag ist des öfteren gedruckt und nachgedruckt worden und als
    Kapitel 3 in mein Buch „Geschichtsbegriff und Geschichtsinteresse. Analytik und
    Pragmatik der Historie", Basel, Stuttgart 1977 eingegangen.
[9] Heinrich Scholz: Mathesis universalis. Abhandlungen zur Philosophie als strenger
    Wissenschaft. Herausgegeben von Hans Hermes, Friedrich Kambartel, Joachim Rit-
    ter. Basel 1961.

schaftliche Bedeutung der Beiträge von Heinrich Scholz zur Begründung der Mathematischen Logik darzustellen mußte Expertensache bleiben. Das wurde mit gehörigem Respekt quittiert und die von den Experten eröffneten Aussichten auf technische Nutzbarkeiten mathematisierter Logik, die in ihren zivilisationsevolutionären Folgen noch unüberschaubar waren, gleichfalls. Im eigenen Namen komplementierte Ritter das, indem er auf zweierlei aufmerksam machte. Erstens habe Scholz es verstanden, die neue Logik als einen mathematisierten Ableitungszusammenhang formaler Sätze, die als solche keinerlei historischen Index tragen und sich zur Subjektivität ihrer Produzenten gänzlich indifferent verhalten, ihrerseits als ein überaus voraussetzungsreiches historisches Faktum einzuschätzen, genetisch herzuleiten und in den Zwängen und Hemmungen seiner Evolution darzustellen. Über seine Rolle als Mitbegründer der Mathematischen Logik hinaus war ja tatsächlich Scholz auch schon früh als Autor einer Geschichte der Logik hervorgetreten[10], und die in „Mathesis universalis" gesammelten Aufsätze waren zu einem gewichtigen Anteil Beiträge in der Absicht, die neue Logik „in den Horizont der klassischen Logik und damit der Philosophie in ihrer Geschichte von Griechenland her" einzustellen und so in ihrem Sinn verständlich zu machen[11]. Zweitens war für Ritter unübersehbar, daß die neue Logik für Scholz in wohlbestimmter, auf Traditionen der „metaphysica generalis" eingeschränkten Bedeutung den Status einer Metaphysik hatte, nämlich als System von Wahrheiten, die selbst „bei Gott … gelten müssen"[12]. Das sei „noch kaum bisher beachtet" worden[13], was freilich inzwischen längst nicht mehr gilt[14].

Man darf auch sagen: Joachim Ritter und Heinrich Scholz stimmten überein in ihrem Urteil über die aktuelle, dem Sinn ihres Namens entsprechende Fortdauer der philosophia perennis. „Dieser Philosophie den Respekt zu erweisen, dessen sie würdig ist, sollte niemandem versagt sein, der nicht so unplatonisch ist, dass er gleichgültig ist und stumpf gegen alles, was nicht durch ein Barometer registriert werden kann, das andauernd auf ‚Veränderlich'"[15] steht. In tätiger Bekundung dieses Respekts trug entsprechend Scholz zur Mehrung des Bestandes garantiert zeitindifferenter Wahrheiten bei.

Ritter hingegen wurde zum Philosophen jener Veränderlichkeiten, die uns komplementär dazu und kompensatorisch auf Akte konservierender Vergegenwärtigung geltungskonstanter Herkunftsbestände angewiesen machen, überdies auf die Historisierung der zivilisationsevolutionären Prozesse, über die

---

[10] Sie erschien zuerst 1931.
[11] Joachim Ritter: Vorwort I. In: A.a.O. (cf. Anm. 9), pp. 7–16, p. 8.
[12] A.a.O., p. 11.
[13] A.a.O., p. 16.
[14] Cf. Arie Leendert Molendijk: Aus dem Dunklen ins Helle. Wissenschaft und Theologie im Denken von Heinrich Scholz. Mit unveröffentlichten Thesenreihen von Heinrich Scholz und Karl Barth. Amsterdam 1991.
[15] Heinrich Scholz: Metaphysik als strenge Wissenschaft. Köln 1941, p. 185.

uns erst unsere jeweiligen Gegenwartslagen verständlich werden und mit ent-
bornisierender Wirkung in ihrer Kontingenz durchsichtig. Das ist zugleich der
Kontext, in welchem die von Odo Marquard stark gemachte[16] Rittersche
Kompensationstheorie der Geisteswissenschaften ihren Ort hat. Der Streit um
diese Theorie, der sich noch fortsetzt, ist hier in den markanten Stadien seines
bisherigen Verlaufs nicht noch einmal darzustellen[17]. Gemein geworden ist
diese Kritik in der Vorhaltung, von den Kompensationstheoretikern werde
uns, wenn an heißen Tagen der Rhein zum Himmel stinkt, empfohlen, uns
kompensatorisch an die Freuden der kulturhistoriographisch in Erinnerung
gebrachten Rheinromantik zu halten. Das ist witzig, sofern man, wie billig, an
Witze nicht allzu hohe Ansprüche stellt, und die fällige Erwiderung ist unver-
meidlicherweise trocken und somit spaßverderberisch. Sie lautet: Es ist ja ganz
richtig, daß die Rheinwasserqualität noch immer zu wünschen übrig läßt. Aber
zu dieser Feststellung bedarf es der Geisteswissenschaften überhaupt nicht –
weder der kompensationstheoretisch verstandenen noch irgendwelcher anderer. Dazu genügt im Extremfall eine gute Nase, im weniger evidenten Fall das
Berufswissen der neuerdings wieder aktiv gewordenen Rheinfischer und darüber hinaus gegebenenfalls die Nutzung der Meßgeräte technisch und naturwissenschaftlich ausgebildeter Experten. Sollten diese nichts bewirken, so
könnten die Geisteswissenschaftler es erst recht nicht. Schlimmstenfalls erfüllten sie dann die Funktion, uns durch historische Vergegenwärtigung definitiv
untergegangener besserer Zeiten in die gehörige Trauer darüber zu versetzen.

Wie sich die Kritiker der Kompensationstheorie der Geisteswissenschaften
statt dessen deren Beitrag zur Weltverbesserung in der Absicht, unsere zivilisatorische Lebenslage endlich kompensationsunbedürftig zu machen, vorgestellt
haben mögen, bleibe hier dahingestellt. Zur Erklärung ihrer manifesten Überschätzung und damit Verkennung dessen, was historisches Wissen leisten
kann, mag man die Kritische Theorie heranziehen, insbesondere die kritische
Klassifikation der Wissenschaften nach den sie leitenden Erkenntnisinteressen,
wonach, gemäß Jürgen Habermas, „die historisch-hermeneutischen Wissenschaften" auf „ein praktisches … Erkenntnisinteresse" bezogen sind und einen
„möglichen Konsensus von Handelnden im Rahmen eines tradierten Selbst-
verständnisses" intendieren[18]. Das hört sich bei moralpolitischer Hochge-
stimmtheit fast unwidersprechlich an und ist entsprechend auch pädagogisch,

---

[16] Zuletzt im „Nachwort" zu Joachim Ritter: Metaphysik und Politik. Studien zu Aristoteles und Hegel. Erweiterte Neuausgabe. Frankfurt am Main 2003, pp. 442–456:
Positivierte Entzweiung. Joachim Ritters Philosophie der bürgerlichen Welt, bes.
pp. 452 f.

[17] Cf. dazu „Exkurs II. Der Streit um die Kompensationsfunktion der Geisteswissenschaften" in meinem Buch „Im Zug der Zeit. Verkürzter Aufenthalt in der Gegenwart. Dritte, um ein Nachwort erweiterte Auflage Berlin, Heidelberg, New York
2003", pp. 281–304.

[18] So Jürgen Habermas: Erkenntnis und Interesse. In: Jürgen Habermas: Technik und
Wissenschaft als ‚Ideologie'. Frankfurt am Main ⁴1970, pp. 146–167, pp. 155, 158.

ja bildungspolitisch wirksam geworden. Indessen dürfte es schwerlich gelingen, den Sinn einer Exkursion, den wir als Studenten in Münster zum Zweck einschlägiger kulturhistorischer Unterrichtung über die untergegangene Lohgerberei in den Niederwaldgebieten des Siegerlandes unternahmen, auf irgendeinen zukunftsbezogenen Handlungssinn zu bringen. Der Versuch, das zu tun, müßte kulturrevolutionäre Folgen haben – analog zum kunstpolitischen Tadel, den Herbert Marcuse an die Adresse von Warhol richtete, dessen Suppendosen zwar erfreulicherweise neu sich dem Prinzip „Mimesis" unterworfen hätten, aber leider einer „Mimesis ohne Verwandlung", weil die soziale Lage der sie produzierenden Fließbandarbeiter nicht mitthematisiert sei[19].

Hier ist nicht der Ort darzustellen, was statt dessen nun der bei Ritter wirklichkeitsnäher beschriebene Sinn der Selbsthistorisierungspraxis der modernen Zivilisation sei. Ich erinnere statt dessen an die Praxis der Vergangenheitsvergegenwärtigung, wie sie in ausgeprägter Weise in Aufnahme von wirksamen Vorgeschichten neu auch in der Frühzeit der Bundesrepublik Deutschland sich herauszubilden begann. Zu dieser neuen und sich intensivierenden Vergangenheitsvergegenwärtigungspraxis verhielt Ritters Geisteswissenschaftsphilosophie sich reflexiv, und zwar überwiegend affirmativ. Man erkennt, worum es sich dabei handelt, nicht, wenn man den Blick über die Fragen der esoterischen hermeneutischen Theorie hinaus nicht für die politisch wirksamen kulturellen Interessen öffnet, die den Bürgerwillen schon in der Frühgeschichte der Bundesrepublik prägten – sichtbar zum Beispiel in der Praxis des Wiederaufbaus zerstörter Städte. Selbst noch in ärgsten Notzeiten rangierten hier Replikatbauten vom Frankfurter Goethehaus bis zum Rathaus zu Münster auf den städtebaulichen Dringlichkeitslisten sehr weit vorn. In Polen verstand sich das mit deutlicherem politischem Akzent sowieso. Für die Museumsszene galt ohnehin und selbstverständlich nicht nur in Deutschland dasselbe. In Paris wurde später ein internationaler Archivtag zur Gelegenheit eines Großauftritts des Staatspräsidenten. Je rascher sich die Bibliotheken erneuerten, um so mehr Gelegenheiten gab es auch, in den Eingangshallen vitrinengesicherte Zimelien zu bewundern. Die Vermutung, hier habe es sich um antiquarische Aktivitäten zukunftsflüchtiger Geister gehandelt, ist nichts als ein rezenter Nietzscheanismus. Bei Ritter wurde man statt dessen ermuntert, zur Kenntnis zu nehmen, daß das alles nun einmal so ist und das aus gutem modernitätsspezifischem Grund.

Für die Darstellung der Philosophie, die diesen Grund sichtbar macht, ist hier kein Platz. Aber die skizzierten Vorgänge markieren die Örter, um die sich Ritter in praktischer Konsequenz seiner Philosophie kümmerte – in Vorträgen beim Bibliothekarstag[20], mit Ermunterungen an die Adresse einer Fördererge-

---

[19] Herbert Marcuse: Die Permanenz der Kunst. Wider eine bestimmte marxistische Ästhetik. München, Wien 1977, p. 57.
[20] Joachim Ritter: Universität und Bibliothek. Probleme, Aufgaben, Perspektiven. 57. Deutscher Bibliothekartag 1967 in Aachen. Vorträge und Berichte. In: Zeitschrift für Bibliothekswesen und Bibliographie. XIV, 5/6 (1967), pp. 283–298.

sellschaft in Mitteilungen über den Funktionswandel akademischer Preise[21], und vor allem in seiner Tätigkeit als Mitglied von insgesamt drei Gründungsausschüssen neuer Universitäten sowie des Deutschen Wissenschaftsrats, in deren Rahmen Ritter den historischen Kulturwissenschaften ihren angemessenen Platz durch seine überzeugende Philosophie ihrer wachsenden Nötigkeit in einer wissenschaftlich-technischen Zivilisation zu sichern verstand[22]. Dabei hielt Ritter keine Feierreden. Er blieb vielmehr pragmatisch und vertraute darauf, daß die Pragmatiker, die das Geld zu beschaffen, in den zuständigen Gremien Mehrheiten zu gewinnen und in den Stadträten Bebauungspläne zu genehmigen hatten, allein schon kraft ihrer Verbundenheit mit dem bürgerlichen Leben verstehen würden, daß man komplementär zu den rasch sich entwikkelnden technischen Fakultäten endlich auch modernisierungsadäquat auf eine institutionalisierte Technikgeschichtswissenschaft angewiesen sei. Es wurde durchaus verstanden, und Ritter verstand sich dabei nicht als überzeugend gewordener Außenseiter, vielmehr als an das bleibend dominante kulturelle Milieu gut angepaßt.

Affirmativ verhält sich Ritter bekanntlich auch zu den wissenschaftlich-technischen und sozialen Entwicklungen, die in Übereinstimmung mit weltweiten Trends die Frühgeschichte der Bundesrepublik prägten und politisch von stabilen Mehrheiten, die um die Mitte herum sich drängten, getragen wurden. Es ist oft beschrieben worden, daß diese Positivierung des Fortschritts bei Ritter nicht zuletzt durch seine Gasttätigkeit in der Türkei zwischen 1953 und 1955 gefördert wurde. Ritter besuchte selbstverständlich Bogazköy, aber er ließ sich auch über das aktuelle anatolische Landleben berichten und studierte den Kemalismus mit seinen gelingenden und mißlingenden Modernisierungsprogrammen. Bezwingend wirkte der Fortschritt, wo man ihn freizusetzen verstanden hatte, gerade in der Trivialität seiner zentralen Gehalte, und eben das galt dann auch für die rekonstruktions- und zugleich emendationsbedürftigen Bildungseinrichtungen, Industrien, Organisationen und Rechtsinstitutionen der von den Trümmern der Diktatur und des Krieges inzwischen frei geräumten zweiten deutschen Demokratie.

---

[21] Joachim Ritter: Ernst Hellmut Vits-Preis. Bemerkungen zur Aufgabe akademischer Preise. In: Jahresschrift 1969 der Gesellschaft zur Förderung der Westfälischen Wilhelms-Universität zu Münster, pp. 50–56.

[22] Cf. dazu die Gründungsdenkschriften „Empfehlung zum Aufbau der Universität Bochum. Denkschrift des Gründungsausschusses. Bochum 1962", „Die Universität Konstanz. Bericht des Gründungsausschusses, vorgelegt im Juli 1965", sowie „Empfehlungen zum Aufbau einer Universität in Dortmund. Teil I. Empfehlungen zur Struktur. Oktober 1965" sowie für die wissenschaftspolitischen Kontexte meine Abhandlung „Hochschulpolitik in der BRD und in der Schweiz. Ein Vergleich", in: Lord Annan, Michel Devèze, Hermann Lübbe: Universität gestern und heute. Salzburg und München 1973, pp. 45–66, sowie das Kapitel VI. „Freie und nützliche Wissenschaft. Universitäsreformen in Deutschland" in meinem Buch „Modernisierung und Folgelasten. Trends kultureller und politischer Evolution", Berlin, Heidelberg, New York 1997, pp. 339–397.

Entsprechend zeigte Ritter in seinen Vorlesungen, in Vorträgen und Gesprächen Empfindlichkeit gegen gewisse Traditionen der Kulturkritik, die den unaufhaltsamen oder bereits eingetretenen Triumph des Unheils lehrten. Daß der Geist der Widersacher der Seele sei – in welchen Milieus wurde das denn erfahren? Wie hatten denn die Verfasser der „Dialektik der Aufklärung" die USA als die höchstentwickelte Industriegesellschaft zur Zeit der Abfassung ihres Buches wahrgenommen, wenn sie von der „Abhängigkeit der mächtigsten Sendegesellschaft von der Elektroindustrie" bis in die Sendeprogramme hinein berichten zu können glaubten und wenn sie als „Sinn aller Filme" daselbst die Absicht identifizierten, die „Allmacht" des Kapitals „den enteigneten Anwärtern auf jobs als die ihres Herrn ins Herz zu brennen". Jedermann müsse „im Spätkapitalismus" zeigen, „dass er sich ohne Rest mit der Macht identifiziert, von der er geschlagen wird". Es ist evident: Dergleichen ließ sich allenfalls im abgehobenen Sondermilieu kritischer Intellektueller bewundern, und wenn Banker und Vorstände, wie es geschah, Gelegenheit boten, Mitteilungen dieser Realitätshaltigkeitsklasse über sich ergehen zu lassen, so geschah das bei aller gebotenen Bewunderung für die Glanzeffekte der Spiegelung der Wirklichkeit in kritischen Köpfen mit dem Effekt der Bestätigung des ohnehin schon gehegten Vorurteils, daß es sich bei diesen Köpfen um Zerrspiegel handele.

Ritter ließ sich statt dessen bei seinen Besuchen von Unternehmen oder Verbänden, die häufig waren, zum Beispiel über Fortschritte in der Fertigungstechnik berichten, die nicht allein kostensenkend, vielmehr auch arbeitsphysiologisch entlastend wirkten. Mit Respekt nahm Ritter frühe Absichten von Industriekapitaleignern zur Kenntnis, Stiftungen zu errichten, aus deren Erträgnissen die Forschung gefördert werden sollte. Später war Ritter als Berater solcher Förderungseinrichtungen tätig, und die Vorstellung ist absurd, in den einschlägigen Gremien seien verblendete Handlanger von Kapitalinteressen tätig gewesen. Wirklichkeitsnäher hoffte man auf gedeihliche Mehrung des Kapitals, dessen Erträgnisse doch sogar noch der Philosophie zugute kamen[23]. Ritter war also ein Intellektueller mit erfolgreicher Selbstimmunisierung gegen die Milieuschäden seiner Klasse. Das wurde bis in seine Lebensgewohnheiten hinein sichtbar. Er mied, wenn er konnte, Gelegenheiten selbstdarstellungsbezogenen intellektuellen Small Talks bei Empfängen nach einschlägigen Konferenzen und zog statt dessen ein Kneipenbier im Milieu kleiner Leute vor.

Soweit es sich am Konferenztage zuvor um die Philosophie gehandelt hatte, so verstand sie Ritter als eine Angelegenheit von anspruchsvoller Professionalität, die unter modernen Lebensbedingungen ihren Regelort an den Hochschulen hat und von dort aus medial wirksam wird. Als esoterische Betätigungsform anspruchsvoller geistiger Eliten oder auch solitärer Denker verstand er sie nicht. Daraus ergab sich auch eine Differenz zum Umgang mit den

---

[23] Ritter war über viele Jahre hinweg Mitglied im Wissenschaftlichen Beirat der Fritz Thyssen Stiftung.

Klassikern, die Hans-Georg Gadamer in seiner Besprechung der Ritterschen Abhandlung über Hegels Verhältnis zur Französischen Revolution implizit offengelegt hatte. Ritters Studie, schrieb Gadamer, habe Verdienste als „eine von marxistischen Prämissen gelöste Untersuchung der Hegelschen Gesellschaftsphilosophie", und darin sei sie „zugleich ein Beitrag zur Sozialphilosophie selbst". Das trifft sicherlich zu. Der Vorbehalt Gadamers lautete, daß Ritter „Probleme der bürgerlichen Gesellschaft", wie sie „Hegels eternisierender Blick" fixiere, historisch und „aktualistisch" individualisiere und so konkretisiere, woraus sich dann „Verschiebungen" des Ortes ergäben, an welchem für einen Hermeneuten des Gadamerschen Anspruchs die Klassikerrezeption stattzufinden hat[24]. Hinter dieser durchaus freundlich gemeinten Ermunterung, nach der „aktualistisch" interessierten Vergegenwärtigung Hegels sich doch wieder dem „eternisierenden" Denker zuzuwenden, werden zwei Typen der Hermeneutik sichtbar. Gadamers Aneignungen galten großen Texten im Kontext großer Texte in ihrer Repräsentanz für Bewußtseins- und Wissenslagen, die sich in ihrer Tradierung aufeinander zurückbeziehen, sich abarbeiten und neu gewinnen und in der gegenwärtigen hermeneutischen Bemühung um sie die Weite ihres wirkungsgeschichtlichen Horizonts erschließen.

Ritter beharrte demgegenüber auf der Evokation der Philosophie durch Ereignisse und Vorgänge, die im eigenen Horizont nicht nur nicht vorgesehen, vielmehr auch gar nicht bruchlos unterzubringen sind, so daß sie, statt als Anlaß für eine hermeneutische Bemühung, als störend und damit als schlechterdings einschmelzungsungeeignet erfahren werden. Exemplarisch heißt das: Auch der Terror, gewiß, hat seine Philosophie, und diese läßt sich auch verstehen. Aber solches Verstehen eröffnet ja gerade nicht eine neue Streitkultur, intensiviert vielmehr den Willen zur Abwehr und schärft den Sinn für seine Spuren, macht dabei sogar ungerecht wie Hegel im Urteil über den Kollegen Fries, der in den Verdacht geraten war, Studentenunmut zu schüren. Der Pöbel tritt auf, Relikte vorbürgerlicher Ständeordnung behaupten sich politisch im preußischen Verfassungskampf, der seinerseits zunächst zu Ungunsten der Verfassungsfreunde, zu denen auch Hegel gehörte, ausging. Das alles hinterläßt in der Philosophie Hegels Spuren, das aber doch als Ereignisse und Vorgänge, die sich kontingent zu der Philosophie verhalten, aus deren Perspektive man sich durch solche Vorgänge und Ereignisse überrascht finden konnte und sich genötigt fand, sich einen intellektuellen Reim auf Realitäten zu machen, für die es im eigenen, in Texten auslegbaren Überlieferungszusammenhang noch gar keinen Ort gab. So ist das eben, mit Folgen für die Philosophie, in einer Zivilisation, bei der das Scholzsche Barometer der Zustandsvermessung fest auf „Veränderlich" steht. Kurz: Ritters Wahrnehmung dessen, was die Philosophie ex-

---

[24] Hans-Georg Gadamer: [Rez.] Joachim Ritter: Hegel und die Französische Revolution ... Opladen 1957. In: Philosophische Rundschau. Herausgegeben von Hans-Georg Gadamer und Helmut Kuhn. 5. Jahrgang. Tübingen 1957, pp. 306–308, p. 307.

plizit zu beschäftigen habe, war weniger esoterisch als diejenige Gadamers. Das hatte auch ich gelegentlich zur Kenntnis zu nehmen, nachdem ich mich erdreistet hatte, die sogenannten „Ideen von 1914" zwar nicht ihrer philosophischen Dignität wegen, aber doch in ihrer historisch-politischen Relevanz ernst zu nehmen. Die Formel „Ideen von 1914" sei „ebenso unwirklich wie das Formulierte", mußte ich mir zu meiner Überraschung von Gadamer sagen lassen[25], obwohl doch sogar einer seiner eigenen Lehrer zu den Geburtshelfern dieser „Ideen" gehörte. Die Erklärung für diese Unwirklichkeitserklärung publizistisch manifest gewesener Philosophie scheint mir die Maßgabe zu sein, seriöse Philosophie beschäftige sich nicht mit solcher Philosophie in den Niederungen des Aktuellen, selbst wenn es sich bei diesen Aktualitäten um Weltkriege handelt.

Um Mißverständnissen vorzubeugen: Als philosophischer Kolumnist hat Ritter sich nicht betätigt. Aber selbst noch in seiner Interpretation der großen klassischen Werke der Philosophie öffnete er den Blick für die jeweils aktuellen Umstände, auf die sie sich über ihre eigenen Traditionskontexte hinaus bezogen. Wissenschaftspraktisch bedeutet das: Umfangreicher als in den Traditionen der hermeneutischen Philosophie anderswo fand man sich in Münster veranlaßt, auch die Sozialwissenschaften, die Soziologie zumal und auch schon die neuen Politikwissenschaften zu konsultieren, die Jurisprudenz und auch als Wissen aus zweiter Hand Berichte über Fortschritte in den Naturwissenschaften oder in der Medizin, soweit man wissenschaftskulturell oder auch technisch und sozial ihre künftige Bedeutung zu erkennen glaubte. Entsprechend bezog sich die oft zitierte, darstellungsintermittierende Frage Ritters „Was bedeutet das?" zumeist nicht auf Probleme der Texthermeneutik, vielmehr auf Probleme des Verständnisses realer Situationen, die Neuorientierung erzwangen oder die ihrerseits sich unter den Orientierungswirkungen von Philosophien zu verändern begannen.

Dieser Sinn für die philosophieinduzierende Bedeutung von Fakten, deren Entdeckung und Erforschung im Regelfall gar nicht Sache überlieferungsgeschichtlich interessierter hermeneutischer Verfahren ist, prägte auch in signifikanter Weise die Rednerliste des von Joachim Ritter in Münster ausgerichteten Philosophiekongresses zum Thema „Philosophie und Fortschritt"[26]. Selbstverständlich kamen auch Philosophen zu Wort, in den Hauptvorträgen zum Beispiel Karl Löwith und Theodor W. Adorno, überdies Hermeneuten wie der Literaturhistoriker Hans Robert Jauß, dann aber zusätzlich Kenner erziehungspolitischer Entwicklungen in der Dritten Welt wie in den modernen Industriegesellschaften, ferner der Soziologe Helmut Schelsky, der Zoologe

---

[25] So Hans-Georg Gadamer in seiner Besprechungsnotiz zu meinem Buch „Politische Philosophie in Deutschland", in: Philosophische Rundschau. 12. Jahrgang (1964), p. 158.

[26] Helmut Kuhn, Franz Wiedmann (Hrsg.): Die Philosophie und die Frage nach dem Fortschritt. München 1964.

Bernhard Rensch sowie Arnold Gehlen in seiner Rolle als Kulturanthropologe. Die Vorträge von Hans Barth und Jürgen Habermas zum obligaten Thema „Revolution" wurden vom Historiker Werner Conze moderiert. In der Nachkriegsgeschichte der Kongresse der Deutschen Gesellschaft für Philosophie ist eine solche Präsenz von Fachgelehrten, die für die Empirie jenseits der Kontexte von Texten einzustehen hatten, ungewöhnlich[27]. Sie steht für jene „Verschiebungen" in der Ritterschen Klassiker-Rezeption, die Gadamer „aktualistisch" nannte.

Dieses Bild ließe sich noch verdichten durch Beschreibungen der mannigfachen Kooperationen zwischen dem Münsterschen Philosophischen Seminar und der rührigen westfälischen Sektion der Internationalen Gesellschaft für Rechts- und Sozialphilosophie, der Zuständigkeiten oder dominanten Arbeitsinteressen der Gastprofessoren und Gastredner daselbst. Das erübrigt sich hier und bestätigt Ritters schon in jungen Jahren auffällig gewordenes Interesse, die Philosophen zu ermuntern, neue Themen der Philosophie auch jenseits der Horizonte philosophischer Überlieferung aufzusuchen und hermeneutisch zur Kenntnis zu nehmen, daß eben auf diese Weise sich auch schon die klassische Philosophie ausgebildet und wirksam gemacht habe. Wir sind ja durch die dankenswerte Herausgebertätigkeit von Klaus Christian Köhnke über zwei frühe Aufsätze Ritters informiert, in denen das greifbar wird – im Vortrag „Über die antinomische Struktur der geisteswissenschaftlichen Geschichtsauffassung bei Dilthey" von 1931, in welchem man noch Rezidive marxistischer Ideologiekritik durchscheinen zu sehen glaubt, sowie im 1932er Vortrag „Die Erkenntnistheorie der gegenwärtigen deutschen Philosophie und ihr Verhältnis zum französischen Positivismus (Durkheim-Schule)", der für Zuwendung zu den ethnosoziologisch zugänglich gewordenen kollektiven Mentalitäten plädiert[28]. Die Geisteswissenschaften, zu deren Philosophie Ritter beigetragen hat, sind in ihrer entsprechenden funktionalen Charakteristik spezifisch modern, und eine ihrer Funktionen ist es, Vergangenheiten, die kraft moderner Zivilisationsdynamik in sich verkürzenden Zeiträumen zu fremden Vergangenheiten werden, über ihre mannigfachen Formen der Vergangenheitsvergegenwärtigung mit unseren jeweiligen Gegenwarten verknüpfbar zu halten.

Dazu scheint nun aber der oft zitierte Rittersche geisteswissenschaftstheoretische Zentralsatz, diese Wissenschaften seien das Organ, das die „Geschichtslosigkeit" der modernen Gesellschaft „kompensiert"[29], nicht recht zu passen. Der Satz wirkt befremdlich in einer Zivilisation, die unsere Lebensla-

---

[27] Cf. Wolfram Hogrebe (Hrsg.): Materialien zur Geschichte der Allgemeinen Gesellschaft für Philosophie in Deutschland e.V. (1950–2002). Bonn 2002.

[28] Die beiden Aufsätze finden sich im Dilthey-Jahrbuch für Philosophie und Geschichte der Geisteswissenschaften. Herausgegeben von Frithjof Rodi. Band 9 (1994–95), pp. 183–206 sowie 207–232.

[29] Joachim Ritter: Die Aufgabe der Geisteswissenschaften in der modernen Gesellschaft (1963). In: Joachim Ritter: Metaphysik und Politik, a. a. O. (cf. Anm. 16), pp. 377–406, p. 405.

gen einer nie zuvor gekannten Änderungsdynamik unterworfen hat. Die Konstanz unserer Lebensverhältnisse nimmt in wichtigen Hinsichten ab. Die Veraltensrate zentraler Elemente unserer Zivilisation erhöht sich, und wer Anschauung schätzt, kann sich die quantifizierten Ergebnisse der Vermessung dieser Dynamik vor Augen rücken. Das bedeutet: Die Geschichten, die wir zur Vergegenwärtigung unserer Herkunftsgeschichten erzählen müssen, verlängern sich über sich verkürzende Zeiträume hinweg, und entsprechend expandiert die historiographische Praxis. Also hätte doch, sollte man meinen, Ritter sagen müssen, daß es die aufdringlich gewordene Geschichtlichkeit unserer Zivilisation sei, die ihre Selbsthistorisierung erzwingt. Entsprechend ist erklärungsbedürftig, daß wir an der entsprechenden Stelle des Ritterschen Argumentationsganges das Gegenteil lesen können. Die Erklärung scheint mir zu lauten, daß Ritter, dessen eigene Texte nahezu ausnahmslos ineins „historisch und systematisch" argumentieren, im Kontrast dazu die Texte charakterisieren wollte, in der sich die modernen theoriebildenden empirischen und formalen Wissenschaften darstellen. Historisierende Sätze fehlen hier, Behauptungen über Behauptungen Früherer, die in Anmerkungen zu belegen wären, sind extrem selten, und das alles aus gutem Grund. Man wüßte ja nicht zu sagen, wieso es im pragmatischen Kontext der Darstellung einer naturwissenschaftlichen oder mathematischen Theorie nötig sein solle, bei der Begründung ihrer Aussagen historisch zu werden. Heinrich Scholz, gewiß, so erinnern wir uns, wurde von Ritter seiner Kunst wegen gerühmt, seine neue Logik als gegenwärtige Form einer philosophia perennis in deren Überlieferungsgeschichte einzustellen. Aber Scholz tat das ja nicht im Kontext des argumentativen Aufbaus seiner Theorie, vielmehr in ergänzenden philosophie- und näherhin logikgeschichtlichen Abhandlungen. Und das ist es dann: Eben jene theoretischen, überdies in mannigfacher Weise technisch umsetzbaren und ökonomisch nutzbaren Wissenschaften, die wie kein anderer Faktor unserer Zivilisation zu deren Dynamisierung beitragen, tragen ihrerseits zur Selbsthistorisierung dieser Zivilisation gerade nicht bei. Just das leisten die historischen Kulturwissenschaften, und dieser eklatante Kontrast zweier Wissenschaftsgruppen, die sich nach Präsenz oder Nicht-Existenz historischer Selbstrückbezüglichkeit in den Kontexten ihrer Aussagebildung unterscheiden, ist es wohl, der Ritter dann die wissenschaftlich-technische Zivilisation, als eine auf der Basis herkunftseingedenkfreien Wissens errichtete Zivilisation, als „ungeschichtlich" kennzeichnen ließ. Um es für Geisteswissenschaftler zu wiederholen: Herkunftsuneingedenk sind die von Ritter „ungeschichtlich" genannten Wissenschaften ja gerade in der modernen Zivilisation als Kulturtatsache nicht, das heißt als diese Kulturtatsache koexistieren sie, sogar institutionell gesichert, überall ineins mit ihren fachlich freilich verselbständigten Historiographien. Aber die Sätze solcher Historiographien sind nicht Sätze innerhalb der Texte, die über die Ergebnisse einer Feldforschung berichten oder ein Experiment protokollieren und eine Theoriehypothese formulieren.

Daß die Philosophie nun in der Tat auch ihrerseits nicht nur „historisch und systematisch", vielmehr auch als theoretische Disziplin auftreten kann, war banalerweise auch Ritter bestens bekannt. Die Hegelsche Rechtsphilosophie ist ja schließlich kein Beitrag zur Philosophiehistoriographie. Überdies waren nach ihren sie primär leitenden Interessen die Ritterschen Studien unbeschadet der sich wiederholenden, anmutungsadäquaten Selbstkennzeichnung „historisch und systematisch" eben primär von „systematischen", also theoretischen Interessen geprägt, so daß man sich fragen kann, wieso Ritter selber seine Philosophie in ihrer Textgestalt gerade nicht systematisch vorgelegt hat. Ich weiß es nicht, aber eine Vermutung möchte ich doch riskieren. Das gedruckte Werk Ritters, soweit es nach dem Kriege erschien, ist doch, wie zuletzt Robert Spaemann festgestellt hat, im Vergleich mit seiner großen und fortdauernden Wirkung erstaunlich schmal – „eine Handvoll Aufsätze"[30]. Vergegenwärtigt man sich überdies, daß das wichtigste bekannte und zugleich überaus wirksam gewesene Stück der systematischen Philosophie Ritters, nämlich seine „Philosophische Ästhetik"[31] eben nicht als Buch zugänglich gemacht worden ist, vielmehr einzig als eine mit Verbreitungsverbot versehene Vorlesungsnachschrift verbreitet ist, so gewinnt man den Eindruck, daß hier am Studium der Groß-Klassiker entwickelte Ansprüche an das, was eine philosophische Theorie zu leisten habe, verhindernd gewirkt haben. Vergegenwärtigt man sich überdies, daß ja erwartet wurde, Ritter werde seine Ästhetik öffentlich machen, und weiß man schließlich, daß er statt dessen die gewonnene Freiheit des Emeritendaseins für die Übernahme der Herausgeberschaft des Historischen Wörterbuchs der Philosophie mit seinen für seine eigenen Sachinteressen zentralen Artikeln „Ästhetik" und „Fortschritt" nutzte – dann will einem das riesige Werk, das Ritter mit diesem Wörterbuch auf den Weg gebracht hat, als Resultat eines Tuns statt dessen erscheinen. Die Frage, ob wir Ritter so oder statt dessen als Autor seiner implizit gebliebenen Theorie mehr zu verdanken gehabt hätten, ist unentscheidbar.

---

[30] Robert Spaemann: Das Natürliche ist nicht das Naturwüchsige. Denker der Entzweiung: Zum 100. Geburtstag des Philosophen Joachim Ritter. Frankfurter Allgemeine Zeitung Nr. 79 (3. April 2003) p. 39.
[31] Zuerst als Vorlesung vorgetragen im Wintersemester 1947/48.

11. Die Einheit von Naturgeschichte und Kulturgeschichte. Zur Korrektur eines deutschen wissenschaftstheoretischen Vorurteils[1]

An unseren Universitäten sind inzwischen überall die alten Philosophischen Fakultäten aufgelöst worden, die vormals von der Philosophie über die klassischen Altertumswissenschaften bis zur Mathematik und Physik alle Wissenschaften umfaßten, soweit sie ihren Ort nicht in einer der drei oberen Fakultäten hatten[2]. Seit dieser Teilung der Fakultäten existieren Naturwissenschaftler einerseits und Geisteswissenschaftler andererseits institutionell getrennt. Das gehört zweifellos zu den äußeren Gründen, die die Herausbildung der vom Publizisten Snow so genannten zwei Kulturen[3], oder doch zumindest die rasche Rezeption dieser Unterscheidung auch in Deutschland[4], begünstigt haben.

---

[1] Am 28. Februar 1964 hielt Otto H. Schindewolf vor dem Plenum der Akademie der Wissenschaften und der Literatur zu Mainz einen Vortrag zum Thema „Erdgeschichte und Weltgeschichte" (Otto Schindewolf: Erdgeschichte und Weltgeschichte. Abhandlungen der Mathematisch-Naturwissenschaftlichen Klasse. Jahrgang 1964. Nr. 2). Der Vortrag war von der Absicht geleitet, die Einheit des Geschichtsbegriffs in allen historischen Wissenschaften darzutun. Er verstand sich als der Versuch eines „Brückenschlags" über den Graben zwischen Naturwissenschaften und Kulturwissenschaften hinweg, und zwar von der naturwissenschaftlichen Seite aus. Dem möchte ich hier von der anderen, kulturwissenschaftlichen Seite aus entgegenzukommen versuchen. Ich beziehe mich dabei auf den Geschichtsbegriff, den ich in meinem Buch „Geschichtsbegriff und Geschichtsinteresse. Analytik und Pragmatik der Historie", Basel, Stuttgart 1977, bereits früher entwickelt habe.

[2] Drei exemplarische Jahreszahlen für diese Teilung: 1858 Zürich („Trennung der Philosophischen Fakultät in ihre beiden Sektionen"; cf. Die Universität Zürich 1833–1933 und ihre Vorläufer. Festschrift zur Jahrhundertfeier, herausgegeben vom Erziehungsrat des Kantons Zürich. Bearbeitet von Ernst Gagliardi, Hans Nabholz und Jean Strohl. Zürich 1938. p. 569); 1863 Tübingen (cf. Quellen zur Gründungsgeschichte der Naturwissenschaftlichen Fakultät in Tübingen 1859–1863. Bearbeitet und herausgegeben von Wolf Freiherr von Engelhardt und Hansmartin Decker-Hauff. Tübingen 1963, p. 8); 1948 Münster.

[3] Zuerst 1959 als „Rede Lecture" in Cambridge vorgetragen. Deutscher Text: C. P. Snow: Die zwei Kulturen. Literarische und naturwissenschaftliche Intelligenz. Stuttgart 1967.

[4] Cf. dazu den Diskussions-Band Helmut Kreuzer (Hrsg.), unter Mitarbeit von Wolfgang Klein: Literarische und naturwissenschaftliche Intelligenz. Dialog über die „zwei Kulturen". Stuttgart 1969.

Es gibt natürlich auch weniger äußerliche Gründe für die akademisch-kulturelle Dissoziation von Natur- und Geisteswissenschaften. Zu diesen Gründen gehört eine besonders in Deutschland einflußreich gewordene Art der Geisteswissenschaftler, sich in ihrer Selbstverständigung den Naturwissenschaftlern entgegenzusetzen. „Grenzen des Naturerkennens"[5] wurden vermessen, Schranken naturwissenschaftlicher Begriffs- und Theoriebildung mit Eifer aufgerichtet[6] und innerhalb des so abgesicherten Bereichs dann die Eigenständigkeit geisteswissenschaftlicher Forschung dargetan[7]. Dabei hat dieser Abgrenzungseifer für Gemeinsamkeiten auch gelegentlich blind gemacht. Das will ich vorweg an zwei prominenten historischen Beispielen zeigen.

Von keinem Geringeren als von Wihelm Dilthey leitet sich bekanntlich die Unterscheidung her, nach der es sich beim Erklären um eine naturwissenschaftsspezifische kognitive Operation handle, während die entsprechende Leistung der Geisteswissenschaften das Verstehen sei[8]. Das ist, wenn man genau hinhört, ein verblüffender Umgang mit den Worten „erklären" und „verstehen", und es tut dem Rang der Geisteswissenschaftstheorie Wilhelm Diltheys keinen Abbruch, wenn man diesen Umgang mißweisend und von interdisziplinären Gemeinsamkeiten ablenkend nennt. Wir brauchen nicht einmal auf Spezialitäten der Wissenschaftstheorie zu rekurrieren[9], um das zu erkennen. Es genügt, sich sprachanalytisch den Gemeingebrauch dieser Worte zu vergegenwärtigen. Alsdann erkennt man, daß eine Erklärung genau das ist, wessen wir bedürfen, wenn wir etwas nicht verstehen, und daß wir verstehen, sobald wir für einen unverständlichen und eben deswegen erklärungsbedürfti-

---

[5] So Wilhelm Dilthey: Einleitung in die Geisteswissenschaften. Versuch einer Grundlegung für das Studium der Gesellschaft und der Geschichte. Erster Band. 4., unveränderte Auflage. Stuttgart, Göttingen 1959, p. 9.

[6] Nach dem Titel des berühmten Buches von Heinrich Rickert: Die Grenzen der naturwissenschaftlichen Begriffsbildung. Eine logische Einleitung in die historischen Wissenschaften (1896–1902). Tübingen 1902.

[7] Die Begründung der Eigenständigkeit von historischen Wissenschaften sei „in ständiger Beziehung auf die Naturwissenschaften unternommen" worden, stellt zusammenfassend Karlfried Gründer fest. Karlfried Gründer: Hermeneutik und Wissenschaftstheorie, in: Philosophisches Jahrbuch 75/3 (Freiburg, München 1967), pp. 152–165, p. 152.

[8] „Die Natur erklären wir, das Seelenleben verstehen wir. ... Dies bedingt eine sehr große Verschiedenheit der Methoden, vermittels deren wir Seelenleben, Historie und Gesellschaft studieren, von denen, durch welche die Naturerkenntnis herbeigeführt" wird. So Wilhelm Dilthey: Ideen über eine beschreibende und zergliedernde Psychologie (1894), in: Die geistige Welt. Einleitung in die Philosophie des Lebens. Erste Hälfte. Abhandlungen zur Grundlegung der Geisteswissenschaften. 2., unveränderte Auflage. Stuttgart, Göttingen 1957, p. 144.

[9] Cf. dazu Wolfgang Stegmüller: Probleme und Resultate der Wissenschaftstheorie und Analytischen Philosophie. Band I. Wissenschaftliche Erklärung und Begründung. Berlin, Heidelberg, New York 1969, pp. 360–375: Die sogenannte Methode des Verstehens.

gen Bestand eine Erklärung gefunden oder erhalten haben[10]. Nach Erklärungen suchen wir, so hat unter den Klassikern der Wissenschaftstheorie insbesondere Ernst Mach in seiner Phänomenologie der Forschungspraxis gezeigt[11], in Situationen manifester Erwartungsenttäuschung oder Fremdheitserfahrung. Haben wir, was überrascht oder fremd erscheint, durch seine Erklärung verstanden, so ist, sozusagen, die kognitive Normalsituation mit erweitertem Verständnishorizont wiederhergestellt[12].

Ersichtlich ist das so skizzierte Verhältnis von Erklären und Verstehen gegenüber dem Unterschied von Natur- und Geisteswissenschaften gänzlich indifferent. Der achte Planet verdankt seine Entdeckung[13] bekanntlich der Irritation von Astronomen durch unverständliche Uranusbahnirregularitäten, für die man nach einer Erklärung suchte. Analog wunderte sich kürzlich auf einer Ostfrieslandreise einer meiner Freunde über die auffällige Dichte von Porzellanhundenpopulation im Wohnküchenmilieu in einigen Dörfern daselbst. Ich kam dieser Verwunderung bei durch die wirtschaftshistorische Erklärung, in den fraglichen Gegenden sei früher der Anteil der Bewohner disproportional groß gewesen, die in der Küstenschiffahrt, die bis nach England reichte, beschäftigt waren[14], und aus England stammen ja zumeist jene Hunde[15]. Ein Aha! des Verstehens quittierte diese Erklärung. Die Erklärung ist noch nicht ganz

[10] So auch Wolfgang Stegmüller: Der sogenannte Zirkel des Verstehens. In: Kurt Hübner und Albert Menne (Hrsg.): Natur und Geschichte. Hamburg 1973, pp. 21–46, bes. p. 25.

[11] Ernst Mach: Erkenntnis und Irrtum. Skizzen zur Psychologie der Forschung. Leipzig ³1917.

[12] „Erst ein Wechsel von Regel und Regellosigkeit nötigt uns, in Verfolgung unseres unmittelbaren oder mittelbaren biologischen Interesses, die Frage zu stellen: *Warum* sind die Ergebnisse einmal diese, ein andermal andere?", so Ernst Mach, a.a.O., p. 277. – Dieses von Ernst Mach skizzierte Verhältnis von Fremdheitserfahrung oder Erwartungsenttäuschung einerseits und Erklärungsverlangen andererseits setzt natürlich voraus, daß das Verstehen in enttäuschungs- und fremdheitserfahrungsfreien Situationen nicht erst als Erklärungsfolge eintritt, vielmehr als erfahrungs- und praxisvermitteltes, lebensweltliches Apriori unser Wirklichkeitsverhältnis immer schon durchherrscht.

[13] Aufgrund der von Urbain Joseph Leverrier sowie von John Couch Adams entwickelten Hypothese am 23. September 1846 von Johann Gottfried Galle. – Die Geschichte dieser Entdeckung erzählt Morton Grosset: The Discovery of Neptune. Cambridge, Massachusetts 1962.

[14] „… Teilnahme am Frachtverkehr im Küstengebiet von Nord- und Ostsee … die Fehntjer fuhren als Kapitäne auf ihren eigenen kleinen Schiffen – mit Kapitän meist nur zwei Mann Besatzung – oder nahmen Heuer; die Schiffahrt wurde … in der ersten Hälfte des 19. Jahrhunderts zur wichtigsten Erwerbsgrundlage der Fehnsiedlungen", so Heinrich Schmidt: Politische Geschichte Ostfrieslands. Leer 1975, p. 398.

[15] Cf. Englische Keramik und Oblaten. Sonderausstellung 18. Februar bis 19. April 1970. Altonaer Museum in Hamburg, pp. 9–10.

vollständig. Aber ihren zweiten Teil schenke ich mir, zumal sie für meine Landsleute den Charakter eines Pudendums haben könnte[16].

Niemand behauptet, daß Astronomie und Nippeskulturgeschichte sachbereichsmäßig einander sehr nahe stünden. Behauptet wird lediglich die sachbereichsunabhängige Strukturidentität im Verhältnis der kognitiven Operationen des Erklärens einerseits und des Verstehens andererseits. Gleichwohl gibt es bis heute Geisteswissenschaftler, die das Verhältnis ihrer Disziplinen zu den Naturwissenschaften verstehen zu können glauben, indem sie das Verstehen zum Spezifikum der Geisteswissenschaften erklären, das Erklären aber als naturwissenschaftseigentümlich behaupten. Das könne man sich, so fand Günther Patzig ironisch, wohl nur dadurch erklären, daß die betreffenden Geisteswissenschaftler nicht recht verstanden haben, worum es sich bei einer Erklärung eigentlich handelt[17].

Als zweites Beispiel einer ebenso wirkungsreichen wie mißverständnisträchtigen Abgrenzung von Wissenschaftsbereichen will ich rasch noch Wilhelm Windelbands Entgegensetzung von „Geschichte und Naturwissenschaft" erwähnen. Unter diesem Titel hielt Windelband 1894 seine berühmte Rektoratsrede in Straßburg[18] und schlug vor, man solle doch die Wissenschaften nicht nach Gegenstandsbereichen unterscheiden – also nach dem Unterschied von Natur und Kultur oder „Geist" Naturwissenschaften einerseits und Kultur- oder Geisteswissenschaften andererseits. Wichtiger sei die Unterscheidung der Wissenschaften nach dem Kriterium ihrer erkenntniszweckadäquaten Verfahrensweisen, ob sie nämlich idiographisch oder nomothetisch verführen. Idiographik – das ist das Verfahren der Beschreibung von Individuen und individuellen Zuständen sowie ihrer singulären Änderungen. Nomothetik hingegen – das ist das Verfahren der Bildung von Theorien, die uns über Gesetzmäßigkeiten in der Ordnung von Zuständen oder in der Rekurrenz von Prozessen belehren[19]. – Die Psychologie war es, die als damals junge eigenständige Wissenschaft für Wilhelm Windelband die Provokation für seine Abgrenzung der nomothetischen Wissenschaften gegen die idiographisch verfahrenden geboten hatte[20]. Nach ihrem Gegenstand sei die Psychologie doch wohl den Gei-

---

[16] Im Anmerkungskleindruck lautet dieser im Haupttext beschwiegene zweite Teil der Erklärung: „Da die Prostitution in England offiziell verboten war, haben die Dirnen ihren Liebeslohn erworben, indem sie ihren Kunden diese Hunde mit kräftigem Profit verkauften", a.a.O., p. 10.

[17] Günther Patzig: „Erklären und Verstehen", Bemerkungen zum Verhältnis von Natur- und Geisteswissenschaften. In: Neue Rundschau 1973 (3), pp. 392–413, p. 400.

[18] Wilhelm Windelband: Geschichte und Naturwissenschaft, in: Wilhelm Windelband: Präludien. Aufsätze und Reden zur Philosophie und ihrer Geschichte. Zweiter Band. Tübingen ⁹1924, pp. 136–160.

[19] A.a.O., p. 145: „Die einen sind Gesetzeswissenschaften, die anderen Ereigniswissenschaften; jene lehren, was immer ist, diese was einmal war. Das wissenschaftliche Denken ist ... in dem einen Falle *nomothetisch*, in dem anderen *idiographisch*.

[20] Cf. a.a.O., p. 143.

steswissenschaften zuzurechnen. Aber von den historischen Geisteswissenschaften insbesondere unterscheide sie sich zugleich, als eine experimentelle Wissenschaft, durch ihre Absicht der Gesetzeserkenntnis, und das sei das wissenschaftspraktisch zweckmäßigere, nämlich nicht gegenstandsorientierte, sondern verfahrensorientierte Kriterium für die Wissenschaftseinteilung.

Hätte Windelband seine diesbezüglichen Gedanken dreißig Jahre später niedergeschrieben, so wäre es längst unvermeidlich gewesen, über die Psychologie hinaus auch die theoriebildenden Sozialwissenschaften, insbesondere die Wirtschaftswissenschaften[21], partiell aber auch Soziologie[22] und Politikwissenschaft[23], als weitere Gründe für die Zweckmäßigkeit einer Einteilung der Wissenschaften nach dem Kriterium ihrer idiographischen oder nomothetischen Verfahrensweisen aufzuführen. Es gibt Geistes- oder Kulturwissenschaften, die nicht historisch-deskriptiv, vielmehr analytisch-theoriebildend verfahren. Im Kontrast zur Geisteswissenschaftsphilosophie Wilhelm Diltheys hat das Wilhelm Windelband als einen für die Wissenschaftsentwicklung zukunftsträchtigen Bestand gerade anerkannt wissen wollen, und darin hat ihm die Wissenschaftsgeschichte ebenso wie die Geschichte der Wissenschaftstheorie im weiteren Verlauf des 20. Jahrhunderts recht gegeben. Zugleich aber hat Wilhelm Windelband mit seiner in Erinnerung gerufenen Unterscheidung von Idiographik und Nomothetik die Isolierung der historischen Geisteswissenschaften gegen die Naturwissenschaften, wie sie bis heute in unserem Wissenschaftskulturbewußtsein nachwirkt, gefördert, indem er bereits im zitierten Titel seiner Rektoratsrede die Unterscheidung von „Geschichte und Naturwissenschaft", das heißt von Geschichtswissenschaft und Naturwissenschaft, mit dem Unterschied von Idiographik und Nomothetik parallelisiert. Eben damit hat er die bis heute in unserer geisteswissenschaftlich gebildeten Intelligenz nachwirkende Geneigtheit entscheidend gefördert, Historizität assoziativ primär mit Kultur zu verbinden[24] und die Einheit von Natur und Kultur in der Einheit ihrer Geschichtlichkeit als bedeutsamen Gegenstand eines kulturellen und dann auch wissenschaftlichen Interesses auszublenden.

---

[21] Zum Verhältnis von Wirtschaftswissenschaften und Gechichtswissenschaften cf. den Sammelband Hans-Ulrich Wehler (Hrsg.): Geschichte und Ökonomie. Köln 1973.

[22] Zum Verhältnis von Soziologie und Geschichtswissenschaften cf. den Sammelband Hans-Ulrich Wehler (Hrsg.): Geschichte und Soziologie. Köln 1972.

[23] Zum Verhältnis von Politikwissenschaft und Geschichtswissenschaft cf. Daniel Frei: Theorieorientierte Geschichtsbetrachtung. Berührungspunkte zwischen Geschichtswissenschaft und Politischer Wissenschaft, in: Schweizerische Zeitschrift für Geschichte 21/3 (1971), pp. 322–338.

[24] „Der Mensch ist, um ein antikes Wort zu variieren, das Tier, welches Geschichte hat", schrieb Windelband (Geschichte und Naturwissenschaft, a.a.O. (cf. Anm. 18, p. 152) und unterließ anzumerken, daß auch die außer- und vor-menschliche Natur Geschichte hat.

Selbstverständlich reicht die Tradition dieser kulturhistorischen Verkennung der Einheit des Geschichtsbegriffs weit über Windelband und Dilthey tief in die Geisteswissenschaftsgeschichte des 19. Jahrhunderts zurück. Schon Johann Gustav Droysen hatte gefunden, bei ‚Sonne, Mond und Sternen‘, bei „Stein“, „Pflanze“ und „Tier“ sei „das Moment der Zeit ... sekundär“, indem hier die Zeit, als die Zeit der Natur, „in gleiche sich wiederholende Kreise oder Perioden“ sich zerlege[25]. Man rede wohl von „der Geschichte der Erde“, „von der Entwicklungsgeschichte etwa der Raupe“, ja „von Naturgeschichte“. Aber alles das sei doch „nur vel quasi Geschichte“. „Geschichte im eminenten Sinn“ sei einzig „die des sittlichen Kosmos“, die Geschichte „der Menschenwelt“[26].

Schon die unterscheidenden, abwertenden oder emphatisch heraushebenden Zusätze – „vel quasi Geschichte“ einerseits und „Geschichte im eminenten Sinn“ andererseits, die Droysen hier gebraucht, zeigen an, daß er Schwierigkeiten hatte, entgegen einem wohletablierten, sachbereichsindifferenten Gemeingebrauch des Geschichtsbegriffs diesen als Auszeichnung der Art, wie Menschen in der Zeit sind, in Anspruch zu nehmen. Der Bestand, den ich gerade den wohletablierten, sachbereichsindifferenten Gemeingebrauch des Geschichtsbegriffs genannt habe, ließe sich begriffshistorisch im Detail vergegenwärtigen. Daß sich diesem Bestand gegenüber gleichwohl die durch Droysen hier exemplarisch vergegenwärtigte Tendenz, Geschichtlichkeit zu einer kulturspezifischen Eigenschaft zu erklären, in der philosophischen Orientierung eines Teils der Kulturintelligenz durchsetzen konnte, bedürfte einer historischen Erklärung. Meine Vermutung ist, daß dieser Vorgang später durch die kulturpolitischen und philosophischen Abwehrkämpfe gegen den Darwinismus, die ja weit über kircheninnere Bereiche hinaus wirksam waren[27], begünstigt worden ist.

Aber ich möchte hier nicht historisch werden. So oder so: Der traditionsreiche Gemeingebrauch des Wortes „Geschichte“ hat alle Versuche, „Geschichte im eminenten Sinn“ gegen „vel quasi Geschichte“ abzugrenzen, im wesentlichen unbeschädigt überstanden. „Geschichte“ streut nach wie vor vollkommen sachbereichsindifferent von „Geschichte der römischen Kaiserzeit“[28] bis zu „Geschichte der Wirbeltiere“[29], und für Verleger wie fürs unbefangen gebil-

---

[25] Johann Gustav Droysen: Historik. Vorlesungen über Enzyklopädie und Methodologie der Geschichte. Herausgegeben von Rudolf Hübner. 6. unveränderte Auflage. München 1971, p. 11.

[26] A.a.O. p. 13.

[27] Cf. dazu meine Darstellung der bis in das Preußische Abgeordnetenhaus hineinreichenden kulturpolitischen und kulturkämpferischen Auseinandersetzungen um den Darwinismus deutscher Naturwissenschaftler in meinem Aufsatz „Wissenschaft und Weltanschauung“ mit einem neuen Untertitel in diesem Band pp. 59–76.

[28] Zum Beispiel in: Hermann Dessau: Geschichte der römischen Kaiserzeit. Zwei Bände. Berlin 1924–1930.

[29] Zum Beispiel in: Emil Kuhn-Schnyder: Geschichte der Wirbeltiere. Basel 1953.

dete Publikum ist der Auftritt des fraglichen Worts in solchen Buchtiteln höchst unterschiedlicher Diszplin vollkommen homolog[30]. Meine Absicht ist es zu zeigen, daß das nicht auf sachlich irrelevanten Zufälligkeiten fachsprachlich irrelevanter Wortgebräuche beruht, sondern auf der Identität eines Geschichtsbegriffs, der gegenüber den eminenten Verschiedenheiten der Wirklichkeitsbereiche, auf die er angewendet wird, sich gänzlich indifferent verhält. Eben diesen Geschichtsbegriff möchte ich explizieren. Die Kunst einer solchen Explikation besteht zunächst in der Kunst der Präsentation signifikanter Fälle des Gebrauchs, den wir, durch philosophische Reflexionen möglichst nicht irritiert, vom Geschichtsbegriff machen. Als einen solchen Fall möchte ich jene spezielle Art der Erklärung in Anspruch nehmen, die wir eine „historische Erklärung" zu nennen pflegen[31]. Bereits in früheren Arbeiten habe ich die Funktionsweise historischer Erklärungen am Beispiel der Redeweise „Das kann man nur historisch erklären" zu erläutern versucht[32], und ein Zugang zum Geschichtsbegriff, der in evidenter Weise didaktisch zweckmäßiger wäre, ist mir bis heute nicht eingefallen. Natürlich wäre es unklug, diese uns aus dem Alltag bildungssprachlich vertraute Redeweise für begriffsanalytische Zwecke zu nutzen, wenn sie eben bloß eine Redeweise wäre und zur Vergegenwärtigung professionellen Umgangs mit dem Geschichtsbegriff nicht

---

[30] Eine kleine exemplarische Auswahl: Friedrich von Huene: Beiträge zur Geschichte der Archosaurier. Geologische und Paläontologische Abhandlungen. Neue Folge Band XII. Jena 1913. – Richard von Frankenberg, Marco Matteucci: Geschichte des Automobils. Künzelsau 1973. – Karl Gripp: Erdgeschichte von Schleswig-Holstein. Neumünster 1964. – Carl Friedrich von Weizsäcker: Die Geschichte der Natur. Zwölf Vorlesungen. Göttingen ²1954. – Friedrich Klemm: Geschichte der naturwissenschaftlichen und technischen Museen. München 1973. Deutsches Museum. Abhandlungen und Berichte. 41. Jahrgang 1973. Heft 2. – Eine solche, beliebig verlängerungsfähige Reihe macht bis zur Evidenz deutlich, daß wir in Bildungssprache und Wissenschaftssprache das Wort „Geschichte" ohne Rücksicht auf den ontologischen Status des Referenzsubjekts, dessen Geschichte jeweils erzählt wird, gebrauchen. – Von besonderem Interesse ist dabei die Kombination von Naturgeschichte und Kulturgeschichte in derjenigen Geschichte, die wir als die Kultur- oder Sozialgeschichte der Natur charakterisieren könnten, zum Beispiel in der Wendung „Geschichte der Kulturpflanzen", cf. dazu Elisabeth Schiemann: Erinnerungen an Berliner Universitätsjahre, in: Hans Leussink, Eduard Neumann und Georg Kotowski (Hrsg.): Studium Berolinense. Aufsätze und Beiträge zu Problemen der Wissenschaft und zur Geschichte der Friedrich-Wilhelms-Universität zu Berlin. Berlin 1960, pp. 845–856, pp. 851 ff.: „Die ‚Geschichte der Kulturpflanzen' als Forschungsrichtung zwischen Natur- und Geisteswissenschaften".

[31] Zur Geschichte der Theorie der „historischen Erklärung" insbesondere im Kontext analytischer Wissenschaftstheorie cf. zusammenfassend den Artikel von Rudolph H. Weingartner: Historical Explanation. In: Encyclopedia of Philosophy 4 (1967), pp. 7–12.

[32] Cf. meinen Aufsatz „Was heißt: ‚Das kann man nur historisch erklären'?" (1973), in diesem Band pp. 186–197.

weiter brauchbar. Die Sache verhält sich indessen so, daß auch unsere professionellen Historiker, in esoterischen Texten sogar, die zitierte Redeweise immer wieder einmal vollkommen unbefangen verwenden; die Nachweise darf
ich mir hier ersparen. Wahr ist, daß sie es relativ selten tun. Aber das wiederum
ist nicht etwa deswegen so, weil sie es eben relativ selten mit Gegebenheiten,
die sich nur historisch erklären lassen, zu tun hätten. Es ist vielmehr genau umgekehrt deswegen so, weil die Bestände, deren Erforschung sich unsere Historiker widmen, sich überwiegend und zumeist eben nur historisch erklären lassen, so daß die explizite Feststellung, sie ließen sich nur historisch erklären, die
Historiker zu der Reaktion veranlassen müßte: „Wie wollen Sie das denn sonst
erklären?" – Ich füge noch hinzu, daß der Erklärungstypus der historischen
Erklärung, vor allem durch die amerikanische Wissenschaftstheorie, mit besonderer Sorgfalt durchanalysiert worden ist[33]. Indem ich das und aus den angegebenen Gründen zugleich Repräsentativität der zitierten Redeweise in Anspruch nehme, möchte ich jetzt zu zeigen versuchen, von welcher Struktur eigentlich diejenigen Fälle sind, in bezug auf die evident ist, daß sie sich einzig
historisch erklären lassen, so daß wir Geschichtsforschung betreiben müssen,
um uns die jeweils benötigte historische Erklärung zu verschaffen. Ich charakterisiere zunächst die allgemeine Struktur dieser Fälle. Sehr oft handelt es sich
dabei um Bestände, bei denen innerhalb eines funktionalen Zusammenhangs
zwischen den Elementen eines Systems ein Element oder auch mehrere Elemente dadurch auffällig werden, daß sie ersichtlich funktionslos sind und somit in ihrem Dasein sich einzig durch ihre Tauglichkeit für Funktionen erklären lassen, die früher einmal in dem fraglichen System erfüllt sein mußten,
inzwischen jedoch in Prozessen der Systembildung untergegangen sind.

In dieser Charakteristik der allgemeinen Struktur von Fällen, in denen wir,
um sie verstehen zu können, einer historischen Erklärung bedürfen, ließe sich
der darin verwendete Systembegriff auch wohl vermeiden und zumindest auf
der Ebene der Begriffsnamen durch ein terminologisch weniger anspruchsvol-
les Wort ersetzen. Aber ich möchte mich darum nicht bemühen, weil es ja der
Vorzug des Systembegriffs ist, eben jene Indifferenz gegenüber den Verschiedenheiten zwischen natürlichen und kulturellen Phänomenen aufzuweisen, die
hier, in Übereinstimmung mit unserem überwiegenden Sprachgebrauch, auch
für den Geschichtsbegriff in Anspruch genommen wird.

Keinem Fachwissenschaftler, der es überwiegend oder auch nur gelegentlich
mit historischer Fragestellung zu tun hat, wird es schwerfallen, sich Fälle der
skizzierten Struktur exemplarisch vor Augen zu rücken – Fälle also, in denen –
um es zu wiederholen – innerhalb eines funktionalen Zusammenhangs zwischen den Elementen eines Systems Elemente auffällig werden, weil sie ersichtlich funktionslos sind und sich in ihrem Dasein einzig durch ihre Taug-

---

[33] Angeregt vor allem durch Carl G. Hempel: The Function of General Laws in History (1942), in: Patric Gardiner (ed.): Theories of History. New York, London 1959,
pp. 344–356.

lichkeit für Funktionen erklären lassen, die früher einmal in dem gegebenen System erfüllt sein mußten, inzwischen jedoch in Prozessen der Systemumbildung untergegangen sind. Es hat lediglich den Sinn einer Anschauungsstütze, wenn ich für diese Struktur nun auch meinerseits ein paar Beispiele ausdrücklich aufführe. Ich habe übrigens diese Beispiele schon früher gelegentlich verwendet. Aber da es sich hier ja nicht darum handelt, Kunst der Exempelfindung zu demonstrieren, ist es sogar zweckmäßig, dieselben Exempel auch hier noch einmal vorzuführen. Also: Die Trittbretterstummel beim individuenreichsten Autotyp der Technikgeschichte, beim sogenannten VW-Käfer nämlich[34], sind ein Fall von der skizzierten Struktur. Ersichtlich sind sie funktionslos – nie tritt einer auf sie. Eine statische Funktion haben sie auch nicht; denn das fragliche Automobil bleibt auch bei abgebrochenen Stummeltrittbrettern stabil[35]. Was erklärt sie also? Sie lassen sich nur historisch als Relikte aus der Kutschenabkunft des Automobils erklären. Als Wagen noch auf höheren Rädern fuhren, brauchte man solche Trittbretter, um hinaufzugelangen. – Homolog verfährt auch der Paläontologe, wenn er uns im Körper verborgene Hinterextremitäten im Skelett von Riesenschlangen[36] oder – ein anderer Fall – von Meeressäugern erklärt, und auch seine Erklärung ist eine historische Erklärung durch Rekurs auf einen evolutionär früheren Zustand der fraglichen Organismen, innerhalb dessen das Element, das inzwischen zum Relikt geworden ist, eine Funktion von evidenter Nötigkeit zu erfüllen hatte. – Schließlich will ich noch den hübschen kleinen Fall einer historischen Erklärung anführen, die aus der Feder eines Biologen, nämlich von Otto Koenig stammt, sich aber nicht auf ein biologisches Phänomen, vielmehr auf ein kulturgeschichtliches Faktum, näherhin auf Militäreffekten bezieht. Es handelt sich um das unter Deutschen – und nicht nur unter ihnen – wohlbekannte Generalsrangabzeichen deutscher Armeen heute und auch vor Jahrzehnten schon. In seiner gegenwärtigen Zeichenfunktion ist es natürlich einer historischen Erklärung gar nicht bedürftig. Insoweit genügt der Rekurs auf die einschlägige Konvention, wie sie normativ in den Erlassen und Verordnungen der zuständigen Instanzen fixiert ist. An-

---

[34] Zur Geschichte dieses Automobils cf. Richard von Frankenberg, Marco Matteucci: Geschichte des Automobils. Künzelsau 1973, pp. 314–316; ferner: Werner Oswald: Autos in Deutschland 1945–1966. Eine Typengeschichte. Stuttgart 1966, pp. 6–25.

[35] Der Prototyp von 1937 ist übrigens ein Typ ohne Stummeltrittbretter gewesen (cf. Oswald, a.a.O., p. 7). Die Bretter sind später, offensichtlich aus optischen Gründen, hinzugefügt worden – in ästhetischer Umfunktionierung eines landfahrzeugevolutionären Relikts.

[36] Cf. dazu Günther Osche: Das ‚Wesen‘ der biologischen Evolution. Grundprinzipien, Wege und Möglichkeiten der stammesgeschichtlichen Entwicklung. In: Mannheimer Forum 73/74. Ein Panorama der Naturwissenschaften. Mannheim 1974, pp. 9–50, pp. 30 ff.: „Kontinuität der Entwicklung und der ‚historische Rest‘". – Ferner: Ludwig Rüffle: Reliktformen als Lehrbeispiele für Gesetzmäßigkeiten im Evolutionsprozess – ihre Rolle in Gärten und in den öffentlichen Teilen des Museums für Naturkunde. In: Wissenschaftliche Zeitschrift der Humboldt-Universität zu Berlin. Jahrgang XIX. Berlin 1970. Math.-Naturwissenschaftliche Reihe, pp. 259–268.

ders stellt sich das Problem aber dar, wenn man den figuralen Sinn des fraglichen Rangabzeichens zu verstehen sucht. Der Stern ist ja als militärisches Rangabzeichen ungleich weiter als das deutsche Generalsabzeichen verbreitet, und überdies hat der Stern den Vorzug, einen hervorleuchtenden symbolischen Sinn zu besitzen, der der geschweiften deutschen Zackenlitze durchaus abgeht. Was also erklärt diese? Man kann sie nur historisch erklären, und die Erklärung lautet: Die fragliche Litze erfüllte auf soldatischen Uniformröcken des 18. Jahrhunderts die Funktion einer zugleich schmückenden Knopflochverstärkung, die verschwinden mußte, als waffentechnisch bedingte taktische Zwänge einen schlichteren Uniformrock verlangten, die sich aber in Reliktposition in der Nähe des obersten Knopflochs zu halten vermochte – sekundär zur Erfüllung einer Rangabzeichenfunktion umfunktioniert[37]. Indem ich hier solche simplen Beispiele für die allgemeine Struktur einer historischen Erklärung anführe, unterstelle ich natürlich unseren Kulturhistorikern nicht, daß sie es mit solchen Simplizitäten primär oder auch nur beiläufig zu tun hätten. Die Simplizität der Exempel ist nichts als eine Konsequenz ihrer didaktischen Funktion, den Abstraktionsaufwand zu minimalisieren, der nötig ist, um die Identität ihrer Struktur zu erkennen. Der Übergang zu exemplarischen Fällen, die auch materiell bereits als repräsentativ für Gegenstandsbereiche geschichtswissenschaftlicher Forschung gelten dürften, die aber dafür zugleich auch von ungleich größerer Komplexität sind, ist nichts als ein Problem des Zeitaufwands, den man zur Vergegenwärtigung dieser Fälle treiben müßte. Unsere professionellen Historiker selbst schätzen, wenn sie ihr Publikum mit der Struktur eines einzig über historische Erklärungen verständlichen Gegenstandes bekannt machen wollen, als Exempel besonders gern Städte[38], und es ist plausibel, wieso. Städte, besonders natürlich Städte von einigem Alter, bieten ja schon für den nur mäßig geschulten Blick des Touristen in sichtbarer Fülle synchrone Präsenz von städtebaulichen Elementen aus unterschiedlichsten Epochen der Stadtevolution, und es ist von evidenter Unmöglichkeit, ein solches System in allen seinen Elementen aus den gegenwärtig dominanten technischen, ökonomischen, sozialen und kulturellen Funktionen städtischen Lebens verstehen zu wollen. Diesen gegenwärtig dominanten Funktionen fügt sich weder der alte Festungsgürtel noch der Häuserzeilenabstand zwischen Vorstadtstraßen des 19. Jahrhunderts, und auch nicht die Fülle der Kirchen im Altstadtbereich in Relation zur abnehmenden Besiedlungsdichte in den Kernstadtbezirken. Kurz: Wie das alles so kontingent koexistiert – das erklärt uns einzig die Stadtgeschichte, indem sie, was in Relation zum gegenwärtigen Stadtfunktionalismus den Status von Relikten hat, genetisch auf die Funktionen zurückbezieht, die in

---

[37] Cf. Otto Koenig: Biologie der Uniform. In: Hoimar von Ditfurth (Hrsg.): Evolution. Ein Querschnitt der Forschung. Hamburg 1975, pp. 175–211, pp. 187 f.

[38] Cf. zum Beispiel Theodor Schieder: Geschichte als Wissenschaft. Eine Einführung. München, Wien ²1968, pp. 33 f.

evolutionär überholten Zuständen des Stadtsystems einst bestanden und sich inzwischen erledigt haben.

Als ein bloßes Reliktensemble wäre nun freilich kein System bestandsfähig – ein städtebaulich-soziales so wenig wie ein biologisches –, und daher ist das Regelschicksal funktionslos gewordener Systemelemente dieses: Sie verschwinden oder werden umfunktioniert. Denkmalschützer wissen daher, daß für die Erhaltungsbedingungen ihrer Objekte dann am verläßlichsten gesorgt ist, wenn es gelungen ist, sie auf eine neue Funktion zu beziehen[39]. Aus dem Schloß wird ein Präsidentensitz oder, homolog, eine architektonische Szenerie für Regierungsempfänge. Auf den gesprengten Festungsring wird eine Lindenkranzpromenade oder, homolog, eine Ringstraße gelegt, und aus dem alten Exerzierfeld wird ein Sportplatz oder, homolog, ein Neustadtcenter. Es erübrigt sich, das mit nicht-fiktiver Beziehung auf Mainz oder auf Zürich näher auszuschmücken, und ich füge lediglich noch hinzu, daß der dreifache Gebrauch, den ich soeben von dem unter Geisteswissenschaftlern nur selten benutzten Wort „homolog" gemacht habe, den Zweck hatte, verbal genau jenen Vorgang evolutionärer Ausdifferenzierung ursprünglich funktionsidentischer Systemelemente auszuzeichnen, auf den auch unter Anatomen und Paläontologen der Begriff der Homologie seit mehr als einhundert Jahren angewendet wird[40].

Die somit wohl exemplarisch hinreichend vergegenwärtigte historische Erklärung als Erklärung von Systemkontingenzen durch Herleitung über Systemtransformationsprozesse aus Systemzuständen früherer Stufen – diese so strukturierte historische Erklärung erlaubt nun auch eine sachbereichsindifferente Charakteristik des Geschichtsbegriffs. Ich wiederhole, daß eine solche Charakteristik natürlich witzlos wäre, wenn sie einen üblichen und bewährten Geschichtsbegriff in seiner Extension bloß künstlich erweiterte und so eine Nacht von Unterschiedslosigkeiten erzeugte, in der alle eigentlich interessanten Phänomene grau werden. Aber der Anspruch, der sich mit einer solchen generellen Charakteristik des Geschichtsbegriffs verbindet, ist gerade umgekehrt dieser, Licht auf die guten Gründe zu werfen, die uns, wenn wir nicht gerade in eine philosophische Verwirrung geraten sind, auch gemeinsprachlich das Wort „Geschichte" gänzlich sachbereichsindifferent gebrauchen lassen – von der

---

[39] Cf. dazu Hans Maier: Was zu tun ist – zugleich eine Einführung. In: Hans Maier (Hrsg.): Denkmalschutz. Internationale Probleme – Nationale Projekte. Zürich 1976, pp. 7–19, pp. 13 ff.: „Ohne Nutzung ist ein Denkmal verloren".

[40] Zum Begriff der Homologie cf. exemplarisch Karl Meißner: Homologie in der Ethologie. Voraussetzungen, Methoden und Ergebnisse. Jena 1976, p. 146: Es „wird die Homologieproblematik nicht nur von evolutionstheoretischen und systematischen Aspekten berührt, sondern sie ist generell von der Tradierung historischer Information nicht zu lösen. In diesem Sinne hat die Homologieforschung in *allen* Wissenschaften ihre Berechtigung …"

Geschichte der Technik über die Geschichte der Paläontologie bis zur Geschichte der Natur selbst[41].

Was also sind Geschichten? Unter abschließend noch einmal aus angegebenen Gründen zweckmäßiger Inanspruchnahme des Systembegriffs läßt sich sagen: Geschichten sind Prozesse der Umbildung von Systemen als Wirkung von Ereignissen, die sich zum Funktionalismus des jeweils gegebenen Systemzustands kontingent verhalten. In einem simplen siedlungs- und wirtschaftsgeschichtlichen Beispiel heißt das: In Relation zur seinerzeit durchaus zweckrational entworfenen Transportkapazität der Kanäle in den nordwestdeutschen Fehn-Moorkolonien des 18. Jahrhunderts war die Entwicklung des Straßenverkehrs in unserem Jahrhundert kontingent, die heute Massentransport auf Kanälen einzig noch über Distanzen sowie in Schiffseinheiten einer Größenordnung wirtschaftlich sein läßt, an die die Fehnkanalsysteme schlechterdings nicht anpassungsfähig waren. Also wurden sie transportwirtschaftlich ausselektiert, das heißt, sie verfielen. Entschlossene Gemeindeväter vollzogen daraufhin eine Politik der Umfunktionierung ihrer funktionslos gewordenen Kanalrelikte und schütteten diese mit einem Gewinn von Straßentrassen hauptstädtischer Dimensionen zu, die nun in der Tat jedem gegenwärtigen Straßenverkehrsaufkommen daselbst mühelos gewachsen sind[42]. Wer diese Straßen heute passiert und bemerkt, daß sie zwischen Häuserzeilen geführt sind, die sichtlich aus vorindustrieller Zeit stammen, mag sich dann über die verkehrsplanerische Voraussicht der damals Verantwortlichen wundern. Ihm wird gesagt werden müssen, daß eine solche verkehrsplanerische Voraussicht selbstverständlich nicht vorlag. Vielmehr läßt sich der überraschende Bestand nur historisch erklären – in der skizzierten Weise als Resultat eines in unvorhersehbarer Weise gelungenen Anpassungsvorgangs durch Umfunktionierung eines Relikts. Indessen: Die über die geschilderten Modernisierungsprozesse verlaufende Produktivitätssteigerung unserer Arbeit hat uns in unvorhergesehenem Maße Freizeit verschafft, die nun ausgefüllt sein will, und zugleich hat uns die historisch beispiellose Geschwindigkeit des zivilisatorischen Wandels kulturell wie nie zuvor vergangenheitssüchtig, nostalgisch gemacht[43]. Eben diese Befindlichkeit unserer Zeitgenossenschaft kommt nun in gleichfalls schlechterdings unvorhersehbar gewesener Weise jenen Gemeinden zugute, die, weniger entschlossen, ihre Kanalrelikte noch hatten liegen lassen. Inzwischen sind sie als Attrak-

---

[41] Cf. dazu die unter Anm. 30 exemplarisch aufgeführten Literaturtitel.

[42] Cf. dazu Jürgen Bünstorf: Die Ostfriesische Fehnsiedlung als regionaler Siedlungstypus und Träger sozial-funktionaler Berufstradition. Göttinger Geographische Abhandlungen Heft 37. Göttingen 1966, bes. pp. 132ff.

[43] Zu diesem Zusammenhang von kulturevolutionärer Beschleunigung und kultureller Vergangenheitszuwendung cf. meinen Aufsatz „Traditionsverlust und Fortschrittskrise. Sozialer Wandel als Orientierungsproblem", in: Hermann Lübbe: Praxis der Philosophie, Praktische Philosophie, Geschichtstheorie. Stuttgart 1978, pp. 123–152.

tion des bootstouristischen Freizeitverkehrs entdeckt und restauriert, und alte Zugbrücken dienen als Nostalgierequisiten.

Die Vorstellung ist absurd, daß es möglich sein sollte, über einen geschichtlichen Vorgang von dieser Struktur eine Theorie zu bilden, die es uns erlauben sollte, die Gesetzmäßigkeit dieses Vorgangs zu erkennen[44]. Vielmehr läßt sich das alles nur im nachhinein historisch erklären, aber im vorhinein nicht prognostizieren, und die Gunst, deren sich die zuletzt erwähnten, touristisch attraktiv gewordenen Gemeinden heute erfreuen, ist nichts als die Gunst der biblischen Verheißung, daß die Letzten die Ersten sein werden.

Strukturell heißt das: Geschichten sind Vorgänge, in denen Phasen ungestörter systemimmanenter Abläufe, die selbstverständlich in ihrer Funktionalität und auch in ihrer Gesetzmäßigkeit erkannt und theoretisch formuliert werden können, von Ereignissen oder Prozessen überlagert werden, die ihrerseits, endogen oder exogen, einer vielleicht erkennbaren Gesetzmäßigkeit gehorchen mögen, aber sich doch eben kontingent zum Funktionalismus des von ihnen betroffenen Systems verhalten.

Prozesse dieser Struktur, Geschichten also, sind singulär, nicht prognostizierbar und faktisch, näherhin mit hoher Wahrscheinlichkeit irreversibel und, sofern gerichtet, nicht zielgerichtet[45]. Eben deswegen kann man Geschichten auch als Prozesse der Systemindividualisierung kennzeichnen, durch die Systeme, unter analogen, einzigartig und unverwechselbar werden. Eben deswegen gilt zugleich, daß man, wenn man verstehen will, was etwas oder wer einer im Unterschied zu Vergleichbarem ist, seine Geschichte erzählen muß. Erzählte Geschichten sind daher die angemessenen Medien der Identitätspräsentation. Das gilt für Personen, aber auch für Institutionen, für Wissenschaften wie für Werkzeuge und Maschinen, aber es gilt ebenso für die Arten unserer Flora und Fauna, ja für die Erde selbst, mit deren historischer Individualität uns unsere Geologen bekannt machen, und Sonne, Mond und Sterne, denen ja Droysen „Geschichte im eminenten Sinn" nicht zubilligen wollte, sind davon nicht ausgenommen.

Kurz: Geschichtlichkeit, Historizität taugt als das Spezifikum nicht, das den Gegenstand der historischen Geisteswissenschaften vom Gegenstand anderer Wissenschaften unterschiede. Gerade umgekehrt ist die Geschichtlichkeit, die Historizität ihrer Gegenstände das, was sie mit einer Fülle anderer, insoweit dann verwandter Wissenschaften verbindet. Am spezifischen Charakter kultureller Tradition, im Unterschied nämlich zu vorsprachlicher Informationstra-

---

[44] Zur Theorieunfähigkeit von Ereignis- und Zustandsabfolgen vom Typus „Geschichten" cf. meinen Aufsatz „Wieso es keine Theorie der Geschichte gibt", in: Hermann Lübbe: Philosophie nach der Aufklärung. Düsseldorf/Wien 1980, pp. 115–141.

[45] Zum evolutionstheoretischen Begriff der Irreversibilität („Dollosches Gesetz") cf. Heinrich K. Erben: Die Entwicklung der Lebewesen. Spielregeln der Evolution. München, Zürich 1975, pp. 229 ff.

dierung in Prozessen vorkultureller Evolution sprachlich-symbolisch vermittelt zu sein, hängt nicht die Geschichtlichkeit humaner Kultur, sondern die im Vergleich zu natürlichen Evolutionen eminent gesteigerte Geschwindigkeit ihres gerichteten Wandels[46].

Der Sachbereichsindifferenz des Geschichtsbegriffs, die ich hier zu skizzieren versucht habe, entspricht übrigens nicht nur der Gebrauch, den wir gemeinsprachlich wie bildungssprachlich vom Wort „Geschichte" tatsächlich machen. Ihr entspricht auch das kulturhistorische Faktum, daß die Entdeckung der Geschichtlichkeit der Natur und die Entdeckung der Geschichtlichkeit der Kultur vom späteren 18. Jahrhundert bis ins frühe 19. Jahrhundert hinein sich im wesentlichen parallel vollziehen[47], und man darf darüber hinaus vermuten, daß es sich dabei nicht um voneinander unabhängige Vorgänge handelt. Plinius des Älteren klassischer Titel „Historia naturalis" läuft dabei verbal in seinen mannigfachen gegenstandsspezifischen Abwandlungen und neusprachlichen Transformationen überall bis ins 19. Jahrhundert durch[48]. Aber, sagen wir, von John Woodwards „Natural History of the Earth" von 1695[49] bis zur „Histoire naturelle des crustacés fossiles" von Alexandre Brongniart und A. E. Desmarest aus dem Jahre 1822[50] vollzieht sich ein dramatischer wissenschaftsgeschichtlicher Wandel, der für den Geschichtsbegriff bedeutet, daß man, noch bevor man in unserem nachdarwinistischen Sinne evolutionstheoretisch zu denken gelernt hatte, Geschichten als eine Abfolge von Zuständen und Ereignissen zu erkennen, innerhalb derer morphologisch und strukturell unterscheidbare Phänomene in unumkehrbarer und zugleich als gerichtet, wenn auch natürlich nicht als zielgerichtet erkennbarer Weise auf der Zeitachse angeordnet sind.

Damit ist, innerhalb der Naturwissenschaftsgeschichte, der spezifisch moderne Geschichtsbegriff grundsätzlich erreicht, und für die gleichzeitige Entstehung unseres historischen Bewußtseins im Verhältnis zur Kultur läßt sich sogar ein externer kulturgeschichtlicher Umstand der Provokation dieses historischen Bewußtseins angeben. In idealtypischer Verkürzung gesagt, handelt es sich dabei um ein Maß der Beschleunigung des sozialen Wandels, der die strukturelle Verschiedenheit irreversibel aufeinanderfolgender Zustände für die Augen einer einzigen Zeitgenossenschaft schließlich unübersehbar machte. Mit

---

[46] Zur dramatischen Verkürzung der Zeitabstände zwischen in ihrer evolutionären Richtung erkennbaren, durch kulturelle Innovationen unterscheidbaren historischen Epochen cf. Karl J. Narr: Zeitmaße in der Urgeschichte. Opladen 1978.

[47] Cf. dazu Wolf Lepenies: Das Ende der Naturgeschichte. Wandel kultureller Selbstverständlichkeiten in den Wissenschaften des 18. und 19. Jahrhunderts (1976). Frankfurt am Main 1978.

[48] Davon gewinnt man beim Studium der Geschichte der Paläontologie einen nachhaltigen Eindruck. Cf. dazu Otto H. Schindewolf: Wesen und Geschicht der Paläontologie. Berlin 1948.

[49] Cf. a.a.O., p. 70.

[50] Cf. a.a.O., p. 80.

einer aus Abkürzungsgründen ersichtlich kraß gehaltenen Kontrastierung
möchte ich exemplarisch verdeutlichen, was das heißt. Machiavelli noch vermochte sich zur Römischen Geschichte im Spiegel ihrer Darstellung bei Titus
Livius ohne Irritation in der Absicht zu verhalten, aus dieser Geschichte einen
Gewinn an politischen und strategischen Handlungsregeln abzuziehen: „Historia docet"[51]. Das Examen über den Verlauf der Doggerbankschlacht[52] hingegen, das ich auf der Offiziersschule der Kriegsmarine über mich ergehen lassen
mußte, hatte schlechterdings nicht mehr den Sinn einer Überprüfung der Beherrschung von Regeln der Geschwadertaktik, obwohl ja der abgefragte Vorgang nicht über weit mehr als tausend Jahre, sondern weniger als dreißig Jahre
zurücklag. Wieso galt der Lehrsatz „Historia docet" hier nicht mehr? Evidenterweise galt er deswegen nicht mehr, weil die seit jenem Vorgang sich unaus-
gesetzt beschleunigende Evolution der Militärtechnologie es gänzlich witzlos
gemacht hätte, heute noch doggerbankschlachtorientiert kämpfen zu sollen. –
Reinhart Koselleck hat eindrucksvoll beschrieben, wie in der Tat der Topos
„Historia magistra vitae" parallel zum Aufgang des historischen Bewußtseins
in wenigen Jahrzehnten um die Wende des 18. zum 19. Jahrhundert als histo-
riographisches Motto verschwindet[53].

Unsere von Wilhelm von Humboldt geprägte Universitätstradition ist
selbstverständlich von Anfang an eine Stätte wissenschaftlicher Kultur des
neuzeitlichen historischen Bewußtseins gewesen. Dem widerspricht keineswegs, was die klassischen Altertumswissenschaften anbetrifft, der von Friedrich August Wolf und philosophisch-ästhetisch von Schiller geprägte Klassizismus Humboldts. Ganz im Gegenteil ist es dieser Klassizismus gewesen, der das
Bewußtsein der Differenz der Moderne gegenüber dem Muster unwiederhol-
barer Antike mit besonderer Schärfe hervorgetrieben hat. Der konsequente Historismus der Humboldtschen Einrichtung des ersten Berliner Museums von
1830 beweist es[54].

Es ist aber auch wahr, daß die moderne Universität Humboldtscher Prägung
sich den Zwecken einer akademischen Kultur des naturhistorischen Bewußtseins zunächst nur zögernd geöffnet hat[55]. Gegenüber der Wissenschaftsent-

---

[51] Cf. das Kapitel „Lehrgeschichten und Evolutionen" in meinem Buch „Geschichtsbegriff und Geschichtsinteresse. Analytik und Pragmatik der Historie", Basel, Stuttgart 1977, pp. 241–268.

[52] Nach Alexander Meurer: Seekriegsgeschichte in Umrissen. Seemacht und Seekriege
vornehmlich vom 16. Jahrhundert ab. Leipzig 1925, pp. 437.

[53] Reinhart Koselleck: Historia magistra vitae. Über die Auflösung des Topos im Horizont neuzeitlich bewegter Geschichte, in: Natur und Geschichte. Karl Löwith zum
70. Geburtstag. Stuttgart, Berlin, Köln, Mainz 1967, pp. 196–219.

[54] Cf. dazu meine Abhandlung „Wilhelm von Humboldt und die Berliner Museums-
Gründung 1830", Berlin 1980, bes. pp. 10 ff.

[55] Eine kultur- und wissenschaftspolitisch korrigierende Bedeutung hatte entsprechend die Tätigkeit, die Alexander von Humboldt nach seiner Rückkehr aus Paris in
Berlin entfaltete. Cf. dazu Max Lenz: Geschichte der Königlichen Friedrich-Wilhelms-Universität zu Berlin. Zweiter Band, erste Hälfte: Ministerium Altenstein.

wicklung in Westeuropa erfolgt, zum Beispiel, die Errichtung naturhistorischer Lehrstühle in deutschen Ländern erst relativ spät – für Geologie erst 1843 in München gegenüber 1793 in Paris und für Paläontologie 1860 in München sowie 1873 in Wien gegenüber 1853 in Paris[56]. Unbeschadet dieser deutschen Verspätung, die zur Frühgeschichte geisteswissenschaftlicher Selbstmißverständnisse in Deutschland gehört, bilden jedoch, aufs Ganze gesehen, Naturgeschichte und Kulturgeschichte im bürgerlichen Bildungsbewußtsein eine kulturgeschichtliche Einheit. In der Gründungsgeschichte unserer Museen[57] wird das sichtbar, und es ist der Sache angemessen, daß, zum Beispiel, dem naturhistorischen Museum einerseits[58] und dem kunsthistorischen Museum andererseits an der Wiener Ringstraße durch ihre herausragenden Kuppelbauten architektonisch gleiches Gewicht gegeben ist. In Berlin wurden die Gewichte dann in nötiger Richtung durch Alexander von Humboldts Rückkehr aus Paris verschoben[59], und daß beide Brüder schließlich vor dem Portal der Friedrich-Wilhelms-Universität ihr Denkmal bekamen, sollten wir als Erinnerung an die Einheit unserer historischen Kultur wirken lassen.

Was nun die Wirksamkeit einer solchen Erinnerung anbelangt, so sind die Akademien der Wissenschaften in einer besonders begünstigten Lage. Sie sind ja Institutionen, in deren Versammlungen die Einheit der Wissenschaften auch institutionell präsent geblieben ist, und ich möchte zum Schluß eines unter vielen Problemen ausdrücklich nennen, in bezug auf das mir evident zu sein scheint, daß man seinem Verständnis am besten im Rekurs auf die Einheit aller historischen Wissenschaften näher kommt. Ich meine das Problem einer Ver-

---

Halle a.d.S. 1910, pp. 362 ff. – Ferner: Douglas Botting: Alexander von Humboldt. Biographie eines großen Forschungsreisenden. München 1974, pp. 281: „Rückkehr nach Berlin".

[56] Cf. Otto H. Schindewolf, a.a.O. (cf. Anm. 48), p. 89.

[57] Cf. dazu Valentin Scherer: Deutsche Museen. Entstehung und kulturgeschichtliche Bedeutung unserer öffentlichen Kunstsammlungen. Jena 1913. Ferner: Volker Plagemann: Das deutsche Kunstmuseum 1790–1870. München 1967. Ferner Kurt Böhner: Altertumssammlungen gestern und heute. In: Jahrbuch des Römisch-Germanischen Zentralmuseums Mainz. 17. Jahrgang 1970, pp. 1–34. – Für das Naturhistorische Museum cf. Friedrich Klemm, a.a.O. (cf. Anm. 30), und exemplarisch: Wilhelm Schäfer: Geschichte des Senckenberg-Museums im Grundriss. Frankfurt am Main 1967. – Zur Museologie des Naturhistorischen Museums cf. den Sammelband: Natural History Museums and the Community. Symposium held in October 1969 at the Swedish Museum of Natural History in Stockholm. Editors: K. Engström and A. G. Johnels. The Swedish Museum of Natural History. Oslo, Bergen, Tromsö 1973.

[58] Cf. dazu: Das Naturhistorische Museum in Wien. Die Geschichte der Wiener naturhistorischen Sammlungen bis zum Ende der Monarchie. Von Günther Hamann, unter Verwendung älterer Arbeiten von Leopold Joseph Fitzinger und Hubert Scholler mit einem Kapitel über die Zeit nach 1919 von Max Fischer, Irmgard Moschner, Rudolf Schönemann. Wien 1976.

[59] Cf. dazu auch Adolf Meyer-Abich: Alexander von Humboldt in Selbstzeugnissen und Bilddokumenten. Reinbek bei Hamburg 1967, pp. 115 ff.; 127 ff.

messung vermutlich gegebener Grenzen der Verarbeitbarkeit von Folgen evolutionärer Beschleunigung[60]. Als ein schönes kulturelles Indiz dieser Beschleunigung dürfen wir, zum Beispiel, die progressive Musealisierung unserer kulturellen Umwelt auffassen. Mit der Geschwindigkeit des sozialen Wandels nimmt ja eo ipso die Menge der evolutionär produzierten Relikte, das heißt funktionslos gewordenen Elemente aus dem Kontext überholter Systemzustände zu, und der Druck dieser Menge läßt das Museum, als die Institution ihrer Bewahrung, expandieren. Am Beispiel der Technikmuseen könnte man diesen Vorgang, wegen der Kürze der Fristen zwischen technologischer Innovation und Museumsreife, besonders eindrucksvoll machen.

Was wir insoweit goutieren mögen, wird aber in anderen, substantielleren Bereichen unserer Lebenskultur zu einer Last mit vorerst unabsehbaren Bedrückungsfolgen, insbesondere nämlich die erreichte Veraltensgeschwindigkeit handlungs- und verhaltensleitender Traditionen. Die kulturelle Homogenität zwischen den gleichzeitig lebenden Generationen wird brüchig; die Unverständlichkeit unserer Lebenswelten nimmt zu, und die soziale Reichweite unserer Primärerfahrungen verringert sich dramatisch[61].

Wie man diese Vorgänge, die ja die anwachsende emotionale Selbstdistanzierung unserer modernen Zivilisation von sich mitbewirken, unter Aspekten der Zukunft eben dieser Zivilisation einzuschätzen habe – das ist die Frage. Es scheint mir so zu sein, daß wir zu dieser Einschätzung ein Verständnis evolutionärer Prozesse bräuchten, wie es sich, über die Grenzen von Natur- und Kulturwissenschaften hinweg, vorzugsweise in der Kooperation aller historischen Wissenschaften herausbilden könnte.

---

[60] Über „Biologische Grundlagen konservativer und progressistischer Evolutionsabläufe" cf. Heinrich K. Erben, a.a.O. (cf. Anm. 44), pp. 244ff.

[61] Cf. dazu meinen Aufsatz „Erfahrungsverluste und Kompensationen. Zum philosophischen Problem der Erfahrung in der gegenwärtigen Welt", in: Gießener Universitätsblätter. XII, 2 (1979), pp. 42–53.

12. Was heißt „Das kann man nur historisch erklären"?

Im Sommer des Jahres 1967 hatte ich den Chefs der schweizerischen kantonalen Erziehungsdepartemente einen Vortrag über nordrhein-westfälische Hochschulgründungen zu halten. Dabei führte ich wahrheitsgemäß aus, daß die neuen Universitäten in Bochum einerseits und in Dortmund andererseits, nur gute fünfzehn Luftlinienkilometer voneinander entfernt, beide je eine maschinenbautechnische und eine elektrotechnische Abteilung erhalten würden. Befragt, ob denn diese Doppelkapazität, und dazu noch auf so engem Raum, gemessen an der voraussehbaren Nachfrage nach Studienplätzen nötig sei, mußte ich, wohlgemerkt nach dem damaligen Stand unserer hochschulplanerischen Einsichten, mit einem „Nein" antworten, politisch-diplomatisch zu der Auskunft abgeschwächt: bei langfristiger Kalkulation möglicherweise ja, womit ich dann, zufällig, sogar recht behielt.

Die Auskunft mußte die Schweizer Herren zu der Frage provozieren, wieso es denn dann zu derart großzügigen, aufwendigen Planungen gekommen sei. Diese Frage lag nahe – nicht nur, weil die Herren Schweizer waren, vielmehr überdies deswegen, weil wir uns damals auf der Sohle eines Konjunkturtals befanden, was dann auch zu einigen Einschränkungen sowohl der Dortmunder wie der Bochumer Pläne in Abstimmungsverhandlungen zwang.

Eben diese Frage der Schweizer Politiker war nun nur noch mit einer historischen Erklärung zu beantworten. Die Erklärung ist einfach. Es gab mindestens seit der Jahrhundertwende den immer wieder einmal lebhaft und laut gewordenen Wunsch, daß im westfälischen Teil des Ruhrgebiets eine technische Hochschule zu errichten sei, und zwar in Dortmund, der Stadt mit der reichsstädtischen Vergangenheit, verkehrsgeographisch günstig gelegen, weil sowohl mit den nördlichen wie mit den südlichen Städten des Reviers eisenbahntechnisch durch frequentierte Linien verbunden. Als dann die Gründung einer Hochschule im Ruhrgebiet Ende der fünfziger Jahre in ein akutes Stadium trat, fiel schließlich, am 18. Juli 1961, die Entscheidung, und zwar für eine Universität in Westfalen – das blieb zwingend –, aber statt in Dortmund in Bochum. Die Gründe für diese Entscheidung haben damals nur die Begünstigten überzeugen können. Man sprach, jedenfalls in Dortmund, von einer „politischen" Entscheidung – im Sinne des Gebrauchs des Wortes „politisch", der von den Ministerialbeamten kultiviert wird, wenn sie sagen wollen: von der Sache her nicht einsichtig.

Ein Jahr darauf, im Frühjahr 1962, trafen zwei Dinge zusammen: anhaltende Enttäuschung der Bürger von Dortmund einerseits sowie eine bevorstehende Landtagswahl andererseits. So beschloß die Landesregierung am 12. Juli 1962, auch in Dortmund eine Universität, und zwar die seit eh und je gewünschte Technische Universität zu errichten. Damit war, an damaligen Maßstäben gemessen, eine Über-Kapazitätsplanung unvermeidbar geworden. Nun wird man sagen: Dieser damalige, 1967, unter dem Druck knapper Mittel besonders schmerzhaft verspürte Schaden existiert doch nicht mehr. So ist es. Indessen haben die damals Verantwortlichen nur zufällig recht behalten, und auch das läßt sich einzig historisch erklären. Ihr damaliges Handeln rechnete nicht und konnte nicht rechnen mit den inzwischen eingetretenen Verhältnissen. Und es konnte auch nicht rechnen mit dem später eingetretenen Zuwachs an Kenntnissen davon, womit zu rechnen sei. Politisch besagt das nichts. Es gehört ja seit je zu den Formen politischer Selbstdarstellung, bei gutem Ausgang der Dinge auch dasjenige sich als Verdienst zuzurechnen, was gänzlich außerhalb der Reichweite eigener Handlungsmacht lag. So konstituieren sich, im politisch-rhetorischen Handlungszusammenhang, verbal Subjekte historischer Prozesse, die es in Wirklichkeit nie gegeben hat.

Die Quintessenz dieses Beispiels von Fällen, die uns nur durch historische Erklärungen plausibel gemacht werden können, lautet:

1. Es handelt sich um gegenwärtig befremdliche Fälle. „Befremdlich" heißt hier: Es handelt sich um Fälle, in bezug auf die wohl erwartet werden durfte, daß sie den Regeln vernünftigen Handelns gehorchen. Aber eben diese Erwartung wird enttäuscht. Es handelt sich um Fälle, die wir auf einen gegenwärtigen Handlungszusammenhang beziehen, aber aus ihm nicht verständlich machen können.

2. Die historische Erklärung erklärt den ohne diese Erklärung unverständlichen Fall dadurch, daß sie ihn als Resultante sich überkreuzender Handlungen verschiedener Subjekte erklärt, die jeweils andere dominierende Zwecke verfolgten und der Rationalität eines übergreifenden Handlungszusammenhangs und damit einem übergeordneten dritten Subjekt nicht unterworfen waren. In unserem Beispiel trafen zusammen die Rationalität fälliger Erweiterung der Studienplatzkapazität einerseits und die Rationalität eines mit Universitätsgründungserfolgen geführten Wahlkampfs andererseits. Die daraus resultierende Überkapazität hat als solche natürlich niemand gewollt. Sie ergab sich bloß so, und eben das macht sie einer historischen Erklärung bedürftig. Und weiterhin versteht man den historischen Charakter dieser Überkapazität nur dann, wenn man sie auf den Handlungszusammenhang der damaligen administrativen Kapazitätsplanung bezieht. Bezogen auf analoge jüngere Handlungszusammenhänge gewinnt das damals nur historisch erklärbare Phänomen merkwürdigerweise den Schein eines Resultats in sich konsistenter Planungsrationalität und verliert damit für den oberflächlichen Blick seinen historischen Charakter.

3. Einer historischen Erklärung ist bedürftig, was nicht handlungsrational und nicht systemfunktional erklärt werden kann, und auch aus Ereignisfolgeregeln kausaler oder statistischer Art nicht ableitbar ist. Die historische Erklärung in dieser Charakteristik erklärt weder durch Rekurs auf einen konsistenten rationalen Sinn noch erklärt sie nomologisch. Sie erklärt, was sie erklärt, durch Erzählen einer Geschichte.

4. Geschichten sind, in einem geologischen Bilde gesprochen, Gemengelagen von Handlungen, die in sich jeweils plausibel sind, aber in ihrem Gemenge nicht mehr der Rationalität eines übergeordneten Handlungs- oder Systemzusammenhangs gehorchen. Die gewählte geologische Metapher ist übrigens nicht beiläufig gewählt. Auch um Gemengelagen im geologischen Sinne zu verstehen, müssen wir Geschichten, Erdgeschichten erzählen. Und man bemerke, daß nun in diesem naturgeschichtlichen Zusammenhang das Wort „verstehen" ebenso ohne Anstoß verständlich ist wie in den universitätshistorischen Zusammenhängen das Wort „erklären". – Für den gemeinten Bestand, der hier durch die geologische Metapher „Gemengelage" verdeutlicht werden sollte, könnte man auch die aus der Physik entnommene Metapher „Interferenz" wählen. Bereits Jacob Burckhardt ist gelegentlich so verfahren.

5. Die in der Form einer Geschichte miteinander verbundenen Ereignisse sind in ihrem Zusammenhang nicht aus übergeordneter Handlungsrationalität verfügt – das heißt: Geschichten sind, insoweit, Prozesse ohne Handlungssubjekte. Geschichten sind zwar Geschichten individueller und institutioneller Subjekte; aber diese Geschichten lassen sich nicht nach Analogie von tätig und überraschungsfrei realisierten Handlungsplänen verstehen. In Geschichten ist man, wie es der Phänomenologe Wilhelm Schapp gesagt hat, „verstrickt". Geschichten sind die Geschichten der Behauptung und Wandlung eines Subjekts oder Systems unter Bedingungen der Intervention von Ereignissen, die als solche und in ihrer Abfolge gerade nicht der Handlungsrationalität und der Handlungsmacht dieses Subjekts oder Systems gehorchen. In jedem Falle erklärt die erzählte Geschichte einen Zustand, der als Resultat eines Willens und seiner unter kontrollierten Realitätsbedingungen vollzogenen Realisierung unverständlich wäre.

6. Damit ist auch erklärt, wieso Vorgänge des Herstellens und Machens nicht erzählt werden können. Daß einer tut, was er will, kommt zwar in Geschichten überall vor, aber es macht die Geschichte als Geschichte nicht aus. Das ist so wenig der Fall, daß ungebrochene Rationalität ausgedehnter Handlungszusammenhänge ihrerseits das Bedürfnis der Erklärung ihrer Möglichkeit provoziert. Im Nordosten Ostfrieslands gibt es, inmitten bewohnten und genutzten Landes, eine Grenzziehung gegen das Jeverland, die im Unterschied zur Grenzziehung in den sich anschließenden südlicheren Landesteilen, strikt der geometrischen Rationalität der Geraden als der kürzesten

Verbindung zwischen zwei Punkten gehorcht. So einfach kann man sich das
Geschäft der Grenzziehung selten machen. Wie war das möglich? Die historische Erklärung lautet: die schnurgerade Grenze verläuft durch Gegenden,
in denen ältere Grenzziehungen durch Meereseinbrüche verschwunden und
nach der späteren Neugewinnung des Landes nicht mehr rekonstruierbar
waren. Man brauchte und konnte insofern auf befestigte Besitzverhältnisse
nicht Rücksicht nehmen. Die geometrische Rationalität erfüllte in diesem
Fall zugleich die Bedingungen politischer und administrativer Rationalität.
Es ging, sozusagen, wie man wollte, und wie es gelegentlich auch dann geht,
wenn andere es nicht so wollen, was es erlaubt, „Macht" inhaltlich am Maß
ihres Vermögens zu messen, dominante Handlungsrationalität gegen die insoweit dann als irrational erscheinenden historisch gewordenen Verhältnisse
durchzusetzen: napoleonischer Straßenbau in Westfalen zum Beispiel.

Ich möchte jetzt, in einem weiteren Durchgang, eine These erörtern, die als
Einheitswissenschafts-These bekannt ist. Diese These lautet: Struktur und
Funktion wissenschaftlicher Theorien sind in allen Wissenschaften ein und
dieselbe – desgleichen die durch solche Theorien ermöglichten „Erklärungen"
vergangener und „Prognosen" zukünftiger Ereignisse. Von dieser Einheitswissenschafts-These geht bis heute eine viele Geisteswissenschaftler provozieren-
de Wirkung aus. Für die wissenschaftstheoretischen Vertreter der Einheitswissenschafts-These selbst ist deren provokatorischer Charakter ein merkwürdi-
ges, nur historisch erklärbares Phänomen. Mit der historischen Erklärung dieses Phänomens kann ich mich hier nicht aufhalten. Ich möchte vielmehr zu
seiner Auflösung beitragen, indem ich zu zeigen versuche, daß die Einheitswissenschafts-These sich gegenüber den historischen Wissenschaften nicht im
mindesten methodenimperialistisch verhält. Es wird sich im Gegenteil zeigen,
daß die Einheitswissenschafts-These Vorgang und Funktion der Theoriebildung einerseits und des Geschichtenerzählens andererseits deutlicher voneinander abzuheben erlaubt.
    Ich skizziere jetzt zu diesem Zweck den Theorie-Begriff der Einheitswissen-
schaftsphilosophie. Dafür reicht in diesem Zusammenhang ein einziger Satz
aus: Theorien sind begründete und durch ihre erklärende und prognostische
Leistungskraft praktisch bewährte Aussagen über einen kausalen oder statistischen Regelzusammenhang von Ereignissen im Ablauf der Zeit. Dieser Satz
enthält natürlich tausend Implikationen. Er kann in diesem Zusammenhang
seinen Zweck nur erfüllen, wenn man sich für diese Implikationen hier nicht
weiter interessiert, vielmehr den schlichten Sinn dieses Satzes durch ein möglichst triviales, aber reales Beispiel verdeutlicht. Jene Sätze also, die es uns er-
möglichen, den nächsten Frühlingsdurchgang der Sonne durch den Äquator
vorherzubestimmen, oder auch jene Sätze, die den Eintritt der Bergstraßen-
Kirschblüte nach statistischen Regeln der Wahrscheinlichkeit vermuten lassen
– genau solche Sätze bilden eine Theorie. Und in bezug auf solche Theorien
sagt nun, um einen Vertreter der Einheitswissenschaftsphilosophie zu zitieren,

Carl Gustav Hempel, „that they have quite analogous functions in history and in the natural sciences".

Diese bekannte These der Einheitswissenschaftsphilosophie ist hier nicht zitiert worden, um Neuigkeiten mitzuteilen, sondern um evident zu machen, daß die Einheitswissenschafts-These den Historiker nicht auf die Aufgabe festlegt, Gesetzmäßigkeiten dieser kausalen oder statistischen Sorte in der Geschichte zu entdecken und festzustellen. Die Einheitswissenschafts-These besagt lediglich, daß, wenn der Historiker beispielsweise die chronologische Festlegung eines Ereignisses nach seiner Gleichzeitigkeit mit einer als gleichzeitig überlieferten totalen Sonnenfinsternis vornimmt – daß er dann als Erklärungspotential derselben Theorie der Himmelsmechanik nutzt, nach der der Eintritt der nächsten totalen Sonnenfinsternis längst schon berechnet ist.

Es ist nicht erkennbar, daß jemand interessiert sein sollte, das zu leugnen. Eben damit hat man sich aber auf den schlichten Sinn der Einheitswissenschafts-These bereits eingelassen. Eben damit wäre auch unverständlich geworden, wieso die Einheitswissenschafts-These überhaupt einen provokatorischen Charakter sollte haben können. Dieser provokatorische Charakter ist, so scheint mir, eine Folge des aktuellen wissenschaftsgeschichtlichen Umstands, daß die Sozialwissenschaften, die doch einerseits ihren Gegenstandsbereich mit den historischen Wissenschaften partiell teilen, sich andererseits partiell als konsolidierte, theoriebildende Disziplinen etabliert haben. Das mußte die Frage provozieren, wieso man überhaupt noch zu den sozialen Realitäten sich unverdrossen oder auch verdrossen geschichtenerzählend verhält, während die theoretische Erfassung dieser Realitäten durch die Sozialwissenschaften längst im Gang ist. Diese Frage gewinnt überdies ideologisch-politisches Gewicht, indem sie sich mit dem vor allem in marxistischen Transformationen fortwirkenden Anspruch geschichtsphilosophischer Tradition verbindet, politisches Handeln gewinne an Rationalität, indem man es auf die Basis einer Theorie der historischen Entwicklung der Gesellschaft stellt, die diese in ihrer Gesetzmäßigkeit erkannt und festgestellt hat. Den klassischen Beleg für diesen Anspruch findet man bekanntlich im Vorwort zur ersten Auflage des ersten Bandes des *Kapital* von Karl Marx. Er lautet: „Eine Nation soll und kann von der anderen lernen. Auch wenn eine Gesellschaft dem Naturgesetz ihrer Bewegung auf die Spur gekommen ist, – und es ist der letzte Endzweck dieses Werkes, das ökonomische Bewegungsgesetz der modernen Gesellschaft zu enthüllen – kann sie naturgemäße Entwicklungsphasen weder überspringen noch wegdekretieren. Aber sie kann die Geburtswehen abkürzen und mildern."

Die Historiographie müsste in der Tat ihren Charakter grundlegend ändern, wenn dieser Anspruch erfüllbar wäre, und die Funktionsdifferenz von historischen Wissenschaften und theoriebildenden Sozialwissenschaften wäre in einem entscheidenden Punkt aufgehoben. Wir könnten dann, im Ganzen, naturwissenschaftsanalog erklären, wie, was ist, gekommen ist, und wir könnten, im Ganzen, die Entwicklung in die Zukunft prognostizieren und uns in unserem praktischen Verhalten, insbesondere in unserem gesamtgesellschaftlich bezogenen politischen Handeln darauf einstellen.

Karl Poppers berühmte Historizismus-Kritik ist nun bekanntlich nichts anderes als eine prinzipielle Leugnung dieser Möglichkeit, komplexe soziale Abläufe aufgrund vermeintlicher Einsicht in ihre Gesetzmäßigkeit zu prognostizieren. Die Poppersche Argumentation, auf ihre Quintessenz gebracht, lautet: Die Prognostizierbarkeit einer Ereignisfolge aufgrund ihrer erkannten Gesetzmäßigkeit einerseits und ihrer bekannten Verhältnisbedingungen andererseits ist stets nur innerhalb von abgeschlossenen Systemen möglich, die gegen unvorhersehbare Einwirkungen ihrer Umwelt einigermaßen abgedichtet sind, die in ihren systemspezifischen Elementen konstant und in bezug auf wechselnde Konstellationen dieser Elemente rekurrent sind. Solche Systeme aber sind in den Großdimensionen sowohl der Gesellschaft wie der Natur extrem selten. Es ist kein Zufall, daß die traditionellen und sensationellen Beispiele prognostischer Leistungskraft theoretischer Wissenschaften Beispiele aus der Himmelsmechanik sind – seit alters die Voraussicht der Verfinsterungen der Sonne und des Mondes oder neuzeitlich die prognostizierte Entdeckung des achten Planeten am Rande des Sonnensystems im Jahre 1846. Das Sonnensystem erfüllt eben die Systembedingungen der Prognostizierbarkeit von Ereignissen aufgrund der Einsicht in die Gesetzmäßigkeit der systemimmanenten Abläufe über große Zeiträume hinweg fast vollständig. Systemstörende Interventionen gibt es nicht, oder sie sind von vernachlässigungsfähiger Größenordnung; die Elemente des Systems sind konstant und ihre Bewegungen periodisch. Es ist demgegenüber evident, daß komplexe soziale Systeme solchen Bedingungen nicht gehorchen, und in demselben Maße, wie das der Fall ist, ist auch ihre Entwicklung nicht prognostizierbar.

Auch das wird man, unter Historikern, im Resultat trivial finden. Nicht trivial ist die wissenschaftstheoretische Absicherung dieser Trivialität, auf die man angewiesen ist, um argumentativ der realen wissenschaftspolitischen Zumutung gewachsen zu sein, die Historiographie zur Lieferantin von Exempeln der Gesetzmäßigkeit gesamtgesellschaftlicher Abläufe umfunktionieren zu sollen.

Auch die antihistorizistische Argumentation Poppers ist hier nicht zitiert worden, um Neuigkeiten mitzuteilen. Die Funktion dieses Zitats ist, deutlich zu machen, daß die Historizismus-Kritik die historischen Wissenschaften wirksam gegen die Zumutung abschirmen kann, für politische Handlungszwecke dominante Verlaufsgesetze des historischen Prozesses aufdecken zu sollen. Im ideenpolitischen Resümee läßt sich sagen: Die auch in der Popperschen Historizismus-Kritik implizierte Einheitswissenschafts-These ist nicht ein Gegner, sondern ein Verbündeter im Kampf um die Behauptung der Eigenständigkeit des historischen Moments in den Wissenschaften. Im Kampf gegen den sogenannten Positivismus der Einheitswissenschafts-These kämpfen die Traditionalisten des von Meinecke sogenannten Historismus gegenwärtig an der falschen Front.

Selbstverständlich schließt die Poppersche Argumentation nicht aus, daß in sozialen Systemen von hoher Interventionsresistenz Prozesse nach konstatierbarer Gesetzmäßigkeit ablaufen und entsprechend dieser Gesetzmäßigkeit erklärt und vorausgesagt werden können. Wenn das Warenangebot knapp ist, die Preise durch Verordnung fixiert und das System der für Preisbruch geltenden Sanktionen schwach und unzuverlässig – dann ist ein Schwarzmarkt die unter Regelumständen unvermeidliche Folge. So lautet ein bekanntes Poppersches Beispiel. Der Fortschritt der theoretischen Wissenschaften ist, in seinen Erträgnissen, durch den Zuwachs an hypothetischen Regeln dieser strukturellen Sorte charakterisierbar. Damit wächst das Erklärungs- und Prognosepotential der Sozialwissenschaften fortschreitend an, und dieser so bestimmte sozialwissenschaftliche Fortschritt ist nun allerdings für die historischen Wissenschaften von erheblicher Konsequenz. Ich möchte diese Konsequenz in einem einzigen Satz zusammenfassen: Die historischen Wissenschaften können und müssen die anwachsenden Erklärungspotentiale der Sozialwissenschaften nutzen, wo immer sie es mit der Darstellung von Ereignisfolgen zu tun haben, die entsprechender theoretischer Erklärung fähig sind.

In dieser Verhältnisbestimmung von Geschichtswissenschaft und Sozialwissenschaft steht, wie man bemerkt, die letzte zur ersten in einem Dienstleistungsverhältnis als Hilfswissenschaft, und nicht etwa umgekehrt. In welchem Umfang und in welchen Teildisziplinen sich die historischen Wissenschaften bei solcher Inanspruchnahme sozialwissenschaftlicher Dienstleistungen ändern, ist damit natürlich nicht ausgemacht. Es ist oft bemerkt worden, daß die historischen Wissenschaften unter allen Wissenschaften in ihrer Sprache sich durch ein Minimum an fachsprachlichen Elementen auszeichnen. Das hat seinen Grund zunächst darin, daß die historischen Erklärungen des eingangs charakterisierten Typus sich im wesentlichen aus Beschreibungen von Handlungen zusammensetzen, die sich, die Kenntnis ihres Situationskontextes vorausgesetzt, sozusagen aus der Perspektive eines jeden Gebildeten verstehen lassen. Und das hat seinen Grund weiterhin darin, daß die in historischen Texten anzutreffenden Erklärungen von Ereigniszusammenhängen aus der kausalen oder sonstigen Regelhaftigkeit solcher Zusammenhänge zumeist Erklärungen sind, die der allgemeinen oder auch speziellen Erfahrung, nicht aber einer Fachwissenschaft entstammen. Nun ist deutlich, daß sich das in demselben Maße ändern muß, in welchem die fachwissenschaftsspezifischen Erklärungspotentiale im historischen Darstellungszusammenhang herangezogen werden – sei es, daß man Ereigniszusammenhänge, die man früher lediglich vorwissenschaftlich zu erklären vermochte, nunmehr fachlich erklärt, sei es, daß man sich nunmehr erklärungsfähig gewordenen Ereigniszusammenhängen zuwendet, die früher außerhalb der historischen Betrachtung bleiben mußten. In beiden Fällen wird sich die Sprache der Historiker zwangsläufig fachsprachlich anreichern, und das erklärt, von modischen Überflüssigkeiten einmal abgesehen, den Zuwachs an soziologischer, ökonomischer und sonstiger sozialwissenschaftlicher Fachsprachlichkeit in der zeitgenössischen Historiographie.

Die Nutzung der sozialwissenschaftlichen Erklärungspotentiale bleibt für die historischen Wissenschaften insofern nicht folgenlos. Aber diese Folgen bestehen zunächst nicht, wie man vermutet, erhofft oder befürchtet hat, in einer tendenziellen Annäherung der historischen Wissenschaften an die theoretischen Sozialwissenschaften. Eine erzählte Geschichte hört nicht tendenziell auf, erzählte Geschichte zu sein, wenn innerhalb ihrer theoretische Ableitungen von Ereignissen gemäß fachwissenschaftlich angebotenen Möglichkeiten häufiger werden. Historische Texte lassen sich regelmäßig als eine Mischung narrativer und theoretischer Elemente beschreiben. Aber diese Elemente stehen nicht in einem Verdrängungsverhältnis zueinander. Wie sehr ich auch, nützlicher- oder auch unnützerweise, Erzählungen mit theoretischen Exkursen befrachte – Anfang und Ende einer Geschichte sind nicht als eine theoretisch explizierbare Ereignisfolge auseinander ableitbar. Eben das ist ja die bekannte Kerncharakteristik, die die analytische Philosophie von dem von ihr viel behandelten narrativen Satz gegeben hat.

Kein Verständiger wird darauf verfallen, zwischen historischen Gegebenheiten von der Art, wie sie in narrativen Sätzen miteinander in Verbindung gebracht sind, einen Ableitungszusammenhang konstruieren zu wollen. Und es ist nicht etwa allzu schwierig, einen solchen Zusammenhang zu entdecken – es wäre widersinnig. Wir erzählen Geschichten nicht, weil wir in der Entwicklung der sozialwissenschaftlichen Erklärungspotentiale noch nicht weit genug gediehen sind, sondern wir erzählen Geschichten, weil, was dadurch präsent gemacht wird, auf gar keine andere Weise präsent gemacht werden kann. Der Zustand des nordrhein-westfälischen Universitätssystems im Jahre 1967 ist als dieser Zustand nicht aus irgendeiner sozialwissenschaftlich erkennbaren Gesetzlichkeit in der Entwicklung regionaler Hochschulsysteme zu erklären, und ebenso nicht aus einem dominanten, das System in seinen Momenten plausibel verfügenden Planungswillen, und genau diese Unerklärlichkeit des Systems in solchen Hinsichten machte die zitierte Rückfrage der Schweizer Herren unvermeidlich, und einzig die historische Erklärung war geeignet, diese Rückfrage zu beantworten. Die historische Erklärung erklärt einen einzigartigen Zustand eines Systems, sozusagen die Individualität dieses Systems unter vergleichbaren anderen. Die historische Erklärung beantwortet in diesem Fall die Frage, wieso funktionsanaloge Dinge hier so und dort anders sind, sofern eben diese Verschiedenheiten nicht aus aktuellen Funktionsdifferenzen selbst erklärt werden können. Historische Prozesse sind, insoweit, in genereller Formulierung, Prozesse der Systemindividualisierung, durch die Systeme unter analogen einzigartig und unverwechselbar, also identifizierbar werden.

Eine solche Formulierung führt rasch ins Allgemeine und lädt zu Spekulationen ein. Gegen diese Gefahr möchte ich daher auch an dieser Stelle geschätzte Beispiele aufbieten, die inhaltlich anspruchslos, aber real und überdies in ihrer Struktur unverkennbar sind.

In einigen Armeen, auch in der deutschen, ist der General in seinem Rang durch eine Kragenspiegel-Goldstickerei erkennbar, die ein gezacktes längliches

Gebilde mit einem Schweif-Anhängsel darstellt. Die Funktion dieses Gebildes ist natürlich, den General in seinem Rang identifizierbar zu machen. Figural ist dieses Abzeichen jedoch einzig einer historischen Erklärung fähig, und nach Auskunft der Historiker der Militär-Effekten erklärt sich das figural befremdliche Zeichen dadurch, daß es an soldatischen Röcken des 18. Jahrhunderts als Knopflochverstärkung fungierte. Der spätere militärisch-taktische Zwang zu schlichterer, unauffälliger Gestaltung soldatischer Uniformen machte derartige Kunstprodukte im funktionalen Sinne überflüssig, ja gefährlich. So verschwanden sie, verblieben aber in einer Reliktposition in der Nähe des oberen Knopflochs – nur noch historisch erklärbar und eben dadurch aktuell funktional als symbolisches Medium der Identifikation eines militärischen Ranges geeignet.

Allgemein: Funktionslos gewordene Elemente eines Systems – Relikte –, die inhaltlich nur historisch aus ihrer untergegangenen Funktion erklärbar sind, die sie einmal erfüllten – gerade sie machen es unter funktionsanalogen Systemen unverwechselbar. Eben das heißt, in genereller Formulierung: Geschichten sind Prozesse der Systemindividualisierung als Folge funktionsdienlicher Umbildung von Systemen unter Ereignisbedingungen, die ihrerseits aus dem Funktionssinn des Systems unableitbar sind.

Schon der Allgemeinheit dieser Formel hört man an, daß sie auf materiell unterschiedlichste Systemzusammenhänge anwendbar ist. Die Trittbrettstummel eines Volkswagens, auf die nie einer tritt, erklären sich natürlich historisch aus der Abkunft des Autos aus der Kutschentradition. Funktionslos geworden, gehören sie jetzt zu den Attributen der Unverwechselbarkeit dieses Vehikels, des sogenannten Käfers nämlich. Für semantische Phänomene gilt dasselbe. Funktional ist es dasselbe, wenn in einer Düsseldorfer Bank der deutsche Kunde an den Schalter 1 verwiesen wird und der amerikanische an den counter one. In der historischen Dimension ist es nicht dasselbe, indem der Deutsche an Zeiten erinnert wird, wo der Kreditansucher von Beamten durch ein Schiebefenster getrennt war, das plötzlich niederfuhr, während für den Amerikaner jene Stätte seit eh und je ein Zahltisch war und geblieben ist. Auch in diesem Falle läßt sich sagen, daß in funktionsanalogen Systemen, in diesem Falle der Verständigung, diejenigen Elemente sich nur historisch erklären lassen, die zugleich die Unverwechselbarkeit, die Individualität dieser Systeme ausmachen.

Die Einheitswissenschafts-These besagt, daß Struktur und Leistung von Theoriebildungen, kausale Erklärung und Prognose, in allen Wissenschaften dieselbe ist – unabhängig vom physischen, sozialen oder sonstigen Gegenstandsbereich, über den die Theorie gebildet wird, und die historischen Wissenschaften gibt es nicht deswegen, weil bestimmte Gegenstandsbereiche nicht theoriefähig sind, sondern es gibt sie, weil wir nicht nur an Theorien, sondern desgleichen an der historischen Präsentation genetischer Individualität interessiert sind. Evidenterweise sind wir an der historischen Aufklärung genetischer System-Individualität nicht nur im Gegenstandsbereich humaner Wirklichkeit interessiert, sondern ebenso in bezug auf die Natur. Und nun ist es so – und das ist sozusagen die andere Seite der Einheitswissenschafts-These –, daß Naturhistorie strukturell mit der Historie bisheriger Beschreibung identisch ist. Die funktionslosen Hinterfüße im Skelett einiger Meeressäuger sind gleichfalls exakt im bisher charakterisierten Sinn einzig historisch erklärbar aus der paläontologisch aufzuklärenden Vorgeschichte dieser Gattung, die, um es ultrakurz zu sagen, nach dem Hervorgang ihrer noch älteren Stammesverwandtschaft aus dem Wasser, später wieder in dieses zurückgekehrt ist, und die Skelett-Relikte erinnern an den Zwischenaufenthalt auf dem Lande und sind eines der Charakteristika phylogenetischer Identität, auch und gerade wenn das betreffende Lebewesen in seiner gegenwärtigen funktionalen Angepaßtheit an Umweltbedingungen von ökologisch benachbarten Lebewesen gänzlich anderer Stammesgeschichte morphologisch für Laien kaum unterscheidbar ist.

Die Einsicht in die Strukturidentität historischer Prozesse in Natur und Gesellschaft läßt erkennen: Die historischen Wissenschaften sind nicht ein Relikt aus früheren Epochen der Wissenschaftsgeschichte, sondern sie präsentieren Geschichten als Prozesse der Systemindividualisierung, und eben das ist, im Kontext aktueller Wissenschaftstheorie formuliert, nichts anderes als die traditionelle Lehre, der zufolge, wie Wilhelm Windelband es in seiner Straßburger Rektoratsrede von 1896 formulierte, die Geschichtswissenschaft idiographisch verfährt. Daran kann man insofern festhalten. Nur trifft es nicht zu, daß dem entgegen die Naturwissenschaften nomothetisch verführen; sie tun es nur unter anderem, nämlich soweit nicht auch sie idiographisch verfahren, und ebenso ist das Studium der Gesellschaft, in das Dilthey einleitete, nur partiell ein historisches, idiographisch verfahrendes Studium, und zum anderen Teil längst Gegenstand theoriebildender, nämlich nomothetischer Sozialwissenschaften, der Ökonomie zum Beispiel.

Geschichten sind Prozesse der Systemindividualisierung. Historisch erzählte Geschichten sind Medien der Identifikation fremder und eigener Identität. Dabei ist diese historisch-genetische Identifikation fremder und eigener Identität ein Moment des Aufbaus und der Selbsterhaltung dieser jeweils eigenen Identität selbst. Nicht die Historizität ist ein geeignetes Kriterium der Unterscheidung von Natur und Gesellschaft, sondern die Angewiesenheit individueller und kollektiver Subjekte auf die historisch-genetische Selbstidentifikation bei der Konstituierung und Konservierung ihrer Identität. Wenn man genau das unter „Geschichtlichkeit" versteht – und so ist es wohl bei genauerem Zusehen –, dann ist alles in Ordnung.

Ich habe soeben exzessiv das Wort „Identität" gebraucht, und zwar in Übereinstimmung mit der anhaltenden Konjunktur des Begriffs der Identität im Zusammenhang neuerer sozialwissenschaftlicher Literatur. Ich will zu diesem Begriff einige wenige, in unserem Kontext wichtige Bemerkungen machen. Zunächst erläutere ich noch einmal diesen Begriff – nicht aus den differenzierten Zusammenhängen der einschlägigen Literatur, sondern indem ich ihn als Metapher aus der Praxis der Grenzübergangskontrollen verdeutliche. In diesem schlichten Sinn ist Identität jeweils das, was bei Grenzübergängen als Antwort auf die Frage fällig wird, wer man sei, woher und wohin unterwegs und was man zu welchem Zweck mit sich führe. Ich nehme an, daß ich nicht zu erläutern brauche, daß auch in diesem prototypischen Fall die erteilte Antwort die Struktur einer Geschichte hat. Die Geschichte sagt, wer einer sei. Die Geschichte tilgt, indem sie erklärt, die Befremdlichkeit des Fremden, oder sie erweist auch, daß er als Gast oder Genosse nicht akzeptabel ist. „Die erzählte Geschichte steht für den Mann", so hat es in seiner Philosophie der Geschichten der Phänomenologe Wilhelm Schapp formuliert, und es ist in diesem Zusammenhang nicht erforderlich, in die differenzierteren Überlegungen einzutreten, die von da aus zum Thema der historisch-genetischen Selbstidentifikation von Gruppen und Institutionen überleiten könnten. Es genügt, an das Allgemeine zu erinnern: Die gruppenspezifisch und institutionell wirksame, identitätsdefinierende Funktion der Historiographie wird immer dann als ebenso wichtig wie prekär, als problematisch also erfahren, wenn die Identität des institutionellen Subjekts dieser Historiographie sich in einer Krise befindet. Krise der Identität heißt in diesem Betracht: Unsicherheit in bezug auf die Frage, mit welchen Geschichten man sich identifizieren und mit welchen man sich nicht identifizieren kann, welche wichtig und welche unwichtig sind und wie andere darauf reagieren werden. Unter Bedingungen solcher Unsicherheit wird es schwer, Geschichten zu schreiben, Gedenkreden zu halten, Denkmäler nach allgemeinem Konsens zu restaurieren oder zu schleifen, und dem einschlägigen Ikonoklasmus korrespondiert dann die Verlorenheit anderer an nicht verarbeitete Unwiederbringlichkeiten. Wenn der Zustand solcher Desintegration fortschreitet, gewinnen kompensatorisch Doktrinen an Faszination, die die Verheißung für sich haben, neue Identität stiften zu können, und da eben Identität ein historisch-genetischer Bestand ist, eignen sich dazu Doktrinen in erster Linie, die ihre ideologische Legitimität historisch-geschichtsphilosophisch begründen. Die Faszination des Spätmarxismus ist nicht zuletzt durch die in dieser Doktrin tradierten Elemente klassischer Geschichtsphilosophie ausgelöst worden – insbesondere durch die Verheißung, das im Kontext dieser klassischen Geschichtsphilosophie nicht empirisch identifizierbare Subjekt des weltgeschichtlichen Prozesses habe sich nunmehr konstituiert, nämlich die Menschheit der Zukunft als Partei in der Gegenwart.

Krise der Historiographie, die Relevanzkontrollen, denen sie unterworfen ist, die Umwertungsprozesse, die ihr angesonnen werden, und die Selbstentäußerung zur Hilfswissenschaft für die Sozialwissenschaften, die der Historiographie vorausgesagt wird – solche Krisenphänomene haben keine endogenen, wissenschaftsimmanenten Ursachen. Sie sind Reflexe der Identitätskrisen des sozialen Systems, dessen zugehöriges Moment die Historiographie selbst ist. Krise der Identität – das ist ein zwangsläufig sich erzeugender Bestand in allen Gesellschaften, in der gesamtgesellschaftlich relevante Prozesse, nämlich ihre Innovationsraten nach Exponentialkurvenmuster ablaufen. Unter Bedingungen fortschreitender Beschleunigung gesamtgesellschaftlicher Veränderungen werden die Probleme der Identitätsbehauptung der davon betroffenen Subjekte fortschreitend schwieriger. Und eben diese Schwierigkeiten erklären den zeitweiligen Erfolg spätmarxistischer Geschichtsphilosophie. Diese wurde aktuell als Medium intellektueller Selbstheilung, als kompensatorisch selbstverordnete Radikalkur einer mit ideologischen Mitteln besorgten Neustiftung zerbröselter Identität.

13. Sein und Heißen. Bedeutungsgeschichte als politisches Sprachhandlungsfeld

1

Es ist eine alte Praxis, zur Verdeutlichung der Unterscheidungen, denen unsere Wortgebrauchsregeln folgen, Wörter, die sich in ihrem Gebrauch wechselseitig begrenzen, einander entgegenzusetzen[1]. Diese Methode wählte auch Martin Heidegger in seiner Vorlesung zur Einführung in die Metaphysik von 1935[2], um mit der Bedeutung des Wortes „Sein" uns näher bekannt zu machen[3]. Wir „stoßen", sagt Heidegger, „bei der Nennung des Namens ‚Sein' auf ganz bestimmte, schon formelhaft gewordene Weisen des Sagens: Sein und Werden; Sein und Schein; Sein und Denken; Sein und Sollen"[4].

Diesen vier geläufigen und traditionsreichen Unterscheidungen, unter deren Überschriften er die wichtigsten Stadien bisheriger europäischer Philosophiegeschichte skizziert, setzt Heidegger dann seine eigene Unterscheidung von „Sein und Zeit" entgegen[5].

Meines Erachtens hätte Heidegger die Kontrastwirkung dieser Entgegensetzungen noch steigern können, wenn er in die Reihe der geläufigen Unterschiede zum Sein auch noch die konventionelle Unterscheidung von Sein und Heißen eingestellt hätte. Auch diese Unterscheidung hätte ja als Überschrift für ein weiteres, wichtiges Kapitel bisheriger Philosophiegeschichte dienen können – von Platons Kratylos bis zur Sprachphilosophie im Universalienstreit und vom Dritten Buch in John Lockes Essay Concerning Human Understanding bis zu Carnap, und auch dieses Kapitel hätte sich, wie die übrigen, durch Heidegger als Beitrag zu einer Geschichte europäischer Dekadenz schreiben lassen[6].

---

[1] Aristoteles empfiehlt dieses Verfahren speziell zur Aufdeckung der Mehrdeutigkeit von Wörtern: Mehrdeutig ist ein Wort, im Verhältnis zu dem mehrere Wörter ein jeweils anderes „Gegenteil" bedeuten. Cf. Top 106 a 9 ff.

[2] Martin Heidegger: Einführung in die Metaphysik. Tübingen 1953.

[3] A.a.O., p. 71–157: „Die Beschränkung des Seins".

[4] A.a.O., p. 71.

[5] „Sein und Zeit aber ist ein Titel, der sich in keiner Weise den besprochenen Scheidungen gleichordnen lässt. Er weist in einen ganz anderen Bereich des Fragens", a.a.O., p. 157.

[6] A.a.O., pp. 12, 28f., 46, 111.

Wieso ist Heidegger, unterwegs zur Sprache[7], auf diesen naheliegenden Gedanken nicht gekommen? Das ist, soweit ich sehe, in seiner Sprachphilosophie begründet, die ihn nicht von der Differenz zwischen Sein und Heißen ausgehen ließ, sondern von ihrer Indifferenz. Die von Heidegger beabsichtigte Verdeutlichung der Bedeutung des Wortes „Sein" durch Analyse dessen, wovon wir „Sein" zu unterscheiden gewohnt sind, kam deswegen in bezug auf „Heißen" nicht in Frage[8].

Was soll „Indifferenz von Sein und Heißen" heißen, die ich mit dieser Erklärung als Meinung Heideggers unterstelle? Ich meine damit die spezielle sprachphilosophische Intention derer, für die, um es kraß zu sagen, entweder was ist, heißt wie es ist, oder für die umgekehrt, was ist, ist wie es heißt. Dieser sprachphilosophischen Meinung folgt beispielsweise Platon in seinen onomatopoetischen Reflexionen und später auch Heidegger in seiner bekannten philosophischen Nutzung der Etymologie.

Normalerweise erfüllt die Etymologie die Funktion, den Umstand, daß etwas heißt, wie es heißt, historisch durch Erzählen einer Geschichte dessen zu erklären, was jeweils hieß, wie auch das heißt, was eben noch heute so heißt. So jedenfalls ließe sich die Funktion der Etymologie beschreiben, wenn einem im Kontext einer Analyse der Differenz von Sein und Heißen daran gelegen ist, von diesen Wörtern einen möglichst extensiven exemplarischen Gebrauch zu machen, und zwar einen Gebrauch, der ausschließlich denjenigen Regeln folgt, die den Gebrauch dieser Wörter bei jedermann regeln, der, ohne darüber hinaus Philosoph oder gar Linguist sein zu müssen, deutsch spricht. Unter Beachtung dieser Beschreibungsmaxime, die ich, beiläufig gesagt, für einen Indifferenzpunkt von Phänomenologie und Sprachanalyse halte[9], ließe sich sagen, daß die Etymologie diejenige Disziplin ist, die uns, zum Beispiel, historisch erklären kann, wieso ein Schalter, das heißt ein numerierter oder sonstwie gekennzeichneter Platz am flachen, durchlaufenden Tresen zur direkten Erfüllung büromäßiger Dienstleistungen gegenüber einem Publikum, „Schalter" heißt. Die Antwort lautet: weil früher „Schalter" ein zuerst im wasserbauwirtschaftlichen Schleusenwesen entwickeltes, zwischen Nuten vertikal bewegliches Schiebebrett hieß und weil dann später die Verwendung eines solchen Schiebebretts oder Schiebefensters auch an Schaltern diese heißen ließ, wie sie noch heute heißen, nämlich „Schalter", obwohl das, was diese Verwendung des

---

[7] Martin Heidegger: Unterwegs zur Sprache. Pfullingen 1959.

[8] „Wir aber überspringen jetzt diesen ganzen Verlauf der Veranstaltungen und des Verfalls und suchen die unzerstörte Nennkraft der Sprache und Worte wieder zu erobern; denn die Worte und die Sprache sind keine Hülsen, worin die Dinge nur für den lebenden und schreibenden Verkehr verpackt werden, im Wort, in der Sprache werden und sind erst die Dinge." Einführung in die Metaphysik, a.a.O., p. 11.

[9] Cf. hierzu Klaus Prange: Heidegger und die sprachanalytische Philosophie, in: Philosophisches Jahrbuch, Freiburg, München 1972 (79, 1), pp. 39–56, p. 40. Ferner: Karl-Otto Apel: Transformation der Philosophie, Band I. Sprachanalytik, Semiotik, Hermeneutik, Frankfurt a. M. 1973, passim.

Wortes „Schalter" historisch erklärt, inzwischen an Schaltern gar nicht mehr anzutreffen ist, die Schiebefenster nämlich. – Ich habe dieses Beispiel, das vom Linguisten Jost Trier stammt, hier nur gebraucht, um deutlich zu machen, daß wir die Etymologie nicht bemühen müssen, um wissen zu können, was das ist, in bezug worauf uns die Etymologie historisch erklärt, wieso es so heißt, wie es gegenwärtig heißt. Funktional gesehen, bezogen auf den Gebrauch, den wir verständigungspragmatisch redend von Wörtern machen, ist die Frage sinnlos, wieso das, worüber wir reden, heißt, wie es heißt. „Es heißt eben so", lautet die Antwort, mit der wir die Sinnlosigkeit der Frage, der diese Antwort gilt, zum Beispiel gegenüber einem altklugen Kind, das noch nicht Etymologie studiert, sondern in seine Muttersprache hineinwächst, bekräftigen. Historisch gesehen, bezogen auf die Gebrauchsgeschichte der Wörter, ist die Frage, wieso das, worüber wir reden, heißt, wie es heißt, beantwortbar. Historisch erklären wir, was funktional betrachtet zufällig ist[10]. Diese Erklärung der Funktion der historischen Erklärung ist nun geeignet, deutlich zu machen, daß demgegenüber Heidegger etymologisch gerade nicht redefunktional zufälliges Heißen historisch erklären will, sondern das, was das eigentlich sei, was so heißt, etymologisch verdeutlichen möchte[11]. Bei Heidegger wird, wie es auch sonst unter Gebildeten vorkommt, die Etymologie dazu bestellt, das, was schon früher so hieß wie das in Frage gestellte Gegenwärtige, als das vergessene oder sonstwie uns ferngerückte „eigentliche" Wesen dieses Gegenwärtigen wieder ans Licht zu holen.

Was etwas in Gemäßheit des etymologischen Fingerzeigs seines Heißens eigentlich sei – das ist, insoweit, Heideggers Frage. Demgegenüber wird die Differenz von Sein und Heißen stets dann thematisch, wenn man die Frage zu stellen Anlaß und Ursache hat, wie etwas heißen dürfe oder heißen müsse. Der platonische Gigantenkampf ums Sein macht nach Heidegger die Geschichte der Metaphysik aus. Der Kampf ums Heißen dagegen ist ein Spezialfall politischen Handelns. Es sind zwar nicht immer Giganten, die ihn führen; aber sie führen ihn gelegentlich mit gigantischen Mitteln, zum Beispiel mit denen der medienunterstützten Propaganda. Zur Aufklärung der Struktur des politischen Kampfes ums Heißen möchte ich einen phänomenologischen Beitrag leisten.

2

Die Differenz von Sein und Heißen, sofern sie im Unterschied des Gebrauchs von Prädikatoren, die wir in Aussagen dem, was ist, zusprechen oder absprechen, zum Gebrauch von Eigennamen präsent ist, soll uns hier nicht weiter be-

---

[10] Zur Struktur historischer Erklärungen cf. meine Analyse „Was heißt ‚Das kann man nur historisch erklären'?", in: Geschichte – Ereignis und Erzählung. Herausgegeben von Reinhart Koselleck und Wolf-Dieter Stempel. München 1973, pp. 542–554.

[11] Cf. den Abschnitt „Zur Grammatik und Etymologie des Wortes ‚Sein'", Heidegger, a. a. O., pp. 40–56.

schäftigen. Es gibt ja eine Ebene der Betrachtung, auf der diese Differenz von Prädikatoren und Eigennamen[12] trivial ist, und nur insoweit soll sie bei der Analyse der Struktur des politischen Kampfes ums Heißen vorausgesetzt sein. Immerhin möchte ich doch etwaige Zweifel, ob der Unterschied von Eigennamen und Prädikatoren im folgenden auch tatsächlich als trivial gelten kann, durch geeignete Exempel ausräumen. Ich wähle, naheliegenderweise, Exempel für Fälle, in denen die Differenz von Sein und Heißen auffällig wird, weil Zweifel oder offenbare Irrtümer walten, ob es sich nun um das eine oder das andere handele. So wird die Verwunderung eines Untertanen der Fürsten von Liechtenstein über die Existenz angeblicher Grafschaften Bentheim und Hoya beigelegt durch die Erklärung, daß diese norddeutschen Regionen natürlich nicht, wie man wohl wissen dürfte, Grafschaften, sondern niedersächsische Landkreise oder Teile von ihnen sind und aus Gründen, die man historisch plausibel machen könnte, Grafschaften lediglich heißen. Sie waren nämlich einmal Grafschaften. Das Allgemeine solcher und analoger Fälle ist eine Verwechslung von Sein und Heißen, die durch Namensbestandteile veranlaßt wird, die historisch, oder gegenwärtig anderswo, als Prädikatoren nach unumstrittenen Regeln verwendet werden. Auch mit umgekehrtem Richtungssinn tritt dieser Fall auf. Die Heirat eines dänischen Grafen mit einer Dame bürgerlichen Namens in Österreich ist keine Mesalliance, sofern diese Dame nach den in ihren Kreisen intern geltenden Regeln eine Gräfin ist, jedoch als Bürgerin der Republik Österreich diesen Titel als Bestandteil ihres Namens nicht führen, also „Gräfin ..." nicht heißen darf. Beide Fälle haben übrigens politischen Indizwert; sie repräsentieren historisches Kontinuitätsinteresse einerseits und andererseits historisches Diskontinuitätsinteresse eines politischen Willens in den von ihm gesetzten Regeln des Heißendürfens oder Heißenmüssens. Es ist ein revolutionärer Akt, der verfügt, daß etwas nicht mehr heißen dürfe, was es ist. In liberaler Evolution läßt man tolerant vieles heißen, was es gar nicht mehr ist.

Es gibt freilich auch Situationen, in der Träger historischer Namen, die nicht mehr sind, was die prädikativen Bestandteile ihres Namens zu sein vorgeben, unter Bezugnahme auf ihren Namen erklären dürfen, sie seien es. Das ist dann der Fall, wenn diese Erklärung sich nicht auf das bezieht, was bei prädikativer Auffassung ihr Name zu besagen scheint, sondern auf die mit Rechtsfolgen verbundene Tatsache, so zu heißen. „Wir sind der Spieker", könnten die Repräsentanten des Zwischenahner Spieker in einem Rechtsstreit mit der Konkurrenz, die sich diesen zugkräftigen Namen gleichfalls zulegen wollte, mit Handelsregisterauszugsbeweisen zu Protokoll geben, obwohl, oder besser: weil der Spieker kein Speicher, sondern eine gastronomisch renommierte Aalküche ist und in historischer Kontinuität „Spieker" lediglich heißt.

---

[12] Cf. Wilhelm Kamlah und Paul Lorenzen: Logische Propädeutik oder Vorschule des vernünftigen Redens. Revidierte Ausgabe Mannheim 1967, §§ 2, 3.

Es gewesen zu sein, legitimiert den unter Umständen exklusiven Anspruch zu sein, was rite so heißt. Umgekehrt kann natürlich der Name auch den Anspruch repräsentieren, nicht zu sein, was man tatsächlich ist. In diesem Sinne war der früher einmal von KPD zu DKP geänderte Name der SED-abhängigen kommunistischen Partei in der Bundesrepublik Deutschland das verbale Dementi der gemäß Verfassungsgerichtsurteil illegalen, politisch aber schwerlich bestreitbaren Nachfolgeorganisationseigenschaft. Die Namensänderung hat hier das Maß jenes Minimums beachtet, das ausreicht, im Heißen zwischen dem, was war, und dem, was ist, zur einen Seite hin Nicht-Identität und zur anderen Identität zu signalisieren.

Auch im Verkehr zwischen Personen werden triviale Regeln zur Unterscheidung von Sein und Heißen strikt beachtet. Wenn es darauf ankommt, bekannt oder geltend zu machen, derjenige zu sein, der so heißt, so pflegt man bekanntlich mit der Nennung des Namens die Erklärung zu verbinden, man sei dieser. Wenn es dagegen auf die Feststellung des Namens ankommt, muß man erklären, daß man so heiße. Ein beliebiger Max Müller, dessen Namen man hören möchte, erregt Heiterkeit, wenn er erklärt, dieser zu sein. Das darf nur derjenige Müller, der über diesen seinen Namen hinaus im emphatischen Sinne einen Namen hat, also der wohlrenommierte Max Müller. Bei Wohlrenommierten ist es daher eine Bescheidenheitsgeste, wenn sie beim reihumgehenden Sichvorstellen sagen, wie sie heißen, anstatt zu sagen, wer sie sind. Eine nicht selten vom Effekt der Komik begleitete Präsenz des Unterschieds von Sein und Heißen ist in den Fällen gegeben, wo der Name, als Prädikator aufgefaßt, auf seinen Träger zutrifft, so daß dieser sagen kann, er heiße so und sei es. Friederike Kempner, der schlesische Schwan[13], hat unfreiwillig diesen Effekt noch gesteigert, indem sie in dichterischer Herleitung der Prädikatoreneigenschaft eines berühmten Namens aus dem hervorstechenden Charakter seines Trägers lyrisch jenen Kaiser pries, „den zu Recht man Wilhelm nennt".

3

Die Differenz von Sein und Heißen, die im Unterschied des Gebrauchs von Prädikatoren und Eigennamen insoweit trivial ist, hört auf, es zu sein, sobald man sie auf derjenigen Ebene betrachtet, auf der ums richtige Heißen von Prädikatoren gestritten wird. Der politische Streit um Worte ist zumeist ein Streit dieser Sorte[14]. Auch Wörter, mit denen wir über etwas reden, um zu sagen, was es ist oder nicht ist, Prädikatoren also, lassen sich ja ihrerseits als Namen auf-

---

[13] Friederike Kempner: Der Schlesische Schwan. Auswahl der Gedichte und Einführung von Gerhart Herrmann Mostar. Heidenheim 1953.

[14] Cf. meine Abhandlung „Der Streit um Worte. Sprache und Politik", in: Hermann Lübbe: Bewusstsein in Geschichten. Studien zur Phänomenologie der Subjektivität. Mach – Husserl – Schapp – Wittgenstein. Freiburg i. Br. 1972, pp. 132–167.

fassen – als „Begriffsnamen", wie sie Peter Hartmann in seinem bekannten Buch, das pointiert den Titel „Das Wort als Name" trägt[15], genannt hat. Das Wort als Name steht zur Debatte, wenn zur Debatte steht, wie man was nennen dürfe oder müsse. In dieser Form wird der Streit ums richtige Heißen geführt, so daß es also, selbstverständlich, nicht möglich ist, den Streit um die richtige Benennung durch Rekurs auf ein unabhängig davon bereits festliegendes richtiges Heißen zu entscheiden. Sonst verhielte man sich wie jener französische General, der den Vorrang der französischen Sprache darin erblickte, daß in ihr als einziger Sprache die Dinge so genannt werden, wie sie wirklich heißen.

Was machen denn aber diejenigen, die behaupten, daß etwas so und nicht anders genannt werden müsse, dafür letztinstanzlich als entscheidenden Grund geltend? Sie machen natürlich geltend, daß es deswegen, weil es dieses und nichts anderes sei, auch so heißen müsse. Auch der Streit ums Heißen ist insofern ein Streit ums Sein, und es sind Bedingungen angebbar, unter denen man nicht umhinkommt, den Streit ums Sein als Streit ums Heißen zu führen, unter denen also die traditionsreiche, in der Praxis der Wissenschaften gern zitierte Empfehlung des Aristoteles, nicht um Worte zu streiten[16], nicht praktikabel ist. Mit einer Charakteristik dieser Bedingungen will ich die Analyse einer Reihe von Beispielen schließen, die jetzt folgen soll.

Ein einfacher Teil des Kampfes ums Heißen liegt dann vor, wenn man durchs So-Genanntwerden sicherstellen möchte, in der Öffentlichkeit als das zu gelten, was man ist, oder auch umgekehrt zu verhindern, für etwas zu gelten, was man nicht ist. Den Fall des Kampfes gegen die Lüge wollen wir dabei als einen praktisch zwar höchst bedeutsamen, aber in unserem Zusammenhang theoretisch trivialen Fall außer acht lassen – ebenso wie die Bemühung um Richtigstellung sprachinkompetenzbedingter Fehler bei Wortgebräuchen. Der politische Kampf ums Heißen, der uns hier beschäftigen soll, wird eben, wie der politische Kampf überhaupt, im Regelfall nicht durch Urteilssprüche moralischer oder auch juristischer Instanzen entschieden, und auch nicht durch eingeholte Gutachten linguistischer Fachleute für Fragen der Semantik. Die Entscheidung im politischen Kampf ums Heißen fällt, wie die Entscheidung im politischen Kampf gewöhnlich, als Machtentscheidung, und das heißt in diesem speziellen Fall: über die faktische Durchsetzung des Willens, so und nicht anders genannt zu werden, in den einschlägigen, engeren oder weiteren Kreisen der Öffentlichkeit. Exakt in diesem Sinne haben es die Verbände derjenigen, die infolge des Zweiten Weltkriegs die östlichen deutschen Provinzen verlassen mußten, durchzusetzen vermocht, daß die Angehörigen dieses Personenkreises heute offiziell ausschließlich „Vertriebene" heißen[17]. Dabei war, wie

---

[15] Peter Hartmann: Das Wort als Name. Struktur, Konstruktion und Leistung der benennenden Bestimmung. Köln und Opladen 1958, p. 8.
[16] Aristoteles, Top 108 a 34–35.
[17] Cf. dazu W. Dieckmann: Information oder Überredung. Zum Wortgebrauch der

viele Landes- und Zeitgenossen sich erinnern, das Wort „Flüchtling" anfangs
durchaus gebräuchlicher. Flüchtlinge waren es ja, die in langen Trecks den ab-
rückenden, ja teilweise selber flüchtenden deutschen Truppen folgten, und
vielfach erst Monate später kamen die Opfer administrativ exekutierter Vertreibung, eben die Vertriebenen, nach. Auf dieser Ebene der Beschreibung gibt
es für einen Wortstreit keinerlei Anlaß. Die Regeln, die unseren Gebrauch der
fraglichen Wörter bestimmen, heben auf eine Unterscheidung von ausreichen-
der Deutlichkeit ab; sie wären mühelos explizierbar. Es herrschte insoweit kein
semantischer Nebel, den diejenigen hätten nutzen können, die schließlich in
der Wortgebrauchspolitik ihres Verbandes auch die Flüchtlinge zu Vertriebenen machten. Was also ging hier vor? Waren Wortfalschmünzer am Werk?
Eine Umprägung des Wortes „Vertriebener" hat in der Tat stattgefunden.
Gleichwohl hat niemand eine Sprachnorm, die aus übergeordneter, dritter Position gesetzt und sanktionengeschützt wäre, verletzt. Was also ging vor? Zunächst war es die Einheit ihrer sozialen und rechtlichen Lage, die es unnütz, ja
unzweckmäßig machte, verbandspolitisch oder auch rechtlich zwischen
Flüchtlingen und Vertriebenen zu unterscheiden. Ein naheliegendes Wort für
die Klasse, die beide umfaßt, steht im Deutschen nicht zur Verfügung. Statt
dessen hätte man natürlich eine unterscheidende Kennzeichnung ad hoc ein-
führen können, zum Beispiel durch Herkunftsangabe in Kombination mit einem Übersiedlungszeitraum. Solche Kennzeichnungen, die in der Verwal-
tungssprache in der Tat üblich sind, wären aber ihrer Umständlichkeit wegen
in der Sprache der Politik gar nicht verwendbar gewesen. Außerdem hätte
dann auf die politisch nutzbare „emotive"[18] Bedeutung verzichtet werden müssen, die es plausiblerweise hat, „Vertriebener" oder „Flüchtling" zu heißen.
Wenn aber nur eines von beiden in Frage kam, lag natürlich „Vertriebener"
näher. So zu heißen schließt, anders als beim Flüchtling, jeden Gedanken Interessierter aus, eine falsche Einschätzung der Verhältnisse könnte der Grund
fürs Verlassen der Heimat gewesen sein, sozusagen eine Freiwilligkeit aus
selbstverschuldeter Angst. „Vertriebene" also nannte man sie fortan, und indem es einen politisch nennenswerten Widerstand dagegen in der Bundesrepublik Deutschland nicht gab, hieß man auch so. Dieses politisch erfolgreich
in Anspruch genommene So-Heißen mußte nun freilich für das, was ein Vertriebener ist, Folgen haben, indem er nun auch dann so sollte heißen dürfen,
wenn er geflüchtet war. Die Rechtfertigung dieses So-heißen-Dürfens durch
Rekurs auf geeignete Momente des Gewesenseins auch im Dasein der Flüchtlinge stieß nicht auf unüberwindbare Schwierigkeiten. Man war geflohen, gewiß, und wenn auch die Leiden derer, denen die Flucht mißlang, die vor diesem Leiden Flüchtenden noch nicht zu Vertriebenen machen, so läßt sich doch

---

politischen Werbung in Deutschland seit der Französischen Revolution. Marburg
1964, pp. 83 f.
[18] Cf. W. P. Alston: Emotive Meaning. In: The Encyclopedia of Philosophy, ed. P. Ed-
wards. New York, London 1967, II, pp. 486–493.

sagen, daß, indem die Gebliebenen schließlich vertrieben wurden, die Fliehenden insofern durch Flucht ihrer Vertreibung zuvorgekommen sind. Flüchtlinge, deren Flucht diesen Charakter einer Vertreibungsvorbeugeflucht hatte oder doch im Verlauf der Ereignisse gewann – warum sollten nicht auch sie nun „Vertriebene" heißen? Im geschilderten speziellen Sinne waren sie es ja, und genau in diesem speziellen Sinn hat sich somit, indem hier ein Anspruch aufs So-Heißen politisch erfolgreich zur Geltung gebracht wurde, der Gebrauch des Wortes „Vertriebener" erweitert. Indem aber so der Gebrauch des Wortes „Vertriebener" sich geändert hat, hat sich geändert, was und wer ein Vertriebener ist. Mit der Änderung unserer Wortgebrauchsregeln ändert sich, was es heißt, das zu sein, was es heißt, so zu heißen. Ändert sich somit, was ist, indem wir ändern, wie es heißt? Die Frage klingt tiefsinniger, als sie ist; denn die simple Antwort lautet: Indem wir im politischen Streit ums Heißen durchsetzen, daß nunmehr etwas anders heißt als es bislang hieß, unterscheiden wir in bezug auf das, was ist, anders als bisher.   Aber wir unterscheiden anders als bisher jeweils unter Berufung auf solches, was so oder so tatsächlich unterscheidbar ist, das heißt nicht amorph, strukturlos, diffus oder sonstwie ununterscheidbar. Was ist, läßt sich ja unterscheiden, und indem es sich innerhalb ungewisser Grenzen so oder so unterscheiden läßt, fixieren wir durch die Unterscheidung, die wir gemäß politischen oder sonstigen pragmatischen Interessen tatsächlich treffen, was es von nun an ist, nämlich im Unterschied zu früheren oder auch gegenwärtig konkurrierenden anderen Praktiken, es von etwas anderem zu unterscheiden. Ändern wir also durchs Ändern des Heißens das Sein? Der Sinn dieser Frage bemißt sich im Kontext unserer Analyse nach dieser Antwort: Wir ändern durchs Ändern des Heißens das System der sozial geltenden Unterscheidungen, über das wir uns jeweils zu dem, was ist, verhalten. Die Änderung des Unterscheidungssystems folgt dabei der Pragmatik, der gemäß wir auch sonst, soweit sie zur Disposition unserer Absichten stehen, unsere Lebensverhältnisse ändern. Dieselbe Pragmatik schließt ein, daß die Unterscheidungssystemänderungen jeweils zugleich an tatsächlichen Unterschieden orientiert bleiben, so daß Beispiele von Verschiedenem vorführbar sind, deren Unterschied die neugetroffene Unterscheidung folgt.

Das schließt natürlich nicht aus, daß zu Täuschungs- oder Selbsttäuschungszwecken in gewissen Unterscheidungssystemen Unterschiede geltend gemacht werden können, die exemplarisch kaum präsentabel sind. Das schließt weiterhin nicht aus, daß Unterscheidungen, für die es, als man sie traf, nur schwache Exempel gab, sozial den Unterschied stiften, indem man an ihn glaubt[19]. Genau nach diesem Muster hat sich die Klasse des Proletariats, soweit sie sich gemäß Selbstinterpretation in der DKP organisierte, ihr eigenes Sein

---

[19] Cf. dazu S. J. Hayakawa: Semantik. Sprache im Denken und Handeln (1939 ff.). Aus dem Amerikanischen übersetzt und herausgegeben von Günther Schwarz. Darmstadt o.J., pp. 208 ff.

stiftend konstituierte, indem sie, so organisiert, von einem nicht-organisierten Proletariat einerseits und einer bürgerlichen Klasse und ihren parteilichen Organisationsformen andererseits unterschieden zu sein glaubte und ideologisch vorgab. Im Falle des DKP-Proletariats war etwas, was es ist, indem es durch sein ideologisch geregeltes So-Heißen vor sich und anderen erklärte, es zu sein. Daß diese spezifisch proletarischen Klasseninteressen außerhalb der Partei, die sie vertrat, gar nicht als solche auftraten, irritierte dabei den Überzeugten nicht. Es kommt ja auch sonst unter Menschen vor, daß einige gar nicht wissen, was oder wer sie eigentlich sind und welche ihre wahren Interessen. Alsdann müssen andere es ihnen sagen, wobei es vorkommt, daß die Betroffenen es nicht glauben. Genau in diesem Sinne war aus DKP-Perspektive das westdeutsche Proletariat eine Klasse, die sich selbst endlich auch in einer Weise benennen müßte, die geeignet ist, kenntlich zu machen, daß sie ist, als was diejenigen sie bereits kennen, bei denen sie entsprechend längst schon so heißt.

Sieht man von diesem Sonderfall ab, dem gemäß mit tradierten, historisch erklärbaren und funktional durch interessierte Dritte kontrollierten ideologischen Mitteln politisch reale Differenzen gestiftet werden, die es in der behaupteten Form außerhalb des politisch-ideologischen Deklarationszusammenhangs gar nicht gibt, so läßt sich verallgemeinernd sagen: Das Interesse, anders als bisher zu unterscheiden und damit zuzuordnen, setzt sich im politischen Aktionszusammenhang im Kampf fürs So-und-nicht-anders-Heißen durch. Die Regeln, denen der Gebrauch geläufiger Worte bislang folgte, werden dabei modifiziert, so daß so zu heißen nunmehr etwas anderes zu sein bedeutet als zuvor. Es hat keinen Sinn zu sagen, dieser als Kampf ums So-Heißen sich abspielende Kampf für die Änderung eines sozial geltenden Unterscheidungssystems sei illegitim. Denn es gibt ja keine Instanz, die aus einer Position außerhalb dieses Systems seine Geltung verbürgte. Es gilt faktisch, und die Respektierung seiner Geltung hat keine anderen Gründe als solche des gebotenen Respekts vor den Bedingungen erfolgreicher Teilnahme an den Prozessen kommunikativer Interaktion. Schlicht gesprochen: Man will schließlich verstanden werden, und insoweit muß man die faktisch geltenden Regeln für Wortgebräuche beachten.

Die Modifikation dieser Regeln, die im Kampf ums So-Heißen beabsichtigt ist, bleibt also riskant. Im Erfolgsfall hat man dafür gesorgt, daß man zu den neuen gewünschten Bedingungen eines faktisch geltenden Unterscheidungssystems fortan verstanden wird. Andernfalls hat man seine Lage verschlechtert. Denn man steht schlechter da, wenn man mit seinem Willen scheitert, als wenn man von vornherein darauf verzichtete, diesen Willen geltend zu machen. Der Erfolg, auf den es insoweit beim Kampf ums So-heißen-Dürfen ankommt, ist ein Erfolg der Zustimmung oder doch des ausbleibenden Widerspruchs der Sprachgenossen, die dabei gelegentlich auch gar nicht sogleich merken, daß sich etwas geändert hat. Der Kampf ums Heißen ist, wie aus solchen Schilderungen hervorgeht, ein politischer Kampf, und politisches Handeln ist die angemessene Form des Handelns in der Absicht, faktisch geltende Unterscheidungssysteme gemäß sich wandelnden oder neuauftretenden Zuordnungsinteressen zu ändern.

Der Streit ums Heißen begleitet den politischen Streit regelmäßig. Selbst die Universitäts- und Wissenschaftspolitik, in bezug auf die man wegen der elaborierten Sprachkompetenz ihrer Partizipanten noch am ehesten hätte erwarten dürfen, daß Streit um Worte vermieden wird, ist voll davon. Ist die Gartenbauhochschule Hohenheim seit Inkrafttreten des einschlägigen baden-württembergischen Hochschulgesetzes eine Universität, oder heißt sie bloß so? „Das letzte", war die Antwort von Angehörigen altrenommierter Volluniversitäten, und sie sprachen von Etiketten-Schwindel. Aber der Gesetzgeber hatte die legale Macht, Etikettierungsfragen verbindlich zu regeln. Wo steckt da der Schwindel? Es wurde doch lediglich, durch eine Vorschrift des Heißens, ein faktisch bislang geltendes Unterscheidungssystem geändert, und die mit dieser Änderung verbundenen Folgen veränderter Zuordnung wollte man ja gerade. Im übrigen blieb es unbenommen, daß, wer sich in dieser offiziellen neuen Zuordnung nicht wohlfühlte, privatim von seiner Institution künftig als von einer Volluniversität sprach, und so geschah es. Eben damit hat man dann aber die neue Unterscheidung anerkannt, die in der neuen Benennung vollzogen worden war, und es wurde unvermeidlich zuzugeben, daß die Universität Hohenheim so heiße, indem sie eine sei, seit sie eine geworden ist, weil sie nach dem politischen Willen des Gesetzgebers so heißt.

Für andere, die der Kompetenz dieses Gesetzgebers nicht unterlagen, blieb es dagegen aussichtsreich, sich allgemeinen Tendenzen zur Änderung von Regeln des Heißens nach baden-württembergischem Muster vorbeugend zu entziehen und zu erklären, daß, wenn im Zuge progressiver Zuordnungsreformpolitik nunmehr auch die Gartenbauhochschule Hohenheim eine Universität sei, man darauf bestehe, auf keinen Fall je „Universität" zu heißen, sondern so, wie man einst, zur Zeit der Gründung, habe heißen müssen, als die damaligen Universitäten exklusiv „Universität" zu heißen durchsetzen konnten, nämlich „Technische Hochschule". Das ist der bis heute erfolgreich durchgehaltene Standpunkt der Rheinisch-Westfälischen Technischen Hochschule zu Aachen im hochschulpolitischen Kampf ums Heißen.

Das ist ein Beispiel des allgemeinen Bestandes, daß der Kampf um die prestigeträchtige Zugehörigkeit zu einer Klasse als Kampf ums Heißen, der die Zuordnungsverhältnisse ändert, begonnen wird. Es ist zugleich ein Beispiel dafür, daß auch solche Zuordnungsreformpolitik, die in erster Instanz als Politik der Änderung geltender Regeln des Heißens geführt wird, Folgelasten unbeabsichtigter Nebenwirkungen zeitigen kann, die einem den Genuß des Erfolgs vergällen. Wenn plötzlich sehr viele so heißen, wie man zuvor selber gern heißen wollte, wird es insoweit uninteressant, so zu heißen, und man bleibt lieber, was man war, und demonstriert gerade so, daß man längst ist, was die anderen, indem sie durchsetzen, so zu heißen, gern sein möchten.

Auch auf der Ebene der großen Politik gibt es Fälle folgenreicher nicht-intendierter Nebenwirkungen einer als Kampf ums Heißen geführten Zuord-

nungsänderungspolitik. Als die Politik der inneren Reformen in der Bundesrepublik Deutschland links-liberales Partei- und Regierungsprogramm wurde,
bot es sich an, die gegen die Träger dieser Politik in Opposition stehenden
Kräfte „konservativ" zu nennen. Die historisch herleitbaren Regeln, die den
Gebrauch dieses Wortes in Deutschland bestimmen, sind vage genug, als daß
man das hätte als stoßend empfinden müssen. Aber gerade diese Vagheit unserer Vorstellung davon, was einer denn sei, wenn man ihn einen Konservativen
nennt, paßte nicht ins Konzept einer von Politisierungsfolgen begleiteten Po-
larisierung, das die ideologischen Wortführer extrem linker Randgruppen in
den Regierungsparteien zu befolgen für zweckmäßig oder doch zumindest für
konsequent hielten. Also bemühten sie sich, dem Gegner ein schärferes Profil,
ein Feind-Profil zu verleihen. Das geschah unter anderem so, daß sie in der
Praxis, ihren Gegner „konservativ" zu nennen, die Regel für den Gebrauch
dieses Wortes in der Weise schärften, daß nunmehr konservativ zu sein heißen
sollte, einen illegitimen Privilegienbesitz zu verteidigen. Das wies natürlich jedermann von sich und verwies auf seine Beiträge zur Emanzipation. Die geschilderte Schärfung der zuvor vagen Regel für den Gebrauch des Wortes
„konservativ" hatte also zur Folge, daß nun „konservativ" niemand mehr heißen wollte. Die Klasse der Konservativen umfaßte bald niemanden mehr, dem
es nichts ausgemacht hätte, für die Öffentlichkeit ein Konservativer, indem er
so heißt, zu sein. Der mit wortgebrauchspolitischen Mitteln geführten Unter-
scheidungs- und Zuordnungskampagne der Rand-Linken wurde also in der
Weise begegnet, daß man den neuen Wortgebrauch akzeptierte, aber bestritt,
der Fall zu sein, auf den er paßt. Da begingen die Rand-Linken den Fehler,
selbst parteieigene Repräsentanten der linken Mitte als Konservative anzugrei-
fen. Wenn das so ist, mußte nunmehr die Reaktion der zuhörenden Öffentlichkeit sein, gibt es, sofern man nicht selbst zur Rand-Linken gehört, keine Chancen mehr, dem Vorwurf, ein Konservativer zu sein, zu entgehen. Aber dann ist
auch der Vorwurf selber irrelevant, ja man muß fragen, wer man denn eigentlich sei, sofern man dem Vorwurf, ein Konservativer zu sein, bislang noch ent-
gangen war. War man vielleicht selber schon, reformeifernd, zum Rand-Linken
geworden, oder hatte man doch versäumt, in der Öffentlichkeit hinreichend
deutlich zu machen, es nicht zu sein? In dieser wortgebrauchspolitischen Lage
war es nur eine Frage von Monaten, bis die Benennungskampagne der Rand-
Linken zusammenbrach. Es schwand die Angst, ein Konservativer zu heißen.
Damit stand das Wort, dessen linke Schärfe noch vor kurzem so verletzend
gewesen war, wieder zur Disposition einer Neuregelung seines Gebrauchs, und
diese Neuregelung hat sich durchgesetzt. Natürlich wird sie so vorgenommen,
daß „konservativ" nunmehr eine Politik gemäß explizierbaren Grundsätzen
praktischer Vernunft heißt, die die Mehrheit jedem, nur nicht dem Rand-Linken oder sonstigen Extremisten zuerkennt. Die Anwendbarkeitsbreite des
Wortes „konservativ" ist damit ungefähr so groß geblieben, wie es den Rand-
Linken vorgeschwebt hatte. Aber das, was einer ist, wenn er nunmehr ein Konservativer heißt, ist ausgetauscht worden.

4

Wissenschaftler, denen aus der Praxis ihrer Wissenschaften die alte, bei Aristoteles bereits ausdrücklich formulierte Empfehlung, nicht um Worte zu streiten,
vertraut ist, sind natürlich geneigt, die geschilderten, beliebig vermehrbaren
Fälle von Kämpfen ums Heißen für Indizien des auch sonst belegbaren Ab-
stands zu nehmen, der wissenschaftliche Praxis von politischer trennt. Wissenschaft als Beruf und Politik als Beruf stellen unterschiedliche Anforderungen –
ein altes Thema mit vielen Aspekten. Gehört zu diesen Aspekten auch, daß
Wortstreit, dessen Unvermeidbarkeit in der Politik man gern einräumt, in der
Praxis der Wissenschaften nicht oder nur versehentlich vorkäme? Das ist nicht
der Fall. Unbeschadet der internationalen und institutionellen Differenz zwischen Politik und wissenschaftlicher Praxis sind auch in dieser Praxis Strukturen politischen Handelns unübersehbar. Das hat von Kant[20] bis Kuhn[21] die
Anwendung der Kriegs- und Revolutionsmetaphorik auf philosophie- und wis-
senschaftshistorische Prozesse möglich und plausibel gemacht, und der Streit
um Worte ist ein Teil dieser wissenschaftsimmanenten Politik.

Der Begriffshistoriker kann wissen, daß die Voraussetzungslosigkeit, die
man heute der wissenschaftlichen Forschung abzusprechen pflegt, eine andere
ist als jene, die Theodor Mommsen zu Beginn des 20. Jahrhunderts ihr zugesprochen hatte[22]. Damals meinte man ihren institutionellen Charakter gewährleisteter oder zu gewährleistender Unabhängigkeit ihrer Forschungspraxis von
der Voraussetzung der Anerkennung geltender Sätze, deren Geltung durch
Wahrheitsverwaltungsinstanzen verbürgt wird („Dogmen"). Heute, indem man
die Voraussetzungslosigkeit der Wissenschaft leugnet, meint man die Unabhängigkeit der Forschungspraxis von Prämissen ihrer eigenen Genese, von
Voraussetzungen derjenigen Sprache, die in ihr nicht thematisiert, sondern benutzt wird, von Bedingungen der Sozialkultur ihres Subjekts und des öffentlichen oder privaten Interesses an der Nutzung ihrer Resultate. Von solchen
Voraussetzungen, deren Analyse nicht-triviale Einsichten zutage zu fördern
vermag, ist trivialerweise keine Wissenschaft frei. Ist es auseinanderzuhalten,
was im ersten und was im zweiten Fall „Voraussetzungslosigkeit" heißt? Der
Verfasser eines Artikels zum einschlägigen Stichwort in einem Fachlexikon
schafft das mühelos; diese Unterscheidung ist ja, neben weiteren, sein Thema.
Anders liegt der Fall, wo man in allgemeinen wissenschaftstheoretischen

---

[20] In der Vorrede zur ersten Ausgabe der Kritik der reinen Vernunft vom Jahre 1781
parallelisiert Kant metaphorisch die Geschichte der Metaphysik mit der politischen
Krisengeschichte der Monarchie.

[21] Thomas S. Kuhn: Die Struktur wissenschaftlicher Revolutionen. Frankfurt a. M.
1967.

[22] Cf. Jürgen von Kempski: „Voraussetzungslosigkeit". Eine Studie zur Geschichte eines Wortes. In: Jürgen von Kempski: Brechungen. Kritische Versuche zur Philosophie der Gegenwart. Reinbek bei Hamburg 1964, pp. 140–159.

Orientierungsdebatten, die in praktischer Absicht geführt werden, den Begriff
der Voraussetzungslosigkeit nicht thematisiert, sondern operativ verwenden.
Alsdann verliert sich, was „Voraussetzungslosigkeit" früher hieß, im Dunkeln
vager begriffsgeschichtlicher Erinnerungen, so daß es möglich wird zu behaupten, durch die neuere wissenschaftstheoretische und wissenschaftswissen-
schaftliche Forschung sei die ältere Auffassung, die Wissenschaft könne voraussetzungslos sein, widerlegt. Diese Behauptung wäre ein historischer Irrtum,
wenn sich nachweisen ließe, daß diejenigen, die zu Beginn unseres Jahrhunderts von Voraussetzungslosigkeit der Wissenschaft sprachen, sie im Gegensatz zu dieser Behauptung bei einem Gebrauch dieses Wortes, der seinem gegenwärtigen Gebrauch analog ist, der Wissenschaft abgesprochen hätten. Weil
aber der Gebrauch dieses Wortes damals ein anderer, nämlich der geschilderte
war, sollte man die am heutigen Wortgebrauch sich orientierende Behauptung,
damals habe man die Voraussetzungslosigkeit der Wissenschaft behauptet,
nicht einen Irrtum, sondern Nonsens nennen. Exakt dieser Nonsens kommt
nun aber denjenigen zustatten, die Voraussetzungen jener Sorte, die man früher unter Berufung auf die Voraussetzungslosigkeit der Wissenschaft gerade
abgewiesen hatte, in der Wissenschaftspraxis wieder zur Geltung bringen
möchten. Natürlich können sie es sich nicht leisten, geradewegs neue Dog-
menkataloge von allerlei Basis-Lehrsätzen über Natur und Geschichte akademisch verbindlich zu machen. Aber gehört es denn nicht zur allgemein anerkannten Lehre von den Voraussetzungen der Wissenschaft, daß zu diesen auch
Interessen gehören? Alsdann ist die Legitimität des Anspruchs, solche Interessen wissenschaftspraktisch zur Geltung bringen zu dürfen, unbestreitbar, und
nun fällt es schon nicht jedem mehr auf, daß die legitime Berufung auf Interessen, an denen die Wissenschaft sich zu orientieren habe, eine Berufung auf
Dogmen ist, sobald die Wissenschaft sich statt auf Interessen, deren Dasein
und Recht Gemeinplatzcharakter hat, auf ideologisch fixierte Interessen beruft, deren institutionell-parteilicher Geltung man sich politisch vorab unterworfen hat.

Die Sache ist also die, daß der neuere, wissenschaftstheoretisch begründete
Gebrauch des Wortes „voraussetzungslos", demzufolge die Wissenschaft nicht
voraussetzungslos heißen darf, die Absichten derjenigen begünstigt hat, die die
Wissenschaft wieder an Prämissen derjenigen Art binden möchten, in bezug
auf die man früher die Wissenschaft „voraussetzungslos" nannte. Unter analytisch Aufgeklärten wie auch sonst unter klaren Köpfen ist klar, daß auf die Frage: Ist denn nun die Wissenschaftspraxis voraussetzungslos oder nicht? die traditionelle Antwort fällig ist: Das hängt von der Voraussetzung ab, was „voraussetzungslos" heißen soll, und darüber könnte man sich einigen. Was soll es
denn nun heißen, und wie entsprechend die Wissenschaft? Die Beantwortung
genau dieser Frage ist eine Frage des Interesses[23], das man auch in der Wissen-

---

[23] Cf. Gottfried Gabriel: Definition und Interessen. Über die praktischen Grundlagen
der Definitionslehre. Stuttgart-Bad Cannstatt 1972.

schaft ins Heißen zu setzen nicht umhin kann. Es leuchtet ein, daß es die Abwehr neodogmatischer Tendenzen erleichtern würde, wenn die Wissenschaft
auch heute noch in Gemäßheit der Regel, die zu Beginn des 20. Jahrhunderts
wissenschaftspraktisch für dieses Wort galt, „voraussetzungslos" heißen dürfte. Gerade deswegen kultivieren die Repräsentanten dieser Tendenzen den
heute üblichen, anderen Wortgebrauch eifrig. Das ermöglicht ihnen die Politik
seiner unauffälligen Nuancierung in der gewünschten Richtung.

Deutlicher noch als solche an begriffsgeschichtliche Erinnerungen anknüp-
fende Interessen der Fixierung nutzbarer Wortgebräuche ist in der Wissenschaft der Kampf ums So-Heißen als Kampf um die Entscheidung von Zuord-
nungen, insbesondere in Prozessen schulpolitischer Frontenbildung. Wer zum
Beispiel ist Positivist? Diese Frage ist keineswegs unbeantwortbar. Aber die
Antwort müßte, wie ein solider Artikel aus Lalandes philosophischem Vocabulaire[24], in mehrere selbständige Teile gegliedert werden, wobei es unbenommen
bliebe, begriffshistorisch einem genetischen Zusammenhang dieser Teile nach-
zuspüren. Es ist, wie man weiß, eben nicht dasselbe, ob Popper den frühen
Carnap[25] oder ob Adorno Popper[26] einen Positivisten nennt. Soweit, so trivial.
Nicht trivial ist das Interesse an der Frontenbildung, das sich geltend macht,
indem man den Gebrauch des Wortes „Positivist" so verändert, daß nunmehr
Popper wie Carnap beide so genannt werden müssen. Was ist das für ein Interesse? Es lebt natürlich aus der Überzeugung, die hier nicht zu prüfen ist, von
der Richtigkeit der Argumente, die es gegen den Positivismus geltend macht.
Seiner politischen Struktur nach ist es ein Interesse an der Indifferenzierung
der Gegner zur Intensivierung eines ideologischen Polarisierungs-Effekts. Weil
das Wort „Positivismus" schon seit langem primär so verwendet wird, daß jeweils so heißt, was in kritischer Distanzierung man gerade nicht selbst vertritt,
ist es als Gegnerschafts-Prädikator hoch geeignet. Ich brauche nicht zu schildern, wie sehr dieser wortgebrauchspolitische Mechanismus in der Tat die Po-
larisierung gefördert hat und bis heute den substantiellen wissenschaftlichen
Eklektizismus, der gemäß Paulinischer Regel alles prüft und das Gute behält[27],
behindert.

Soweit das nun in diesem Fall wie in analogen Fällen sich so verhält, ist mit
der Regel, nicht um Worte zu streiten, also sich eben zu einigen, wie was denn
nun heißen solle, nicht viel gewonnen. Es müßten zunächst die Bedingungen
klargestellt sein, unter denen diese ebenso alte wie nützliche Regel ohne schäd-
liche Nebenfolgen befolgbar wäre. Was sind das für Bedingungen? Es sind im

---

[24] André Lalande: Vocabulaire technique et critique de la philosophie. Paris ⁷1956.
[25] Cf. Karl R. Popper: Logik der Forschung. Tübingen ⁴1971, wo, zum Beispiel p. 14
und p. 15, der Positivismus-Vorwurf gegen Carnap differenziert wird.
[26] Cf. Theodor W. Adorno u.a.: Der Positivismusstreit in der deutschen Soziologie.
Neuwied und Berlin ³1971, p. 9, wo Adorno anheimstellt, ‚positivistisch' durch
‚scientistisch' zu ersetzen, indem er natürlich weiß, daß Popper selbst seine Wissenschaftstheorie nicht würde ‚positivistisch' nennen können.
[27] I. Thess. 5, 21.

wesentlichen zwei. Erstens darf im Kreise derjenigen, die sich darüber einigen
sollen, wie was heißen solle, keine Divergenz von Interessen vorliegen, die von
der Frage berührt wären, ob etwas so oder anders heißen soll. Zweitens muß
der Kreis derjenigen, die sich über einen Wortgebrauch einigen sollen, über
eine wirksame Wortgebrauchskontrollkompetenz verfügen. Die erste Bedingung wird in der Wissenschaftspraxis bekanntlich näherungsweise dadurch erfüllt, daß man den Ort der Wissenschaft institutionell von den Institutionen,
die den politischen Austrag divergierender Interessen regeln, distanziert. Die
zweite Bedingung wird in der Wissenschaftspraxis näherungsweise dadurch erfüllt, daß man fachsprachliche Terminologien entwickelt. Die erste Bedingung
will ich die des wortgebrauchspolitischen Desinteresses nennen; die zweite
nenne ich die der esoterischen Wortgebrauchsregelungskompetenz.

Tatsächlich gibt es in der Wissenschaftspraxis Bereiche, in denen beide Bedingungen gut erfüllt sind. Die erfolgreiche Tätigkeit wissenschaftsbezogener
Nomenklaturkommissionen wäre sonst gar nicht denkbar. Aber es ist evident,
daß dergleichen über die Breite des disziplinär und institutionell in der Zer-
streuung stattfindenden Wissenschaftsbetriebes hin gar nicht möglich ist. Und
es ist näherhin überall dort nicht möglich, wo es darauf ankommt, für den exoterischen Gebrauch, der der Sprachregelungskompetenz der Esoteriker entzogen bleibt, Handlungsregeln aus wissenschaftlichen Theorien zu entwickeln,
die Theorien über Gegebenheiten sind, zu denen wir uns exoterisch immer
schon, das heißt auch vor solchen Bemühungen zur wissenschaftlichen Diszi-
plinierung dieses Verhaltens verhielten. Es erübrigt sich auszuführen, daß
genau das in erster Linie der Fall der Sozialwissenschaften, oder auch, allgemeiner, der Handlungswissenschaften ist – von der Pädagogik bis zur praktischen Philosophie. Die unsere Handlungskraft paralysierende Verzweiflung
über den Streit um Worte, der diese Wissenschaften durchzieht, wird geringer,
wenn wir die Gründe seiner faktischen Unvermeidlichkeit kennen.

14. Sozialwissenschaften im Werturteilsstreit. Wider die politische Selbstprivilegierung von Theorien

Die Stellung der Wissenschaften in unserer kulturellen und politischen Öffentlichkeit hat sich siebziger Jahren dramatisch verändert. Im Extren. bedeutet diese Veränderung Wissenschaftsfeindschaft[1]. Symptome sich ausbreitender Wissenschaftsfeindschaft wurden bekanntlich zuerst in den USA identifiziert[2] und erst in Abhängigkeit davon auch bei uns thematisiert. Die Gründe für die Zunahme emotionaler Distanz gegenüber den Wissenschaften bilden ein Gemengelage. Das reicht von der Verschlechterung der Relation zwischen Mittelaufwand und Wissenszuwachs über die zunehmende Aufdringlichkeit von Schädlichkeitsnebenfolgen angewandter Wissenschaft bis, letztinstanzlich, zum Verlust der Tempelfähigkeit der Wissenschaft im Schwund der Kulturbedeutsamkeit wissenschaftlicher Weltbilder, der seinerseits eine Konsequenz fortgeschrittener Aufklärung ist[3].

Diese und weitere Gründe für den Wandel in der öffentlichen Geltung der Wissenschaft sind, so scheint es, zivilisationsspezifisch und somit indifferent gegenüber regionalen und nationalen Besonderheiten. Es gibt aber auch spezifisch deutsche oder doch überwiegend deutsche Umstände, die prekäre Tendenzen im Verhältnis von Öffentlichkeit und Wissenschaft begünstigen. Der Werturteilsstreit[4] ist ein Symptom dieser Umstände. Das gilt bereits für die

---

[1] Zur Analyse der Gründe dieses kulturellen Phänomens cf. meinen Aufsatz „Relevanz kontra curiositas. Über die anwachsende Wissenschaftsfeindschaft", in: Hermann Lübbe: Wissenschaftspolitik. Planung, Politisierung, Relevanz. Zürich 1977, pp. 7–29.

[2] Cf. dazu Edward Shils: Anti-science: observations on the recent ‚crisis' of science. In: Civilization and Science – in Conflict or Collaboration? Ciba Foundation Symposium I (new series). Amsterdam, London, New York 1973, pp. 33–59. Ferner: Stephen Toulmin: The historical background to the anti-science movement. In: A.a.O., pp. 23–32.

[3] Zu diesem Zusammenhang cf. meinen Aufsatz „Wissenschaft nach der Aufklärung", in: Hermann Lübbe: Philosophie nach der Aufklärung. Düsseldorf, Wien 1980, pp. 45–58.

[4] Über den Verlauf und wichtigste argumentative Positionen in diesem Streit informiert der Reader: Werturteilsstreit. Herausgegeben von Hans Albert und Ernst Topitsch. Darmstadt 1971.

Auseinandersetzung um die Webersche Rollenunterscheidung von Wissenschaft als Beruf[5] einerseits und Politik als Beruf[6] andererseits, und es gilt erst recht für die zunächst akademische[7] und dann schließlich kulturrevolutionäre[8] Neuauflage dieser Querelles in den sechziger Jahren. Was immer die methodologische Substanz des Werturteilsstreits sein mag – in praktischer Konsequenz seiner Erneuerung in den sechziger Jahren erlebten wir, zum Beispiel, Massenauftritte politisierender Professoren, und es wäre naiv anzunehmen, daß die überraschenden Ungemeinsprüche, die wir aus ihrem Munde vernehmen durften, ohne schädigende Wirkung auf das Ansehen der Angehörigen akademischer Kommunitäten in der politischen Öffentlichkeit hätte bleiben können.

Es erübrigt sich, diesen Wirkungszusammenhang mit Zitaten plausibel zu machen – von der techniksoziologischen Ermunterung an die Adresse von Ingenieuren, sich endlich der politischen Nutzbarkeit ihrer Zugriffsmacht auf Abstellhebel von Gas- und Wasserleitungen bewußt zu werden[9], bis zur Zumutung, die es für unsere bürgerliche Selbstachtung bedeuten muß, politsoziologisch analysiert zu bekommen, unsere Bürgerloyalität sei im wesentlichen das Resultat der Überdeckung der Grundwidersprüche unseres politischen Sy-

---

[5] Max Weber: Wissenschaft als Beruf (1919). In: Gesammelte Aufsätze zur Wissenschaftslehre. Zweite durchgesehene und ergänzte Auflage, besorgt von Johannes Winckelmann. Tübingen 1951, pp. 556–597.

[6] Max Weber: Politik als Beruf (1919). In: Max Weber: Gesammelte Politische Schriften. Dritte, erneut vermehrte Auflage. Mit einem Geleitwort von Theodor Heuß. Herausgegeben von Johannes Winckelmann. Tübingen 1971, pp. 505–560.

[7] Dafür ist natürlich der sogenannte Positivismusstreit das mit Abstand wichtigste Dokument: Theodor W. Adorno u. a.: Der Positivismusstreit in der deutschen Soziologie (1969). Neuwied und Berlin ³1971.

[8] Cf. dazu als signifikantes Beispiel unter zahllosen seinesgleichen: Stephan Leibfried: Die angepasste Universität. Zur Situation der Hochschulen in der Bundesrepublik und den USA. Frankfurt am Main 1968, oder auch Wolfgang Lefèvre: Reichtum und Knappheit. Studienreform als Zerstörung gesellschaftlichen Reichtums. In: Rebellion der Studenten oder Die neue Opposition. Eine Analyse von Uwe Bergmann, Rudi Dutschke, Wolfgang Lefèvre, Bernd Rabehl. Reinbek bei Hamburg 1968, pp. 94–150, der „den Rückzug auf Wissenschaftlichkeit als opportunistischen Rückzug von jeder politischen Verantwortung der Wissenschaft" interpretierte (a. a. O., p. 137).

[9] Cf. exemplarisch Gerd Hortleder: Das Gesellschaftsbild des Ingenieurs. Zum politischen Verhalten der Technischen Intelligenz in Deutschland. Frankfurt am Main ²1970, p. 196: „Die Folgen, die ein Streik von Flugleitern auslöst, ist in der Tat eindrucksvoller als die behagliche Saturiertheit des die Arbeiter einschließenden Kleinbürgertums. Was bewirkt ein Streik einer Einzelgewerkschaft verglichen mit der Lahmlegung der Versorgung ganzer Bezirke mit Elektrizität, Gas und Wasser …? Ich erwarte von aufgeklärten Ingenieuren nicht die ‚Konstruktion' einer besseren Gesellschaft. Doch viel wäre schon erreicht, wenn diese Berufsgruppe mit so zentralen Funktionen sich ihrer Macht bewusst würde, und sei es nur, um sich im Extremfalle Entwicklungen entgegenzustellen …" etc. – Hat man die ‚aufgeklärten Ingenieure' erst so weit politisiert, darf man alles weitere denjenigen überlassen, die den „Extremfall" ideologisch zu definieren wissen.

stems[10] durch das derzeit noch einigermaßen gewährleistete Wohlfahrtsniveau[11]. Analoge Wirkungen der Auslösung öffentlichen Kopfschüttelns sind dann auch von offiziellen Beschlüssen ganzer sozialwissenschaftlicher Fakultäten ausgegangen, die sich für zuständig hielten, durch Telegramme oder Briefe in außenpolitische Interaktion mit Franco oder Honecker einzutreten. – Es genügt, an dergleichen zu erinnern, und man erkennt ohne weitere Erzählungen die unvermeidlichen Geltungsverluste, die die Wissenschaften und die Sozialwissenschaften zumal durch solche Äußerungsformen ihrer Politisierung erleiden mußten.

Aber zweifellos ist das nur die eine Seite der Sache. Zu den gegenwärtigen Veränderungen im kulturellen Gesamtsystem gehört überall der Anstieg des Relevanzkontrolldrucks. Ein feines, aber deutliches Zeichen für diesen Bestand ist das Faktum, daß heute selbst Grundlagenforscher bei ihren Mittelanforderungen nicht mehr das humane Recht der curiositas, der freien theoretischen Neugier, geltend zu machen pflegen. Sie verweisen vielmehr regelmäßig, übrigens zu Recht, auf die Abhängigkeit künftiger Nutzbarkeit der Wissenschaften von gegenwärtigen Fortschritten in der Grundlagenerkenntnis[12]. In

---

[10] Cf. Claus Offe: Strukturprobleme des kapitalistischen Staates. Aufsätze zur Politischen Soziologie. Frankfurt am Main ⁴1977, p. 23: „… die innerhalb der kapitalistischen Entwicklung sich vollziehenden institutionellen Innovationen sind sämtlich … als Lösungsversuche für Probleme und Widersprüche zu interpretieren, deren Manifestation und Aktualität direkte Folge des kapitalistischen Grundwiderspruchs zwischen fortschreitender Vergesellschaftung der Produktion und profitorientierter Disposition über das Produktionsergebnis ist."

[11] Cf. a.a.O., p. 36: Nur „solange staatliche Wachstumspolitik sich darauf beschränken konnte, materielle Voraussetzungen und verstetigende Steuerungsleistungen für ökonomisches Wachstum bereitzustellen …", habe „es die Wachstumspolitik vermocht, die Interessen von Einzelkapitalien mit gesamtwirtschaftlichen Imperativen und diese wiederum mit den institutionalisierten Interessen des Wählerpublikums verträglich zu machen …". – Cf. ferner auch: Claus Offe: „Unregierbarkeit". Zur Renaissance konservativer Krisentheorie. In: Stichworte zur ‚Geistigen Situation der Zeit'. Herausgegeben von Jürgen Habermas. I. Band: Nation und Republik. Frankfurt am Main 1979, pp. 294–316, pp. 315f.: „Entwickelte kapitalistische Industriegesellschaften verfügen über keinen Mechanismus, kraft dessen sie die Normen und Werte ihrer Mitglieder mit den systemischen Funktionsbedingungen, denen sie unterliegen, in Einklang bringen können. In diesem Sinne sind sie allemal ‚unregierbar' – und es war eher die Gunst der Umstände einer lange währenden Prosperitätsperiode, die es erlaubte, mit dieser Unregierbarkeit problemloser zu leben, als das seit Mitte der siebziger Jahre der Fall ist."

[12] Damit antworten sie auf das folgende Faktum: „… heute wird oft und überall verlangt, dass man schon in der Grundlagenforschung auf bestimmte Anwendungen zu zielen habe", so Heinz Maier-Leibnitz: Beherrschungssystem der Forschungsförderung und andere unlösbare Probleme. In: Heinz Maier-Leibnitz: Zwischen Wissenschaft und Politik. Ausgewählte Reden und Aufsätze 1974–1979. Im Auftrage der Deutschen Forschungsgemeinschaft, herausgegeben von Hermann Fröhlich. Boppard 1979, pp. 288–295, p. 293. – Maier-Leibnitz selbst plädiert freilich für das Recht der reinen theoretischen Neugier – aber auch er möchte dieses Recht nur un-

einer solchen Situation gewinnen akademische Bekundungen praktisch-politischen Desinteresses rasch einen im harmlosesten Fall befremdlichen Anschein
von realitätsferner Elfenbeinturmesoterik, und es bedarf lediglich eines gerin-
gen Aufgebots rhetorischer Mittel, um diesen Anschein zum Schein moralisch
ruchloser politischer Wertneutralität wissenschaftlicher Intelligenz zu verstärken. Beim 15. Deutschen Soziologentag 1964 in Heidelberg wurde erneut Max
Weber in die Rolle des Erzrepräsentanten dieser ruchlosen Neutralität eingesetzt, die in der strikten Trennung von Wissenschaft und Politik diese, die Politik, der Blindheit des Dezisionismus anheim gibt, während die Wissenschaft
ihren positivistisch halbierten Rationalismus kultiviert[13]. Die Reaktion marschiert, die zerstreute politische Intelligenz aufgeklärter Prägung bedürfte der
Sammlung und Führung; aber der Professor gibt die Parole aus „Politik gehört
nicht in den Hörsaal"[14]. Eben damit, so scheint es, legitimiert er jene Entpolitisierung der akademischen Räume, die sie für ihre spätere Eroberung durch
die Nationalsozialisten öffneten.

Indessen: Die Plausibilität dieses Zusammenhangs ist eine Scheinplausibili-
tät. Die Nationalsozialisten selbst haben ja im Objektivismus werturteilsfreier
Forschungspraxis nicht etwa ihren heimlichen Verbündeten, vielmehr den eigentlichen akademischen Ungeist ihrer Gegner erkannt[15]. Entsprechend wäre

---

ter der Bedingung in Anspruch nehmen, daß es nichts kostet: „Solange ich kein
Geld dafür brauche, darf ich frei und ins Unendliche weiter denken." Heinz Maier-
Leibnitz: Forschung und Fortschritt – Welche Forschung? Welcher Fortschritt? In:
a.a.O., pp. 198–218, p. 202.

[13] Verhandlungen des 15. Deutschen Soziologentages. Max Weber und die Soziologie
heute. Im Auftrage der Deutschen Gesellschaft für Soziologie. Herausgegeben von
Prof. Dr. Otto Stammer. Redaktion: Dipl.-Soziologe Rolf Ebbighausen. Tübingen
1965. – Cf. vor allem die Diskussionsbemerkung von Jürgen Habermas, a.a.O., pp.
74–81, p. 81: „Wir können nicht daran vorbei, dass Carl Schmitt ein legitimer Schüler Max Webers war. Wirkungsgeschichtlich betrachtet hat das dezisionistische Element in Webers Soziologie den Bann der Ideologie nicht gebrochen, sondern verstärkt."

[14] Dieses berühmte Zitat findet sich in Max Webers Rede über Wissenschaft als Beruf,
a.a.O. (cf. Anm. 5), p. 567.

[15] Hitler höchstselbst bereits hatte seinen „Kampf", unter anderem, dem „Objektivi-
tätsfimmel" angesagt. Adolf Hitler: Mein Kampf. 160.–161. Auflage München 1935,
p. 201. – Alfred Rosenberg dann stellte kämpferisch fest: „Es gibt keine vorausset-
zungslose Wissenschaft …" (Alfred Rosenberg: Der Mythus des 20. Jahrhunderts.
Eine Wertung der seelisch-geistigen Gestaltenkämpfe unserer Zeit. 71.–74. Auflage
München 1935, p. 119), und er diffamierte damit eben jenen Mommsenschen Begriff, den Max Weber selbst, wie Jügen von Kempski es formuliert hat, als „Wert-
vorurteilslosigkeit" interpretierte und übernahm (Jürgen von Kempski: „Voraussetzungslosigkeit". Eine Studie zur Geschichte eines Wortes. In: Jürgen von Kempski:
Brechungen. Kritische Versuche zur Philosophie der Gegenwart. Reinbek bei Hamburg 1964, pp. 140–159, p. 157) – Über den Kampf der Nationalsozialisten gegen
den Objektivismus der liberalen Wissenschaftler cf. neuerdings Ernst Noltes Festre-
de „Wissenschaft und Politik" bei Gelegenheit des Bildungspolitischen Kongresses

als akademische Nazismusprophylaxe doch gerade nicht die Selbstaufgabe des forschungspraktischen Objektivitätspostulats fällig gewesen, sondern umgekehrt Stärkung jener von Max Weber vertretenen Wissenschaftsmoral, die Forschern die Erfüllung des Objektivitätspostulats auch im Konflikt mit politisierter ideologischer Rechthaberei subjektiv allenfalls möglich macht.

Aber vom Objektivitätspostulat und seiner verteidigungsfähigen methodischen und moralischen Geltung muß man die Frage rationaler, näherhin auch methodisch-wissenschaftlicher Begründbarkeit von Werturteilen unterscheiden. Die moralische Erfüllung methodischer Objektivitätspostulate ist mit moralischem Wertneutralismus in der Praxis des Lebens jenseits der Wissenschaftspraxis durchaus verbindbar, und erst recht mit politischer Indifferenz, wie man sie fachidiotisch beschränkten Insassen elfenbeinerner Türme gern zuschreibt. Der Werturteilsstreit ist ja alles andere als ein fachimmanenter Streit um Fragen esoterischer Methodik. Der Vorwurf gegen die politische Korrumpierbarkeit der akademischen Eigner sogenannter instrumenteller Vernunft[16] ist ein Vorwurf von bedeutender Öffentlichkeitswirkung gewesen, und was immer die kulturrevolutionär bewegte studentisch-akademische Intelligenz Ende der sechziger Jahre sonst noch bewegt hat: sie war willens, durch ihre demonstrativen Engagements deutlich zu machen, daß jener Vorwurf nun endlich auch die deutsche akademische Szene nicht mehr treffe. Unsere Politiker haben das ohne wesentliche Einschränkung anerkannt, unsere Medienintelligenz ohnehin, und in der Tat ist nicht erkennbar, wieso die Bekundung des Willens, Studien- und Forschungspraxis auf politische Zwecke beziehbar zu halten, nicht beifallsfähig, ja zustimmungsfähig sein sollte. In Ländern mit Traditionen weniger lädierten bürgerlichen Selbstgefühls haben die zitierten Vorwürfe aus dem öffentlich geführten Werturteilsstreit in der Hochschul- und Wissenschaftspolitik eine ungleich geringere Rolle als in Deutschland gespielt. Ersichtlich ist das nicht deswegen so, weil man, in den USA zum Beispiel oder auch in der Schweiz und in den skandinavischen Ländern, den Wissenschaftlern mit größerer Selbstverständlichkeit als bei uns eine entpolitisierte bürgerliche Sonderexistenz zubilligte. Gerade umgekehrt verhält sich die Sache so, daß in den zitierten Ländern Orientierungen und normative Ansprüche herrschender politischer Kultur mit ungleich größerer Selbstverständlichkeit als bei uns auch in den akademischen Räumen gelten. Insofern muß man sagen: Tenden-

---

des Bundes Freiheit der Wissenschaft in Berlin am 21./22. November 1980, Teilabdruck in: Hochschulpolitische Informationen 23/24. Köln, 19. Dezember 1980, pp. 3–5.

[16] Diesen Begriff der instrumentellen Vernunft hat vor allem Max Horkheimer wirksam gemacht. Max Horkheimer: Zur Kritik der instrumentellen Vernunft. Aus den Vorträgen und Aufzeichnungen seit Kriegsende. Herausgegeben von Alfred Schmidt. Frankfurt am Main 1967. – Zur Kritik dieses Begriffs cf. meinen Aufsatz „Instrumentelle Vernunft. Zur Kritik eines kritischen Begriffs", in: Hermann Lübbe: Fortschritt als Orientierungsproblem. Aufklärung in der Gegenwart. Freiburg im Breisgau 1975, pp. 75–120.

zen der Öffnung der akademischen Öffentlichkeit zur politischen Öffentlichkeit hin dürfen auch bei uns als Tendenzen einer Normalisierung gelten.

In einer solchen Lage verschlechtern die Verteidiger methodischer Objektivitätspostulate ihre Position, wenn sie die Werturteilsfreiheit der Wissenschaftspraxis zur Bedingung der Erfüllung des Objektivitätspostulats erklären.
Wir befinden uns, akademisch wie politisch, in einer Zeit sich erneuernder
praktischer Philosophie[17], und deren Quintessenz ist, seit der Antike, Bemühung um die Einlösung des Anspruchs auf Rationalität, das heißt auf Begründbarkeit der Normen, die unser Handeln sei es mit moralischer, sei es mit juridi-
scher Verbindlichkeit regeln. Was immer der verteidigungsbedürftige Sinn des
Werturteilsfreiheitspostulats sein mag – wer dieses Postulat heute in Verbindung mit der These verträte, allgemeine Handlungs- oder Unterlassensvor-
schriften, Normen also, seien einer rationalen und somit gegebenenfalls auch
wissenschaftlichen Begründung nicht fähig, muß darauf gefaßt sein, Wirkungen des Befremdens, und zwar eines berechtigten Befremdens auszulösen.
Daraus folgt umgekehrt: Der verteidigungsbedürftige Sinn des Werturteilsfreiheitspostulats läßt sich nur stark und plausibel machen, wenn man vorweg die
These rationaler Begründbarkeit von Handlungsnormen anerkennt und als ge-
schenkt vorgibt. Der schlichte Sinn des Anspruchs, Handlungsnormen seien
auch unter Anwendung wissenschaftlicher Rationalitätskriterien einer Anerkennung oder Verwerfung unter dem Gesichtspunkt ihrer Vernünftigkeit oder
Unvernünftigkeit fähig, geht einem auf, wenn man sich klarmacht, aus welchen
Gründen eigentlich der Werturteilsstreit fachlich im wesentlichen ein Streit der
Sozialwissenschaftler gewesen und geblieben ist und nicht zugleich auch und
in demselben Maße ein Streit der Naturwissenschaftler, der Techniker oder
auch der Mediziner. Ersichtlich ist das nicht deswegen so, weil in diesen Fach-
bereichen, im Unterschied zu den Sozialwissenschaften, von der Ozeanogra-
phie bis zur Koronarskleroseforschung das Werturteilsfreiheitspostulat immer
schon in der Konsequenz eines rigorosen Verzichts auf Handlungsnormie-
rungsansprüche fraglos-klaglos erfüllt gewesen wäre. Die Sache verhält sich
genau umgekehrt: Nicht ihre vermeintliche normative Irrelevanz und Impo-
tenz macht im Kontext dieser Wissenschaften einen Werturteilsstreit gegenstandslos, sondern ganz im Gegenteil die Evidenz der potentiellen oder bereits
aktuellen normativen Bedeutung ihrer Forschungsresultate. Das reicht von den
diätetischen Lebensführungsregeln in unseren Familienzeitschriften über die
forschungspolitische Generallinie unseres nationalen Vertreters bei den UNO-
Seerechtskonferenzen bis zu den gesetzlichen Vorschriften über Impfzwang
oder technische Überwachung. In allen diesen und unabzählbar weiteren analogen Fällen wirkt sich Forschung mehr oder weniger unmittelbar normativ

---

[17] Cf. dazu die Textsammlung von Manfred Riedel: Rehabilitierung der praktischen
Philosophie. Band I: Geschichte, Probleme, Aufgaben. Freiburg im Breisgau 1972,
Band II: Rezeption, Argumentation, Diskussion. Freiburg im Breisgau 1974.

aus. Den Forschern selbst ist die normative Bedeutung ihres Tuns zumeist durchaus bewußt, und nicht selten sind sie es, die zuerst die Fälligkeit einschlägiger normativer Konsequenzen wissenschaftlicher Erkenntnisse in der Öffentlichkeit wirkungsreich geltend machen. Es wäre ja auch seltsam, wenn schließlich unwidersprechlich gewordene Einsichten in die gesundheitlichen Folgen des Zigarettenkonsums oder unabweisbar gewordene Erkenntnisse über bislang unbekannte Schädlichkeitsnebenfolgen von Medikamenten von unseren Medizinern nicht alsbald in appellative Veröffentlichung diesbezüglicher moralischer Pflichten uns selbst gegenüber oder in administrative und gesetzgeberische Fälligkeiten umgesetzt werden würden, oder auch – ein anderes Beispiel – die biologischen Aufschlüsse über die tatsächlichen Ursachen des temporären Rückgangs der Felchenbestände im Bodensee nicht in fischereiwirtschaftliche Vorschriften zur Vergrößerung der Netzmaschendurchmesser.

Die Liste solcher und darüber hinaus noch ungleich wichtigerer Beispiele naheliegender und zumeist sogar rasch effektuierter normativer Konsequenzen von Forschungsfortschritten ist natürlich unabsehbar verlängerungsfähig, und man erkennt, daß es eine absurde Vorstellung wäre anzunehmen, unsere Naturwissenschaftler, Techniker und Mediziner täten ihre Forschungsarbeit in esoterischer Desorientiertheit über die normativ geregelten Lebenszusammenhänge, für die die Ergebnisse ihrer Forschungen, potentiell oder aktuell, eine normenverändernde Bedeutsamkeit haben.

Rainer Lepsius hat in seinem Bericht über die Entwicklung der Soziologie nach dem Zweiten Weltkrieg[18] seine deutschen Fachkollegen daran erinnert, daß der Anteil, in welchem die Soziologie zu dem „Entscheidungswissen" im Kontext von Politik und Administration beigetragen hat, ungleich geringer sei als der entsprechende Anteil der Naturwissenschaften[19], übrigens auch der Wirtschaftswissenschaften. Für die Politikwissenschaft gilt Analoges, und es ist nicht schwer, sich klarzumachen, von welchen Faktoren es eigentlich abhängt, daß die Normengenerierungspotenz der Wissenschaften, das heißt ihre Chance, mit Resultaten kognitiver Prozesse Normenbildungsprozesse zu beeinflussen, so unterschiedlich ist und eben in den Sozialwissenschaften so sehr viel geringer als in den Wissenschaften mit konsolidierterem Theoriebildungsvermögen. Dazu muß man sich die allgemeine Struktur der Begründung von Normen vergegenwärtigen[20]. Normen, gruppenspezifisch generell geltende Handlungsvorschriften also, sagen ja regelmäßig, was wir tun müssen, wenn anders wir können sollen, was wir wollen. Die wichtigsten Elemente einer jeden

---

[18] M. Rainer Lepsius: Die Entwicklung der Soziologie nach dem Zweiten Weltkrieg 1945–1967. In: Deutsche Soziologie seit 1945, Entwicklungsrichtungen und Praxisbezug. Herausgegeben von Günther Lüschen. Opladen 1979, pp. 25–70.

[19] A.a.O., p. 54.

[20] Cf. dazu meinen Aufsatz „Sind Normen methodisch begründbar? Rekonstruktion der Antwort Max Webers", in: Hermann Lübbe: Philosophie nach der Aufklärung. Düsseldorf, Wien 1980, pp. 179–195.

Normenbegründung, wie sie bis in die Begründung von regierungseigenen Ge-
setzesentwürfen hinein identifizierbar sind, liegen damit zutage: erstens Deskription der Umstände, auf die sich der Wille ihrer Veränderung oder Bewahrung bezieht; zweitens theoretisch konsolidierte Annahmen über die um-
standsverändernde oder umstandskonservierende Wirkung von Handlungen;
drittens normative Auszeichnung derjenigen Handlungen, in bezug auf die die
Theorie ihrer Wirkung uns annehmen läßt, daß sie geeignet sind, die gegebenen, deskriptiv vergegenwärtigten Umstände unserem Willen entsprechend zu
verändern oder zu bewahren.

Es gibt Moralisten, die finden, das zentrale Problem der Normenbegründung sei doch aber nicht zu sagen, was wir sollen, damit wir können, was wir
wollen; es handle sich vielmehr darum zu sagen, was wir denn eigentlich wollen sollen[21]. – Man sieht, wie hoch dieser Einwand die Wellen der Sprache
treibt, und ich will mich an dieser Stelle damit begnügen, zu ihrer Glättung an
die Trivialität zu erinnern, daß, wo immer einer etwas soll, auch einer, er selbst
oder ein anderer, da sein muß, der zuvor etwas will, so daß wir, wann immer
wir tun, was wir sollen, erfüllen, was wir selbst in einer übergeordneten Instanz
unseres Selbst oder auch andere wollen.

Aber es soll sich hier nicht um sprachanalytische Mitteilungen über den
Funktionalismus zentraler Wörter unserer Moralsprache handeln, sondern um
Einsicht in die Gründe, die machen, daß nach der zitierten Feststellung von
Rainer Lepsius der öffentliche Einfluß der Natur- und Technikwissenschaften,
auch der Medizin und der Wirtschaftswissenschaften, und zwar in Gestalt von
normenbegründungserheblichen Beiträgen zum politischen und administrativen „Entscheidungswissen", so ungleich größer ist als der entsprechende Einfluß der Sozialwissenschaften. Im einfachen Kern- und Regelfall hat das drei
Gründe. Erstens sind die praktischen Orientierungen, in deren Horizont wir
die normative Bedeutung kognitiver Innovationen auf dem Feld der fraglichen
Wissenschaften einzuschätzen pflegen, im Kern- und Regelfall ebenso banal
wie fundamental und daher in hohem Maße universalkonsensgefestigt – von
der Nutzungspflicht der Lebensrettungsmöglichkeiten aus Fortschritten peri-
nataler Medizin über die Substitution versiegender Energie durch neue Techni-
ken zur Optimierung der Energienutzung bis zur völkerrechtlichen Fixierung
von Fischereifangquoten auf zoologisch erkannte, bestandserhaltungsnötige
Maße. Zweitens ist die Validität der von den fraglichen Wissenschaften angebotenen Theorien immer wieder einmal pragmatisch überzeugend, das heißt,
ihr Prognosepotential erweist sich als verläßlich und ihre Transformierbarkeit
in praktisch nutzbare Technologien ist gegeben. Drittens sind die Umstände,
in die wir, normengeleitet, durch unser nach Wirkung und Reichweite technologisch effektiver gemachtes Handeln eingreifen, gegenüber Nebenumständen

---

[21] Dazu vergleiche man die Debatten des Paderborner Kolloquiums „Transzendental-
philosophische Normenbegründungen", herausgegeben von Willi Oelmüller. Paderborn 1978.

in Anwendungskernbereichen der fraglichen Wissenschaften in höherem Maße isolierbar, so daß insoweit nicht, salopp gesprochen, alles mit allem zusammenhängt und wir im Verfahren dieser Wissenschaften nicht dialektisch werden müssen, vielmehr analytisch bleiben dürfen.

Zusammenfassend gesagt: Die Normengenerierungspotenz theoriebildender Wissenschaften wächst mit dem Selbstverständlichkeitscharakter kulturell vorgegebener praktischer Orientierungen einerseits und mit der pragmatischen Evidenz prognostischer und technologischer Tauglichkeit ihrer Theorien andererseits.

Wieso eben deswegen die normative Bedeutsamkeit, das heißt die „Entscheidungswissen" bereitstellende Leistungskraft sozialwissenschaftlicher Forschung ungleich geringer ist als die anderer theoriebildender Wissenschaften, bedarf nun kaum noch der Erläuterung. Ihr Arbeitsfeld ist eben von Horizonten praktischer Orientierung umschlossen, die den Vorzug fundamentaler Trivialität und damit maximaler Universalkonsensfähigkeit gar nicht aufweisen. Die Umstände, in bezug auf die man politische und sonstige Eingriffe in sie gern theoretisch kalkulierbar und einschließlich ihrer Nebenwirkungen praktisch beherrschbar machen möchte, sind nicht selten von einer Komplexität, die die des Gegenstandes der Meteorologie bei weitem übertrifft[22], und im Unterschied zu dieser verfügt man kaum über Theorien von zeitinvarianter Geltung[23]. Um so größer ist die Werturteilsstrittträchtigkeit der Sozialwissenschaften. Wo sich aus kognitiven Prozessen in Relation zu differenten praktischen Orientierungen verschiedener sozialer Subjekte unterschiedliche normative Konsequenzen ergeben, ist es plausibel, daß auch Wissenschaftler sich bewegt fühlen können, statt in politisch diskreter Weise Wenn-so-Aussagen zu präsentieren, kategorisch zu werden und also Partei zu ergreifen. Haben sie aber erst einmal in politischen Konkurrenzverhältnissen Partei ergriffen, so wird ihre Wertschätzung von Fakten und somit ihre Prädisposition zur wissenschaftspraktischen Kenntnisnahme von Fakten nach Maßen der Bedeutung dieser Fakten für die Stärkung oder Schwächung des Parteiwillens zu schwanken beginnen, und schließlich wird sich ein Hunger nach einer Supertheorie erzeugen, die es einem erlaubt, unter den konkurrierenden politischen Subjekten dasjenige zu identifizieren, dessen Wille bereits in der Gegenwart den wahrhaft universalkonsensfähigen Menschheitswillen der Zukunft in Gestalt

---

[22] So auch Nikolaus Lobkowicz: Theorie und Praxis. In: Politische Wissenschaft heute. Herausgegeben von Leonhard Reinisch. München 1971, pp. 15–25, pp. 20 f. – Zum informationstheoretisch-methodologischen Problem sozialwissenschaftlicher Theoriebildung über hochkomplexe Gegenstände cf. Karl W. Deutsch/Bruno Fritsch: Zur Theorie der Vereinfachung: Reduktion von Komplexität in der Datenverarbeitung für Weltmodelle. Königstein/Ts. 1980.
[23] Cf. dazu Hans Lenk: Zur wissenschaftstheoretischen Situation der deutschen Soziologie. In: Deutsche Soziologie seit 1945 ..., a.a.O. (cf. Anm. 18), pp. 108–132, pp. 117 f.

eines Parteiwillens repräsentiert[24]. Max Webers ja nicht nur methodologisch, sondern darüber hinaus wissenschaftsmoralisch gemeintes Postulat der Werturteilsfreiheit ist offenkundig ein Postulat in der Absicht einer akademischen Domestikation genau dieser Gefahren. Die berühmt-berüchtigte Parole „Politik gehört nicht in den Hörsaal" gewinnt Plausibilität als eine wissenschaftspraktische Norm, deren Beachtung jedenfalls in den akademischen Räumen die subjektiven Bedingungen wahrheitsorientierter sozialwissenschaftlicher Forschung institutionell einigermaßen sichert, während sich draußen große ideologische Fronten in extremistischer Dissoziation zu formieren beginnen, zwischen denen nach aller Erfahrung eine Entscheidung nicht über diskursive Prozesse getroffen wird.

Man erkennt: Das Werturteilsfreiheitspostulat gewinnt akademische Aktualität in historischen Lagen eines dramatischen Schwunds orientierungspraktischer Selbstverständlichkeiten herrschender politischer Kultur. Das ist es auch, was den Werturteilsstreit zu einem primär deutschen Thema gemacht hat. Das heißt umgekehrt: Liberale Unbefangenheit im Rückgebundensein an werturteilsstabilisierte moralische und politische Geltungen außerhalb der akademischen Räume setzt innerhalb dieser Räume werturteilsunbekümmerte analytische Potenz frei. Je weniger der praktische Horizont kognitiver Betätigungen zweifelhaft ist, um so leichter konstituiert sich subjektive Prädisposition zur Erfüllung methodischer Objektivitätspostulate[25]. Die Chancen sozialwissenschaftlicher Aufklärung durch öffentliche Mitteilungen über das, was der Fall ist, nehmen in Zeiten zu, in denen die Ohren der Öffentlichkeit nicht auf Prophetenworte gespitzt sind. Sind sie es aber, so wäre es allerdings lebensfremd zu erwarten, daß uns alsdann nicht gerade auch Sozialwissenschaftler in beifallsträchtiger Prophetenrolle begegnen sollten. Je unsicherer nämlich in einer Wissenschaft die methodischen Fähigkeiten zur analytischen Abschätzung der Auswirkung konstituierter Normen sind, um so ungenierter, weil von überprüfbarer Folgenabschätzung unbehelligt, kann man dann in der Verkündigung von Weltverbesserungsnormen eine wissenschaftliche Kompetenz für Menschheitszwecke in Anspruch nehmen. Nur so kann ich mir, um ein Beispiel zu bringen, erklären, daß ein gleichermaßen als Philosoph wie als Sozialwissenschaftler anerkannter Mann unter bis heute nachwirkendem respektvollem Beifall der akademischen und medialen Öffentlichkeit verkünden konnte, nichts als eine die Produktionsverhältnisse in postkapitalistischer Richtung re-

---

[24] Zur Frage der ideologischen Selbstermächtigung zur Gewalt kraft dieser (marxistisch-leninistischen) Supertheorie cf. meinen Aufsatz „Ideologische Selbstermächtigung zur Gewalt. Jugendbewegter ‚Idealismus' und Terror". In: Jugend und Staat im Widerstreit. Rechtsstaat in der Bewährung Band 10. Heidelberg, Karlsruhe 1980, pp. 35–42.

[25] So auch Friedrich H. Tenbruck: Deutsche Soziologie im internationalen Kontext. Ihre Ideengeschichte und ihr Gesellschaftsbezug. In: Deutsche Soziologie seit 1945 …, a.a.O. (cf. Anm. 18), pp. 71–107, bes. p. 95.

volutionierende Gesellschaftstransformation sei nötig, um offenbar zu machen, daß die Menschheit die Phase ihrer Existenz unter Bedingungen materiellen Mangels objektiv bereits jetzt hinter sich habe oder demnächst hinter sich haben könnte[26].

Da dieses uns allen bekannte Beispiel schwerlich überbietbar ist, kann ich mir weitere Exempel sparen, und meine Abschlußfrage soll sein, wieso eigentlich ebensowenig wie die Naturwissenschaften auf der anderen Seite auch die historischen Kultur- und Geisteswissenschaften, im Unterschied zu den Sozialwissenschaften, nicht Austragungsort eines Werturteilsstreits geworden sind. Der Grund ist, daß die historischen Wissenschaften, da sie nach Methode und kultureller Funktion sozialwissenschaftliche oder sonstige Theorien historiographisch immer nur nutzen, aber nicht generieren, Normenbegründungsleistungen zu erbringen eo ipso unfähig sind[27]. Aus der Beantwortung der Frage, wie, was ist oder war, sich historisch erklären und herleiten läßt, ergibt sich für die normenbegründende Beantwortung der ganz anderen Frage, was wir tun müssen, damit wir können, was wir wollen, gar nichts. Anders gesagt: Potentiell praktisch bedeutsam zu sein ist eine Eigenschaft theoriebildender Wissenschaften und gerade nicht historischer Wissenschaften. Eben deswegen pflegen wir uns in der Erwartung praktischer Maßgaben an die historischen Wissenschaften auch gar nicht zu richten, und einzig unter Bedingungen ideologisch prätendierter Existenz sogenannter Geschichtsgesetze ist das anders. Die historischen Wissenschaften sind nicht die Instanz der Begründung der normativen Verfassung einer Kultur, sondern das Medium ihrer Vergegenwärtigung. In Relation zu den theoriebildenden Wissenschaften und insbesondere zu den Sozialwissenschaften repräsentieren sie daher auch keineswegs das akademisch effektuierte praktische Interesse. Sie wecken und schärfen vielmehr den Sinn für die historische Kontingenz der Lebensverhältnisse, von denen abhängt, welche normative Bedeutung theoretische Einsichten überhaupt haben können[28]. Die subjektiven Kompetenzen, mit denen wir uns auf diese hier so genannten Lebensverhältnisse beziehen, sind, von unseren sozial hochdifferenzierten Alltagslebenswelten bis zu den Systemen des gemeinen Rechts und der institutionalisierten Religion, trivialerweise überhaupt nicht primär wissenschaftlich elaborierter Art. Es sind vielmehr Kompetenzen der Erfahrung, der lebenspraktisch erworbenen Urteilskraft und eines ideologisch verblüffungsfest gebliebenen moralischen common sense. Die kulturelle und politische In-

---

[26] So, immer wieder, Herbert Marcuse, zum Beispiel: Herbert Marcuse: Versuch über die Befreiung. Frankfurt am Main 1969, pp. 16; 78 u. ö.

[27] Das habe ich näher in meinem Aufsatz „Wieso es keine Theorie der Geschichte gibt" ausgeführt, in: Theorie und Erzählung in der Geschichte. Herausgegeben von Jürgen Kocka und Thomas Nipperdey. München 1979, pp. 65–84.

[28] Cf. dazu mein Buch „Geschichtsbegriff und Geschichtsinteresse. Analytik und Pragmatik der Historie", Basel, Stuttgart 1977, bes. pp. 269 ff.: Historie als Kultur der Kontingenzerfahrung.

tegrität dieser Kompetenzen ist die Voraussetzung ideologisch entlasteter, empirischer sozialwissenschaftlicher Forschung in theoretischer Absicht. Das ist der Grund, der das Postulat der Werturteilsfreiheit in der Tat als ein befremdliches Postulat erscheinen lassen muß, wenn man mit ihm die Meinung verbände, es fordere Elfenbeinturmesoterik als das geeignete Medium der Ausbildung von Ideologieresistenz. Die Sache verhält sich umgekehrt: Solche in der Tat wünschenswerte Ideologieresistenz bildet sich am ehesten in dem Maße heraus, in welchem die sozialwissenschaftliche Intelligenz mit außerakademisch urteils- und handlungsfähig gebliebenem Gemeinsinn sich gemein macht[29]. Dabei mag es ja sein, daß man sich in einer Lage befindet, in welcher dieser Gemeinsinn von politisch-moralischen Dekadenzen bedroht ist. Aber alsdann werden es die Wissenschaften und auch die Sozialwissenschaften nicht sein, von denen wir Rekonstruktion und Renaissance des Gemeinsinns in erster Linie erwarten dürften.

---

[29] Für solche Rückbindung sozialwissenschaftlicher Forschung an Erfahrung und erfahrungsbegründete Urteilskraft, für deren Ausbildung die Chancen außerhalb der akademischen Räume stets besser als innerhalb ihrer sind, hat in seinen jüngeren Arbeiten Helmut Schelsky plädiert. – Helmut Schelsky: Das Prinzip Erfahrung. Lebensgrundlagen einer Generation. Mainz 1977. Ferner: Helmut Schelsky: Die Wirtschaftswissenschaft und die Erfahrung des Wirtschaftens. Eine laienhafte Betrachtung. Wiesbaden 1980.

15. Instrumentelle Vernunft. Max Horkheimers trivialitätsscheuer Anti-Positivismus

1

Der Begriff der instrumentellen Vernunft ist durch den Titel der von Alfred Schmidt besorgten Übersetzung des Horkheimerschen Buches „Eclipse of Reason" (1947) populär geworden[1]. Zunächst charakterisiere ich mit Zitaten und einigen erläuternden Sätzen den Gebrauch des Begriffs der instrumentellen Vernunft, wie wir ihn bei Horkheimer antreffen. Dafür ist es nützlich, sich die historisch-politischen Orientierungsschwierigkeiten zu vergegenwärtigen, auf die Horkheimer seinen kritischen Versuch bezieht. Im Vorwort zur deutschen Ausgabe des Werkes von 1967 schreibt er, „damals", das heißt „am Ende des Nationalsozialismus", habe er geglaubt, nunmehr werde „in den fortgeschritteneren Ländern, sei es durch Reformen oder Revolution, ein neuer Tag anbrechen, die wahre menschliche Geschichte beginnen". Inzwischen gäbe es „Zweifel": „die Staaten, die sich kommunistisch nennen und derselben Marxschen Kategorien sich bedienen", denen seine eigene „theoretische Anstrengung so viel verdankt", seien „dem Anbruch jenes neuen Tages heute gewiß nicht näher als die Länder, in denen, zur Stunde jedenfalls, Freiheit des Einzelnen noch nicht erloschen ist"[2].

Nach diesen Sätzen sieht es so aus, als sei das Buch von 1947 Dokument einer Hoffnung, die seither einer Enttäuschung gewichen ist. Der heutige Leser des Buches jedoch muß den Eindruck gewinnen, als seien auch damals bereits die Töne der Resignation lauter als der Ausdruck der Hoffnung gewesen. Die Elemente der Zivilisationskritik, die in „Eclipse of Reason" enthalten sind, liefern der Skepsis eher denn der Zuversicht Gründe. Obwohl die Feier des großen Sieges über die totalitäre Herrschaft der nationalsozialistischen Bewegung erst soeben verklungen war und der Kalte Krieg noch nicht ausgebrochen, ist es eine ‚dunkle Zukunftsperspektive der Realität', auf die Horkheimer hier die philosophische Reflexion einstellt. In einem nicht näher charakterisierten Sinn von „Möglichkeiten" – man mag an den historisch beispiellosen Stand

---

[1] Max Horkheimer: Zur Kritik der instrumentellen Vernunft. Aus den Vorträgen und Aufzeichnungen seit Kriegsende. Herausgegeben von Alfred Schmidt. Frankfurt a. M. 1967.

[2] Max Horkheimer, a.a.O., p. 8.

der Produktivkräfte denken, oder an den globalen Verbal-Sieg der „Prinzipien der Humanität, in deren Namen die Opfer des Krieges gebracht wurden" – überträfen die „Möglichkeiten zur gesellschaftlichen Vollendung" alle bisher artikulierten Erwartungen. Dennoch werde „ein allgemeines Gefühl der Angst und der Desillusionierung" dominant. Was ist der Gegenstand dieser Angst? Nachdem der politisch-militärische Sieg über den erklärten Feind jener „Prinzipien der Humanität" errungen ist, handelt es sich nicht um eine direkt politisch bezogene Angst. Grund der Angst ist die zivilisationsanalytisch abgesicherte Erfahrung, daß just „der Fortschritt" selbst „das Ziel zunichte zu machen" drohe, „das er verwirklichen soll – die Idee des Menschen". Näherhin sei „das Fortschreiten der technischen Mittel" „von einem Prozess der Entmenschlichung begleitet"[3]. –

In dem knappen „Vorwort" von 1946, dem diese Sätze entnommen sind, wird auf Exempel für die These vom potentiellen Verhängnis des Fortschritts verzichtet, und auch der Haupttext des Buches ist primär nicht der Präsentation und Analyse solcher Exempel gewidmet. Das Buch setzt die Erinnerungen und Resultate der zeitgenössischen und traditionellen Kulturkritik gleichsam als selbstverständlich voraus. Horkheimers Absicht ist es demgegenüber ausdrücklich nicht, „so etwas wie ein Aktionsprogramm vorzuschlagen"[4]. Nicht eine Veränderung der Welt, sondern eine veränderte Interpretation der Welt wird unternommen, allerdings in der Meinung, daß Interpretationen praktisch nicht folgenlos sind. Das von Horkheimer vorgeschlagene neue Interpretament für die Misere der technisch-wissenschaftlichen Zivilisation besagt in der Quintessenz: Diese Misere ist die Folge verbreiteter Zielreflexionsabstinenz in der modernen Zivilisation, soweit sie den Leistungen „instrumenteller Vernunft" sich verdankt. Gute Wissenschaft, die sich für gute Praxis unzuständig erklärt, gute Technik, die sich ans Ziel des guten Lebens nicht bindet – das sind die vertrauten Topoi, die Horkheimer zum kategorialen Interpretationsinstrument der instrumentellen Vernunft in seiner Zivilisationsanalyse philosophisch geschliffen hat.

Wie lautet also zusammenfassend die Charakteristik des Begriffs der instrumentellen Vernunft? Horkheimer wiederholt sie, auf knappe Sätze gebracht, vielfach, so daß Deutungszweifel kaum möglich sind. Instrumentelle Vernunft, auch „subjektive Vernunft" genannt, „hat es wesentlich ... mit der Angemessenheit von Verfahrensweisen an Ziele" zu tun, „die mehr oder minder hingenommen werden und sich vermeintlich von selbst verstehen. Sie legt der Frage wenig Bedeutung bei, ob die Ziele als solche vernünftig sind"[5]. Horkheimer erinnert daran, daß dieser so bestimmte Begriff der instrumentellen Vernunft seine Geschichte hat und schon in der praktischen Philosophie des Aristoteles

---

[3] A.a.O., p. 13.
[4] A.a.O., p. 14.
[5] A.a.O., p. 15.

vorkomme, aber im Unterschied zur Philosophie, wie sie der modernen Zivilisation zugrunde liegt, nur beiläufig, indem der „Nachdruck" der praktischen Philosophie der Antike „mehr auf den Zwecken als auf den Mitteln" lag[6]. In der Tradition der modernen Zivilisationsphilosophie – ihr Horkheimerscher Sammelname ist „Positivismus"[7], John Locke ihr bevorzugt zitierter Klassiker[8] – sei „die Fähigkeit, Wahrscheinlichkeiten zu berechnen und dadurch einem gegebenen Zweck die richtigen Mittel zuzuordnen", zur Perfektion gebracht worden. Indessen halte es diese so perfektionierte Vernunft für „sinnlos, den Vorzug eines Ziels über anderen ... zu diskutieren[9]. „Als die Idee der Vernunft konzipiert wurde, sollte sie mehr zustande bringen, als bloß das Verhältnis von Mitteln und Zwecken zu regeln; sie wurde als das Instrument betrachtet, die Zwecke zu verstehen, *sie zu bestimmen*"[10]. Jetzt sei ihre radikal reduzierte Bestimmung „die optimale Anpassung der Mittel an den Zweck, das Denken als arbeitssparende Funktion"[11]. – Auch bei Horkheimer ist naheliegenderweise Max Weber der Mann, der als Zeitgenosse des 20. Jahrhunderts in seinen Schriften die wissenschaftliche Vernunft auf diese Stummelfunktion in einer Weise festgelegt hat, die von der Mehrheit der Wissenschaftler dann als verbindlich akzeptiert worden sei. Max Weber habe sich „keinerlei Rationalität" vorzustellen vermocht, „vermöge deren der Mensch einen Zweck von einem anderen unterscheiden kann". Sein Werk sei ein „Meilenstein" „der Abdankung der Philosophie und Wissenschaft, was ihr Bestreben angeht, das Ziel des Menschen zu bestimmen"[12].

Wenn diese Horkheimersche Diagnose zutreffend ist, dann wäre in der Tat „die Denunziation dessen, was gegenwärtig Vernunft heißt", „der größte Dienst, den die Vernunft leisten kann"[13]. Mit diesem berühmten Satz schließt Horkheimer seine Kritik der instrumentellen Vernunft, und damit soll auch hier die Reihe der Zitate geschlossen sein, die Horkheimers Charakteristik ihres Begriffes wiedergeben. Die Intention der zitierten Sätze ist deutlich und hält sich durch. Indem man sie zusammenstellt, das heißt aus dem Reichtum der Horkheimerschen zivilisationskritischen Analysen herauslöst, provozieren sie freilich, so scheint mir, unvermeidlich den Zweifel, ob die Unterscheidung einer „instrumentellen Vernunft" von einer anderen, „objektive Vernunft" genannten, zielsetzenden Vernunft tatsächlich eine Unterscheidung ist, die kulturelle, ökonomische und politische Phänomene plausibel ordnet. Es drängt sich

---

[6] A.a.O., p. 16.

[7] Z.B. a.a.O., pp. 30, 51, 63ff.

[8] Z.B. a.a.O., pp. 17, 35ff.

[9] A.a.O., p. 17.

[10] A.a.O., p. 21.

[11] Max Horkheimer: Vernunft und Selbsterhaltung (1941/42). Frankfurt am Main 1970, p. 12.

[12] Horkheimer, Zur Kritik ..., a.a.O., pp. 17f.

[13] A.a.O., p. 174.

die Frage auf: In welchen gegenwärtigen Handlungszusammenhängen kommt es denn vor, daß die Selbstverpflichtung der Handlungssubjekte sich auf die Sorge für die Rationalität der „Mittel" beschränkt und die Setzung der „Zwekke" ausdrücklich Akten blinder Dezision überläßt? Diese Frage verlangt Beispiele des Gemeinten, und Horkheimer stellt sie beiläufig auch zur Verfügung. In dem berühmten, für die Walter-Benjamin-Festschrift im Winter 1941/42 geschriebenen Aufsatz „Vernunft und Selbsterhaltung", als die Panzerkriegsführung Hitlers im ganzen noch erfolgreich und entsprechend gefürchtet war, heißt es vom „Diktator", „auch sein Gott" sei „die Vernunft" gewesen, die instrumentelle, versteht sich. Indem der Machthaber auf diese Vernunft sich beruft, so „meint er, dass er die meisten Tanks besitzt. Er war vernünftig genug, sie zu bauen; die anderen sollen vernünftig genug sein nachzugeben"[14].

Das ist nun ein Beispiel, das neben anderen seinesgleichen vieles hergibt. Aber als Exempel für die Existenz eines philosophisch-kulturellen Verbots einer Zielreflexion jenseits der Grenzen instrumenteller Vernunft ist es schlecht gewählt. Es hat seinen guten, nämlich trivialen Sinn zu sagen, daß die Theorie hochmobiler Panzerkriegsführung instrumentell eine Strategie für Kriege liefere, die gerade nicht die Theoretiker, vielmehr andere erklären und führen. Der Hauptmann De Gaulle hat sich bekanntlich, zum Schaden Frankreichs erfolglos, bemüht, dem Konzept einer solchen militärischen Strategie generalstabsmäßige Geltung zu verschaffen. Demgegenüber war die Panzergeneralität Hitlers erfolgreicher. War sie es, weil in Deutschland die Selbstbeschränkung der Verantwortlichen auf Leistungen instrumenteller Vernunft vollständiger war? Eine solche Beschreibung des Phänomens wäre unzweckmäßig. Die enorme Mobilisierung ökonomisch-technischer und personell-disziplinärer Kräfte, die der nationalsozialistischen Bewegung in den Jahren der Aufrüstung und des beginnenden Krieges möglich war, gelang ihr ja im Pathos des Aufbruchs zu neuen und ideologiepolitisch höchst anspruchsvollen Zielen. Erst die politische Verbindlichkeit dieser Ziele hat doch die dienstleistende Kraftentfaltung in den Ingenieurbüros oder in den Generalstäben möglich gemacht. Hitler war schlechterdings kein Positivist, und man verkennte die Realität nationalsozialistischer Herrschaft, wenn man seine Ingenieure und Generäle für Inkarnationen instrumenteller Vernunft hielte. Teils nämlich waren sie Anhänger Hitlers und teilten die Ziele seiner Bewegung, erlöst von den Frustrationen einer („System"-)Zeit, die ihrem Hunger nach hohen Zwecken, ihrem „Idealismus" keine Nahrung bot. Teils dienten sie Hitler, ohne sich mit seiner Bewegung zu identifizieren, weil er in ihren Augen die legale Macht repräsentierte. Über allen lag die Drohung der totalitären Gewalt, die mit Berufung auf höhere Moral Gehorsam erzwang oder im Idealfall Widerstand kraft alternativer, nämlich zumeist schlichterer, traditionaler Moral provozierte. So oder so: Zu keinem dieser Fälle ist die Theorie von der Perfektion der instrumentellen Vernunft der

---

[14] Cf. Anm. 11.

geeignete Schlüssel, und selbst die Disziplin und der Gehorsam unpolitischer Bürger, mit denen Hitler rechnen konnte, lassen sich, wenn man gewohnte und bewährte, elementare geistesgeschichtliche Orientierungen nicht durcheinanderbringen will, auch beim schlechtesten Willen nicht als Tugenden sogenannter Positivisten charakterisieren. Noch einmal also: Weder Hitler noch seine Anhänger waren Subjekte instrumenteller Vernunft, und aus anderen Gründen waren es die Mitläufer ebensowenig.

Auch in den „totalitären Verfolgungen der Intellektuellen" manifestiert sich für Horkheimer die Herrschaft der instrumentellen Vernunft. In der Tat ist politische Intellektuellen-Kritik in der Absicht, mißliebige Intellektuelle zumindest mundtot zu machen, ein Spezifikum totalitärer Herrschaft – links wie rechts. Das Faktum steht nicht in Frage. Horkheimer, Verfolgter und Emigrant, interpretiert es als die Kulmination ‚des antiphilosophischen Geistes', dessen Tat die „Reduktion der Vernunft auf ein bloßes Instrument"[15] sei. – Diese Interpretation ist verwirrend. Mit einiger Anstrengung kann man die nationalsozialistischen und kommunistischen Intellektuellen-Verfolgungen noch einem „antiphilosophischen Geist" zuschreiben – nämlich dann, wenn man die Ideologie, in deren Namen die Verfolgung jeweils geschah, zu einer falschen Philosophie, zu einer Anti-Philosophie erklärt. Man darf vermuten, daß Horkheimer das gegenüber der nationalsozialistischen „Weltanschauung" für angemessen hält. Alsdann entstünde die Schwierigkeit, wie zu erklären sei, daß die Anti-Philosophie unter den Anhängern dieser parteioffiziell gewordenen Weltanschauung ihre Austreibung der Intellektuellen ja nun gerade nicht im Namen irgendeines Positivismus besorgte, daß vielmehr umgekehrt gerade auch diejenigen Intellektuellen Opfer der Austreibung wurden, die man zuvor als nichtintegrierbare Positivisten identifiziert hatte. Nun gibt es freilich den Fall, daß die Revolution ihre Väter frißt. Hätte also in der Verfolgung der Positivisten die nationalsozialistische Revolution ihre geistigen Väter gefressen? Es ist offensichtlich, daß Horkheimer, der angesichts der Schrecken dieser Revolution die „instrumentelle Vernunft" in den Anklagezustand versetzt, einen solchen genetischen Zusammenhang annimmt. Indessen: Diejenigen, die von der Revolution gefressen wurden, sollten im Interesse einer korrekten Führung historischer Zeugungs- und Liquidationsregister nur dann als ihre Väter bezeichnet werden, wenn sie die Revolution willentlich in Gang gesetzt hatten und ihre ursprünglichen Ziele teilten. Auf wen unter denjenigen, die je im deutschen Sprachraum den Stempel „Positivist" aufgedrückt bekamen, paßt das? Auf Kelsen, auf Carnap, auf Popper? Es gibt einen solchen Zusammenhang nicht.

Anders als die Intellektuellen-Verfolgung der Nationalsozialisten ist die durch stalinistische Sozialisten zu beurteilen. Diese erfolgte ja ohne Zweifel auf der Legitimitätsgrundlage einer Doktrin, der man in ihrer theoretischen Substanz den Charakter einer Philosophie nicht absprechen kann. In ihr blie-

---

[15] A.a.O., pp. 59 f.

ben durch alle Variationen des Marxismus hindurch unleugbar jene „Marx-schen Kategorien" zentral, in bezug auf die Horkheimer bekannte, daß er ih-nen „so viel verdankt"[16]. Natürlich hat Horkheimer seine Gründe, die Philoso-phie des Marxismus in ihrer doktrinären Fassung durch Stalin als die Erfüllung der theoretischen Intentionen der Marxistischen Philosophie nicht anzuerken-nen. Wie immer aber auch das Ergebnis einer Marxistischen Auseinanderset-zung mit dem Stalinismus auf der theoretischen Ebene aussehen mag – es wird nicht besagen, Stalin habe den Marxismus an den Positivismus verraten. Auch Stalin wird man vieles nachsagen können, aber nicht, er sei Positivist gewesen. Seit Lenins Abrechnung mit den Machisten[17] ist der Anti-Positivismus im Marxismus-Leninismus kanonisch, und daran hat auch der Stalinismus nicht das geringste geändert. Im Gegenteil: Zu den Spätschäden des Stalinismus, die in der späteren innersowjetischen Kritik an ihm nicht sogleich beseitigt werden konnten, gehört zum Beispiel die Perhorreszierung der modernen Logik im Namen der Dialektik. Erst später gelang es, die wissenschaftspraktischen Scha-densfolgen des kanonisierten Dialektik-Begriffs zu domestizieren, nämlich durch Erhebung der Dialektik zu einer forschungspraktisch folgenlosen Wei-heformel in der Feier der marxistisch-leninistischen Klassiker.

Man sollte es allerdings nicht ausschließen, daß Horkheimer nun gerade die-sen Vorgang nachstalinistischer Emanzipation „positivistisch" restringierter Wissenschaft einschließlich der Logik aus der Vormundschaft des Historischen und Dialektischen Materialismus als „positivistisch" eingeschätzt haben würde. Horkheimer stand ja schon früher, ganz im Kontext seiner Positivismus-Kri-tik, zur modernen Logik in einem gespannten Verhältnis, indem er sie, die die „semantische Auflösung der Sprache in ein Zeichensystem" betreibe, zum „Fa-zit aus einem Zustand" erklärte, „der die Sprache enteignet und ans Monopol transferiert"[18]. Das müßte ja dann, mutatis mutandis, auch für die poststalini-stische Emanzipation der modernen Logik in der Sowjetwissenschaft gelten. Nichtsdestoweniger wäre es ersichtlich ein Kategorienfehler, die poststalinisti-schen Gulasch-Kommunismen als Systeme positivistischer Zielreflexionsabsti-nenz charakterisieren zu wollen. Ganz im Gegenteil pragmatisierte sich in die-sen Kommunismen energisch der ideologiepolitische Wille zur Herstellung je-ner Überflußgesellschaft, die nach klassisch-marxistischer Lehre erst den Über-gang vom Sozialismus zum Kommunismus erlaubt[19]. – Aber es wäre eine Kon-

---

[16] A.a.O., p. 8.

[17] W. I. Lenin: Materialismus und Empiriokritizismus. Kritische Bemerkungen über ei-ne reaktionäre Philosophie (1909). Stuttgart 1932.

[18] Horkheimer, Vernunft und Selbsterhaltung, a.a.O., p. 35.

[19] Cf. dazu den Artikel von Matthäus Klein: Sozialismus und Kommunismus. In: Mar-xistisch-leninistisches Wörterbuch der Philosophie. Herausgegeben von Georg Klaus und Manfred Buhr. 3 Bände. Reinbek bei Hamburg 1972, pp. 997–1008. – Zur Abhängigkeit des Kommunismus von der Beseitigung der Güterknappheit cf. meinen Aufsatz „Zur politischen Theorie der Technokratie (1962). In: Hermann

zession, für die es keine begriffsgeschichtliche Berechtigung gibt, für die Charakterisierung des modernen Kommunismus mit seinen vergrößerten Freiräumen für die Bestätigung der technisch-wissenschaftlichen Intelligenz den Begriff des Positivismus zu benutzen. Lenins Verurteilung Machs ist irreversibel und überträgt sich auf alle seine neopositivistischen Söhne und Enkel[20] bis heute. Die Gründe der Verurteilung des Positivismus sind im orthodoxen Marxismus-Leninismus andere als bei Horkheimer[21], aber an der Entschiedenheit ist dort ebensowenig wie hier zu zweifeln.

Ob der Marxismus-Leninismus nun, nach offizieller Selbstinterpretation, antipositivistisch ist oder ob er, in neueren Stadien seiner Geschichte, selber Züge positivistischen Geistes annimmt – so oder so sind keine Gründe gegeben, die es nahelegten, für den Bestand der Intellektuellen-Verfolgung den Begriff der instrumentellen Vernunft zu bemühen. Es ist zweckmäßiger, bei einer Beschreibung dieses Bestandes zu bleiben, die konventioneller ist, das heißt, die sich weniger weit vom bewährten Gebrauch der traditionellen Begriffe Zweck und Mittel entfernt. Alsdann wäre es befremdlich zu sagen, die Verfolgung der Intellektuellen ergäbe sich als Konsequenz eines gesellschaftspolitischen Handlungszusammenhangs, in welchem die „instrumentelle Vernunft" dominiert, in welchem also „der Frage wenig Bedeutung" beigelegt wird, „ob die Ziele als solche vernünftig sind". Das umgekehrte Beschreibungsmuster ist weitaus plausibler. Politische Instanzen, die Intellektuelle hindern, öffentlich zu schreiben und zu reden, ihre Anstellung nach ideologischen Richtlinien unterbinden, sie im Extremfall exilieren oder in ein Gewahrsam bringen, tun das ja gerade nicht, weil die Ziel- und Zukunftsperspektiven diffus geworden wären. Sie tun es im Gegenteil, weil sie im Unterschied zum revolutionär überwundenen „System" der Vergangenheit wieder genau wissen, was sie wollen, weil sie also an der Vernünftigkeit ihrer Ziele nicht den geringsten Zweifel haben und der Frage eine ganz außerordentliche Bedeutung beimessen, daß diese Vernünftigkeit eingesehen und öffentlich anerkannt ist. Wer Intellektuelle verfolgt, tut nicht, was er kann, ohne recht zu wissen, wozu, sondern er unterbin-

---

Lübbe: Theorie und Entscheidung. Studien zum Primat der praktischen Vernunft. Freiburg im Breisgau 1971, pp. 32–53.

[20] Cf. den Artikel „Positivismus" von Manfred Buhr/Georg Klaus im marxistisch-leninistischen Wörterbuch, a.a.O., Band 3, pp. 856–861.

[21] Horkheimer zitiert aus Ernst Mach: Analyse der Empfindungen und das Verhältnis des Physischen zum Psychischen. Jena 1922, den Satz: „Das Ich ist unrettbar" (p. 22) und nimmt ihn als Beleg für seine positivismus-kritische These „Der Zerfall der Vernunft und des Individuums sind eines" (Horkheimer, Vernunft und Selbsterhaltung, a.a.O., p. 31). Aber damit sind die Intentionen Ernst Machs verkannt. Sein Satz will nicht das Individuum zertrümmern, sondern den Begriff eines Subjekts, dessen Dasein im Verhältnis zu dem, was ist, in cartesianischer Tradition nach Analogie des Verhältnisses zwischen solchem, was ist, vorgestellt wird. Cf. dazu meinen Aufsatz „Positivismus und Phänomenologie" (1960), in: Hermann Lübbe: Bewußtsein in Geschichten. Studien zur Phänomenologie der Subjektivität. Mach – Husserl – Schapp – Wittgenstein. Freiburg im Breisgau 1972, pp. 33–62.

det Destruktion, Zersetzung, subversive Tätigkeit politischer Feinde, die entweder sich weigern, sich den verpflichtenden großen Zielen und Zwecken zur Verfügung zu stellen, oder bei den falschen Zielen engagiert sind.

„Positivisten", „Technokraten", Repräsentanten „instrumenteller Vernunft" jeglicher Sorte sind als potentielle Intellektuellen-Verfolger, als Terroristen nicht wahrscheinlich zu machen. Aber sind sie es als deren Handlanger? Nicht einmal das ist der Fall. Gewiß benötigt der Terror zu seiner Vollendung perfekte Technik. Aber die Techniker, die sie liefern, sind entweder selbst terrorisiert. In diesem Fall ist es aber sinnlos zu sagen, sie legten der Frage nach der Vernünftigkeit der Ziele, denen sie dienen müssen, „wenig Bedeutung bei". Oder die Ziele, denen sie dienen, sind ihre eigenen. Das erhöht die Motivation für perfekte technische Dienstleistungen, weswegen kein Regime, das im Interesse seiner großen Ziele auch vor dem Terror nicht zurückschreckt, darauf verzichtet, auch die „Techniker" seiner Machtverwaltung zu Gläubigen zu erziehen. Stets kann man, wenn man für richtig hält, was man tut, besser tun, was man tut. Natürlich kann sich, ja muß sich im Rahmen arbeitsteiliger und institutioneller Verteilung von Kompetenz und Verantwortung ein professionelles Desinteresse der Lieferanten technischer Dienste an den Zwecken erzeugen, für die sie in Anspruch genommen werden. Aber dieses Desinteresse, dessen Entlastungswirkungen fürs Funktionieren arbeitsteilig komplizierter Produktions- oder Handlungssysteme unentbehrlich sind, setzt das Vertrauen voraus, daß die Zielsetzungen anderer Kompetenz vernünftig sind, das heißt dem Sinn des Gesamtsystems angemessen. Wird solches Vertrauen in Permanenz enttäuscht, droht der Zerfall des Systems, und im politischen Kontext wird dann eine glaubwürdige Neustiftung dieses Sinns und die mit geeigneten Mitteln besorgte Verpflichtung auf ihn fällig.

Des Teufels General ist nur als ephemere Existenz denkbar. Schließlich wird er entweder glauben oder den Zwängen so oder so weichen müssen. Die Vorstellung einer politischen Existenz leidenschaftlicher Fachidioten, die auf Dauer für beliebige Zwecke zur Verfügung stehen, ist ein irreales Konstrukt. Natürlich gibt es die „Glorifikation der Technik", wie Horkheimer schreibt. Der Satz „Die ökonomische Technokratie erwartet alles von der Emanzipation der materiellen Produktionsmittel"[22] beschreibt eine theoretisch defizitäre Wachstumsphilosophie, die somit Horkheimer schon drei Jahrzehnte früher als ihre jüngeren Kritiker[23] in Frage gestellt hätte. Aber auch solche Wachstumsphilosophie ist nicht unter die Definition der instrumentellen Vernunft subsumierbar, nach der, wo sie herrscht, der Frage wenig Bedeutung beigemessen wird, „ob die Ziele als solche vernünftig sind". Diese gelten vielmehr als

---

[22] Horkheimer, Zur Kritik der instrumentellen Vernunft, a.a.O., p. 64.
[23] Cf. Gerhard Eppler: Wenig Zeit für die Dritte Welt. Stuttgart, Berlin, Köln, Mainz ⁴1971, pp. 27 ff.: „Selbsttragendes Wachstum?", ferner die Studien zur Glücksbilanzierung des Lebens in Wachstumsgesellschaften bei Norman M. Bradburn: The Structure of Psychological Well-Being. Chicago (Ill.) 1969.

selbstverständlich, solange man mit den nicht-beabsichtigten Nebenwirkungen des ungehemmten Wachstums genutzter industrieller Produktionskapazität noch nicht in unabweisbar-aufdringlicher Weise konfrontiert war. Horkheimer befindet sich in der Rolle eines frühen Warners. Aber wer sagt, daß etwas so auf die Dauer nicht weitergeht, hat nicht gesagt, wer gleichwohl in der beanstandeten Richtung weitergeht, lege der Frage der richtigen Richtung wenig Bedeutung bei. Es ist anstoßloser zu sagen, er halte die falsche Richtung noch immer für die richtige. Alsdann ist es aber nicht die instrumentelle Vernunft, die ihn verführt. Eher schädigt ihn deren mangelhafte Inanspruchnahme. Denn sie, wer sonst, hätte ja längst nachweisen können, dass die ungehenunte Entfaltung der Produktionskräfte das Ziel des guten Lebens, auf die man sie bezogen glaubte, gemäß Mechanismen gefährdet, für deren Beherrschung es weniger der Moralisten als der Technologen bedarf.

Ich bringe abschließend noch ein drittes Beispiel Horkheimers, dessen Eignung als Gegenstand fälliger Zivilisationskritik nicht in Frage steht, das aber gleichfalls dem Verständnis mit Hilfe des kritischen Passepartouts „instrumentelle Vernunft" sich nicht recht erschließen will. Dieses Beispiel ist das der „Freizeitgestaltung"[24]. Ihre Kritik ist ein Zentralstück moderner Zivilisationskritik – zunächst bevorzugt rechts kultiviert[25] und inzwischen als Moment progressiver Freizeitpädagogik, die öffentlichkeitswirksam auf Kongreßbühnen auftritt[26]. Dabei ist selbstverständlich, daß in die kritische Analyse der Art und Weise, wie Menschen „freie Zeit" verbringen, auch die traditionelle, gar nicht spezifisch moderne moralphilosophische Erfahrung eingeht, wie schwer es ist, auf der Tages- und Lebenshöhe gewonnener oder geschenkter Freizeit von den Zwängen des Daseins den Absturz in die zähe Befindlichkeit der Langeweile zu vermeiden. Das war im deutschen 19. Jahrhundert das Thema Schopenhauers, der „das Leere und Schaale des Daseyns ... oder die Langeweile, ... die immer bereit ist, jede Pause zu füllen, welche die Sorge lässt"[27], nicht für das Spezifikum einer modernen gesellschaftlichen Formation hielt, vielmehr für anthropologisch universell. Das schließt nicht aus, sondern ein, daß man sich für die Zukunft am Bild eines Lebens der Fülle orientieren mag, in welchen die Gelegenheiten zu fischen und zu jagen mit der Fähigkeit und Motivation zur

---

[24] Horkheimer, a.a.O., pp. 45ff.
[25] Cf. Hans Freyer: Theorie des gegenwärtigen Zeitalters. Stuttgart 1956. Freyer analysiert die großstädtische Arbeitswelt und dann den kompensatorischen Freizeitausflug: „Wie erbarmungswürdig zu denken, dass man aus dieser Welt ausflöge, wenn man unter staubigen Akazien Coca-Cola trinkt!" (p. 29). Dazu meine Kritik „Die resignierte konservative Revolution", in: Zeitschrift für die gesamte Staatswissenschaft. Tübingen 1959 (115), pp. 131–138.
[26] Zweiter deutscher Freizeitkongreß 27.9.1972 bis 29.9.1972, dazu das Referat von Hartmut von Hentig: Freizeit heute – Freizeit morgen – Freizeit wozu? Pädagogische Aspekte, in: Freizeit '72, pp. 31–39.
[27] Arthur Schopenhauer: Die Welt als Wille und Vorstellung. Erster Band München 1911 (Ed. Paul Deussen), p. 380.

Tätigkeit als kritischer Autor glückhaft verbunden sind. So hat es Karl Marx wenig später, mit Ironiesignalen, für die Zukunft verheißen. Beide Aspekte scheinen in Horkheimers Kritik modernen Freizeitverhaltens eingegangen zu sein: Während es, meint Horkheimer, doch zur Tätigkeit eines kritischen Autors gehöre, daß sie „irgendeine Beziehung zur höchsten Wahrheit hat", sei diese Beziehung in Wahrheit geschwunden, wo jemand „Bücher" auf die Standardfrage nach seinem „Hobby" nennt. Befremdlich ist, daß nun auch das „Hobby", dessen Anblick den Kulturkritiker traurig stimmt, unter die Herrschaftsfolgen der „instrumentellen Vernunft" gezählt wird. Wer im Kontext der modernen Zivilisation sich instrumentalistisch-sinnindifferent dienstleistungshalber zu betätigen hat, meint Horkheimer, sei komplementär dazu auch in seiner „dienstfreien" Zeit zu sinnlosem Tun verurteilt, das keinerlei objektive Bedeutung mehr hat und bestenfalls subjektive Funktionen der Restabilisierung psychischer Gleichgewichtslagen von angenehm milder Spannung erfüllt, wobei dann trotz des „keep smiling", das sich einstellt, „die Leute ... traurig aussehen und vielleicht sogar verzweifelt", sei nun ihr „Hobby" das Buch oder auch „Golf" oder die „Photographie"[28].

Diese Kritik des Hobbys provoziert geradezu die Apologie des Hobbys. Es gibt Bücherfreunde, auch Golfer, in deren Lächeln Verzweiflung keine Wirklichkeit, sondern eine Projektion des bösen kulturkritischen Blicks ist, und es ist ganz undenkbar, daß frequentierte Labors für Laienphotographie in Dutzenden neu errichteter kommunaler Volksbildungshäuser ihre Hobby-Klientel behielten, wenn es nicht das zur Natur der Intelligenz gehörende Dauervergnügen der Wiedererkennung der Welt im Medium ihrer Abbildung gäbe. Es kommt auf diese Apologie hier nicht an, und es kann dahingestellt bleiben, ob und wie weit die aktuelle Kritik des Freizeitverhaltens trifft. Wahr ist, daß die generelle Entfremdungsdiagnose sicher unwidersprechlich ist, daß in der modernen bürgerlichen Welt als Arbeit und „Freizeit" stärker auseinandertritt, was im Dasein des Bürgers der Polis, im feudalen Landleben und selbst in der vorindustriellen Bauernwirtschaft im Ablauf des Tages wie im Fortgang des Jahres entfremdungsfrei miteinander verbunden blieb. Es läßt sich behaupten, daß Werke und Tage, die nicht kompensatorisch den Urlaub fordern, glücksträchtiger vollbrachte Werke und Tage sind, und bei Hartmut von Hentig erscheint die konservative Kultur der Erinnerung an die Vergangenheiten solcher Tage als die Voraussetzung des Versuchs ihrer pädagogisch-sozialpolitischen Rekonstruktion unter ungünstig veränderten Umständen[29]. Es ist aber auch kein Zweifel, daß die kulturkritische Empfindlichkeit der Intellektuellen gegenüber dem Phänomen entfremdeter Freizeit nachweislich stark ist, genießt doch diese Existenz das unerhörte Privileg, daß sie gegenüber der Antithese von Arbeit und Hobby Reste ihrer sie beide verwandelnden Einheit ins bürgerliche Leben hat retten können.

---

[28] Horkheimer, a.a.O., p. 46.
[29] Cf. Anm. 26.

Wie auch des näheren immer: Hier kommt es nur darauf an, sichtbar zu machen, daß die Kategorie der instrumentellen Vernunft fürs Phänomen des modernen Freizeitverhaltens ohne Aufschlußkraft ist; sie verzerrt es. Der Hobbyist sei deswegen von Sinnverlust seines Freizeittuns bedroht, weil er nach Maßgabe instrumenteller Vernunft Sinn nur in Diensten für Zwecke findet, die andere setzen? Es ist zweckmäßiger, die Schalheit manchen erhofften Freizeitvergnügens, auf dessen Schilderung im Detail Horkheimer verzichtet hat, nicht aus den Zielreflexionsdefiziten der instrumentellen Vernunft zu erklären, sondern als Folge des umständebedingten Scheiterns von Versuchen praktischer Orientierung an Zielen, die als solche durchaus traditionellen Charakter haben. Die Sache verliert alles Schiefe, wenn man dem Hobbyisten die naheliegende Absicht zubilligt, nach der Arbeit der Woche nun endlich zu einer Tätigkeit überzugehen, die „frei" ist, das heißt selbstbestimmt und nicht direkt bezogen auf die Verschaffung materieller Lebensbedingungen, die überdies etwas vollbringt, so daß der Ernst der Aufgabe sie prägt, was man tut gut zu tun, und die schließlich Dauer und Wiederholung verstattet. Mit Tätigkeiten dieser Charakteristik ist nach der antiken Theorie des guten Lebens die Verheißung des Glücks verbunden, und ich wiederhole, daß es mir plausibler, auch gerechter zu sein scheint, dem Hobbyisten nicht die Ziellosigkeit instrumenteller Vernunft zu unterstellen, sondern die Absicht des Glücks. Nun freilich kann er scheitern oder tut es – sei es, weil er verkennt, daß das Glück nicht direkt intendiert werden kann, daß es sich vielmehr bestenfalls einstellt, wo es einem um die Sache oder um den anderen zu tun ist, sei es, daß es ihm nicht vergönnt war, in frühen, später nur beschränkt nachholbaren Bildungsprozessen Tätigkeiten der angegebenen Charakteristik einzuüben. In all diesen Fällen ist der glücklose, ja unglückliche Hobbyist ein Opfer individueller oder schichtenspezifischer oder systemspezifischer Umstände, die man im ersten Fall individuell und im zweiten Fall generell vielleicht ändern könnte. Aber ein Opfer der Gleichgültigkeit instrumenteller Vernunft gegenüber praktischen Zwecken ist er nicht.

2

Die instrumentelle Vernunft ist das Horkheimersche Begriffs-Subjekt des technisch-industriellen Prozesses, wobei zunächst offenbleibt, wen man als realen, sozial und politisch identifizierbaren Träger ihres dienstbaren Instrumentalismus anzusehen habe. Und es sind generell aufdringlich prekäre Verlaufstendenzen des technisch-industriellen Prozesses, zu deren Interpretation der kritische Begriff der instrumentellen Vernunft den Schlüssel bieten soll – von der Potenzierung politischer Herrschaft bis zur Unterwerfung und Ausbeutung der Natur, für die die seither aktuell gewordenen ökologischen Krisen Horkheimer als vermeintlich zusätzlich bestätigende Beispiele hätten dienen können, wenn sie damals schon Publizität gehabt hätten. Die globale Horkheimersche Perspektive ist diese: Die „totale Transformation wirklich jedes Seinsbereichs in ein Gebiet von Mitteln", die, mit der „Liquidation des Subjekts" verbunden, „der modernen Industriegesellschaft ihren nihilistischen Aspekt" verleihen[30].

Auch in dieser umfassenden Perspektive wird das Suchbild der instrumentellen Vernunft zum Zerrbild. Sind die belastenden, ja bedrohlichen Momente des technisch-industriellen Prozesses Folgen der Zielreflexionsabstinenz instrumenteller Vernunft? Mit der bejahenden Antwort auf diese Frage verschiebt man das Problem an einen Ort, an dem es für den Common sense unverständlich wird, so daß, wer es an diesem Ort dennoch verstehen will, Fiktionen, theoriegeborene Gespenster und Teufel aufbieten muß, wie sich zeigen wird.

Gewiß: Der technisch-industrielle Prozeß hätte niemals in den Kategorien der traditionellen Handlungstheorie beschrieben werden können, das heißt als ein Vorgang, in dem ein Subjekt, das den Bedingungs- und Folgezusammenhang seiner Handlungen kontrolliert, Zwecke unter Aufbietung benötigter Mittel realisiert, so daß am Ende herauskommt, was es zu Beginn wollte. Entsprechend ist auch von Anfang an, klassisch zum Beispiel bei Hegel, der unter nachrevolutionär reformierten politisch-ökonomischen Bedingungen freigesetzte Fortschritt der „Industrie" als ein Vorgang verstanden worden, der im handlungstheoretischen Sinne „subjektlos" abläuft, das heißt als ein gerichteter Prozeß, der in der Tendenz, der er im ganzen folgt, wie in den Stadien, die er durchläuft, nicht mit den Zwecken identisch ist, die die an ihm teilnehmenden individuellen und kollektiven Subjekte handelnd verfolgen. Diese haben ihre besonderen Interessen und Absichten, und erst als Kumulationseffekt aus der Interdependenz der Handlungen, die diesen „partikulären" Interessen und Absichten entsprechen, ergibt sich der Fortschritt. Zugespitzt heißt das: Der Fortschritt ereignet sich nicht als Planrealisation, sondern „historisch"[31]. Es sei „das Interessante" an der modernen „Staatsökonomie", schreibt Hegel, wie sie „aus der unendlichen Menge von Einzelheiten", als die sich das wirtschaftliche Handeln, auf Subjekte bezogen, darstellt, den im ganzen „wirksamen und sie regierenden Verstand herausfindet"[32]. Der „regierende Verstand" ist dabei nur eine Metapher, die den selbstregulativen Charakter des ökonomisch-politisch freigesetzten Prozesses bezeichnet und zugleich auch den Grund der Zustimmung zum Fortschritt jeweils im nachhinein sowie des Vertrauens in die Zukunft, in die er hineinführt. Die Subjektlosigkeit des selbststeuernden Fort-

---

[30] Horkheimer, a.a.O., p. 94.

[31] Zur These von der Subjektlosigkeit historischer Prozesse cf. meine Abhandlung „Was heißt: ‚Das kann man nur historisch erklären'?" in diesem Band pp. 186–197.

[32] G. W. F. Hegel: Grundlinien der Philosophie des Rechts (Ed. J. Hoffmeister). Hamburg ⁴1955, § 189, p. 170.

schritts besagt im klassisch-liberalen Konzept die Nicht-Existenz einer ihn im ganzen beherrschenden und lenkenden Planungsbürokratie. Sie besagt aber gerade nicht, daß aufs praktische Urteil gegenüber dem Fortschritt Verzicht geleistet wird und die Vernunft sich instrumentalistisch auf die Rolle eines „Dieners des Produktionsapparates"[33] zurücknimmt. Bereits Hegel standen bekanntlich Argumente zur Verfügung, die zu Einschränkungen des Vertrauens in den Steuerungsautomatismus des Fortschritts zwingen, indem er das Auftreten des „Pöbels", statt aus den individuellen Eigenschaften derer, die ihm angehören, aus den Systembedingungen der „bürgerlichen Gesellschaft" erklärte[34]. Aber selbst wenn man das Schwinden jenes erzliberalen Vertrauens ins Auge faßt, bleibt die These der Herrschaft einer zielreflexionsabstinenten instrumentellen Vernunft unplausibel. Denn das liberale Vertrauen ebenso wie sein Schwinden ist auf Erwartungen praktischer Vernunft bezogen, die sich an den Fortschritt knüpfen. Das wird bis zur Evidenz deutlich, wenn man zum Beispiel die Gründe ins Auge faßt, die das Pathos des technisch-industriellen Fortschritts im orthodoxen Marxismus-Leninismus bedingen[35]. Ohne Elektrizität bleibt nach Lenin das Endziel der Sowjetmacht, der Kommunismus, unerreichbar. Das ist deswegen so, weil der Kommunismus, verbunden mit dem Wegfall des Staates, die Entpolitisierung des Verteilungsproblems voraussetzt, und das Ende des politischen Verteilungskampfes, der auch noch im Sozialismus staatlicher Zwangsregulationen bedarf, ist seinerseits erst in einem Zustand der Fülle möglich, wie er einzig unter der Voraussetzung sozusagen vollelektrifizierter Produktivkräfte erreichbar ist. Das äußerste politische Ziel somit, das Ende der politischen Vorgeschichte der Menschheit, also die vollbrachte Liquidation jeglicher Herrschaft von Menschen über Menschen, sind der Erwartung nach an den technisch-industriellen Fortschritt als ihre Bedingung gebunden. Daß Menzels impressionistisches Eisenhüttengemälde in der DDR den nach Art bürgerlicher Museen für es eingerichteten Ehrenplatz in Räumen säkularisierter Bilderverehrung besetzt, ist damit erklärt, und es ist weniger das Gedenken an vergangenes Proletarierelend als die humane Verheißung industrieller Werktätigkeit, durch die der Inhalt dieser Verehrung ideologisch definiert ist. Der Stalinismus war schlimm, aber unter Stalin wurde Rußland zum Industrieland – das ist die orthodox vollbrachte Vergangenheitsbewältigung sowjetischer Prägung. So kann also keine Rede davon sein, daß der technisch-industrielle Prozeß für die praktische Vernunft perspektivelos sei und in seinem Verlauf nur aus der Blindheit der instrumentellen Vernunft gegenüber höheren Zwecken erklärlich. Marxistisch ist das jedenfalls nicht so, und noch Adorno partizipierte an der skizzierten Erwartung, indem er schrieb: „Wäre die Menschheit der Fülle der Güter mächtig, so schüttelte sie die Fes-

---

[33] Horkheimer, a.a.O., p. 84.
[34] Cf. die §§ 243ff. der Rechtsphilosophie Hegels.
[35] Die wichtigste dogmatische Quelle für diesen Bestand ist das Kapitel V von Lenins „Staat und Revolution".

seln jener zivilisierten Barbarei ab, welche die Kulturkritiker dem fortgeschrittenen Stand des Geistes anstatt dem zurückgebliebenen der Verhältnisse aufs
Konto schreiben"[36]. Herbert Marcuse nahm sogar an, objektiv herrsche die
Güterfülle bereits, nur versteckt in den Irrationalismen kapitalistischer Produktion und Distribution.

Horkheimer ist da skeptischer. Aber die Gründe, die er für diese Skepsis
geben mag, rechtfertigen nicht die Unterstellung einer Gleichgültigkeit gegenüber höheren Zielen bei den ideologischen und werktätigen Agenten des technisch-industriellen Prozesses. Auch diesseits der Grenzen offizieller Geltung
der marxistisch-leninistischen Theorie ist in der globalen Perspektive des technisch-industriellen Prozesses der Bestand einer Herrschaft instrumenteller
Vernunft unauffindbar. Selbst die Theorien der „Technokratie", an die Horkheimer erinnert, wären dafür ein durchaus ungeeigneter Beleg. Denn auch diese Theorien, vormarxistisch zum Beispiel bei Saint-Simon, knüpfen an den
Industrialisierungsprozeß, wie später Marx, die Erwartung eines durch materielle Güterfülle ermöglichten Übergangs von der politischen Herrschaft zur
bloßen Verwaltung von Sachen, nur daß sie, anders als Marx, für diesen Übergang den Sachzwang für einen hinreichenden Zwang hielten.

Bürgerlich-liberal, technokratisch oder marxistisch-revolutionär – in jedem
Fall ist die Zielperspektive groß, und praktische Vernunft hat ihre Zustimmung erteilt. Von perspektiveloser Dienstwilligkeit gegenüber Zwecken, die
nicht die eigenen sind, kann keine Rede sein.

Gleichwohl hat es stattgefunden und findet es statt, daß die Geschichte einen anderen Verlauf nimmt als erwartet. Der Fortschritt enttäuscht. Aber gerade indem er es tut, wird die Erwartung bekundet, in der die praktische Vernunft ihm verbunden war. Nur das Verfehlen von Zwecken, die die eigenen
sind, läßt enttäuscht sein. Dagegen sind die Schwierigkeiten von Leuten, für
die man Dienstleistungen erbrachte, ohne ihre Ziele zu teilen oder auch nur
beurteilen zu können, deren Probleme. In keinem Fall handelt es sich um ein
Problem der instrumentellen Vernunft in der Horkheimerschen Charakteristik.
Problem ist nicht ein von Positivisten verschuldeter Mangel an vernünftigen
Zielen, die mit dem historischen Prozeß der modernen technisch-industriellen
Gesellschaft zu verbinden gewesen wären, sondern der schleichende oder auch
überraschende Eintritt nicht-beabsichtigter Nebenfolgen in der Annäherung
an Ziele, die man immer vor Augen hatte. Krisen, in die der Fortschritt gerät,
haben stets den Status ungewollter Fortschrittsnebenfolgen. Diesen Beschreibungsmodus darf man zumindest insoweit wählen, als es überhaupt sinnvoll
ist, den „Fortschritt" auf „praktische Vernunft" zu beziehen, das heißt als einen Vorgang anzusehen, der menschlicher Handlungsmacht unterworfen und
gemäß praktischen Zwecken und Zielen steuerbar ist.

---

[36] Theodor W. Adorno: Prismen. Kulturkritik und Gesellschaft. Berlin und Frankfurt
am Main 1955, pp. 15 f.

Fortschrittskrisen haben also unter Handlungsaspekten den Status ungewollter Fortschrittsnebenfolgen. Nach Beispielen des Gemeinten braucht man
zur Abstützung dieses Satzes nicht lange zu suchen. Obwohl es die ökologischen Probleme natürlich auch schon vor Jahrzehnten gab, haben sie damals
Philosophen nicht beschäftigt, auch Horkheimer nicht. Heute sind sie das auf-
dringlichste Beispiel von Fortschrittsnebenfolgen. Aber Fortschrittsnebenfolgen begrenzen den Fortschritt. Sie besagen nicht, der Fortschritt sei in Wirklichkeit gar keiner gewesen. Ob bürgerlich oder proletarisch, ob liberal oder
sozialistisch, ob pragmatisch oder marxistisch-visionär, ob in offenen Gesellschaften oder in totalitären, ob in Entwicklungsländern oder in reichen – die
Zustimmung zum technisch-industriellen Prozeß ist ideologisch-politisch und
historisch-geographisch stets universell gewesen und ist es, von Randgruppen
zivilisationskritischer Radikaler abgesehen, noch heute. Die Gründe dieser Zustimmung sind trivial. Sie sind Common sense-fähig. Dazu gehören Wohlfahrt,
die Befreiung des Menschen vom physischen Zwang niederdrückender Arbeit,
soziale Sicherheit und schließlich sozialer Friede. Das sind die Verheißungen,
die mit dem technisch-industriellen Prozeß stets sich verbanden und die emphatische Charakteristik dieses Prozesses als Fortschritt plausibel machten.
Ihm diente auch die technische Intelligenz, und jene Verheißungen bildeten
den praktischen Horizont vernünftiger Ziele, in welchem sich ihre Arbeit vollzog. Insofern läuft die an die Adresse der technischen Intelligenz gerichtete
Aufforderung leer, ihren zweckblinden Instrumentalismus endlich aufzugeben.
Der Fortschritt, dem die technische Intelligenz in der Tat dient, war im Bewußtsein seiner Vollbringer und Nutznießer niemals ziellos, vielmehr wirklich
ein Fortschritt. Das hat zwingende Konsequenzen für die Interpretation dessen, was als prekäre Seite dieses Fortschritts inzwischen zu praktischer Stellungnahme nötigt. Entlarven die ökologischen Probleme, die neuerdings
Schlagzeilen machen und die es hier nicht inhaltlich zu diskutieren gilt, den Instrumentalismus technischer Intelligenz? Das wäre ein denunziatorisches Mär-
chen. Da man doch seit zweihundert Jahren weiß und erfahren hat, wofür der
technisch-industrielle Prozeß gut und wieso er ein Fortschritt ist, braucht niemand Belehrung über die Ziele, auf die er gerichtet sein sollte. Aktuelles Thema sind nicht diese Ziele, sondern die Nebenfolgen unserer stets auf diese Ziele wie auf Selbstverständlichkeiten bezogenen Handlungen. Gut ist, was geeignet ist, den Hunger zu stillen, und es ist unerfindlich, wo insoweit der Zielre-
flexionsmangel der Düngungschemietechnologen sitzen soll, denen wir die ge-
steigerten Hektarerträge zu verdanken haben. Aber gleichzeitig haben die ver-
mehrten Düngerausschwemmungen unsere Gewässer belastet, und um die Rei-
chenau herum ist der Bodensee zur grünen Algensuppe geworden. Wären das
Folgen der Zielreflexionsabstinenz instrumenteller Vernunft? Es gewinnt Evidenz, daß das nicht paßt. Offensichtlich ist demgegenüber die Kategorie der
Nebenfolgen adäquater, ja es ist trivial, daß sie es ist. Aber es ist nicht trivial, das
ausdrücklich festzustellen, nachdem, was trival ist, in der Kritik der instrumentellen Vernunft durch eine nicht-triviale Hochgestochenheit ersetzt worden ist.

Natürlich bleibt mannigfache Gelegenheit unbenommen, denen, die in Verfolgung ihrer guten Absichten von schwerwiegenden Nebenfolgen ihrer Handlungen überrascht worden sind, im nachhinein vorzuwerfen, sie hätten, wie die Primärwirkungen ihrer Handlungen, auch noch diese Nebenfolgen voraussehen müssen. Es sind historische Fragen, die nur an konkreten Exempeln diskutiert werden könnten, ob solche Voraussicht tatsächlich möglich war oder eben auch nicht. Aber selbst wo das der Fall war, ist das Paradigma der instrumentellen Vernunft kein geeignetes Interpretament dieses Falles. Wer große Ziele hat, sollte wissen, welche anderen Zwecke er stört, indem er in ihrer Verfolgung sozusagen rücksichtslos ist, und das ist ein alter Gemeinplatz. Aber man gewinnt nichts, sondern richtet Verwirrung an, wenn man diesen Gemeinplatz durch die Vorstellung ersetzt, der Rücksichtslose lege der Frage „wenig Bedeutung bei", ob auch seine „Ziele als solche vernünftig" sind. Eher trifft es zu, daß Rücksichtslosigkeit gegenüber Nebenfolgen sich als Nebenfolge verabsolutierter Zielsetzung einstellt.

3

Der Gebrauch unzweckmäßiger gebildeter Begriffe ist nicht folgenlos. Unangemessene Unterscheidungen haben praktische Konsequenzen. Das gilt auch für den erweislich inadäquaten Begriff der instrumentellen Vernunft. Einige wichtige Desorientierungsfolgen seines Gebrauchs möchte ich analysieren.

Zunächst: Der Begriff der instrumentellen Vernunft wirkt als Instrument der politischen Diffamierung der Angehörigen technischer Berufe. Der Dauervorwurf lautet, ihr Ethos beschränkte sich darauf, funktionserfüllende Dienstleistungen zu erbringen, anstatt nach der Legitimität ihres Dienstherren zu fragen. – In der Tat ließe sich ja wünschen, daß beispielsweise dem Architekten Albert Speer Zweifel an der Legitimität seines Auftraggebers früher gekommen wären. Hortleder scheint aus diesem Bestand zu schließen, heute müßten die Ingenieure, um zu dementieren, daß Albert Speer ihr „Prototyp"[37] ist, „sich ihrer Macht bewusst" werden. Welcher Macht? Hortleder meint, ohne Hemmung, die Macht derer, die mit „der Lahmlegung der Versorgung ganzer Bezirke mit Elektrizität, Gas und Wasser"[38] drohen können. Zu welchem Zweck? Zum Zweck der Herstellung einer „besseren Gesellschaft". Hortleder möchte dabei die technische Intelligenz keineswegs überfordern und geht nicht so weit, „von aufgeklärten Ingenieuren … die ‚Konstruktion' einer besseren Gesellschaft" zu erwarten. Damit sind ja andere, „kritische" Intellektuelle längst beschäftigt, die „mit der Freiheit des Narren das Bestehende kritisieren, das zu

---

[37] Gerd Hortleder: Das Gesellschaftsbild des Ingenieurs. Zum politischen Verhalten der Technischen Intelligenz in Deutschland. Frankfurt am Main ²1970, bes. pp. 121 ff.: „Der Prototyp des ‚unpolitischen' Technokraten: Albert Speer."
[38] A.a.O., p. 196.

ändern" sie mangels Macht „nicht in der Lage" sind[39]. Die Verbindung aber
derjenigen, die wissen, was sie wollen, mit der Funktionsmacht der technischen
Eliten – das wäre eine Mischung von erheblicher politischer Sprengkraft, und
Hortleder wünscht, daß die Ingenieure sich künftig als Element dieser Mischung zur Verfügung stellen möchten. Die strukturelle Quintessenz dieser
Erwägung ist klar: Die technische Intelligenz soll die Funktionen unseres technischen Systems, von deren Bedienung unsere physische Existenz abhängt,
nicht einfach erfüllen – das wäre „instrumentelle Vernunft" –, sondern sie soll
diese Erfüllung vom politischen Urteil über die Legitimität dieses Systems abhängig machen. Gewiß, und auf den Fall Albert Speer will das passen, der sich
ja dann am Ende des Krieges auch tatsächlich geweigert hatte, Hitlers Befehl
zu befolgen, in den Rückzugsgebieten alle technischen Infrastrukturen zu zerstören. Genau komplementär dazu möchte nun aber Hortleder in Aufnahme
der Kritik an der instrumentellen Vernunft die Ingenieure ermuntern, sich in
Orientierung an politischen Zwecken ihrer Funktionsmacht endlich bewußt zu
werden, nämlich im historischen Kontext der zweiten deutschen Demokratie.
Eben auf diese soll sich nun die zur kritischen Vernunft erwachte ehemalige
instrumentelle Vernunft der Ingenieure richten – ersichtlich in der Meinung,
eine politische Transformation des Systems dieser Demokratie sei überfällig.
Aber was geschähe denn, wenn nun die Ingenieure ihre bisherige Sachtreue in
der Bedienung lebenswichtiger Versorgungssysteme aufgäben? Das Handeln
der Ingenieure gewänne den Charakter einer politischen Herausforderung, auf
die die Bürger ihrerseits politisch reagieren müßten. Die Konsequenzen einer
solchen Politisierung der „instrumentellen Vernunft" der Ingenieure wären
dann freilich andere als die von Hortleder erhofften.

Wer sich in bezug auf die technische Intelligenz durch den Leitbegriff der
instrumentellen Vernunft orientieren läßt, muß schließlich wünschen, daß diese Intelligenz endlich einer politisch-ideologischen Erziehung – diesmal endlich der richtigen – unterworfen werde. Dieser naheliegende Wunsch fand, in
der Frühzeit der universitären Kulturrevolution der sechziger und siebziger
Jahre, rührenden Ausdruck im Vorschlag jenes Studentenfunktonärs, der das
Studium angehender Ingenieure einer neugegründeten Hochschule unter die
kritische Aufsicht fachbereichseigener Haussoziologen gestellt wissen wollte,
die, als Angehörige einer ‚praktischen', ‚kritischen', am gesellschaftlichen
„Ganzen" orientierten Intelligenz in der Lage sein würden, „den Ingenieuren
kritisch an die Hand" zu gehen und ihnen „die Chance besonderer Einsichten"
zu öffnen[40], die ihnen in der politischen Borniertheit ihrer instrumentellen

[39] A.a.O., p. 197.
[40] P. Müller: Technische Intelligenz und kritische Wissenschaft – zur Struktur und inneren Organisation der Universität Dortmund, in: Technische Universität Dortmund – Hochschulmodell mit Zukunft? Referate und Diskussionen des 1. Dortmunder Universitätsgesprächs mit Beiträgen von H. Th. Jüchter, H. Lübbe, P. Müller, M. Schmeißer und H. Rotter. Dortmund 1968, pp. 103–118, p. 115.

Vernunft sonst verschlossen bleiben müßten[41]. – Man täte den Theologen Unrecht, wenn man fände, daß in solchen Vorschlägen die „kritische Intelligenz"
der kritischen Theorie im Verhältnis zur übrigen Intelligenz eine Stellung er-
strebt, die der der Theologen im Verband der Universität mittelalterlicher
Gründung und Prägung entspräche. Das angemessene Analogon solcher Tendenzen sind die totalitären Erziehungsdiktatoren des 20. Jahrhunderts. Mit seinem Begriff der instrumentellen Vernunft wollte sich Horkheimer gegen diese
wenden. Die Logik des Begriffs drängt aber in die entgegengesetzte Richtung.
Die technische Intelligenz befindet sich trivialerweise nicht außerhalb des politischen Lebenszusammenhangs, und in liberal verfaßten politischen Systemen
haben Ingenieure wie alle anderen Bürger auch jegliche Freiheit, sich darin
standespolitisch, bildungspolitisch oder auch verfassungs- und ordnungspoli-
tisch zu betätigen oder das, indem sie das anderen überlassen, nicht zu tun.
Versuche jedoch, ihre Funktionsmacht zu Zwecken politischer Erpressung
durch Drangsalierung von Bevölkerungsteilen, deren Wohlfahrt von der politisch neutralen Erfüllung dieser Funktionen abhängt, zu nutzen, würden vermutlich sehr rasch das Ende eines politischen Zustands herbeiführen, in welchem die sogenannte kritische Intelligenz die Freiheit hat, die technische Intelligenz zu ermuntern, ihre Funktionsmacht als potentielle politische Macht zu
begreifen. Politisch neutrale Erfüllung von Funktionen in Systemen technischer Infrastruktur der Gesellschaft gäbe es gar nicht, weil solche Erfüllung
stets das faktisch herrschende politische System stärkt? Das ist, insoweit, wohl
wahr. Aber das ist gar nicht die anstehende Frage. Die Frage ist, ob politische
Systeme denkbar sind, in denen die Nutzung von Funktionsmacht durch technische Eliten als Kampfmittel in inneren politischen Auseinandersetzungen als
Formen solcher Auseinandersetzungen auf Dauer hingenommen oder gar anerkannt werden könnten. Das ist offensichtlich nicht der Fall. Funktionierende
technische Infrastruktursysteme stabilisieren tatsächlich die politischen Systeme, deren Teile sie sind. Aber das ist doch deswegen so, weil gar kein politisches System denkbar wäre, zu dessen Aufgaben es nicht gehörte, die lebens-
und wohlfahrtsbedingenden technischen Subsysteme funktionsfähig zu halten.
Genau das macht die politische Neutralität dieser Subsysteme aus, und dieser
Neutralität entspricht auch ein moralischer politischer Wille, nämlich im politischen Extremfall der Wille, die Funktionsfähigkeit der lebenswichtigen technischen Systeme auch über die im Extremfall katastrophischen Wechsel der politischen Systeme hinweg zu konservieren. Die Kategorie der instrumentellen
Vernunft macht blind für die moralische, humane Substanz dieses Willens.
Daß sie ihn im Extremfall mit politischer Konsequenz aufbringen – das gehört

---

[41] Ausführlicher habe ich diesen Fall geschildert in meinem Aufsatz „Nichttechnische
Disziplinen in der Vorbereitung auf die gesellschaftliche Verantwortung des Ingenieurs. Ein skeptisches Kapitel zum Theorie-Praxis-Thema", in: Ingenieurausbildung
und soziale Verantwortung. Pullach/München 1974, pp. 177–189, pp. 180 ff.

zu den Erwartungen, die berufsstandsspezifisch an die Adresse der Angehörigen technischer Eliten stets gerichtet sind, während sie in anderen politischen Angelegenheiten wie andere Bürger sich orientieren und engagieren mögen. Die Zumutung, für diese anderen politischen Angelegenheiten ihre Funktionsmacht als Druckmittel gegebenenfalls einzusetzen, ist nichts Geringeres als die Zumutung an die technischen Eliten, ihre berufsstandesspezifische Moral in ihrem politischen Kern aufzugeben. Gewiß: Belagerten Festungen wurde stets das Wasser abgegraben, und in eine Putschistenzentrale wird niemand, der die Partei der Putschisten nicht selbst schon ergriffen hätte, Elektrizität für die Klimaanlage liefern. Was aber ist, solange nicht der Aktivismus von Hochverrätern, sondern beispielsweise ein gleichfalls dramatischer, aber legaler Parteienwechsel von Mandatsträgern mit potentiellen Machtwechselfolgen den politischen Fall des Tages ausmacht? Ist gemeint, daß sich dann der überwundene Fachidiotismus der Techniker in einer Blockade der Drähte, über die die letzten einschlägigen Verhandlungen laufen, äußern würde? Oder in einem technisch vermittelte politische Pressionen einsetzenden Bummelstreik ihrer Fachverbände? Stopp von Abwässerungspumpstation, der ja selbst, wenn er für bloße Lohnprozente riskiert würde, die Institution des Streiks auf Dauer gefährden müßte, nunmehr eingesetzt zur Unterstützung eines Machtwechsels in roten Rathäusern? Wäre das eine allzu dramatische Perspektive? Von „Revolution" könnte ja dabei noch lange nicht die Rede sein – entsprechend der Versicherung Hortleders, „mit Kritik", zu der er die Ingenieure ermuntert, sei „nicht revolutionärer Umsturz gemeint", „wiewohl" er „Herbert Marcuse beipflichten" möchte, „wenn er sagt, eine wesentliche Änderung des bestehenden Systems könne gerade auch von Ingenieuren ausgehen". Denn abermals: Was könnte nicht „mit der Lahmlegung der Versorgung ganzer Bezirke mit Elektrizität, Gas und Wasser" bewirkt werden?[42]

Die Kritik der instrumentellen Vernunft wird, wo sie als Kritik der Angehörigen technischer Eliten konkret wird, zur unverhohlenen Aufforderung an diese, sich die politischen Handlungsprädispositionen von Zivilpartisanen zuzulegen. Der schiefe Blick, unter dem die technische Intelligenz aus der Perspektive des Begriffs der instrumentellen Vernunft erscheint, verleitet zur Diffamierung dieser Intelligenz durch die Unterstellung, sie sei ein für eine solche Aufforderung empfänglicher Adressat.

Es hätte keinen vertretbaren Sinn zu sagen, die geschilderten Tendenzen seien durch den Gebrauch des Begriffs der instrumentellen Vernunft „verursacht". Vielmehr ist dieser Begriff Teil des Systems einer ideologischen Orientierung, in welchem dieser Begriff und die Überzeugung von der Notwendigkeit einer politischen „Systemüberwindung" einander wechselseitig stützen. Soweit man den Begriff der instrumentellen Vernunft für anwendbar hält, unterstellt man ideologische Zielreflexionsabstinenz bei Funktionseliten. Deshalb

---

[42] Hortleder, a.a.O., pp. 195 f.

korrespondiert dann der Verwendung dieses Begriffs weiterhin eine forcierte Zielreflexionspropaganda mit den bekannten Wirkungen einer Renaissance des utopischen Denkens und schließlich der einer Rehabilitierung des politischen Dogmatismus. Intellektuelle Trivialitätsscheu breitet sich aus. Der politische Common sense wird geschwächt.

Es ist aber keineswegs müßig, an praktische Ziele von Selbstverständlichkeitscharakter zu erinnern, wenn es auch wahr ist, daß es nicht diese Ziele sind, an denen sich die Konflikte entzünden, die uns im politischen Alltag beschäftigen. Nur dann nämlich, wenn man die Ziele ausdrücklich nennt, die nicht im Streit, aber doch deswegen keineswegs inexistent sind, läßt sich, was im Streit ist, auf welcher Vermittlungsstufe auch immer, als Mittel zur Verwirklichung der Ziele, die im Konsens sind, charakterisieren. Damit ist aber, für Verständigungszwecke, viel gewonnen. Es ist eben nicht dasselbe, ob politische Konflikte schlechthin Zielkonflikte sind, oder Zielkonflikte in Fällen, in denen konfligierende Ziele in Wahrheit Alternativen von Mitteln zur Realisierung von Zielen sind, über die ein Konsens besteht. Die Konflikt-Fälle von der zuletzt charakterisierten Struktur machen den politischen Alltag aus, und es hat praktische Bedeutung, über ein Instrumentarium von Begriffen zu verfügen, welches das sichtbar hält. Der Begriff der instrumentellen Vernunft leistet gerade das nicht. Er verfestigt das iterierbare Verhältnis der Kategorien von Zweck und Mittel und verleitet damit zur Unterstellung, die Zuständigkeiten für „Mittel" einerseits und für „Zwecke" andererseits seien auf zwei voneinander isolierbare Intelligenzen verteilt, die in der sozialen Realität sich nach Angehörigen technischer Intelligenz einerseits und Angehörigen kritischer Intelligenz andererseits unterscheiden ließen. In Wahrheit strukturiert die Zweck-Mittel-Relation menschliches Handeln jeglicher Sorte, und der Schein der Beschränktheit der technischen Intelligenz auf Kompetenz für Rationalität in der Mittelwahl ist nichts als ein Reflex des hohen Grades im Konsens über die Zwecke, der die soziale Bedingung zu sein pflegt, unter der regelmäßig die Ingenieure ihre Arbeit überhaupt erst tun können. Stets jedoch, sobald deutlich wird, daß technische Mittel für gemeinsame Zwecke sekundär andere gemeinsame Zwecke auf prekäre Weise tangieren, wird die technologische Erörterung über Mittel unter dem Aspekt ihrer Nebenfolgen selbst zu einer Erörterung nach dem Strukturmuster von Diskussionen über Zielalternativen[43]. Entsprechend werden dann auch in eminenten Fällen diese Erörterungen unmittelbar „politisch", werden öffentlich und Gegenstand von Verfahren in politischen Institutionen. Sind Beispiele nötig, um das zu zeigen? Die Prüfungsverfahren für

---

[43] Cf. dazu meine Rede vor dem Deutschen Ingenieurtag 1973: „Technik und Gesellschaft. Zur Metakritik der Kritik an der technischen Intelligenz", in: VDI-Z. Zeitschrift für die gesamte Technik, 1974 (116,2), pp. 93–98, sowie die Stellungnahme von Günther Ropohl: Zielreflexion als Aufgabe des Ingenieurs. Bemerkungen zur Rolle und zum Selbstverständnis der technischen Intelligenz, in: VDI-Nachrichten 1974, Nr. 11.

Therapiezwecken dienende Chemikalien sind stets, mag man auch ihre gesetzliche Vorschrift für unzureichend halten, von der Struktur einer Prüfung ihrer medialen Eignung, die die Prüfung der Kompatibilität ihrer Nebenfolgen mit dem Therapiezweck einschließt. Von Zielreflexionsabstinenz kann selbst in solcher Routinetätigkeit angewandter Wissenschaft in der pharmazeutischen Industrie nicht die Rede sein, und das gilt auch dann, wenn Fahrlässigkeit, die hier wie in anderen Handlungszusammenhängen aus stets überprüfungsfähigen, wenn auch nicht immer vermeidbaren Gründen vorkommt, gelegentlich schlimme Folgen hat, die von der Presse bis zum Gesetzgeber die Öffentlichkeit provozieren.

Die in der erneuerten praktischen Philosophie erneuerte Unterscheidung von technischer und praktischer Vernunft ist eine nützliche Unterscheidung, und die hier vorgetragene Kritik am Begriff der instrumentellen Vernunft will diese Unterscheidung keineswegs eliminieren, die in ihrem historischen Ursprung, ja sogar im Unterschied freier Bürger einerseits und Abhängiger andererseits manifest und begründet war. Aber mit einer Unterscheidung von technischen und praktischen Fragen, die materiell angebbar Mittel einerseits und Zwecke andererseits beträfen, korreliert die Unterscheidung von technischer und praktischer Vernunft nicht. Herstellen und Organisieren – stets besteht die Vernunft solcher Tätigkeiten in der Rationalität der gewählten, auf gegebene Zwecke bezogenen Mittel, vorausgesetzt, daß diese gegebenen Zwecke ihrerseits den Kriterien solcher Rationalität unter dem Aspekt ihrer Eignung als Mittel in den übergeordneten Zusammenhängen ihrer Beziehung auf übergeordnete Zwecke genügen, usf. Es ist nicht sinnvoll, in so strukturierten personalen und sozialen Handlungssystemen „Mittel" und „Zwecke" wie Sachbereiche oder Gegenstandssorten zu unterscheiden. Es ist natürlich ein Unterschied, ob man als Versorgungsbetriebsingenieur für Gas, Wasser und sonstige Lebens-Mittel zuständig ist oder als Richter für die höheren Zwecke des Rechts, das Richtersprüche erzwingt, die Gerichtsvollzieher zur Pfändung beim zahlungssäumigen Kunden der städtischen Versorgungsbetriebe ermächtigen. So kann man „Mittel" und „höhere Zwecke" und Zuständigkeiten für sie rhetorisch einander entgegensetzen. Das ändert aber nichts an jener Analogie elementarer Handlungsstrukturen, die uns in allen Fällen über Mittel auf Zwecke bezogen sein lassen.

Die Unterscheidung von technischer und praktischer Vernunft ist nicht gegenstandslos. Aber sie betrifft nicht einen Unterschied materieller, sachlicher Zuständigkeit, sondern eine Differenz in sozialen Handlungsprämissen, ob nämlich in bezug auf gesetzte oder tangierte Zwecke Konsens besteht oder nicht. Unter Konsensprämissen, so könnte man eine in der Tat wichtige Unterscheidung terminologisch fixieren, werden Handlungsfragen zu „technischen" Fragen, während sie unter Dissensprämissen „praktische" Fragen sind und näherhin „politische" Fragen dann, wenn als Antwort auf sie nicht der Inhalt eines unter dem Zwang von Gründen sich bildenden Konsenses erwartet wird, sondern der Inhalt einer geltenden Entscheidung gemäß Machtverhältnissen, zum Beispiel gemäß Mehrheitsverhältnissen in abstimmenden Gremien. Die aufgebotenen Gründe, von denen man sich jeweils gewiß hätte wünschen mögen, daß sie, sofern sie gute Gründe waren, als zwingende Gründe Konsens bewirkt und somit die Dezision der Abstimmung entbehrlich gemacht hätten, sind aber inhaltlich zumeist Argumente, die konfligierende Zwecke mit dem Hinweis auf ihre Eignung als Mittel für Zwecke empfehlen, die man als gemeinsame unterstellt. Die Fragen der praktischen Vernunft sind demgegenüber nicht Fragen eines besonderen Inhalts, sondern Fragen der logischen und geschäftsordnungsmäßigen Regeln, die bei Erörterungen, die zum Zweck der Festlegung geltender Zwecke geführt werden, zweckmäßigerweise befolgt werden sollten.

Der Begriff der instrumentellen Vernunft verleitet zur Unterstellung, daß, wo immer Tätigkeiten, zum Beispiel die „Staatstätigkeit", auf „technische Aufgaben eingeschränkt sind", „die praktischen Fragen" eo ipso „herausfallen", wie Habermas unter Berufung auf Offe feststellt[44]. Nach der hier empfohlenen Unterscheidung von „technisch" und „praktisch", nach der wir „technisch", bezogen auf Zwecke, unter Konsensprämissen, „praktisch" aber zum Zweck der Feststellung geltender Zwecke unter Dissensprämissen tätig sind, ist das gar nicht der Fall. Im Gegenteil kommt „technisches" Handeln nur dort zum Zuge, wo man sich über das, was man will oder erhofft, einig ist, und wenn wirklich, zum Beispiel, Wirtschaftspolitik sich darauf beschränkt, „Dysfunktionalitäten" im „Wirtschaftssystem" zu beseitigen und „systemgefährdende Risiken" zu vermeiden, so heißt das nicht, daß diese Wirtschaftspolitik nicht mehr an Zielen orientiert sei, die man nach Offe inhaltlich als „praktische" Ziele von „technischen" soll unterscheiden können[45]. Eine solche Vorstellung ist unangemessen und deformiert die administrativen und sonstigen Subjekte des wirtschaftspolitischen Handelns zur Karikatur. In Wirklichkeit setzt die Selbstbeschränkung einer Wirtschaftspolitik auf Abwehr von Funktionsstörungen im Wirtschaftssystem gerade voraus, daß ein allgemeiner Zielkonsens über die erwarteten Leistungen dieses Systems herrscht. Eben deswegen und nur deswegen ist, insoweit, Beschränkung von Wirtschaftspolitik auf Abwehr von Funktionsstörungen zur Sicherung der erwarteten Leistungen möglich. Es mag ja dabei zutreffen, daß die erwarteten Leistungen, in bezug auf die Konsens unterstellt wird, vom System gar nicht erbracht werden können. Es mag sein, daß andere Leistungen als die erwarteten viel wichtiger wären. Schließlich mögen die Leistungen unseres Wirtschaftssystems, obwohl wir sie einhellig zu schätzen pflegen, mit Nebenfolgen anwachsend prekärer Art verknüpft sein. In all diesen Fällen müßte sich die Konsensprämisse der bis dahin insoweit technisch betriebenen Wirtschaftsadministration auflösen, und das wirtschaftliche Handeln würde mit „praktischen" und „politischen" Fragen konfrontiert sein, was

---

[44] Jürgen Habermas: Technik und Wissenschaft als „Ideologie". Frankfurt am Main ⁴1970, p. 78.

[45] A.a.O., p. 77.

ja ohnehin ständig der Fall ist. Das heißt aber gerade nicht, daß nun erst eine bestimmte Sorte von Inhalten als Ziele thematisiert würde, die vorher vernachlässigt gewesen wäre, sondern es besagt lediglich, daß Ziele, in bezug auf die vorher Konsens entstand, nunmehr problematisch geworden sind und daher zum Gegenstand „praktischen" Handelns werden, das heißt zum Gegenstand von Verfahren ihrer sie modifizierenden Festlegung mit dem Ziel, Konsens darüber, welche Ziele wirtschaftspolitisch nun gelten sollen, zu erneuern.

Technisches Handeln ist ein Handeln unter der sozialen Prämisse anerkannter Geltung der Ziele, auf die es bezogen ist. Der Begriff der instrumentellen Vernunft verleitet zur Verwechslung dieser Zielkonsensprämisse technischen Handelns mit Zielreflexionsabstinenz. In der Konsequenz führt das dazu, die „praktischen" Fragen für solche zu halten, die sich inhaltlich von den „technischen" trennen lassen. Der Begriff der instrumentellen Vernunft macht daher blind für den Umstand, daß „praktische Fragen", das heißt Konsensbildungsprobleme, einzig lösbar sind, wenn es gelingt, unter denen, die, im Dissens, an Konsensbildung interessiert sind, einen Konsens über Zwecke höherer Stufe zu ermitteln, in bezug auf die, was im Streit ist, sich technisch nach Gesichtspunkten seiner Zweckrationalität diskutieren läßt.

16. Erfahrungsverluste und Kompensationen. Orientierungsprobleme modern

Der Zivilisationsprozeß belastet das Dasein in der gegenwärtigen Welt mit Erfahrungsverlusten. In dieser Diagnose gibt es unter den Analytikern des sozialen Wandels einen breiten Konsens. Konservative Theoretiker geben dabei unüberhörbar den Ton an. Bei Arnold Gehlen zum Beispiel tauchte das Thema schon 1957 in der Überschrift eines zentralen Kapitels seiner Sozialpsychologie auf[1]. Die Konvergenz mit Thesen in Hans Freyers Theorie des gegenwärtigen Zeitalters ist dabei unübersehbar[2], und später hat, öffentlichkeitswirksam, Helmut Schelsky Erfahrung zum Leitbegriff seiner Gesellschaftskritik erhoben[3]. Der Erfahrungsbegriff avanciert dabei sogar zum „Prinzip Erfahrung"[4], und zwar in Kontraposition zum „Prinzip Hoffnung" in seiner ideologischen Funktion als Pseudokompensat von Erfahrungsmängeln im jugendbewegten Realitätsverhältnis[5].

Das spezifisch konservative Interesse am Erfahrungsthema ist übrigens alt. Es reicht weit in die Geschichte der neueren Gesellschaftskritik zurück. So kritisierte, 1933, Oswald Spengler den ‚doktrinären Hang zur Theorie' in der zeitgenössischen deutschen Politik als Reflex historisch erklärbarer, spezifisch

---

[1] Arnold Gehlen: Die Seele im technischen Zeitalter. Sozialpsychologische Probleme in der industriellen Gesellschaft. Hamburg 1957, pp. 44 ff.: „Erfahrungsverlust".

[2] Hans Freyer: Theorie des gegenwärtigen Zeitalters. Stuttgart 1956, insbesondere pp. 117 ff.: „Die gut verpasste Ideologie". „Ideologien", heißt es p. 124, „gedeihen" in sozialen Räumen, die durch „Erfahrungsleere" charakterisiert sind. – Zu diesem Buch Freyers cf. meinen Aufsatz „Die resignierte konservative Revolution", in: Zeitschrift für die gesamte Staatswissenschaft. Tübingen 1959 (115. Band/1. Heft), pp. 131–138.

[3] Cf. dazu schon den 1954er Aufsatz „Der Realitätsverlust der modernen Gesellschaft", in: Helmut Schelsky: Auf der Suche nach Wirklichkeit. Gesammelte Aufsätze. Düsseldorf, Köln 1965, pp. 391–404.

[4] Helmut Schelsky: Das Prinzip Erfahrung. Lebensgrundlage einer Generation. Vortrag am 15. März 1977 vor der Industrie- und Handelskammer für Rheinhessen in Mainz. 23 Seiten. Ferner: Helmut Schelsky: Die Erfahrungen vom Menschen. Was ich von Bürger-Prinz gelernt habe. In: Hamburger Jahrbuch für Wirtschafts- und Gesellschaftspolitik. 1979 (24. Jahr), pp. 203–218.

[5] Helmut Schelsky: Die Hoffnung Blochs. Kritik der marxistischen Existenzphilosophie eines Jugendbewegten. Stuttgart 1979, bes. pp. 110 ff.: „Unreife als Lebensprinzip".

deutscher Realitätsentrücktheit[6]. Einem Reichtum an historisch-politischer Erfahrung entspräche dagegen in England eine Philosophie der Skepsis – der unbestechliche Tatsachenblick[7]. Die Deutschen seien statt dessen Idealisten – erfahrungsarm und auf den Typus des ewigen Jünglings fixiert, und schon im 19. Jahrhundert sei unter deutschen Studenten zu viel vom Wesen und zu wenig von Eisenbahnen und vom Zollverein die Rede gewesen[8].

Der Fall Spengler zeigt nun freilich zugleich, daß die Berufung auf Erfahrung selber die Bedeutung einer rhetorischen Pseudokompensation eigener Realitätsferne haben kann[9]. Zum philosophischen Propheten einer neuen politischen Erfahrungsphilosophie wurde im Fall Spengler ja einer, für den allein schon der Anblick der Lüneburger Schule, in der er sein Referendariat antreten sollte, genügte, ihn mit einem Nervenzusammenbruch niederzuwerfen[10].

Bedeutsamer ist die traditionsreiche Aufbietung von „expérience" gegen „raison" in der französischen Restaurationsphilosophie[11] in ihrer freilich prekären, nämlich zukunftsunfähigen Reaktion auf die große Revolution. In ihrer verteidigungsfähigen Substanz besagt diese Reaktion: „Expérience" ist das Prinzip der Verpflichtung der Politik auf Respekt vor Tradition als geronnener Erfahrung, die stets mehr enthält, als die Vernunft jeweils aktuell konstruieren oder auch nur rekonstruieren könnte, so daß sie im Despekt vor solchen Grenzen der Machbarkeit zwangsläufig destruktiv und schließlich terroristisch wird. Es ist aber nicht meine Absicht, hier den gesellschaftstheoretisch relevanten Begriff der Erfahrung begriffs- und ideologiehistorisch abzuhandeln[12]. Ich wollte zu Beginn lediglich sichtbar gemacht oder erinnert haben, daß die gesellschaftskritische Thematisierung des Problems der Erfahrung in der modernen Welt politisch nicht seitenneutral ist, und ich schließe diese Erinnerung mit ein paar Sätzen, die geeignet sein mögen, die konservative Präokkupation

---

[6] Oswald Spengler: Jahre der Entscheidung. Erster Teil. Deutschland und die weltgeschichtliche Entwicklung. München 1933, p. 6.

[7] A.a.O., p. 9.

[8] A.a.O., p. 8.

[9] Cf. dazu meinen Aufsatz „Historisch-politische Exaltationen. Spengler wiedergelesen" in diesem Band, pp. 88–108.

[10] Zu dieser Szene cf. Anton Mirko Koktanek: Oswald Spengler in seiner Zeit. München 1968, p. 85.

[11] Cf. dazu Hans Maier: Revolution und Kirche. Zur Frühgeschichte der christlichen Demokratie (1959), München ³1973, p. 147.

[12] In der philosophischen Begriffshistoriographie zum Thema „Erfahrung" wird leider der Begriff der Erfahrung unter sozialtheoretischen Gesichtspunkten kaum behandelt. Cf. Alfred S. Kessler/Alfred Schöpf/Christoph Wild: Erfahrung. In: Handbuch Philosophischer Grundbegriffe. Herausgegeben von Hermann Krings, Hans-Michael Baumgartner und Christoph Wild. Band 2. München 1973. pp. 373–386. Ferner: F. Kambartel: Erfahrung. In: Historisches Wörterbuch der Philosophie. Herausgegeben von Joachim Ritter. Band 2: D–F. Sp. 609–617, sowie H. May: Erfahrungswissenschaft. In: a.a.O., Sp. 621–623.

durch das Erfahrungsproblem plausibel zu machen. Konservativ nennen wir
ja, unter anderem, die Weigerung, den Blick vor den Verlust- und Kostenrech-
nungen des Fortschritts zu verschließen, ferner die Prädisposition zum scho-
nenden Umgang mit Ressourcen, die sich nicht-restituierbar verknappen, und
schließlich die Kultur der Trauer im Verhältnis zu schätzenswerten Unwiederbringlichkeiten[13]. Progressiv, so ließe sich in idealtypischer Entgegensetzung
sagen, ist hingegen die Geneigtheit, aktuelle Belastungserfahrungen, statt als
Fortschrittsnebenfolgen, als Folgen anhaltender Fortschrittsverzögerung zu
interpretieren[14].

Erfahrungsverluste nun entziehen sich progressiver Deutung. Nicht der
aufgehaltene, sondern der stattfindende Fortschritt ist die Ursache dieser Ver-
luste. Das sieht man, wenn man sich vor Augen rückt, von welcher Sorte von
Erfahrungen eigentlich die Rede ist, wenn in der konservativ orientierten
Gesellschaftstheorie von Erfahrungsverlusten gesprochen wird. Gemeint sind
diejenigen Erfahrungen, die uns die zivilisatorischen Bedingungen unseres
physischen und sozialen Daseins durch tätige Teilnahme an Produktion und
Tradition dieser Bedingungen verstehen lassen. Die soziale Reichweite unserer
praxisvermittelten Weltkenntnis schrumpft. Das ist die einsichtige Folge der
beiden strukturellen Haupteigenschaften unserer zivilisatorischen Evolution,
nämlich Komplexitätszuwachs, also funktionale Differenzierung einerseits und
Zuwachs an Evolutionsgeschwindigkeit andererseits[15]. Komplexitätszuwachs
und evolutionäre Beschleunigung sind beide ihrerseits die einsichtige Folge der
Informationsakkumulation und effizienteren Informationsdistribution, durch
die sich die zivilisatorische Evolution in letzter Instanz kennzeichnen läßt.

Auf dem Abstraktionsniveau solcher Beschreibungen ist die These, daß im
Zivilisationsprozeß die Horizonte erfahrungsbeherrschter Lebenswelten sich
relativ zum zivilisatorischen Gesamtsystem verengen, natürlich trivial. Sie verliert aber ihre Trivialitätsanmutung rasch, wenn man zeigt, welche Phänomen-
fülle sich mit dieser These bündeln läßt. Entsprechend ist es nun meine Absicht, zur Diagnose des progressiven Erfahrungsverlusts die zugehörige Sym-
ptomatologie nachzuliefern. Wie wir erfahrene Erfahrungsmängel zu kompen-

---

[13] Zum funktionalen Begriff des Konservativismus cf. meinen Aufsatz „Lebensqualität
oder Fortschrittskritik von links". In: Hermann Lübbe: Fortschritt als Orientierungsproblem. Aufklärung in der Gegenwart. Freiburg i.Br. 1975, pp. 57–74, bes.
pp. 62f. – Ähnlich J. A. Pocock: The Machiavellian Moment. Florentine Political
Thought and the Atlantic Republican Tradition. Princeton University Press 1975, p.
551.

[14] Cf. dazu meinen Aufsatz „Traditionsverlust und Fortschrittskrise. Sozialer Wandel
als Orientierungsproblem", in: a.a.O., pp. 32–56, bes. pp. 35f.

[15] Zur allgemeinen Theorie der sozialen Evolution cf. Niklas Luhmann: Geschichte als
Prozeß und die Theorie sozio-kultureller Evolution. In: Historische Prozesse. Herausgegeben von Karl-Georg Faber und Christian Meier (Beiträge zur Historik Band
2). München 1978, pp. 413–440.

sieren pflegen, schildere ich dabei zugleich mit[16]. Ich gliedere meine Phänomenologie zivilisationsspezifischer Erfahrungsverluste in fünf Abschnitte.

Erstens. Mit der funktionalen Differenzierung des gesellschaftlichen Produktionszusammenhangs sinkt die soziale Reichweite unserer Primärerfahrungen, soweit sie durch Teilnahme an diesem Zusammenhang vermittelt sind, dramatisch ab. Noch zu Beginn des vorigen Jahrhunderts, so wird uns das mit einschlägig gern zitierten Fakten aus der Sozialgeschichte demonstriert, seien in unseren Regionen mehr als Dreiviertel der Bevölkerung urproduktiv tätig gewesen[17]. Die übergroße Mehrheit der Menschen besaß somit erfahrungsstabilisierte Vertrautheit mit der Mehrzahl der realen Bedingungen ihres Daseins. Den Schwund dieser Vertrautheit kompensieren wir heute, in der Erfahrung unserer überwältigenden Abhängigkeit von der Erfahrung anderer, durch Vertrauen in eben diese Erfahrung anderer, und im Regelfall erweist sich dieses Vertrauen als gerechtfertigt.

Die hohe Geltung, die in der modernen Welt der durch spezifische Erfahrungen ausgezeichnete Fachmann genießt, entspricht dem. Indem der Horizont unserer erfahrungsgesättigten Lebenswelt in Relation zum Kreis unserer realen Lebensbedingungen schrumpft, nimmt die erfahrungsvermittelte Verständlichkeit dieser Bedingungen ab, nämlich relativ. Absolut gesehen erweitern sich in diesem Prozeß aber zugleich unsere Tätigkeits- und Erfahrungsräume. Unsere Erfahrungen spezifizieren sich, und das Profil herausgeforderter Fähigkeiten wird dabei, innerhalb ungewisser Grenzen, eher reicher als ärmer. Zugleich zwingen uns wachsende Ansprüche an unsere Mobilität, uns auf die stabilisierende Dauergeltung einmal gemachter Erfahrungen nicht zu verlassen. Kurz: Weniger als reduzierte denn als überforderte Existenz erfahren wir uns heute. Dem entspricht als Utopie-Kompensat von unverändert anwachsender Attraktivität das Bild des einfachen Lebens. Es läßt sich, unter dem Aspekt unseres Themas, als das Bild des Lebens beschreiben, in welchem der Horizont unserer erfahrungsdurchherrschten Lebenswelt mit dem Kreis unserer realen Lebensbedingungen wieder zur Deckung gebracht ist und in dem zugleich der Schatz einmal erworbener Erfahrungen maximal vorm Veralten geschützt ist.

Mit dem Ideal des einfachen Lebens, das entfremdungskritisch die Theorie der bürgerlichen Gesellschaft seit Rousseau begleitet, ist stets eine Glücksverheißung verbunden gewesen. Dem liegt die Einsicht zugrunde, daß die Befriedigungswirkung von Tätigkeiten mit der Erfahrung ihrer Sinnevidenz zu-

---

[16] Zum Begriff der Kompensation in geschichtstheoretischer Bedeutung cf. Odo Marquard: Kompensation. Überlegungen zu einer Verlaufsfigur geschichtlicher Prozesse. In: A.a.O., pp. 330–362.

[17] Zum Beispiel bei Arnold Gehlen: Das Engagement der Intellektuellen gegenüber dem Staat (1964). In: Arnold Gehlen: Einblicke (Gesamtausgabe Band 7, herausgegeben von Karl-Siegbert Rehberg). Frankfurt am Main 1978, pp. 253–266, pp. 255 f.

nimmt, und diese Sinnevidenz ist am größten, wenn in eigener Praxis zugleich der Abschluß eines sinnvollen Praxiszusammenhangs sich erfahren läßt. Die Chancen solcher Erfahrung nehmen aber mit der Expansion unserer Handlungsräume und Handlungszeiten tendenziell ab. Mit der enormen Verlängerung unserer Handlungsketten im Differenzierungsprozeß gesellschaftlicher Arbeit wird das fertige Werk, zu dem wir beigetragen haben, dem Erfahrungshorizont unserer individuellen Lebenswelten immer weiter entrückt, und entsprechende Sinnerfahrungsdefizite sind unvermeidlich. Ein geläufiges Kompensat dieser Sinnerfahrungsverluste ist die Verschaffung von Gelegenheiten zur Erfahrung von Sinnevidenzen im abgeschlossenen Handlungskreis produktiver Freizeitbeschäftigungen. Fürs Selbermachen gibt es nicht nur die bekannten ökonomischen Gründe; es restabilisiert auch, durch größere Erfahrungsdichte, unsere Lebenswelten, isoliert diese Freiheitswelten freilich nicht selten zugleich gegenüber dem objektiven sozialen Bedingungszusammenhang unseres Lebens.

Der Kreis unserer realen gesellschaftlichen Lebensbedingungen erweitert sich also mit dem Zivilisationsprozeß fortschreitend über den Horizont unserer Lebenswelten, die uns erfahrungsvermittelt verständlich sind, hinaus. Das bedeutet – *zweitens* –, daß Produktion und Aneignung des Wissens über Lebensbedingungen, die den Sinnhorizont unserer praxisvermittelten Erfahrungen überschreiten, sich ihrerseits arbeitsteilig verselbständigen müssen, das heißt, die Wissenschaft und die Schule werden zur gesellschaftlichen Institution. In der institutionell verselbständigten Wissenschaftspraxis werden, im Experiment, die Erfahrungsvoraussetzungen unseres theoretischen Wissens in bezug auf das, was der Fall ist, arbeitsteilig unabhängig von den Erfahrungszusammenhängen gewonnen, die uns über etwaige Nutzbarkeiten dieses Wissens urteilen lassen. Strikt analog isoliert sich die Schule, in der wir ja nicht für diese, sondern für das Leben lernen, eben gegenüber diesem. Je mehr der Sinn- und Erfahrungshorizont unserer Lebenswelten relativ zum expandierenden Kreis unserer realen gesellschaftlichen Lebensvoraussetzungen zusammenschrumpft, um so mehr expandieren zugleich die Institutionen für verselbständigtes Forschen, Lehren und Lernen. Je weniger weit unsere Lebenserfahrungen tragen, um so ausgedehnter werden die Zeiten, die wir in Schulen und Hochschulen verbringen müssen. Da nun zugleich die institutionell verselbständigte Wissensproduktion und Wissensaneignung der Faktor ist, der stärker als jeder andere die Inkoinzidenz von Gesellschaftszusammenhang und lebensweltlichem Sinn- und Erfahrungshorizont bewirkt, läßt sich sagen, daß die Einrichtungen der Wissensproduktion und Wissensaneignung Einrichtungen zur Kompensation relativer Erfahrungsverluste sind, die sie selber erzeugen. Wenn man das so formuliert, sieht man zugleich, daß die gesellschaftliche Evolution, in der dieser Vorgang abläuft, einen Grenznutzen hat, und sobald man das erkennt, werden, kompensatorisch zur expansiven Hochschul- und Bildungspolitik, Programme zur Begrenzung der Zeiten unseres Aufenthalts in lebenserfahrungsverdünnten Schulräumen, ja im kulturkritischen

Extremfall, wie bei Ivan Illich, Programme der Entschulung der Gesellschaft plausibel[18].

Im Medium zentraler philosophischer Begriffe beschrieben, bedeutet Fortschritt in der institutionellen Verselbständigung von Wissenserzeugung und Wissensvermittlung Fortschritt in der Entfremdung von Urteilskraft und Verstand. Nur dort, wo das Wissen den Erfahrungen des Subjekts seiner Nutzung selber entstammt, entfällt das Problem, überhaupt erst lernen zu müssen, die Situationen und Gegebenheiten identifizieren zu können, auf die sich das Wissen bezieht und anwendbar ist. Erfahrung im Sinne unseres Themas ist der Zusammenfall des Wissens mit diesem Können. In der modernen Zivilisation hat sich das Lernen wie nie zuvor kulturell verselbständigt, weil sich heute der Kreis des Wissens, auf den wir für Orientierungs- und Handlungszwecke angewiesen sind, ungleich weiter erstreckt als die Reichweite von Erfahrungen, die sich über learning by doing it je gewinnen lassen. Der Hiatus von Schule und Leben ist aus demselben Grund unaufhebbar, und die vertrauten Bemühungen, ihn zu mildern, sind vom alten preußischen Referendariat bis zum modernen Projektstudium Kompensationen, die prinzipiell dem Mangel, auf den sie sich beziehen, nicht gewachsen sind. Kurz: sie sind Krücken. Wo wir eigens lernen, beziehen wir uns prinzipiell, wie wir bei Günther Buck, der sich dabei auf Hegel beruft, lernen können[19], auf Bestände, die durch eigene Erfahrungen nicht gedeckt sind, und für das Lehren gilt, mutatis mutandis, dasselbe. Eckhard Northofen freilich dramatisiert die Situation, wenn er schreibt: „Ein Mensch von fünfundzwanzig ist knapp zwanzig Jahre Schüler gewesen. Nun steht er selber vor Schülern und soll sie über das Leben belehren."[20] Das ist eine rhetorische Übertreibung, weil ja zum Glück unsere Schulen zwar Schulen für das Leben, aber nicht Lebensschulen sind. Der Erfahrungsverlust wäre komplett, wenn wir Schulen bräuchten, um leben zu lernen.

Drittens. Daß unser Erfahrungshorizont sich in Relation zu unseren realen gesellschaftlichen Lebensbedingungen verengt – das erfahren wir nicht nur im fortschreitenden Schwund der Erfahrungsdeckung des Wissens, das wir erwerben müssen, bevor wir es zu nutzen gelernt haben. Noch eindringlicher wird diese Erfahrung in der Erfahrung der Inkoinzidenz von Urteilskraft und medialer Information übers Weltgeschehen. Als informierte Gesellschaft existiert ja eine Weltgesellschaft bereits real[21], das heißt, der Globus ist ein nachrichten-

---

[18] Zur deutschen pädagogischen Illich-Rezeption cf. Hartmut von Hentig: Guernavaca oder: Alternativen zur Schule? Stuttgart, München 1972.

[19] Günther Buck: Lernen und Erfahrung. Zum Begriff der didaktischen Induktion. Köln, Mainz 1967, bes. pp. 20 f.

[20] Eckhard Northofen: Spiele im Alltag und der philosophische Sonntag. In: Zeitschrift für Didaktik der Philosophie. Thema: Philosophie und Alltag. Heft 2/79. 1. Jahrgang/Mai 1979, pp. 80–85, p. 83.

[21] Cf. Niklas Luhmann: Die Weltgesellschaft. In: Soziologische Aufklärung 2. Aufsätze zur Theorie der Gesellschaft. Opladen 1975, pp. 51–71.

technisch nahezu integriertes System. Indem wir, als Medienkonsumenten, an diesem System partizipieren, holen wir, wie es heißt, die Welt ins Haus, aber wir holen sie damit natürlich keineswegs in unseren Erfahrungshorizont ein. In der Menge der Informationen, mit denen wir uns konfrontiert finden, nehmen die Informationen über diejenigen Teile der Wirklichkeit, zu denen wir keinerlei erfahrungsvermittelten Zugang haben, rasch zu. Die Ausdehnung unserer medialen Informiertheit ist historisch beispiellos[22]. Aber es ist die Informiertheit einer passiven, relativ zur Reichweite ihrer elektronisch vermittelten Apperzeptionen, erfahrungsverarmten Zuschauersubjektivität[23]. Wenn wir einmal, unter Aufbietung einiger nötiger Einbildungskraft, fingieren, wir wären angesichts dessen, was wir täglich hören und lesen, zur Beantwortung der Frage verpflichtet, wer denn nun was wann tun oder lassen müßte, erfahren wir eindringlich den urteilskrafttranszendenten Charakter des überwiegenden Teils der informationspraktisch präsent gewordenen Welt. Die Nachricht, zum Beispiel, über den Ausbruch eines Krieges zwischen China und Viet-Nam fordert uns, sofern wir nicht gerade Chinesen oder Vietnamesen oder Mitglieder des studentischen KBW sind, für ein begründetes praktisches Urteil über sie Erfahrungen und Kenntnisse ab, deren Aneignung länger als der Krieg selbst dauern müßte. Wir tun deshalb wohl am besten, ein solches Ereignis, im Blick auf die Opfer, in archaisch-theorieloser Weise für ein Unglück zu halten. Peter Handke hat diese vernünftige Hilflosigkeitsreaktion überforderter Urteilskraft zu einer Antwort auf die Standardfrage „Was sagst Du dazu?" stilisiert. Handkes Antwort lautet: „Was soll ich dazu sagen?"[24]

Soweit die Gegebenheiten jenseits unseres Erfahrungs-, ja Kenntnishorizonts, über die wir heute benachrichtigt werden, uns nicht weiter betreffen, sind sie natürlich in hohem Maße geeignet, unsere Curiositas zu bedienen. Gut informiert zu sein – das gilt heute als strenger Anspruch. Das gute Recht dieses Anspruchs sollte aber nicht übersehen machen, daß die übergroße Menge der Informationen, die uns heute medial erreichen, nicht unsere Kompetenz verstärken, sondern der Unterhaltung dienen. Man merkt das, wenn man aus einem weltenfernen Urlaub zurückkommt. Man hat dann viele Nachrichten versäumt, aber sonst eigentlich nichts versäumt. Man kann daraus auch Konsequenzen für die Zeit außerhalb des Urlaubs ziehen.

Das Urteilsmoratorium, das nach Peter Handke unserer von Arnold Gehlen so genannten reich informierten Weltfremdheit[25] angemessen wäre, ist natür-

---

[22] Cf. dazu Karl Steinbuch: Maßlos informiert. Die Enteignung unseres Denkens. München 1978.

[23] Cf. dazu meinen Aufsatz „Der Informationsfortschritt und der Alltag der Menschen", in: Die informierte Gesellschaft. Arbeitstagung der Stiftung für Kommunikationsforschung in Verbindung mit der Siemens AG München. Bonn 1979, pp. 27–36.

[24] Peter Handke: Was soll ich dazu sagen? (1973). In: Peter Handke: Als das Wünschen noch geholfen hat. Frankfurt am Main 1974, pp. 25–29.

[25] Arnold Gehlen, a.a.O. (Anm. 17), p. 256.

lich eine Haltung, die uns intellektuelle Askese abverlangt. In der relativen Schrumpfung unseres Erfahrungshorizonts gegenüber unserem Informationshorizont erzeugen sich Vakuen praktischer Orientiertheit, die auf Versuche ihrer kompensatorischen Ausfüllung ansaugend wirken. Auch wo wir zu erfahrungsgesättigten Urteilen unfähig sind, läßt sich doch eine Meinung haben, und Meinungen sind es, mit denen wir, durch Kommentatoren angeleitet und durch buchstäblich sich so nennende Verbandsbüros für Meinungspflege ermuntert[26], expandierende Erfahrungsleerräume besetzen. Gehlen hat in diesem Kontext „Meinungen" als „Erfahrungen aus zweiter Hand" charakterisiert[27]. Aber daß sie das immerhin wirklich sind, ist selbstverständlich der glücklichere Fall.

Die Leistungen der großen, politisch verwalteten Ideologien zur kompensatorischen Restitution praktischer Orientiertheit wirken kompakter. Was immer sonst Ideologien leisten – unter dem Aspekt unseres Themas haben sie die Funktion, die Sicherheit praktischen Urteils, wie sie sonst nur über Erfahrung zustande kommt, für jedermann in bezug auf die Totalität des medial präsentierten Weltgeschehens auszudehnen. Die Anmutungsqualität von Presseorganen machthabender Einheitsparteien, die ihre Identität durch eine integrale Ideologie definieren, ist der Reflex solcher Sicherheit, und auch die vormalige Desorientiertheit des schon erwähnten studentischen KBW-Mitglieds ist in solche Sicherheit hinein überwunden.

Eine weitere, differenziertere Form, in erfahrungsverdünnte Räume medial gegenwärtiger Wirklichkeit mit dem eigenen praktischen Urteil einzudringen, ist der moralische Idealismus – die Gesinnungsethik Max Webers. Gesinnung ist als Kompensat von Erfahrungsmängeln nicht deswegen prekär, weil der Geltungsanspruch des moralischen Urteils, das die gute Gesinnung über ungerechtfertigte Zustände verhängt, seinerseits nicht gerechtfertigt wäre. Prekär, nämlich in der praktischen Konsequenz potentiell terroristisch, wird die Kompensation von Erfahrungsmängeln durch Intensität guter Gesinnung dann, wenn sie das moralische Urteil zur Grundlage praktischer Entscheidungen ohne Berücksichtigung oder gar Kenntnis der Kosten macht, die die Exekution des moralischen Urteils fordert.

Viertens. Mit der funktionalen Differenzierung unseres gesellschaftlichen Lebenszusammenhangs nimmt die Eingriffstiefe technischer, ökonomischer und politischer Entscheidungen zu. Das bedeutet nicht nur, daß die Reichweite unseres zweck- und leistungsbezogenen kollektiven Handelns unseren lebensweltlichen Erfahrungshorizont transzendiert. Es bedeutet darüber hinaus, daß die Erfahrungsdeckung unserer Wirkungsräume verkümmert. Unsere Handlungen erfüllen selbst im glücklichen Fall ja nie nur ihren Zweck. Sie bewirken

---

[26] Cf. dazu meinen Aufsatz „Der Streit um Worte. Sprache und Politik" (1967). In: Hermann Lübbe: Bewusstsein in Geschichten. Studien zur Phänomenologie der Subjektivität. Freiburg i. Br. 1972, pp. 132–167, pp. 144 f.
[27] Arnold Gehlen, a.a.O. (Anm. 1), pp. 47 ff.

darüber hinaus stets auch Nicht-Intendiertes[28]. Die nicht-intendierten Nebenfolgen unseres Handelns also lassen unsere Wirkungsräume stets über die Funktionsgrenzen unserer Handlungssysteme hinaus ausgedehnt sein, und diese Diskrepanz von Handlungsraum und Wirkungsraum verschärft sich, wenn die Eingriffstiefe technischer, ökonomischer und politischer Entscheidungen zunimmt. Und diese Eingriffstiefe nimmt eben mit der Interdependenz der Handlungssysteme in funktional hochdifferenzierten Gesellschaften zu. Neu ist in der Konsequenz dieser Verschärfung der Diskrepanz von Handlungs- und Wirkungsraum nicht das Nebenfolgenproblem als solches, sondern der Zuwachs des Belastungscharakters von Handlungsnebenfolgen in Verbindung mit der Verlängerung der Umwege, über die sie, wenn überhaupt, in differenzierten Gesellschaften auf die handelnden Subjekte zurückfallen. Unter dem Aspekt unseres Themas bedeutet das: Unser Urteil über die Erträglichkeiten von Nebenfolgen verliert seine Basis in der Erfahrung, die die Handlungssubjekte selbst mit diesen Nebenfolgen machen. Wir alle sind, real oder potentiell, Nebenfolgenbetroffene, und in dieser Betroffenheit erfahren wir die fraglichen Nebenfolgen natürlich unmittelbar – von den Rückwirkungen universitätsreformerischer Massenbeförderungsschübe auf unsere Berufschancen als Angehörige der nächstjüngeren Generation von Wissenschaftsbeflissenen bis hin zu erläuterungsunbedürftigen ökologischen Nebenfolgen der zivilisatorischen Anhebung unseres Wohlfahrtsniveaus. Aber in unserer jeweiligen Entscheidungs- und Handlungssubjektivität sind wir von den Erfahrungen dessen, was wir außer nützlichen und wählerstimmenträchtigen Wohltaten, zum Beispiel als Politiker, sonst noch anrichten, jeweils relativ weit entfernt. In der Trennung von Erfahrungs- und Wirkungsraum verliert sich sowohl auf der Seite der leistungsproduzierenden wie der leistungsempfangenden Subjekte in Produktion und Konsum der Leistung die Unmittelbarkeit der Beziehung auf ihre Nebenfolgenlasten. Das bedeutet: Auf der Seite der Handelnden bleibt sowohl die Erfahrbarkeit wie die Übernehmbarkeit von Verantwortung hinter der expandierenden Wirkungsreichweite unseres Handelns zurück, und auf der Seite der Konsumierenden erzeugt sich ein Infantilismus des Forderns, der ineins den Genuß und die Beseitigung von Folgelasten verlangt. Im aktuellen und polulären Beispiel heißt das: Es ist in der Tat, nach allen bisherigen Erfahrungen mit der Verantwortbarkeit von Handlungen, für den Common sense nicht plausibel, wie es einem Kernkrafterzeuger möglich sein soll, Verantwortung für Entscheidungen tragen zu können, vor deren Nebenfolgen, nach der physikalischen Natur der Sache, Schutz über Jahrtausende hin gewährleistet sein müßte. Aber die Weigerung, den Kernenergieanteil am häuslichen Stromkonsum zu bezahlen, anstatt auf diesen Anteil zu verzichten oder ihn privat zu erzeugen, ist auch nicht plausibler. Kompensationen für die rückläufige Dek-

---

28 Cf. dazu Robert Spaemann: Nebenwirkungen als moralisches Problem (1974). In: Robert Spaemann: Zur Kritik der politischen Utopie. Zehn Kapitel politischer Philosophie. Stuttgart 1977, pp. 167–182.

kung zwischen Erfahrungs- und Wirkungsraum, die sich in der Verschärfung des Nebenfolgenproblems niederschlägt, gibt es bekanntlich zwei. Das erste dieser Kompensate ist der Versuch, durch institutionelle, näherhin gesetzgebungstechnische Regelungen die Nebenfolgenlasten in Kostengestalt möglichst unmittelbar auf die handelnden Subjekte zurückfallen zu lassen. Das sogenannte Verursacher-Prinzip in der Umweltschutzgesetzgebung repräsentiert einen solchen naheliegenden, wenn auch in seiner Wirkung zwangsläufig sehr begrenzten Versuch. Aber könnte man auf diese Weise, zum Beispiel, auch unser sogenanntes generatives Verhalten steuern, das uns, indem unsere soziale Sicherheit im Alter lebenserfahrungsmäßig nicht mehr unmittelbar von eigenen Kindern, sondern von der Sozialversicherungskasse abhängt, die Lasten der Aufzucht der Kinder, die später als Erwachsene in diese Kasse einzahlen müssen, ungerührt anderen aufbürden läßt?

Wenn man so und analog fragt, erkennt man rasch Grenzen unserer kompensatorischen Möglichkeiten, mittelbare Interessen durch institutionelle Überführung in unmittelbare Interessen unserer Erfahrung wieder zugänglich zu machen. In sozialistischen Ländern, in denen aus ideologischen Gründen das unmittelbare, private Interesse gegenüber den mittelbaren, das heißt allgemeinen Interessen disqualifiziert ist, verschärft sich dieses Problem sogar noch, und als Kompensat fungiert die propagandistisch vermittelte Herstellung der unmittelbaren Herrschaft des vermittelten, nämlich allgemeinen Interesses, wo dann sogar die Schularbeiten beim Nahen des Parteitags diesem zu Ehren getan werden und wo die Öffentlichkeit von Appellen und Sollerfüllungsmeldungen beim Überreichen der Wanderfahnen im Wettbewerb der kollektiven Selbstlosigkeiten dröhnt. Es sind das Folgen der öffentlichen Nichtzulassung von Erfahrungen, die sich aufs Privatinteresse beziehen, als Basis für ökonomische und politische Urteilsbildung[29].

Das zweite Kompensat der Lücke, die sich heute zwischen Wirkungs- und Erfahrungsraum auftut, ist die institutionalisierte, insbesondere technische Nebenfolgenkontrolle[30]. Die Nötigkeit dieses Kompensats ist evident, und seine Leistungskraft verbessert sich ständig. Gleichwohl gibt es Grenzen der Leistungsfähigkeit des Assessments, und diese Grenzen sind prinzipieller Natur. Sie liegen dort, wo wir, nach einem berühmten Theorem Poppers, zur Abschätzung dessen, wie sich eine technische Innovation künftig auswirken wird, deswegen unfähig sind, weil wir unfähig sind, eine zivilisatorische Evolution zu prognostizieren, deren stärkster Mobilisierungsfaktor das prinzipiell nicht prognostizierbare wissenschaftliche Wissen ist[31].

---

[29] Cf. dazu das Kapitel „Zur Philosophie des Liberalismus und seines Gegenteils" in meinem Buch „Fortschrittsreaktionen. Über konservative und destruktive Modernität". Graz, Wien, Köln 1987, pp. 41–55.

[30] Cf. dazu exemplarisch Hans Sachsse: Anthropologie der Technik. Braunschweig 1978, bes. pp. 102ff.

[31] Karl R. Popper: Das Elend des Historizismus. Zweite, unveränderte Auflage. Tübingen 1969, p. XI.

Auch das Nebenfolgenproblem hat, sofern der Wohlfahrtsertrag des Zivilisationsprozesses relativ zur Nebenfolgenbelastung abnimmt, die Struktur einer Grenznutzenerfahrung. Kompensationen gibt es insoweit nicht. Kompensationen sind ja auf Mängel bezogen, und es hat keinen Sinn, vergleichsfrei Möglichkeitsgrenzen Mängel zu nennen. Das ist es, was es uns immer wieder einmal erlaubt, von politischen Forderungen gewisser Sorte auf Erfahrungsmängel in bezug auf Möglichkeitsgrenzen zu schließen. Aber es hat wenig Sinn, sich zu solchen Erfahrungsmängeln moralisierend zu verhalten. Sie sind konstitutiv für eine Zivilisation, in der die Menge möglicher Fehler zunimmt, deren Folgelasten nicht unmittelbar uns, sondern mittelbar Spätere treffen. Und wer, als Philosoph, solche Erfahrungsmängel konstatiert, verfügt ja, im handlungsrelevanten Detail, über solche Erfahrungen auch nicht, sondern sagt nur, daß wir uns in einer Lage befinden, in der der Fortschritt des wissenschaftlichen Wissens, mit dessen Hilfe wir die Erfahrungslücken in unseren Handlungsorientierungen zu schließen suchen, den Mangel fortschreitend erzeugt, als dessen Kompensat dieses Wissen uns unentbehrlich ist. Das bedeutet: Die Kompensierbarkeit von Erfahrung durch Wissen in der Handlungsorientierung ist selber grenznutzenbestimmt.

Fünftens. In temporaler Hinsicht sind Erfahrungsverluste eine Folge hoher Veränderungsgeschwindigkeit der zivilisatorischen Lebensbedingungen, auf die sich diese Erfahrungen beziehen. Traditionen veralten heute entsprechend rasch. Traditionen – das sind ja nichts anderes als Orientierungen von generationenüberdauernder Bewährung und Geltung, und jenseits ungewisser Grenzen der zivilisatorischen Evolutionsgeschwindigkeit gelingt es nicht mehr, Erfahrungen kulturell zu konsolidierten Traditionen zu verarbeiten.

Es ist wahr, daß in einer solchen Lage mancherlei Traditionsrelikte desorientierend wirken, und Akte der Loslösung von ihnen sind dann in der Tat fällig. Aber die Vorstellung, unsere Gesellschaft läge in den Fesseln traditionaler Bindungen unter einer Decke verkrusteter Strukturen begraben, ist ihrerseits nichts als ein Traditionalismus, ein Orientierungsmuster abgängiger Geschichtsphilosophie. Nicht die gehemmte zivilisatorische Dynamik ist unser Problem, sondern unsere Überforderung im Zwang zur Anpassung an eine zivilisatorische Evolution, deren Dynamik historisch beispiellos ist. Nicht petrifizierte Traditionen drücken uns, vielmehr der fortschreitende Wegfall von Entlastung durch orientierungspraktisch hilfreiche kulturelle Selbstverständlichkeiten. Kulturrevolutionäre Ikonoklasmen, die wir in den letzten Jahren beobachten konnten, sind Hilflosigkeitsreaktionen, die unsere Lage verschlimmern. Indem der Geltungsverlust von Erfahrungsgut ohnehin groß ist, will, was allenfalls hält, nicht zusätzlich in Bewegung versetzt, sondern geschont sein. Avantgarde ist in einer dynamischen Zivilisation jede Gegenwart mit ihren neuen Erfahrungen ohnehin. Avantgardismus ist in einer solchen Lage die Merkwürdigkeit einer Genugtuung darüber, daß man morgen schon selber von gestern sein wird. Das angemessene Kompensat einer solchen Erfahrung ist ein Verhalten nach den Grundsätzen der Denkmalpflege. Indem wir die funktional integrationsfähigen Elemente unserer historisch gewordenen Herkunftswelt, statt sie abzuräumen, konservieren, beugen wir kompensatorisch den Gefahren temporaler Identitätsdiffusion vor, das heißt, wir halten Vergangenheiten als eigene Vergangenheiten erfahrbar und zuschreibungsfähig[32].

Wenn wesentliche kulturelle Traditionen sich selbst in Zeiträumen historisch werden, deren Ausdehnung deutlich geringer ist als die Lebensfrist zweier Generationen, so zerfällt die Einheit dieser Generationen in der Erfahrung kultureller Homogenität. Im harmlosen bildungspolitischen Beispiel heißt das, daß die Eltern in der Schule ihrer Kinder ihre eigene Schule nicht mehr wiedererkennen. Die Probleme des Verhältnisses zwischen den Generationen verschärfen sich entsprechend. Das Alter gerät in eine schwierige Lage, wenn die Väter nicht mehr die Erfahrungen repräsentieren, die den Söhnen bevorstehen, sondern solche, auf die sie sich selber nicht mehr verlassen könnten[33].

Politisch bedeuten Erfahrungsverluste Schwächung der Urteilskompetenz des Common sense. Common sense – das ist der traditionsreiche Name für die Instanz praktisch-politischen Urteils in der Orientierung an traditional bewährter Erfahrung von großer sozialer Reichweite. Den Kompetenzverlusten des politischen Common sense entspricht im gegenwärtigen politischen System die Institutionalisierung fachmännischer Politik- und Verwaltungsberatung. Ersichtlich wäre es ein Mißverständnis, diese wissenschaftliche Politik- und Verwaltungsberatung für eine Praxis zu halten, deren Zweck es wäre, die traditionelle administrative Common sense-Orientierung endlich zu rationalisieren. Die Sache verhält sich umgekehrt: der Minister, der heute zur Vorbereitung fälliger Entscheidungen ein Gutachten anfordert oder hearings veranstaltet, verschafft sich ja nicht nur etwas, was früher keiner Regierung zur Verfügung stand. Was er bekommt, ist als Neuerung vor allem dadurch ausgezeichnet, daß frühere Regierungen auf dergleichen gar nicht angewiesen waren. Das heißt: Auch das institutionelle wissenschaftliche Beratungsdienstleistungswesen ist nichts anderes als eine Veranstaltung zur Kompensation jener relativen Erfahrungsverluste, die in der gegenwärtigen Welt die Kompetenz des Common sense schwächen.

Soweit einige Analysen zur exemplarischen Vergegenwärtigung von zivilisationsspezifischen Erfahrungsverlusten und ihren Kompensationen. Die Reihe ließe sich lange fortsetzen – von den Schwierigkeiten, die uns, erfahrungsverarmt, heute in unserer vorprofessionellen Erziehungspraxis belasten, bis zu den bekannten Paradoxien unserer Intellektuellen-Existenz[34], in der wir unse-

---

[32] Cf. dazu meinen Aufsatz „Identität und Kontingenz", in: Identität. Herausgegeben von Odo Marquard und Karlheinz Stierle. München 1979, pp. 655–659.

[33] Cf. Helmut Schelsky: Die Paradoxien des Alters in der modernen Gesellschaft (1959). In: Helmut Schelsky: Auf der Suche nach Wirklichkeit. Düsseldorf, Köln 1965.

[34] Cf. Helmut Schelsky: Die Intellektuellen, die Regierenden und die Erfahrungen des gemeinen Mannes. In: Oskar Schatz (Hrsg.): Abschied von Utopia? Anspruch und Auftrag der Intellektuellen. Graz, Wien, Köln 1977, pp. 151–172.

ren höheren Standpunkt stets nur um den Preis der Luftverdünnung gewinnen
können und in der wir praktische Urteile über Entscheidungen fällen, die uns
selber niemals abverlangt sind.

Statt dessen sei zunächst noch mit einigen begriffshistorischen Anmerkungen der Begriff des Common sense stark gemacht. Er konzeptualisiert jene gemeine Lebenserfahrung, deren Reichweite unter den Lebensvoraussetzungen
der modernen Zivilisation in der Tat relativ abnimmt, die zugleich aber als Basis unseres Urteils über Nutzen und Nachteil unserer modernen Lebensvoraussetzungen um so wichtiger wird. Common sense ist somit keineswegs ein belie-
biges Element aus der großen Menge der Anglizismen im Gegenwartsdeutsch.
Nach seiner philosophischen Herkunft ist Common sense ein Begriff mit großer theoretischer Ladung. Das ist den Kultur- und Wissenschaftshistorikern,
näherhin den Philosophiehistorikern wohlvertraut, wenn auch die umfassende,
insbesondere seine politiktheoretische Bedeutung aufarbeitende Historiographie des Common sense-Begriffs bislang noch ein Desiderat geblieben ist. Immerhin hat Hans-Georg Gadamer den Begriff des Common sense, näherhin
sein lateinisches Äquivalent, in seinem Hauptwerk den „humanistischen Leit-
begriffen" zugezählt[35], in denen Wirklichkeitsverhältnisse philosophisch thematisiert gewesen sind, für die heute, wissenschaftskulturell, die Geisteswissenschaften eine Zuständigkeit haben. „Common sense" scheint in anderen For-
schungszusammenhängen unter den „Europäischen Schlüsselwörtern"[36] auf,
und bei den Philosophen ist diese Wortverbindung, unbeschadet ihrer gemeinsprachlichen Verwendbarkeit, sogar fachterminologisch fixiert geblieben[37].

Die älteste, vor der Aufklärungsphilosophie dominante und bis auf Aristoteles zurückreichende Bedeutung des sensus communis-Begriffs liegt außerhalb des Sachbereichs, der uns hier zu beschäftigen hat. Komplementär zur
Lehre von den äußeren Sinnen gibt es das Lehrstück von den inneren Sinnen,
zu denen, neben Gedächtnis und Phantasie, eben auch der sensus communis
gehört[38] – als unser Vermögen, die heterogene Mannigfaltigkeit unserer äußeren Sinnesempfindungen zur Einheit einer konsistenten Wirklichkeitsorientie-

[35] Hans-Georg Gadamer: Wahrheit und Methode. Grundzüge einer philosophischen
Hermeneutik. Tübingen [3]1972, p. 7; pp. 16 ff.: „sensus communis".
[36] Helga Pust: Common sense bis zum Ende des 18. Jahrhunderts. In: Europäische
Schlüsselwörter. Vol. 2. München 1964, pp. 92–140.
[37] Vor allem in der Wirkung der Abhandlung von George Edward Moore: A Defense
of Common Sense. (1925). Deutsch in: George Edward Moore: Eine Verteidigung
des Common sense. Fünf Aufsätze aus den Jahren 1903–1941. Mit einer Einleitung
von Harald Delius. Frankfurt am Main 1969, pp. 113–151. – Zu dieser Wirkung exemplarisch: Rudolf Haller: Wie vernünftig ist der Common sense? In: Hans Poser
(Hrsg.): Wandel des Vernunftbegriffs. Freiburg im Breisgau, München 1981, pp.
177–197.
[38] Cf. exemplarisch Sancti Thomae Aquinatis in Aristotelis librum de anima commen-
tarium. Editio Quarta. Cura ac studio P. F. Angeli M. Pirotta, O. P. 1959, p. 183
(III, 1. XII, 773).

rung zu synthetisieren. Man erkennt leicht, daß der sensus communis-Begriff in dieser Bedeutung aus der Perspektive moderner Disziplinen gesehen in die ältere Vorgeschichte von Teilen der Medizin und der Psychologie gehört[39]. Es ist nicht plausibel, wie damit „Common sense" in seiner gegenwärtigen gemeinsprachlichen Verwendung bedeutungsevolutionär zusammenhängen könnte. Man erkennt das, wenn man sich klarmacht, daß die sinnlich vermittelte Fähigkeit, sich auf die Wirklichkeit einzustellen, weil ohne sie niemand lebensfähig wäre, zu den humanen Gemeinkompetenzen gehört, an denen es uns gebrechen mag, in denen wir uns aber nicht voreinander auszuzeichnen pflegen.

Eben diese Gemeinverteiltheit ist es nun auch, die, über die gemeine Wirklichkeit erschließende Leistung der Sinne hinaus, für Urteilsfähigkeit in praktischen Alltagsdingen in Anspruch genommen wird. Es gibt Wahrheiten, denen zuwiderzuhandeln sich lebensunfähig machen hieße, die eben deswegen auch gar nicht im Streit sind, die insofern gewiß als trivial gelten müssen und nichtsdestoweniger fundamentale Bedeutung haben. Der Begriff des Common sense ist, in seiner so sich erweiternden Fassung, ein Begriff der gemeinen Fähigkeit, Wahrheiten der gegebenen Charakteristik aufzufassen und sich an ihnen zu orientieren.

Es ist leicht zu erkennen, daß die Theorie dieses Common sense sich einer Provokation verdankt. Man macht ja, was ohnehin niemand bestreitet, nicht ohne speziellen Grund geltend. Der Witz des erweiterten Common sense-Begriffs, so scheint mir, ist polemischer Natur. Er verdankt sich einer Lage, in der es aktuell wird, Selbstverständlichkeiten hervorzukehren und Zuständigkeiten für sie zu behaupten, ja erstmalig geltend zu machen. Was ist das für eine Lage? Philosophiehistorisch mag man sie durch die Erfolge des Cartesianismus charakterisiert finden. Die Argumente der Skepsis wider unser Vertrauen in die Leistungen unserer Sinne sind alt[40]. Aber Descartes hatte diese Skepsis bekanntlich methodisch bis in die Konsequenz einer Anzweiflung der Evidenzen der Arithmetik hinein überboten[41]. Der pragmatische Sinn dieses methodischen Zweifels war bekanntlich der der Emendation der Begründung theoretischen Wissens, und dagegen wollte sich auch die Common sense-Philosophie, im Prinzip, gar nicht wenden. Sie hielt es aber für angezeigt, darauf zu beharren, daß das Gemeinwesen, auf das die lebenspraktischen Maßgaben des sens commun, des Common sense, sich stützen, jener skeptischen Prüfung und

---

[39] Cf. dazu Pust, a.a.O. (cf. Anm. 36), p. 100.

[40] Sie reichen weit hinter die Schule der Skeptiker im engeren Sinne zurück in die Geschichte der Erkenntniskritik. Cf. hierzu Malte Hossenfelder: Einleitung zu: Sextus Empiricus. Grundriss der Pyrrhonischen Skepsis. Einleitung und Übersetzung von Malte Hossenfelder. Frankfurt am Main 1968, pp. 9–90, p. 12ff.: „Erkenntniskritik in Stoa und Neuer Akademie". Zur Tradition des Skeptizismus cf. Arne Naess: Scepticism. London 1968.

[41] Œuvres de Descartes, publiés par Charles Adam et Paul Tannery. VII, 20f.

Neubegründung gar nicht bedürfen[42], der die Philosophen das scholastisch tradierte philosophisch-wissenschaftliche Wissen zu unterziehen sich anschick-
ten. Das ist es, was, schon früh, in Frankreich Claude Buffier[43] gegen den Cartesianismus geltend gemacht hat und später in Anknüpfung an Buffier vor allem die Common sense-Philosophen in Schottland[44], in einigen Hinsichten
analog auch in Neapel Vico[45].

In dieser Frontstellung bedarf der Common sense-Begriff nur einer leichten
Zuspitzung, um zum Begriff der Kritik an der Spitzfindigkeit und Weltfremdheit der Gelehrten zu avancieren. Das macht ihn dann, im weiteren kulturellen
und politischen Lebenszusammenhang, sogar als Instanz der Kritik an der
Common sense-fernen Buchstabenorthodoxie eifernder Theologen tauglich.
Die Erinnerung an friedensstörende konfessionelle Intoleranz ist darin lebendig[46]. In den umfassenderen Zusammenhängen des bürgerlichen Lebens wird
damit der Common sense zur Instanz der Erhebung von Ansprüchen auf freie,
selbstbestimmte wirtschaftliche und sonstige Betätigungen. Mit leichtem Anachronismus ließe sich sogar sagen: Der Common sense-Begriff des 18. Jahrhunderts sammelt demokratietheoretische Potentiale[47]. Er fungiert als Begriff
dessen, was man, wenn nicht als gleichverteilt, so doch als gemeinverteilt unterstellen muß, wenn anders man die Mehrung gemeiner Wohlfahrt wie durch
nichts anderes durch freie Betätigung bürgerlicher Selbstbestimmungsrechte
erwartet. Jedenfalls ist der Begriff des Common sense – und das in Kontinuität
seiner ältesten Bedeutung – ein Begriff dessen, womit schließlich jeder beliebi-

---

[42] Was freilich, mit Berufung auf den Diskurs de la méthode, auch mit Descartes selber sich geltend machen ließe, insbesondere im Rekurs auf die Eingangssätze des
Discours sowie insbesondere im Rekurs auf die von Descartes so genannte „Morale
par provision": Œuvres de Descartes, a. a. O. VI, 1,22. – Zu diesem Teil der praktischen Philosophie Descartes' cf. Robert Spaemann: Descartes' provisorische Moral.
In: Epirrhosis. Festgabe für Carl Schmitt. Herausgegeben von Hans Barion, Ernst-
Wolfgang Böckenförde, Ernst Forsthoff, Werner Weber. Zweiter Teilband. Berlin
1968, pp. 683–696.

[43] Claude Buffier: Traité des premières vérités et de la source de nos jugements. Paris
1732. Reprint Genève 1971.

[44] Prominent Thomas Reid: Essays on the Intellectual Powers of Man. Cambridge,
Massachusetts, and London 1969, pp. 556ff.: Chapter II: „Of common sense". – Zu
Buffier und Reid cf. das grundlegende Werk von Louise Marcil-Lacoste: Claude
Buffier and Thomas Reid. Two common sense philosophers. Kingston and Mon-
treal 1982. – Cf. auch die ältere kleine Arbeit von Johano Strasser: Lumen naturale –
sens commun – common sense: Zur Prinzipienlehre Descartes', Buffiers und Reids.
In: Zeitschrift für philosophische Forschung XXIII/2 (1969), pp. 177–198.

[45] Cf. dazu vor allem das Kapitel III der berühmten Abhandlung „De nostri temporis
studiorum ratione" (in der zweisprachigen Ausgabe Godesberg MCMIIIL, Übertragung von Walter F. Otto, mit einem Nachwort von C. Fr. von Weizsäcker und einem erläuternden Anhang von Fritz Schalk), pp. 26ff. – Zum philosophiegeschicht-
lichen Kontext cf. Hans-Georg Gadamer, a. a. O. (cf. Anm. 35).

[46] Cf. dazu Helga Pust, a. a. O. (cf. Anm. 36), p. 112.

[47] A. a. O., p. 113.

ge Billy Smith ebenso ausgestattet ist wie die Lords, ja wie der Erzbischof von Canterbury[48]. Die Common sense-Philosophie ist damit eine Philosophie der Rangerhebung dessen, was zuvor sich in seiner Geltung ganz unten befand. So vermochte „Common sense" auch als Zeitschriftentitel Karriere zu machen. Emblematisch wurde er, generisch nicht ganz korrekt, durch Lord Chesterfield, dem Herausgeber der Zeitschrift, auf deren Titelblatt sogar zur Königin erhoben, die sich als Schutzmacht von Wahrheit, Freiheit und Gerechtigkeit empfahl[49].

Das Pathos, mit dem hier der Common sense seine Geltungsansprüche erhebt, hat sich philosophiegeschichtlich nicht durchhalten lassen – nicht, weil die realen Prozesse politischer und kultureller Modernisierung die Kompetenzen des Common sense fortschreitend entbehrlich gemacht hätten, vielmehr deswegen, weil, vor dem Hintergrund einer politischen Gemeinkultur aller Common sense-Partizipanten, um so interessanter, auch wichtiger werden mußte, was nicht gemein, vielmehr exzellent macht. Die Geltungsansprüche des Common sense sind Ansprüche auf Anerkennung von Gemeinkompetenzen, in deren Betätigung man sich schwerlich hervortun kann. Common sense-Orientierung macht gemein und wirkt egalisierend. Aber auch in diesem Zusammenhang gilt, daß Gleichheit ein Medium der Befreiung ist, zum Beispiel der Befreiung von Talenten und Gaben, die gerade nicht gemeinverteilt, vielmehr überaus selten und dadurch auszeichnend sind. Daher wird dann, zum Beispiel, in der Genie-Ästhetik um die Wende des 18. Jahrhunderts zum 19. Jahrhundert das künstlerische Schöpfertum der Common sense-Transzendenz seiner Leistungen wegen gerühmt[50], und analog konnten dann auch die Hervorbringungen aus wissenschaftlichem und technischem Ingenium durch ihre

---

[48] Nach Rainer Specht: Über Funktionen der Tradition. In: Mannheimer Berichte 4 (April 1972), pp. 103–107, der hier freilich den traditionskritischen Empirismus als politisch egalisierend beschreibt: „‚Experience' und ‚Observation' sind … zunächst … nicht das, was eine Minorität von Spezialisten mit größerem oder geringerem Aufwand produziert, sondern jenes Kriterium für Behauptungen über die politische, moralische und religiöse Praxis, die jeder Billy Smith mit dem König von England gemeinsam hat" (p. 105). – Das paßt dann freilich auch auf die Geltungsansprüche des Common sense.

[49] Cf. Helga Pust, a.a.O. (cf. Anm. 36).

[50] Cf. exemplarisch die Bevorzugung des insoweit dann mit dem inneren Sinn „sensus communis" konkurrierenden inneren Sinns „Phantasie" bei August Wilhelm Schlegel: Kritische Schriften und Briefe. II. Herausgegeben von Edgar Lohner: Die Kunstlehre. Stuttgart 1963, p. 34: „So wie in der Philosophie alle echte Spekulation unmöglich wird, wenn man ihre Ansprüche in letzter Instanz vor den Richterstuhl des sogenannten gesunden Menschenverstandes ziehen will, so ist es auch um die ursprüngliche göttliche Freiheit der Phantasie geschehen, wenn ein solcher nüchterner und wohlerzogener Geschmack zu einer fesselnden Macht im Gebiet der Kunst erhoben wird." – Über analoge begriffsgeschichtliche Entwicklungen in Frankreich berichtet Peter-Eckhard Knabe: Schlüsselbegriffe des kunsttheoretischen Denkens in Frankreich von der Spätklassik bis zum Ende der Aufklärung. Düsseldorf o.J., pp. 107–115: Bon sens/sens commun.

Verortung weit jenseits aller Comnmon sense-Horizonte herausgestrichen werden.

Auch Unterschiede europäischer Nationalkulturen ließen sich durch vergleichende historische Studien zur Common sense-Philosophie sichtbar machen. Es sind geläufige nationale Auto- und Heterostereotypien, die wissen wollen, die britische Kultur sei Common sense-gefestigter als die deutsche. Die kulturellen Bestände, auf die sich solche Vorurteile beziehen, sind von einer Komplexität, die diese Urteile, unzerlegt, indiskutabel sein läßt. Im kulturhistorischen Detail läßt sich aber durchaus finden, worauf das zitierte Vorurteil zielt – zum Beispiel das philosophiehistorische Faktum, daß in der klassischen deutschen Philosophie, in der Philosophie des sogenannten Deutschen Idealismus, der Common sense überwiegend abschätzig behandelt wird[51]. Im Westen hingegen, in Frankreich, bleibt die Verteidigung des Common sense als kulturelle Urteilsinstanz bis tief ins 19. Jahrhundert hinein philosophisch aktuell. Kein Geringerer als Victor Cousin, zum Beispiel, hat die Theorie des sens commun um eine Theorie der Mechanismen seiner sozialen Effizienz bereichert[52], und Lamennais[53] hat die traditonsreichen, nämlich bis zu Aristoteles[54] zurückreichenden Argumente des Traditonalismus[55] als sens-commun-Argumente vorgestellt.

Dieses auffällige Faktum, daß in der ersten Hälfte des 19. Jahrhunderts die Theorie des Gemeinsinns diesseits des Rheins, anders als im Westen, philosophisch ortlos wird, hat übrigens eine vollkommene Entsprechung in analogen

---

[51] So setzt schon Kant die philosophische Kritik und den „gesunden Menschenverstand" deutlich polemisch folgendermaßen gegeneinander: „… ehe die transzendentale Kritik auftrat, hat man lieber … sich auf den gesunden Menschenverstand berufen (eine Zuflucht, die jederzeit beweiset, dass die Sache der Vernunft verzweifelt ist) …": Immanuel Kant: Kritik der reinen Vernunft. Ed. Benno Erdmann. Berlin und Leipzig ⁶1923, p. 567 (B 811 f.). – Auf die Funktion dieser Antithese von „Vernunft" und „gesundem Menschenverstand" ist hier nicht einzugehen.

[52] Victor Cousin: Du bien. Edition classique avec une étude sur Victor Cousin et des notes par M. Paul Janet. Paris 1886, bes. pp. 51 f., wo Cousin eine solche Theorie auf den „goût", bezieht: „Le ridicule est la crainte de l'opinion dans les petites choses. La force du ridicule et tout entière dans cette supposition qu'il y a un goût commun, un type commun de ce qui sied et de ce qui convient, qui dirige les hommes dans leur jugements …" etc.

[53] Félicité-Robert de Lamennais: Défense de l'essai sur l'indifférence en matières de religion. Paris 1836/37. Reprint Genève 1980, wo es pp. XV f. anti-cartesianisch heißt: „A cette philosophie aussi désastreuse que absurde nous substituons la doctrine du sens commun, fondée sur la nature de l'homme, et hors de laquelle, comme nous le faisons voir, il n'y a ni certitude, ni vérité, ni raison." – Zum politischen Kontext des Lamennaisschen Common sense-Traditionalismus cf. Hans Maier: Revolution und Kirche. Zur Frühgeschichte der christlichen Demokratie. Dritte Auflage München 1973, pp. 164–197.

[54] Cf. vor allem Eth. Nic. X,2, 1172 b 36 ff.

[55] Als Väter-Zitat maßgebend Vincentius von Lerinum: Commonitorium pro catholicae fidei antiquitate. Migne PL 50, II 640.

nationalkulturellen Schicksalen des Eklektizismus-Begriffs. In den Aufklärungsjahrzehnten des 18. Jahrhunderts galt bekanntlich überall in Europa der Eklektizismus als eine philosophische Zentraltugend aufgeklärter Intelligenz[56]. In Frankreich hält sich das, nachlassend, bis tief ins 19. Jahrhundert durch[57]. Die Philosophie des Deutschen Idealismus hingegen behandelt, wie den Common sense, so auch den Eklektizismus mit Despekt[58], und man erkennt den Zusammenhang: esoterische Philosophie, deren Subjekt naturgemäß nicht der Common sense sein kann, bestreitet diesem zugleich das Recht, nach lebenserfahrungsstabilisierten Grundsätzen über Nutzen und Nachteil einer Praxis zu urteilen, die sich an jener Theorie orientiert.

Die vorstehenden fragmentarischen Hinweise auf die Geschichte des Common sense-Begriffs sind weniger als eine Ultrakurzgeschichte dieses Begriffs. Der einzige Zweck dieser Hinweise ist, den inzwischen gemeinverwendungsfähig gewordenen Begriff des Common sense als einen Begriff von traditionalem philosophischem Gewicht erkennbar zu machen, das es rechtfertigt, ihn für die Beschreibung einer wichtigen kulturellen Folge der Verwissenschaftlichung unserer Zivilisation zu nutzen.

Nach diesem kleinen Exkurs zur großen Begriffsgeschichte des Common sense sei noch mit zwei abschließenden Absätzen auf Bemühungen der jüngeren Philosophie verwiesen, die sich zur modernen Erfahrung relativ rückläufiger Reichweite unserer Primärerfahrungen komplementär verhalten. Erstens thematisiert die Philosophie eben diese Primärerfahrungen, das heißt, sie wird zur Lebensweltanalyse[59]. Ein herausragendes Beispiel für diesen Vorgang ist die sozialwissenschaftsnahe Phänomenologie der Alfred-Schütz-Schule[60]. Wir lernen hier, daß Einheit und Konsistenz unseres Wirklichkeitsverhältnisses gar kein Resultat unserer Wissenschaftspraxis sind, daß vielmehr umgekehrt gelin-

---

[56] Cf. zum Beispiel Diderots Artikel „Ecclectisme" in der großen Enzyklopädie. – Zum deutschen voridealistischen Aufklärungs-Kontext cf. Werner Schneiders: Vernünftige Zweifel und wahre Eklektik. Zur Entstehung des modernen Kritikbegriffs. In: Studia Leibnitiana Band XVII/2 (1985), pp. 143–161; ferner: Walther Ch. Zimmerli: „Schwere Rüstung" des Dogmatismus und „anwendbare Eklektik". J. G. H. Feder und die Göttinger Philosophie im ausgehenden 18. Jahrhundert. In: Studia Leibnitiana. Band XV (1983), pp. 58–71.

[57] Wiederum vor allem in der Schule Victor Cousins.

[58] So nennt zum Beispiel Hegel den Eklektizismus ein bloßes „Zusammensetzen verschiedener Prinzipien, Meinungen, gleichsam verschiedener Lappen zu einem Kleid": Georg Friedrich Wilhelm Hegel: Einleitung in die Philosophie. Herausgegeben von Johannes Hoffmeister. Hamburg ³1959, p. 130.

[59] Cf. dazu Gerd Brand: Die Lebenswelt. Eine Philosophie des konkreten Apriori. Berlin 1971.

[60] Zum Thema dieses Aufsatzes cf. bei Alfred Schütz: Der gut informierte Bürger. Ein Versuch über die soziale Verteilung des Wissens (1946). In: Alfred Schütz: Gesammelte Aufsätze II: Studien zur Soziologischen Theorie. Herausgegeben von Arvid Brodersen. Übertragen aus dem Amerikanischen von Alexander von Baeyer. Den Haag 1972, pp. 85–101.

gende Wissenschaftspraxis ein Abkömmling vorweg bereits gelungener Lebenspraxis ist. Gleichwohl sind damit unsere Lebenswelten nicht als das faktische, überall gleiche und unveränderliche Apriori dingfest gemacht. Vielmehr wirkt die Wissenschaftspraxis auf unsere Lebenswelten zurück, differenziert sie und macht die soziale Verteilung von Erfahrung und Wissen wie nie zuvor ungleich[61].

Zweitens: Erfahrungsverluste bedingen kulturelle und moralische Orientierungskrisen. Orientierungskrisen aber provozieren Philosophie, und insofern müßte die Philosophie sich heute in einer günstigen, nämlich durch Nachfrage begünstigten Lage befinden. Tatsächlich ließe sich in geeigneter Zusammenstellung einschlägiger kultureller Phänomene von den Grundwertdebatten bis zur neuen Virulenz des religiösen Lebens zeigen[62], daß exoterisch das Interesse an orientierungspraktischen, also philosphischen Fragen nach Extensität und Intensität überall zugenommen hat. Aber das muß die Philosophie esoterisch, die Fachphilosophie also, nicht eo ipso begünstigen, ja es ist mit Krisen der Fachphilosophie kompatibel. Als Krise erfahren wir ja nicht nur einen Zustand des Übergangs in die Überflüssigkeit, vielmehr einen Zustand anwachsender Überforderung desgleichen, und die Krise der Philosophie ist heute eine Überforderungskrise[63]. Wir verspüren, als Philosophen, diese Überforderung nicht eo ipso, soweit wir dem zivilisatorischen Prozeß der Differenzierung in unserer akademischen Praxis nun selber folgen, uns also wissenschaftspraktisch spezialisieren und damit den Prozeß der Professionalisierung der Philosophie intensivieren. Aber die Erfahrung unserer Überforderung ist unabweisbar, wann immer wir, zum Beispiel, den Versuch machen, heute die Moralisten-Tradition fortzusetzen. Traditionale Moral – ich meine die Moral selbst und nicht eine professionelle Theorie ihrer transzendentalen Bedingungen – ist ein Bestand von Lebensregeln, die theoretisch trivial, aber lebenspraktisch fundamental sind. Mit der Differenzierung unserer Zivilisation und mit der Zunahme der Geschwindigkeit ihres Wandels wird es nun aber fortschreitend schwieriger, solche Bestände von kultureller Selbstverständlichkeit zu identifizieren und sie als Philosophie kulturell zu repräsentieren. Ein kleines Indiz für diesen Vorgang, vor dem wir im Regelfall als Philosophen in professionelle Geschäftigkeit flüchten, ist die Sprachgebrauchstatsache, daß das Wort „Weisheit" mit der Philosophen-Existenz heute prädikativ kaum noch verbindbar ist. Mir ist in jüngster Zeit in Beziehung auf Philosophen überhaupt nur ein einziger Fall begegnet, in welchem das immerhin noch geschah, nämlich in einem Tele-

---

[61] Cf. Benita Luckmann: The Small Life-Worlds of Modern Man. In: Phenomenology and Sociology. Selected Readings, Edited by Thomas Luckmann. Harmondsworth 1978, pp. 275–290.

[62] Cf. dazu Niklas Luhmann: Grundwerte als Zivilreligion. In: Archivio di Filosofia. Roma 1978, pp. 51–71.

[63] Cf. dazu mein „Vorwort" zu: Hermann Lübbe (Hrsg.): Wozu Philosophie? Stellungnahmen eines Arbeitskreises. Berlin, New York 1978, pp. V–VIII.

gramm des Vorstands der Vereinigung Deutscher Wissenschaftler an Carl Friedrich von Weizsäcker, in welchem diesem das Vertrauen bekundet wird, daß er, falls er die Bundespräsidentschaftskandidatur annähme und zum Präsidenten gewählt werden würde, ein „weiser Präsident" sein werde[64].

Kurz: Es ist sehr schwer geworden, als Philosoph, heute, neben professionellen Spezialitäten kulturelle Selbstverständlichkeiten von fundamentaler Bedeutung glaubwürdig zu lehren und öffentlich gegenwärtig zu halten. Gleichwohl gibt es keinen Grund, über Philosophen, die bei entsprechenden Versuchen dann immer wieder einmal befremdlich wirken, sich zu mokieren. Denn in solchen Befremdlichkeiten spiegeln sich, im glücklicheren Fall, die Probleme einer Zivilisation, die anwachsende Schwierigkeiten hat, sich ihrer selbst orientierungspraktisch gewachsen zu zeigen.

---

[64] Telegramm des Vorstands an Carl Friedrich von Weizsäcker. In: VDW intern. Hamburg 1979 (Nr. 58). p. 3.

17. Demoskopie als Aufklärung. Über Meinungsdruckresistenzen

Die Wissenschaften lassen sich nicht zuletzt nach Graden der außerfachlichen Publizität ihrer Forschungsergebnisse unterscheiden. Je kleiner in einer Wissenschaft die Verhältniszahl aus der Menge ihrer fachinternen Leser einerseits und ihrer fachexternen Leser andererseits ist, um so ausgeprägter ist die Exoterik in der Veröffentlichungspraxis dieser Wissenschaft. Das müßte sich auch vermessen lassen. Indessen sind mir Ergebnisse solcher Vermessung bislang nicht bekannt geworden. Meine Vermutung ist, daß die Exoterik der Demoskopie schwerlich von einem anderen Fach überboten werden dürfte. Wie kaum in einem anderen Fach erfüllt sich im Falle der Demoskopie der Sinn der Veröffentlichung ihrer fachlich erarbeiteten Forschungsergebnisse erst in der Kenntnisnahme dieser Ergebnisse durch ein Publikum, das seinerseits nicht ein Fachpublikum ist. Mehr als jede andere Disziplin lebt die Demoskopie in ihrer wissenschaftskulturellen Existenz aus dem Interesse der außerfachlichen Rezipienten des Wissens, das sie anzubieten hat, und aus solchem Rezipienteninteresse äußere ich mich hier.

Nun sind die Interessen am Wissen über Meinungen, wie es uns die Demoskopie in ihren Forschungsergebnissen zur Verfügung stellt, höchst disparat. Parteipolitische Interessen sind darunter, Verbandsinteressen selbstverständlich und darüber hinaus wirtschaftsbezogene Interessen aller Art – von der Fremdenverkehrswerbung bis zur Energieversorgung. Spezielle Interessen am Wissen über die öffentliche Meinung betreffen aber auch deren moralische, ja religiöse Gehalte, und sogar die Kirchen geben heute Erhebungen über Struktur und Verbreitung der Glaubensmeinung ihrer Gläubigen in Auftrag.

Statt solcher speziellen Interessen an den Ergebnissen demoskopischer Forschung möchte ich hier ein generelles Interesse an solcher Forschung vertreten – ein gemeinbürgerliches Interesse sozusagen und damit auch das Interesse der Philosophie, die, in einem Teil ihrer Bemühungen, die Orientierungen darstellt und diskutabel macht, in deren Horizont gemeinbürgerliche Interessen sich bilden. Ich meine, daß wir die Demoskopie nicht zuletzt als eine Wissenschaft zu schätzen haben, die als Medium der Aufklärung wirksam ist. Das ist es, was ich erläutern möchte.

Bevor ich zur Sache komme, muß ich eine Vorbemerkung zum Begriff der Aufklärung machen, den ich hier verwende. Demoskopie als Aufklärung – das meint selbstverständlich nicht die Banalität, daß die Demoskopie uns, wie andere Wissenschaften auch, mit Informationen über das, was der Fall ist, versorgt, die wir ohne sie nicht zur Verfügung hätten. Aufklärendes Wissen ist nicht einfach neues Wissen, vielmehr befreiendes Wissen – sei es, daß es uns in Lagen, in denen wir uns von Irritationen und Selbstzweifeln bedrängt finden, bestätigt und so entlastet, sei es, daß es uns ganz im Gegenteil durch Desillusionierung belastet, aber eben damit durch Verschaffung größerer Realitätsnähe zukunftsfähiger macht. So oder so ist Aufklärung Information über solches, was zur Kenntnis zu nehmen nicht nur eine Operation auf der kognitiven Ebene darstellt, vielmehr darüber hinaus eine Veränderung unserer Position in den Interaktionsprozessen, über die sich unsere Selbst- und Fremdbilder bilden.

Die so skizzierte Aufklärungswirkung der Demoskopie möchte ich exemplarisch in drei knappen Durchgängen erläutern. Ich benenne die fraglichen Aufklärungseffekte der Demoskopie zunächst und erläutere sie dann. Um welche Aufklärungswirkungen handelt es sich? *Erstens* macht die Demoskopie das Verhältnis zwischen eigener Meinung und unserer Meinung über die öffentliche Meinung mit Bestätigungs- und Entlastungswirkungen realistischer. *Zweitens* wirkt die Demoskopie als Medium der Selbstkritik durch Konfrontation mit Meinungen relevanter Anderer, die in analoger Sache ganz anders denken. *Drittens* fördert die Demoskopie nach klassischem Aufklärungsmuster demokratische Kultur durch Ermutigung jenes common sense, aus dem jede demokratische Kultur lebt.

So weit die Benennungen oder Kennzeichnungen der drei Aufklärungswirkungen der Demoskopie, die ich im folgenden exemplarisch verdeutlichen möchte. Erstens also macht die Demoskopie das für unser Selbstverhältnis stets elementar wichtige Verhältnis zwischen eigener Meinung und unserer Meinung über die öffentliche Meinung realistischer. Das läßt sich am Beispiel der komplizierten Wirkungen exemplifizieren, die die Tschernobyl-Katastrophe auf die öffentliche Meinung in der Bundesrepublik Deutschland ausgelöst hat. Man dürfte es irrational nennen, wenn ein Ereignis dieser realen und publizistischen Größenordnung nicht tiefgreifende Einstellungsänderungsfolgen ausgelöst hätte. Moderne Technik ist wie nie zuvor eine Technik vertrauensabhängig[1], und eine katastrophenbewirkte Enttäuschung dieses Vertrauens muß die vertrauensabhängige Akzeptanzbereitschaft mindern[2]. Zur zivilisationstheoretischen Finesse des fraglichen Vorgangs gehört übrigens, daß der fragli-

---

[1] Cf. dazu meinen Aufsatz „Rationalitätskrise. Die Stellung der Wissenschaften in der modernen Kultur", herausgegeben von der Gesellschaft für Nephrologie, Mainz 1986, bes. pp. 8 f.

[2] Zum Akzeptanzproblem cf. zusammenfassend Ortwin Renn: Technik in der gesellschaftlichen Auseinandersetzung – Überblick über die Ergebnisse der Akzeptanzforschung. In: Rudolf Wildenmann (Hrsg.): Umwelt, Wirtschaft, Gesellschaft – Wege zu einem neuen Grundverständnis. Landesregierung Baden-Württemberg 1985, pp. 274–283.

che, einstellungsändernde Realitätsschock durch ein Ereignis ausgelöst wurde, das, schon in geringer Entfernung vom Katastrophenort und gar in unserem eigenen Land, in seinen realen Wirkungen aus der Perspektive gemeiner subjektiver Lebenserfahrungen gar nicht wahrgenommen und beurteilt werden konnte[3]. Hinzu kommt noch, daß Experten-Auskünfte über die physikalisch und medizinisch nachweisbaren Katastropheneffekte und ihre Gefährlichkeit sich ihrerseits schwerlich rasch in Gemeinerfahrungen hätten transformieren lassen, so daß als wirklich einstellungsverändernder Faktor im fraglichen Fall im wesentlichen nur die publizistische Präsentation dieses Falles in den Medien übrigblieb. Ich sage das gar nicht in medienkritischer Absicht. Ich sehe nämlich nicht, wie sich in kurzfristiger Reaktion auf eine Katastrophe der fraglichen technisch-physikalischen Natur Massenmeinung wesentlich anders als über Orientierung an der publizistischen Präsentation dieser Katastrophe hätte bilden können. Nicht zuletzt unsere fachlich zuständigen Wissenschaftler selbst hatten nachweislich erhebliche Schwierigkeiten, ihre Kommentare zur Lage gemeinverständlich, nämlich als an Alltagserfahrungen anknüpfbare Kommentare zu formulieren. Bereits in den fünfziger Jahren hatte Arnold Gehlen diesen Bestand folgendermaßen gekennzeichnet: Zu Wirklichkeiten, zu denen wir uns unbeschadet unserer realen Abhängigkeit von ihnen ihres Komplexitätsgrads wegen nicht mehr in eine primärerfahrungsgesättigte Beziehung zu setzen vermögen, verbleibt uns einzig die Orientierung an öffentlich verbreiteten Meinungen als Erfahrungen aus zweiter Hand[4]. Dabei müßte man es selbstverständlich noch einen glücklichen Fall nennen, wenn in den so für unsere individuelle Meinungsbildung objektiv unentbehrlichen Medienmeinungen der Gehalt an Information, der methodisch disziplinierter Facherfahrung entstammt, hoch ist.

So oder so: Veränderungen in der herrschenden Meinung über die Akzeptabilität der Kernenergietechnik sind in Reaktion auf die Tschernobyl-Katastrophe nicht irrational, vielmehr genau das, was man zu erwarten hatte. Man wird es auch nicht überraschend, vielmehr bei einigem Nachdenken trivial finden, daß mit dem temporalen Abstand von der Tschernobyl-Katastrophe ihre Schock-Wirkung nachlassen mußte. Daß sie tatsächlich nachgelassen hat, ist demoskopisch erwiesen[5] – abermals trivialerweise, wenn auch in diesem Falle

---

[3] Zum Thema „Erfahrungsverluste" als Wirkung der Verwissenschaftlichung unserer Zivilisation cf. meinen Aufsatz „Erfahrungsverluste und Kompensationen. Zum philosophischen Problem der Erfahrung in der gegenwärtigen Welt", in: Der Mensch als Orientierungswaise? Ein interdisziplinärer Erkundungsgang. Freiburg, München 1982, pp. 145–168.

[4] Arnold Gehlen: Die Seele im technischen Zeitalter. Sozialpsychologische Probleme in der industriellen Gesellschaft. Hamburg 1957, pp. 47ff.: „Meinungen, Erfahrungen zweiter Hand".

[5] Elisabeth Noelle-Neumann: Tschernobyl: Ein Schock ohne nachhaltige Wirkung. Die Kernenergie in der öffentlichen Meinung. In: Frankfurter Allgemeine Zeitung. Montag, 6. Juli 1987 (Nr. 152), p. 11.

die Akzeptanz dieser Trivialität nachweislich denjenigen schwergefallen ist, die
für ihre Politik gern die Schubkräfte eines nicht nachlassenden, vielmehr anhaltenden, ja sich verstärkenden Tschernobyl-Schocks genutzt hätten. Um an
dieser Stelle auch einmal eine Zahl zu nennen: Binnen eines Jahres nach der
Tschernobyl-Katastrophe sank die Zahl der strikten Befürworter einer raschen
Stillegung aller Kernkraftwerke von siebenunddreißig Prozent auf achtund-
zwanzig Prozent, während der Anteil der Befürworter ihres Weiterbetriebs
sich von fünfzig auf fünfundfünfzig Prozent anhob.

Ganz und gar nicht trivial ist ein ganz anderer, in demselben Tschernobyl-
Zusammenhang demoskopisch erhobener Bestand. Die Nicht-Trivialität dieses
Bestandes bedeutet, daß man insoweit durch pures Nachdenken über die Nor-
malität menschlicher Reaktionen auf Ereignisse von großer realer und emotionaler Bedeutung schwerlich hätte vermuten können, was nichtsdestoweniger
durch demoskopische Umfragen erwiesen ist. Im fraglichen Fall handelt es sich
um den Bestand, daß unbeschadet des erwähnten Vorgangs einer nachlassenden Wirkung des Schock-Charakters der Tschernobyl-Katastrophe sich dieser
Bestand in der Meinung über die Meinungswirkung des Tschernobyl-Ereignis-
ses nicht spiegelt. Anders ausgedrückt: Die Meinung der Bevölkerung über die
Meinung der Bevölkerung in der fraglichen Sache deckt sich nicht mit der
jeweils eigenen einschlägigen Meinung. In der Realität öffentlicher Meinung
nimmt die Bereitschaft zu nüchtern-skeptischer Akzeptanz der Kernenergie
zu, während gleichzeitig der Anteil der Bevölkerung, der ein Absinken der öffentlichen Bereitschaft zur Akzeptanz der Kernenergie vermutet, um mehr als
das Doppelte größer ist als der Bevölkerungsanteil, der insoweit über die öffentliche Meinung günstiger denkt[6]. Zu den Gründen dieser Diskrepanz von
eigener Meinung und Meinung über die einschlägige öffentliche Meinung
möchte ich hier nicht im Detail Stellung nehmen. Es liegt nahe zu vermuten,
daß solche Diskrepanzen zwischen eigener Meinung und eigener Meinung
über die einschlägige Meinung anderer sich zumal dort herausbilden können,
wo es sich über Meinungen Wirklichkeitsbereiche betreffend handelt, zu denen
es gar keinen primärerfahrungserschlossenen Zugang gibt, so daß wir als Medienkonsumenten uns unsere Einstellungen einzig in Orientierung an veröffentlichten Meinungen anderer bilden können. In einer Mediengesellschaft gehört aber bekanntlich die Aufmerksamkeit zu den in besonderer Weise knappen Ressourcen, und allein das schon muß die Wirkung haben, daß Medienbe-
richterstattung über Katastrophen zu einer aufmerksamkeitsprämienträchtigen

---

[6] A.a.O.: „Fast Zweidrittel der Bevölkerung wollen die Kernenergie unbefristet oder
jedenfalls noch einige Jahrzehnte nutzen, zwei zu eins steht das Verhältnis für oder
gegen die Nutzung auf absehbare Zeit. Aber auf die Frage: ‚Einmal abgesehen von
Ihrer eigenen Meinung: Was glauben Sie: Sind die meisten Leute in der Bundesrepublik für oder gegen Kernkraftwerke?' wird die Stimmung im Frühjahr 1987 genau
ungekehrt eingeschätzt. 36 Prozent meinen, die meisten seien gegen, 17 Prozent, die
meisten seien für Kernkraftwerke."

Verstärkung der katastrophalen Aspekte der berichtspflichtigen Katastrophe neigt.

Wiederum möchte ich an dieser Stelle darauf nicht mit Medienkritik antworten. Ich unterstelle vielmehr, daß der skizzierte Effekt, innerhalb ungewisser Grenzen, sich mit einer gewissen Unvermeidlichkeit einstellen wird. Aber gerade dann, wenn das der Fall sein sollte, sind wir in besonderer Weise auf eine Aufklärung über den Grad der Nichtübereinstimmung von öffentlicher und veröffentlichter Meinung angewiessen. Nur über solche Aufklärung vermögen wir unsere eigene Meinung zur vermuteten öffentlichen Meinung in eine wirklichkeitskontrollierte Beziehung zu setzen und gegebenenfalls die Meinungslücke zu schließen, die zwischen unserer Meinung in der Sache und unserer Meinung über die Meinung anderer in derselben Sache sich auftut.

Die aufklärenden Wirkungen der so skizzierten Meinungslücke, für die wir wie auf nichts anderes auf die Demoskopie verwiesen bleiben, sind erheblich. Erstens schwächt sich durch diese Aufklärung die Wirkung der Schweigespirale ab[7]. Vom Druck der Meinung entlastet, sich in der Isolation zu befinden, wagt man sich wieder mit seiner eigenen Meinung hervor, die man zuvor noch für eine Minderheitenmeinung oder zeitgeistwidrige Meinung gehalten hatte. Zweitens werden dadurch unangemessene Wirkungschancen derjenigen Minderheiten gemindert, deren Minderheitenmeinung durch mediale Verstärkung den Anschein gewonnen hatte, die Mehrheitsmeinung zu sein. Drittens schließlich werden durch solche Aufklärung auch der Politik Entscheidungs- und Handlungsmöglichkeiten gesichert, die man, in Orientierung an der veröffentlichten Meinung, schon für die über Zustimmungspotentiale entscheidende öffentliche Meinung gehalten hatte. Kurz: Demoskopie als Aufklärung verbessert die Chancen freier Meinungsbildung durch Entlastung vom falsch eingeschätzten Meinungsdruck.

Als zweite Aufklärungswirkung der Demoskopie hatte ich oben exemplarisch angegeben, daß sie als Medium der Selbstkritik durch Konfrontation mit der Meinung anderer wirkt, die in analoger Sache ganz anders denken. Diese Aufklärungswirkung verhält sich zur erstgenannten komplementär. Statt die skizzierte Lücke zwischen unserer Sachmeinung und unserer Meinung über die einschlägige Sachmeinung anderer zu verringern, vergrößert die Demoskopie sie. Sie erzwingt damit im produktiven Fall Selbstkritik, was natürlich nicht heißen muß, sich im Unrecht allein schon deswegen zu wissen, weil man zur Kenntnis zu nehmen hat, daß andere anders denken. Die einschlägige Aufklärung erhöht aber die Last des Beweises, die man für das, was man für richtig hält, im öffentlichen Geltendmachen dessen zu übernehmen hat, und auch das

---

[7] Zum berühmt gewordenen Theorem der Schweigespirale cf. Elisabeth Noelle-Neumann: Die Schweigespirale. Über die Entstehung der öffentlichen Meinung. In: Elisabeth Noelle-Neumann: Öffentlichkeit als Bedrohung. Beiträge zur empirischen Kommunikationsforschung. Herausgegeben von Jürgen Wilke. Freiburg, München 1977, pp. 169–203.

kann, wie hier nicht weiter erläutert zu werden braucht, produktiv wirken. Zur exemplarischen Vergegenwärtigung dieses Zusammenhangs beziehe ich mich abermals auf Bestände öffentlicher Meinung über Nutzen und Nachteil moderner Technik. Ich schicke voraus, daß ich eine Dämpfung des Enthusiasmus in den Erwartungen, mit denen unsere Zivilisationsgenossenschaft sich auf die Zukunft unserer wissenschaftlich-technischen Zivilisation bezieht[8], für einen normalen Vorgang halte, der entsprechend auch generell in Ländern eines analogen hohen wissenschaftlich-technischen Entwicklungsniveaus beobachtbar sein müßte. Tatsächlich liegen solche Beobachtungen auch demoskopischer Art vor, zum Beispiel in vergleichenden Untersuchungen, die die EG-Behörden über die mit dramatisierendem Effekt gern so genannte Wissenschafts- und Technikfeindschaft veranlaßt haben[9]. Diese Studien belegen durchaus eine Gleichgerichtetheit in der Änderung der Befindlichkeiten, und man möge sich in diesem Zusammenhang erinnern, daß die eben erwähnte sogenannte Wissenschafts- und Technikfeindschaft, längst bevor sie in Deutschland sozialwissenschaftlich und auch publizistisch thematisiert oder auch politisch ausgebeutet wurde, in den USA wie auch in Großbritannien zum Gegenstand von Untersuchungen und Fachkongressen gemacht worden ist[10]. Für normal halte ich Verschiebungen in der Einstellung der Bevölkerung zu Wissenschaft und Technik in der angedeuteten Richtung allein schon deswegen, weil mit der Höhe des von Wissenschaft und Technik abhängigen Wohlfahrtsniveaus eo ipso unsere Empfindlichkeit gegenüber den naturalen, psychischen und kulturellen Kosten einer weiteren Steigerung dieser Wohlfahrt mit den Mitteln von Wissenschaft und Technik zunehmen muß[11]. Man kann das, unter Inanspruchnahme einer ökonomischen Kategorie, auch folgendermaßen ausdrücken: Mit steigender Höhe des wissenschafts- und technikabhängigen Zivilisationsniveaus nimmt der Grenznutzen weiterer Steigerungen dieses Zivilisationsniveaus ab, und eben das quittiert unsere Zivilisationsgenossenschaft emotional mit den demoskopisch vermessenen Einstellungsänderungen.

Anomal und daher in anderer Weise erklärungsbedürftig sind aber die Disparitäten zwischen den demoskopisch vermessenen Einstellungen zu Wissen-

---

[8] Cf. dazu meine Abhandlung „Die Wissenschaften und die Zukunft unserer Kultur", in: Heinz Maier-Leibnitz (Hrsg.): Zeugen des Wissens. Mainz 1986, pp. 999–1023, bes. pp. 1002 ff.

[9] Die Einstellung der europäischen Öffentlichkeit angesichts der Entwicklung in Wissenschaft und Technik. Meinungsumfrage in den Ländern der Europäischen Gemeinschaft. Kommission der Europäischen Gemeinschaften. Bruxelles Februar 1979 (XII/201/79-DE).

[10] Cf. dazu Civilization and Science – in Conflict or Collaboration? Ciba-Foundation Symposium I (New Series). Amsterdam, London, New York 1973.

[11] Zur wohlfahrtsabhängig zunehmenden Empfindlichkeit gegenüber Schädlichkeitsnebenfolgen der Verwissenschaftlichung und Technisierung unserer Zivilisation cf. meinen Aufsatz „Politisches System als ökologisches Problem", in: Hermann Lübbe: Fortschrittsreaktionen. Über konservative und destruktive Modernität. Graz, Wien, Köln 1987, pp. 99–109.

schaft und Technik in Deutschland einerseits und in den vergleichbaren Ländern des Westens andererseits[12]. Wiederum vergegenwärtige ich diesen Bestand durch Zitation einiger weniger Zahlen. Befragt, ob die Anwendung von Datenverarbeitungsgeräten das tägliche Leben vereinfachen oder komplizieren werde, fanden Jugendliche in Großbritannien und in Frankreich zu über siebzig Prozent, wir dürften wohl eine Vereinfachung unserer Lebensführung zu erwarten haben. Die einschlägige Meinung der Jugendlichen in Deutschland hingegen wies einen Anteil auf, der über zwanzig Prozentpunkte niedriger als im europäischen Westen lag[13].

Zu den bedeutendsten und keineswegs bereits kulturell aufgearbeiteten Konsequenzen der wissenschaftlich-technischen Evolution gehört die Freisetzung disponibler, notwendigkeitsentlasteter Lebenszeit. Wie nie zuvor sind heute die Lebensfreiräume weit aufgetan, in denen nichts geschähe, wenn es nicht selbstbestimmt geschähe. Entsprechend lag es nahe, im Anschluß an die zitierte Meinung über die lebensvereinfachende oder, auf der anderen Seite, auch lebenskomplizierende Wirkung der sich ausbreitenden Verwendung von Datenverarbeitungsgeräten die zusätzliche Frage zu stellen, ob man in Abhängigkeit vom Einzug der Computer in unseren beruflichen und sonstigen Alltag eine Mehrung der Selbstentfaltungschancen erwarte, oder statt dessen das Gegenteil. Im europäischen Westen, in Frankreich und Großbritannien, lag der Anteil der in dieser Hinsicht Zuversichtlichen unter den Jugendlichen weit mehr als doppelt so hoch als in Deutschland, nämlich bei nahezu fünfzig Prozent der Befragten im Unterschied zu einundzwanzig Prozent der Befragten in unserem eigenen Land, und analog dazu verhielten sich umgekehrt auch die Anteile der einschlägig Besorgten[14].

Wohlgemerkt: Änderungen in der kulturellen Einstellung zu Wissenschaft und Technik sind in der hochentwickelten Zivilisation überall zu bemerken[15]. Aber die Gründe für diese Einstellungsänderung reichen zur Erklärung dessen, was wir in unserem eigenen Land vor sich gehen sehen, nicht aus. Wieso prägt sich, was seiner Struktur nach überall zu beobachten ist, in Deutschland so viel extremer aus? Ersichtlich muß das mit deutschen Befindlichkeiten zusammenhängen, die von unserer Befindlichkeit im Kontext einer wissenschaftlich-technischen Zivilisation grundsätzlich unabhängig sind. Ohne die zitierten demoskopischen Vergleichsstudien würde man der deutschen Sonderbefindlichkeit schwerlich innewerden können. Nachdem sie unübersehbar geworden ist, erzwingt sie die Frage nach den Gründen der deutschen emotionalen Sonderentwicklung. Sie erzwingt Selbstaufklärung.

---

[12] Cf. dazu Elisabeth Noelle-Neumann: Kritik der Thesen zum Wertewandel. In: Daniel Frei (Hrsg.): Ideen unserer Zeit. Zürich 1987, pp. 55–68.
[13] A.a.O., p. 62.
[14] Ibid.
[15] Cf. Anm. 9 und 10.

Daß es sich um Unterschiede handelt, für deren Erklärung man auf Unterschiede im politischen Selbstverhältnis der fraglichen Nationen rekurrieren muß, wird wahrscheinlich, wenn man sich den nicht minder erstaunlichen Bestand vor Augen führt, daß in Deutschland, im Unterschied zu Frankreich und auch zu den USA, die Einstellung zur Technik stark mit der politischen Orientierung im ideologischen Links-Rechts-Schema variiert[16]. In den USA plädierten für „Förderung der Technik", und zwar zu generell hohen Gesamtanteilen, Linksstehende wie Rechtsstehende nahezu indifferent im Verhältnis zu ihrer ideologisch-politischen Position. In Deutschland hingegen verhielten sich unter den politisch eher Rechtsorientierten die Technikförderungsfreunde zu den Technikförderungsgegnern nach der Relation von vier zu eins, während bei den Linksorientierten die Technikfreunde einerseits und die Technikgegner andererseits ungefähr gleich stark waren.

Das bedeutet: In Deutschland ist die Einstellung zur Technik ideologisiert – und zwar im signifikanten Unterschied zu unseren vergleichbaren Nachbarn im Westen. Wieso ist das so? Zur Beantwortung dieser Frage reichen, wie ich meinen möchte, die Mittel, die uns dafür die Demoskopie zur Verfügung stellen kann, nicht aus. Aber ohne die Demoskopie wäre die fragliche Frage, über deren Beantwortung wir zu unserer Selbstaufklärung beitragen würden, gar nicht formulierbar gewesen, und eben das allein schon läßt uns die Demoskopie als ein Medium der Selbstaufklärung erkennen.

Frau Noelle-Neumann hat bekanntlich mit Rekurs auf internationale Vergleichsstudien das Selbstverhältnis der Nationen als Nationen betreffend vermutet, daß weit über die besonderen Aspekte wissenschaftlich-technischer Evolution hinaus unsere Zukunftszuversicht nicht zuletzt eine Funktion unseres nationalen Selbstgefühls sei[17]. Unübersehbare Korrelationen zwischen einschlägigen demoskopischen Daten weisen in diese Richtung, und es gibt gute Gründe anzunehmen, daß diese Korrelationen nicht zufälliger Art sind. Eines der Maße für unser Selbstgefühl, entsprechend für unsere Handlungskraft und damit für unsere Zukunftszuversicht haben wir an dem Ausmaß jeweils eigener Vergangenheit, zu der wir uns zustimmend verhalten können. Das gilt individuell, und es gilt auch gruppenspezifisch, ja national, und es bedarf hier keiner Erläuterung, wieso, wenn dieser Zusammenhang besteht, Deutsche kraft der Besonderheiten ihrer Vergangenheit auch im Verhältnis zur Zukunft ihre besonderen Schwierigkeiten haben müssen.

Frau Noelle-Neumanns Mitteilungen über die demoskopische Evidenz dieser Zusammenhänge sind von einigen Intellektuellen mit dem Verdacht kommentiert worden, hier werde zum Zweck der Emendation unserer Zukunftsfähigkeit eine ideologische Kur zur Stärkung des deutschen Nationalgefühls

---

[16] Noelle-Neumann a.a.O. Cf. Anm. 12, pp. 63f.

[17] Elisabeth Noelle-Neumann: Nationalgefühl und Glück. In: Elisabeth Noelle-Neumann, Renate Köcher: Die verletzte Nation. Über den Versuch der Deutschen, ihren Charakter zu ändern. Stuttgart 1987, pp. 17–71.

empfohlen. Eine solche Verdächtigung ist ihrerseits nichts anderes als ein Indikator der fraglichen Schwäche, und im übrigen ist es gänzlich banal, daß sich eine beschädigte nationale Identität nicht durch Aktivitäten der Beschwörung eines neuen Nationalgefühls redintegrieren läßt. Die praktischen Konsequenzen sind insoweit ganz andere. Es sind Konsequenzen des angemessenen Umgangs mit dem, was ebenso nötig wie knapp ist. Das bedeutet: schonender Umgang mit denjenigen zustimmungsfähigen vaterländischen Traditionen, von denen die nationalsozialistische Bewegung ihrerseits erst sich emanzipieren mußte, um siegen zu können, und die somit, nach dem Zusammenbruch des Nationalsozialismus, gegen ihn der Bekräftigung bedürfen. Es bedeutet ferner, daß wir auch mit unserer aktuellen Geschichte, als der Geschichte der zweiten deutschen Demokratie, so umzugehen haben, daß, wenn auch diese Geschichte einst eine fernere Vergangenheit geworden sein wird, sie zu den zustimmungsfähigen Teilen unserer Vergangenheit gezählt werden kann[18]. Recht und Verfassung, Wissenschaft und Technik, ein ihren Nutzen freisetzendes Wirtschaftssystem, die dadurch ermöglichte Wohlfahrt sowie die sicherheitsgewährleistende Integration ins westliche Bündnissystem bilden die Substanz dessen, was die zweite deutsche Demokratie zustimmungsfähig macht und was somit auch unsere Zukunftssicherheit tragen sollte. Eben deswegen ist es alles andere als eine Kleinigkeit, wenn in randgruppenpolitischer Kultur die Zustimmungsfähigkeit der zweiten deutschen Demokratie geleugnet wird, also ihr Rechts- und Verfassungssystem als bloße Formaldemokratie diffamiert[19], Wissenschaft und Technik als destruktiv verteufelt und unsere historisch beispiellose öffentliche Wohlfahrt als Narkotikum kritischen Bürgersinns entlarvt werden[20]. Aber wie gesagt: Bei dergleichen handelt es sich um politisch-kulturelle Randgruppentöne, deren Repräsentativität zum Glück in einem grotesken Mißverhältnis zu der Lautstärke stehen, mit denen sie sich gelegentlich zur Geltung bringen. Die Demoskopie ist das wirksamste unter den Instrumentarien, die uns über solche Mißverhältnisse belehren und in der geschilderten Weise durch Aufklärung über Meinungen die Selbsteinschätzung unserer eigenen Meinungen realistischer machen.

In modernen, das heißt komplexen, informationstechnisch integrierten und zugleich dynamischen Gesellschaften nimmt generell unsere Chance ab, unsere

---

[18] Das Verhältnis zur zweiten deutschen Demokratie hat daher eine Schlüsselbedeutung fürs Selbstgefühl der Deutschen in der Bundesrepublik Deutschland. Cf. dazu meinen Aufsatz „Der Nationalsozialismus im deutschen Nachkriegsbewusstsein", in: Historische Zeitschrift Band 236 (1983), pp. 579–599, bes. pp. 593 ff.

[19] Cf. dazu Daniel Rhonheimer: Demokratisierung aller Lebensbereiche. Zum Begriff, Hintergrund und den Konsequenzen einer aktuellen Universalforderung. Zürich 1983.

[20] Das ist die Quintessenz einer gewissen Theorie des „Spätkapitalismus". Cf. hierzu Claus Offe: Strukturprobleme des kapitalistischen Staates. Aufsätze zur Politischen Soziologie. Frankfurt am Main ⁴1977, pp. 7 ff.: „Spätkapitalismus – Versuch einer Begriffsbestimmung".

eigene Meinung zur Meinung anderer in Akten lebenserfahrungsgesteuerter Einschätzung der Meinung anderer in eine realistische Beziehung zu setzen. Die Demoskopie verbessert kompensatorisch unsere Chancen, das zu tun. Sie mindert unsere Meinungsabhängigkeit durch Zersetzung faktisch oder gar manipulativ verfestigter Meinungsbilder. Die Demoskopie macht uns gegen Wirkungen der Schweigespirale resistenter, und sie erschwert ideologiepolitische Propaganda.

Man kann natürlich fragen, ob die Demoskopie, indem sie so zur Auflösung verfestigter Meinungen beiträgt, nicht zugleich die Desorientiertheit mehrt, die auch aus ganz anderen, hier nicht zu erläuternden Gründen[21] mit dem Modernitätsgrad der Lebensverbringung in modernen Gesellschaften zuzunehmen scheint. Dieser Meinung möchte ich abschließend mit der Skizze einer dritten Aufklärungswirkung entgegentreten, die man der Demoskopie nachsagen darf. Ich meine die fürs Gedeihen einer jeden modernen Demokratie förderliche Bekräftigung und Bestätigung jener wohlbegründeten und erfahrungsgesättigten Vorurteile des common sense, ohne deren kulturelle, öffentliche Geltung keine liberale Demokratie überlebensfähig wäre. Kraft der wirkungsreichen Traditionen der Philosophie des sogenannten Deutschen Idealismus hat sowohl in der deutschen Wissenschaftskultur wie in der politischen Kultur Deutschlands der common sense zumeist keine gute Presse. Er gilt als Asyl eines erleuchtungsunwilligen Traditionalismus. Auch heute noch wird die Apologie des Common sense gern als „neo-aristotelisch"[22] gekennzeichnet, und das soll heißen: als konventionell und traditionalistisch und damit als Indikator der Unbereitschaft zu postkonventioneller moralischer und kognitiver Emanzipiertheit. Demgegenüber sei daran erinnert, daß „common sense" ein Zentralbegriff frühaufklärerischer Politiktheorie ist, und zwar genau derjenigen, in der sich der Begriff moderner Demokratie vorbereitet[23]. „Common sense" – das ist im Kontext dieser politischen Theorie ein Begriff derjenigen Kompetenz, die man, wenn nicht als gleichverteilt, so doch als gemeinverteilt unterstellen muß, wenn Programme der Ausweitung politischer Beteiligungen als realistische Programme sollen gelten können.

Schon das läßt erkennen, daß die Grundsätze, die der Common sense jeweils vertritt, gerade nicht das sind, worüber man in einer öffentlichen Kultur wie über eine Neuigkeit informiert und belehrt werden müßte. Grundsätze des Common sense repräsentieren kulturell ja gerade das, was jedermann

---

[21] Cf. dazu meinen Aufsatz „Modernität als Herausforderung: Kulturelle und politische Orientierungsprozesse im Westen", in: Daniel Frei (Hrsg.): Ideen unserer Zeit. Zürich 1987, pp. 27–53.

[22] Cf. dazu exemplarisch Claus Leggewie: Der Geist steht rechts. Ausflüge in die Denkfabriken der Wende. Berlin 1987, pp. 73 ff.

[23] Cf. dazu meine Bemerkungen zur Geschichte des Common sense-Begriffs in: Hermann Lübbe: Die Wissenschaften und ihre kulturellen Folgen. Über die Zukunft des Common sense. Herausgegeben von der Rheinisch-Westfälischen Akademie der Wissenschaften. Opladen 1987, bes. pp. 27 ff.

längst bekannt ist. Im informationellen Sinne sind Grundsätze des common sense daher trivial, das heißt, die Information über sie sagt uns nichts, was wir nicht ohnehin längst wüßten. Zugleich aber sind sie lebenspraktisch, auch politisch, fundamental, und eben deswegen ist es alles andere als trivial, an die Geltung solcher Grundsätze zu erinnern, wenn es aus sekundären, modern zumeist ideologischen Gründen doch einmal dahingekommen ist, daß Common sense-Grundsätze öffentlich bestritten oder sonstwie aufgekündigt werden.

Es wäre eine unzureichende Charakteristik aktueller Wissenschaftskultur, wenn man die Wissenschaften, das heißt diejenigen Disziplinen, wie sie an Universitäten oder sonstigen wissenschaftlichen Institutionen heute betrieben werden, exklusiv für die Produktion kognitiver Neuigkeiten zuständig wüßte. Auch eine wissenschaftliche Zivilisation lebt nicht nur von kognitiven Innovationen, vielmehr ebenso von der fortdauernden Geltung dessen, was heute so wahr ist wie gestern und insofern keiner Invention, vielmehr lediglich topischer Vergegenwärtigung bedarf. Die Philosophie ist eine der Disziplinen, zu deren Funktionen, unter anderem, solche kulturelle Vergegenwärtigung dessen gehört, was immer schon bekannt war und unverändert gilt. Man kann das auch die Vergegenwärtigung klassischer Einsichten nennen, wenn anders wir „klassisch" nennen, was alt, aber unbeschadet seines Alters unverändert gültig und zugleich lebenspraktisch wichtig ist.

Ich sagte, daß die Philosophie nur eine unter den Disziplinen ist, die sich, unter anderem, auch dieser Vergegenwärtigung solcher klassischen kulturellen Bestände widmen. Es ist mir nicht zweifelhaft, daß in einem Teil ihrer Arbeitsergebnisse auch die Demoskopie diese Funktion der Bekräftigung von Common sense-Grundsätzen hat. Diese Bekräftigung hat eine Aufklärungswirkung genau dann, wenn eine öffentliche Kultur – aus welchen Gründen auch immer – es sich hat einfallen lassen, Klassisches zu bestreiten.

Eine solche Bestreitung hat sich nicht zuletzt wiederum in den Konsequenzen unserer speziellen deutschen Nationalgeschichte ereignet. Man erinnert sich an die erziehungspolitischen Kontroversen um die von den Philosophen gern so genannten sekundären Tugenden. Fleiß, Ordnung, Pünktlichkeit, Disziplin – sie repräsentieren eine kleine Auswahl aus dem Katalog dieser sogenannten sekundären Tugenden, die hier „sekundär" genannt werden, weil sie ersichtlich nicht humane Lebensorientierungen der allerersten Wichtigkeit repräsentieren, aber nichtsdestoweniger ihre erläuterungsunbedürftige Bedeutung im Zusammenhang der Verfolgung dessen haben, was uns wichtiger als diese sekundären Tugenden selbst zu sein hat. Eben diese sekundären Tugenden sind nun, wie man sich erinnert, sogar aus dem Mund hochrangiger amtierender Politiker, als KZ-Wächter-Tugenden diffamiert worden. Ich brauche nicht zu schildern, wie sich das Erscheinungsbild von Schulen darstellen mußte, wo Lehrer die zitierte Argumentation für durchschlagend hielten und die emanzipatorische Lockerung kultureller Bindung an die fraglichen sekundären Tugenden zum Erziehungsziel erhoben.

Nun wird niemand das äußere Erscheinungsbild gewisser Schulen für eine

Kulturfrage ersten Ranges halten. Aber ein anderer Bestand, auf den uns die Demoskopie aufmerksam gemacht hat, ist es durchaus, nämlich der Zusammenhang von sogenannter Persönlichkeitsstärke, also von Fähigkeit der Selbstbestimmung zu sinnvollem Tun und damit der Fähigkeit zu glücksträchtiger Lebensführung einerseits und erfahrener häuslicher Erziehung andererseits. Die demoskopisch erhobenen Zusammenhänge sind evident: Just eine Erziehung, in der die Orientierung an der Geltung der fraglichen sekundären Tugenden nicht versäumt, vielmehr beachtet wurde, bringt als Resultat persönlichkeitsstarke, selbstbestimmungsfähige Erwachsene hervor, und komplementär dazu gilt der gegenteilige Zusammenhang gleichfalls[24].

Der aufklärerische Effekt dieser Mitteilung beruht exklusiv auf dem Faktum, daß insbesondere in Deutschland die Diffamierung der Erziehung zu sekundären Tugenden als repressiv und untertanengeistfördernd öffentlichkeitswirksam praktiziert werden konnte. Wie die Zusammenhänge in Wahrheit liegen, ist aus der Moralistik antiker Tradition längst bekannt: Nicht die Emanzipation aus der Geltung der sekundären Tugenden macht frei und selbstbestimmungsfähig, vielmehr Prägungen einer an primären Tugenden orientierten Erziehung durch sie.

Was das politisch bedeutet, bedarf nun kaum noch der exemplarischen Erinnerung: Auch Adolf Eichmann war gewiß ein disziplinierter Exekutor seiner Pflichten; aber die Angehörigen alliierter Armeen, die schließlich die Konzentrationslager befreit haben, wären ja ihrerseits bei notorischer Vernachlässigung der fraglichen sekundären Tugenden niemals zu dieser Befreiung im Stande gewesen.

Das bedeutet: Die aktuellen deutschen tugendkulturellen Ungemeinsprüche entpuppen sich als rührende Zeugnisse einer Beflissenheit, sich im Verhältnis zum Nationalsozialismus in jeder Hinsicht durchs Gegenteil zu profilieren, und sei es auch durchs Gegenteil dessen, worauf auch die inneren und äußeren Gegner des Nationalsozialismus wie auf nichts anderes angewiesen waren, um ihm gegenüber standhalten und schließlich mit ihm fertig werden zu können. Den zitierten Ungemeinsprüchen gegenüber ist es somit nichts Neues, vielmehr nichts anderes als traditional wohlbekanntes Gemeinwissen, an das uns die Demoskopie aus gegebenem Anlaß erinnert, wenn sie uns vorführt, daß die Liquidation der Geltung sekundärer Tugenden uns selbstbestimmungsunfähig macht und umgekehrt.

Daß überdies die Bedeutung dieses Gemeinwissens im Kontext der zivilisatorischen Moderne nicht abnimmt, vielmehr ganz im Gegenteil zunimmt, ist leicht zu erkennen. Niemals zuvor haben sich, in Abhängigkeit von zivilisationsbedingter Wohlfahrt, die Dispositionsfreiräume unserer Lebenszeit weiter ausgedehnt als heute, jene Dispositionsfreiräume also, in denen, wie ich sagte,

---

[24] Elisabeth Noelle-Neumann: Persönlichkeitsstärke – ein neues Kriterium zur Zielgruppenbeschreibung. In: SPIEGEL-Dokumentation: Persönlichkeitsstärke. Hamburg 1983, pp. 7–21.

nichts geschähe, wenn es nicht selbstbestimmt geschähe. Niemals zuvor existierten wir in unserer Tages-, Jahres- und Lebensverbringung notwendigkeitsentlasteter als gegenwärtig, und um so zwingender sind wir heute komplementär auf die Fähigkeit zur Selbstbestimmung angewiesen. Kulturelles Gemeinwissen würde in der Tat genügen, sich im Blick auf die objektiven Voraussetzungen moderner Lebensverbringung dieser schlichten Wahrheit zu erinnern. Für jene modernitätsspezifische Stutzigkeit, die selbst noch für kognitiv Triviales sich auf wissenschaftliche Beglaubigung angewiesen fühlt, bringt in der Tat auch die Demoskopie heute diese Beglaubigung.

Das reicht weit über die exemplarisch vergegenwärtigten Zusammenhänge von Erziehung und Persönlichkeitsstärke hinaus. Daß Glück nicht über Anspruchserfüllung zu haben ist[25], muß natürlich im Blick auf die kulturellen Überlieferungen europäischer Lebensglücksphilosophie[26] als trivial gelten. Demgegenüber ist es in jüngstvergangenen Jahren eher ein Irrtum von Sozialpolitikern und wiederum auch von Pädagogen gewesen, Zufriedenheit und ihre emphatische Steigerung, eben Glück, über Stimulation von Ansprüchen und deren nachfolgende Erfüllung zu mehren. Wiederum ist es demgegenüber trivial, aber eben wahr und kompensatorisch wichtig, was auch die Demoskopie durch mannigfache Untersuchungen bekräftigt hat, daß nämlich Glück nichts anderes als eine nicht direkt intendierbare Befindlichkeitsnebenfolge sinnevidenten Tuns ist, das heißt eines Tuns der Erfüllung von Ansprüchen, die Sachen und Personen, für die wir verantwortlich sind, an uns richten, und zwar insbesondere dann, wenn die Erfüllung dieser Ansprüche unsere Kräfte fordert – physisch, moralisch und psychisch, ohne uns durch Überforderung zu zerrütten. Glück – das ist eine Selbsterfahrung im Blick aufs getane sinnvolle Werk, und die Intensität dieser Erfahrung nimmt mit der Selbstbestimmungsträchtigkeit im Vollbringen des Werks zu.

---

[25] Daß Bekundungen des Lebensglücks entsprechend auch nicht mit steigendem Lebensstandard an Intensität gewinnen, durfte man erwarten. Es verblüfft daher, wenn die demoskopische Vermessung dieses Bestandes, unter dem Namen des „‚Easterlin‘-Paradoxes", eben als paradox bezeichnet wird. Diese Bezeichnung läßt darauf schließen, daß in den sozialwissenschaftlichen Kommunitäten selber gelegentlich Common sense-transzendente Erwartungen kultiviert werden. Um so mehr erfreut es den Philosophen, wenn die sozialwissenschaftliche Empirie bestätigt, was in der Common sense-geprägten Tradition europäischer Moralistik ohnehin immer schon gelehrt wurde. Die Demoskopie bekräftigt insoweit „Spruchweisheit", wie Noelle-Neumann kommentiert. Was wir mitgeteilt bekommen, ist insoweit trivial. Aber es ist nicht trivial, Trivialitäten von lebenspraktisch fundamentaler Bedeutung mitzuteilen, wenn eine Kultur es sich hat einfallen lassen, ihre Geltung in Zweifel zu ziehen. Cf. dazu Elisabeth Noelle-Neumann: Politik und Glück. Ein Versuch. In: Horst Baier (Hrsg.): Freiheit und Sachzwang. Beiträge zu Ehren Helmut Schelskys. Opladen 1977, pp. 208–259, pp. 209 ff.; 256 ff.

[26] Hierzu Günther Bien (Hrsg.): Die Frage nach dem Glück. Stuttgart-Bad Cannstatt 1978.

Kurz: Die Demoskopie ist im empirischen Nachweis solcher Zusammenhänge ein Medium der Aufklärung über kulturelle Selbstverständlichkeiten, die
in den Aufmerksamkeitsschatten der öffentlichen Meinung geraten sind. Sie
befreit uns damit abermals von kulturell destruktivem Meinungsdruck, nämlich
durch ihre Rehabilitierung von Grundsätzen des common sense, deren Geltung einer Beglaubigung durch die Meinung anderer gar nicht bedürftig ist,
weil sie der gemeinen Lebenserfahrung entstammt, wie sie jedermann zugänglich ist.

Es bliebe abschließend noch hinzuzufügen, daß ich, in der Reihenfolge dieser gewichtigen Aufklärungswirkungen der Demoskopie, eine weitere, eher
beiläufige Aufklärungstätigkeit unserer Demoskopen nicht erwähnt habe, nämlich die Aufklärung, die uns die Demoskopie, und zwar einzig sie, über die Demoskopie zu vermitteln vermag. Die Tatsache ist ja leider unbestreitbar, daß
auch die Demoskopie, die unsere Meinungen über Meinungen realistisch machen sollte, ihrerseits einer absichtsgesteuerten Verzerrung von Meinungsbil-
dern fähig ist[27]. Aber die Aufklärung auch über diesen Bestand verdanken wir
ihrerseits nicht zuletzt der Demoskopie[28].

---

[27] Sinus. Rechtsextreme politische Einstellungen in der Bundesrepublik Deutschland.
Abschlußbericht Heidelberg, München, Oktober 1980.

[28] Institut für Demoskopie Allensbach: Das Extremismus-Potential unter jungen Leuten in der Bundesrepublik Deutschland, 1984.

Nachweis der Erstveröffentlichungen

1. Veröffentlichung und Historisierung der Kunst. Wilhelm von Humboldt als Museumseinrichter. – Unter dem Titel „Wilhelm von Humboldt und die Berliner Museumsgründung 1830" zuerst veröffentlicht als Vorabdruck aus: Jahrbuch Preußischer Kulturbesitz, Band XVII, Berlin 1980, 23 S.

2. Ein frommer Aufklärer. Heinrich Heine und die Religion. – Unter dem Titel „Heinrich Heine und die Religion nach der Aufklärung" zuerst veröffentlicht in: L'héritage de Kant. Mélanges philosophiques offerts au P. Marcel Régnier. Paris 1982, pp. 413–430.

3. Idealismus exekutiv. Wieso der Dichter August von Kotzebue sterben mußte. – Unter dem Titel „Tugendterror – Höhere Moral als Quelle politischer Gewalt" zuerst veröffentlicht in: Totalitarismus und Demokratie. Zeitschrift für Internationale Diktatur- und Freiheitsforschung. 1. Jahrgang, Heft 2 (2004), pp. 203–217.

4. Wissenschaft und Weltanschauung. Kulturpolitische Fronten im Streit im Emil Du Bois-Reymond. – Unter dem Titel „Wissenschaft und Weltanschauung. Ideenpolitische Fronten im Streit um Emil Du Bois-Reymond" zuerst veröffentlicht in: Philosophisches Jahrbuch. Im Auftrag der Görres-Gesellschaft herausgegeben von Hermann Krings, Ludger Oeing-Hanhoff, Heinrich Rombach, Arno Baruzzi, Alois Halder. 87. Jahrgang, 2. Halbband (1980), pp. 225–241.

5. Ernst Cassirer und die Mythen des 20. Jahrhunderts. – Zuerst veröffentlicht in der Reihe „Veröffentlichungen der Joachim Jungius-Gesellschaft der Wissenschaften", Göttingen 1975, 13 Seiten.

6. Historisch-politische Exaltationen. Spengler wiedergelesen. – Zuerst veröffentlicht in: Spengler heute. Sechs Essays mit einem Vorwort von Hermann Lübbe. Herausgegeben von Peter Christian Ludz. München 1980, pp. 1–24.

7. Carl Schmitt liberal rezipiert. Wider die intellektuelle Freund-Feind-Hermeneutik. – Ohne den neuen Untertitel zuerst veröffentlicht in: Complexio oppositorum. Über Carl Schmitt. Vorträge und Diskussionsbeiträge des 28. Sonderseminars 1986 der Hochschule für Verwaltungswissenschaften Speyer. Herausgegeben von Helmut Quaritsch. Berlin 1988, pp. 427–440.

8. Die Institutionalisierung der Reflexion. Helmut Schelsky als Kritiker Arnold Gehlens. – Unter dem Titel „Helmut Schelsky und die Institutionalisierung der Reflexion" zuerst veröffentlicht in: Recht und Institution. Helmut Schelsky-Gedächtnissymposion Münster 1985. Herausgegeben von der Rechtswissenschaftlichen Fakultät der Universität Münster. Berlin 1985, pp. 59–70.

9. Wissen in Geschichten. Wilhelm Schapps Philosophie – berufsfrei und lebensweltnah. – Der Aufsatz entstand 2004 und ist bislang nicht veröffentlicht.

10. Affirmationen. Joachim Ritters Philosophie im akademischen Kontext der zweiten deutschen Demokratie. – Zuerst veröffentlicht in: Ulrich Dierse (Hrsg.): Joachim Ritter zum Gedenken. Akademie der Wissenschaften und der Literatur Mainz. Abhandlungen der Geistes- und Sozialwissenschaftlichen Klasse. Jahrgang 2004, Nr. 4, pp. 89–109.

11. Die Einheit von Naturgeschichte und Kulturgeschichte. Zur Korrektur eines deutschen wissenschaftstheoretischen Vorurteils. – Mit dem Untertitel „Bemerkungen zum Geschichtsbegriff" zuerst veröffentlicht in: Akademie der Wissenschaften und der Literatur Mainz (Hrsg.). Abhandlungen der Geistes- und Sozialwissenschaftlichen Klasse Jahrgang 1951, Nr. 10, 19 Seiten.

12. Was heißt „Das kann man nur historisch erklären?" – Zuerst veröffentlicht in Reinhart Koselleck, Wolf-Dieter Stempel (Hrsg.): Geschichte – Ereignis und Erzählung. Poetik und Hermeneutik. Arbeitsergebnisse einer Forschungsgruppe V. München 1973, pp. 542–554.

13. Sein und Heißen. Bedeutungsgeschichte als politisches Sprachhandlungsfeld. – Überarbeitung der Erstveröffentlichung in: Hermann Lübbe: Fortschritt als Orientierungsproblem. Aufklärung in der Gegenwart. Freiburg im Breisgau 1975, pp. 134–153.

14. Sozialwissenschaften im Werturteilsstreit. Wider die politische Selbstprivilegierung von Theorien. – Unter dem Titel „Sozialwissenschaften und Politik. Der Werturteilsstreit als exemplarischer Fall" zuerst veröffentlicht in: F. W. Korff (Hrsg.): Redliches Denken. Festschrift für Gerd-Günther Grau zum 60. Geburtstag. Stuttgart-Bad Cannstatt 1981, pp. 64–77.

15. Instrumentelle Vernunft. Max Horkheimers Trivialitätsscheuer Anti-Positivismus. – Gekürzte Überarbeitung der zuerst unter dem Titel „Instrumentelle Vernunft. Zur Kritik eines kritischen Begriffs" erschienenen Fassung in: Hermann Lübbe: Fortschritt als Orientierungsproblem. Freiburg im Breisgau 1975, pp. 75–120.

16. Erfahrungsverluste und Kompensationen. Orientierungsprobleme modern. – Mit dem Untertitel „Zum philosophischen Problem der Erfahrung in der gegenwärtigen Welt" zuerst veröffentlicht in: Der Mensch als Orientierungswaise? Beiträge von Hermann Lübbe, Oskar Köhler, Wolf Lepenies, Thomas Nipperdey, Gerhard Schmidtchen, Gerd Roellecke. Freiburg, München 1982, pp. 146–168, erweitert um einen Beitrag zur Begriffsgeschichte von „common sense" in: Hermann Lübbe: Die Wissenschaften und ihre kulturellen Folgen. Über die Zukunft des common sense: herausgegeben von der Rheinisch-Westfälischen Akademie der Wissenschaften. Opladen 1987, 60 Seiten, pp. 27–32.

17. Demoskopie als Aufklärung. Über Meinungsdruckresistenzen. – Zuerst veröffentlicht in: Demoskopie und Aufklärung. Mit Beiträgen von Norman Bradburn, Renate Köcher, Helmut Kohl, Hermann Lübbe, Heinz Maier-Leibnitz, Hubert Markl, Elisabeth Noelle-Neumann, Helmut Sihler. Herausgegeben vom Institut für Demoskopie Allensbach. München, New York, London, Paris 1988, pp. 32–44.

Personenregister